武汉大学百年名典

社会科学类编审委员会

周鲠生（1889~1971年），湖南长沙人，国际法学家。早年曾留学日本、英国、法国，历任北京大学、东南大学、武汉大学教授，及武汉大学校长、外交部顾问、中国人民外交学会副会长、第一至第三届全国人大代表及人大常委会法学委员会副主任委员等职。周先生毕生从事国际法研究工作，在国内外享有盛誉。主要著作有：《国际法大纲》、《国际法》、《近代欧洲外交史》、《近代欧洲政治史》、《现代国际法问题》、《国际法新趋势》、《国际法概论》、《现代英美国际法的思想动向》等。

武汉大学
百年名典

国

际

周鲠生 著

法

（下册）

武汉大学出版社

WUHAN UNIVERSITY PRESS

图书在版编目(CIP)数据

国际法·下/周鲠生著·—武汉：武汉大学出版社，2007.10
武汉大学百年名典
　ISBN 978-7-307-05914-6

　Ⅰ.国…　　Ⅱ.周…　　Ⅲ.国际法　　Ⅳ.D99

中国版本图书馆 CIP 数据核字(2007)第 163584 号

责任编辑:刘新英　　　责任校对:刘　欣　　　版式设计:支　笛

出版发行:**武汉大学出版社**　　(430072　武昌　珞珈山)
　　　　　(电子邮件：wdp4@whu.edu.cn　网址：www.wdp.com.cn)
印刷:武汉中远印务有限公司
开本:720×980　　1/16　　印张:22.125　字数:311千字　插页:4
版次:2007年10月第1版　　　2007年10月第1次印刷
ISBN 978-7-307-05914-6/D·772　　　定价:38.00 元

《武汉大学百年名典》出版前言

百年武汉大学,走过的是学术传承、学术发展和学术创新的辉煌路程;世纪珞珈山水,承沐的是学者大师们学术风范、学术精神和学术风格的润泽。在武汉大学发展的不同年代,一批批著名学者和学术大师在这里辛勤耕耘,教书育人,著书立说。他们在学术上精品、上品纷呈,有的在继承传统中开创新论,有的集众家之说而独成一派,也有的学贯中西而独领风骚,还有的因顺应时代发展潮流而开学术学科先河。所有这些,构成了武汉大学百年学府最深厚、最深刻的学术底蕴。

武汉大学历年累积的学术精品、上品,不仅凸现了武汉大学"自强、弘毅、求是、拓新"的学术风格和学术风范,而且也丰富了武汉大学"自强、弘毅、求是、拓新"的学术气派和学术精神;不仅深刻反映了武汉大学有过的人文社会科学和自然科学的辉煌的学术成就,而且也从多方面映现了20世纪中国人文社会科学和自然科学发展的最具代表性的学术成就。高等学府,自当以学者为敬,以学术为尊,以学风为重;自当在尊重不同学术成就中增进学术繁荣,在包容不同学术观点中提升学术品质。为此,我们纵览武汉大学百年学术源流,取其上品,掬其精华,结集出版,是为《武汉大学百年名典》。

"根深叶茂,实大声洪。山高水长,流风甚美。"这是董必武同志1963年11月为武汉大学校庆题写的诗句,长期以来为武汉大学师生传颂。我们以此诗句为《武汉大学百年名典》的封面题词,实是希望武汉大学留存的那些泽被当时、惠及后人的学术精品、上品,能在现时代得到更为广泛的发扬和传承;实是希望《武汉大学百年名典》这一恢宏的出版工程,能为中华优秀文化的积累和当代中国学术的繁荣有所建树。

《武汉大学百年名典》编审委员会

再 版 说 明

　　《国际法》是周鲠生先生的代表作之一，最初由商务印书馆于
1976 年出版。我社此次再版该书，依据的正是这一版本。为方便读
者阅读，我们将原书中的注释由尾注统一改为脚注，另外对个别文字
与标点的错误做了订正。特此说明。

武汉大学出版社

2007 年 9 月

目 录

第七章 领土（续）

第一节 国 界

一、国家边界的概念

国家领土的范围依边界而确定。边界问题与领土问题是分不开的。现今世界上不能设想有无领土的国家，也不能设想有无边界的领土，尽管边界可能没有正式标定，或者可能有争执。边界是不可侵犯的，侵犯一国的边界，就是侵犯它的领土主权。

按照奥本海所下的定义，"国家疆界（boundaries of state territory）是地面上想象的界线，它分隔着两国的领土，或一国领土与公海"。① 具体地说，由于国家领土的构成包括多部分，国家的边界也有多方面。国家有陆地的边界，有水域的边界，有海上边界（就沿海国家言），有空中边界，还有地下边界。空中边界的重要性不待说，地下边界对于保护地下矿藏、经营隧道、设置地下电线等事特别具有重要性。

在普通用语上，边境（frontier）和边界（boundary）两个名词用

---

① 《奥本海国际法》（中译本），第 1 卷，第 2 分册，第 66 页。奥本海和一些其他西方法学家把边界说成为"想象的（imaginary, intellectuelle）线"，容易引起误会。其实所谓想象的线，不能是意味着界线是不现实的，而只是意味着界线都是人的意志决定的。

Oppenheim, International Law, 8th ed. , 1995, I, p. 531;

Rivier, Principes du droit des gens, 1896, pp. 165-166.

于同一意义。其实，作为法律的术语，如上所述，边界是指分界的
"线"（line）；边境则是指紧接界线两边一定的区域（zone）。各国立
法或国际条约建立有所谓边境制度，国际文件上使用"边境安宁"、
"边境地区友好关系"、"边境上发生的地方性问题"一类字句（例如
1960 年 10 月《中缅关于边界条约》的换文三①），其中所说边境都
是指界线两边的地区而言。

二、边界的形成

从国际现实上看，国家边界的形成不外是基于以下两种事实：
或者由于传统习惯所形成，或者由于条约的划定。传统习惯边界线
是在长期历史过程中根据双方历来行政管辖所及的范围而逐渐形成
的。按照福希叶的说法，国家的边界首先是基于自古以来没有异议
的占有（une possession immémoriale et noncontestée）；一国对一地域
行使主权到一定的地点，而长时期以来没有引起任何反对这一事
实，就足以肯定领土的边界；在这里也就构成国家间一种默示的协
议。② 但是这并不是成立边界最通行的过程。一般地说，国家边界
是依条约划定的。划定边界的条约有多种：首先是和约，因为有些
和约确定新国家的领土，变动旧国家的领土，就有关于边界线的规
定，例如 1871 年《德法和约》（关于法国割地），1878 年《柏林公
约》（关于保加利亚边界），1919 年《凡尔赛和约》和《圣泽门和
约》（关于波兰边界），以及 1947 年《对意和约》等；其次是割让
条约（在平时国家割让土地），例如 1860 年《法意（萨地尼亚）
间关于尼斯、萨瓦（割让于法国）的条约》，规定由一个混合委员
会根据山势和防务需要划定两国边界；最普通的是专门的边界条
约，即由有关国家依条约方式，对未定的边界加以划定，或者就原
有的边界正式标定或重新核定或调整，例如 1960 年以来订立的

---

① 《中华人民共和国条约集》，第 9 集，1960，第 79 页。
② Fauchille, Traité de droit international public, 1925, I-2, p. 100.

《中缅边界条约》和《中尼（尼泊尔）边界条约》等。① 此外，尚有一种成立边界的过程，就是依继承，这个过程特别是出现于一般从殖民地解放出来而成为独立国家的边界，如在 19 世纪初期脱离西班牙而独立的拉美国家的边界（即以西班牙统治时期分省的行政边界为国界）和近年来从西方帝国主义、殖民主义统治解放出来而独立的非洲国家的边界（即一般以各殖民国家原来分占的殖民地的边界为国界）。如里维尔所指出，在一个国家领土被合并的场合，它的边界当然失掉其为国际边界的地位，而变成他国的行政边界；反之，一国领土分裂而成立新国家的时候，原来的行政边界就成了国际边界。② 但是总的说来，根据条约划定的边界是比较确定的，可以减少边界争端；事实上，依条约正式划定边界是近代国际关系的趋势。芬尼克（Fenwick）在他的《国际法》中早就指出，欧洲国家现有的边界大多数是根据国际条约来确定的；西半球的边界线，一部分是根据前殖民地独立时所缔结的条约或者后来的割让条约来确定的；非洲的边界线几乎全部根据条约，亚洲边界线是部分地根据条约。③

三、边界线的划分

边界线可以是有形的，也可以是无形的。国家的边界各部分也可以是无形的界线和有形的界线掺用的。有的国际边界以一定的经纬度为分界线，例如美国和加拿大间的一部分边界采用北纬 49 度为分界线。过去西方殖民主义国家对于非洲未开发的地域的瓜分常采用这种分界线。④ 这种分界线叫做天文学边界。此外尚有所谓几何学边界，

① 1960 年《中尼边界条约》系"全部边界的正式划定"，其第 1 条声明："缔约双方以传统习惯边界线为基础，联合进行了必要的实地调查和勘察，并且根据平等互利、友好互让的原则作出某些调整以后，协议下列从西向东的全部边界线走向……"（《中华人民共和国条约集》，第 10 集，1961，第 45 页）

② Strupp, Eléments du droit international public, 1930, I, p. 149; Rivier, principes, pp. 170-171.

③ Fenwick, International Law, third ed., 1948, pp. 370-371.

④ Hyde, International Law, 1947, I. pp. 440-441.

即沿国界上一个固定点到另一固定点所画的直线，例如 1881 年《中俄改订条约》第 8 条规定："至分界方法，应自奎峒山过黑伊尔特什河至萨乌尔岭画一直线，由分界大臣就此直线与旧界之间酌定新界"。这类无形的界线现已一般不大采用。无形的边界线尚有海上边界线，即一国领海与公海间的界线和一国领海与相邻国家的领海的分界线；前者以各国领海限度的外缘为分界线，后者以沿从陆地分界线连接近海岸之一点向海面外伸的一直线为分界线。又国家的地面界线伸向上空和引向地下的若干垂直线就是国家的空中边界和地下边界。① 显然这都属于无形的边界线的范畴。

有形的边界线大别为人为边界（artificial boundaries）和自然边界（natural boundaries）两类。前者是以人为的标志标明的界线，后者是依自然的地形构成的界线。西方国际法学家一般指出，自然边界"可由水（河流和湖等）、岩石或山脉、沙漠、森林等构成"。人为边界"可由标柱界石、栅栏、墙垣、壕沟、道路、运河、水上浮标等构成。"② 他们也说，人为和自然边界并无严格的区别，因为有些自然边界可以人为造成，例如为了标志边界可以栽植森林或造沙漠，象古代罗马人就常有此实例。③ 并且人为的标志也可以和自然的地形结合起来为标界之用。例如过去中国的边界条约以及最近中华人民共和国同一些邻国新订的边界条约，对于界线沿着自然地形如山岳、河流

---

① 参看苏联最高苏维埃 1960 年 8 月 5 日批准的《保卫联盟国界的条例》（第 1 条、第 3 条）和保加利亚 1951 年 10 月公布的《关于领海及内海法令》（第 3 条）；Rivier, Principes du droit des gens, 1896, pp. 140-141.

② 过去中国所订的关于划定边界的中外旧条约，使用"界牌鄂博"、"牌博"、"累石"、"界牌"、"界点"等不同字样就是指人为边界线的标志。（参看王铁崖《中外旧约章汇编》，第 1 卷）现今中华人民共和国所订边界条约，通用"界桩"二字指称边界线的标志。1962 年《中蒙边界条约》（第 2 条）有关于以道路为界的规定，"凡是以道路为界的地段，道路为双方共有，由双方共同管理，共同使用。"（《中华人民共和国条约集》，第 11 集，第 35 页）

③ 《奥本海国际法》（中译本），第 1 卷，第 2 分册，第 66～67 页；Rivier, Principes du droit des gens, 1896 p. 166.

的地方还是规定由双方树立界牌、界桩之类的人为标志。①

作为自然分界线，山脉和河流是最普通地被采用的，其中河流分界的问题尤为复杂，有依次详细说明的必要。

两国领土依山为界，界线可以是定在山脊，也可以是定在分水岭，也可以是定在山麓。边界如果是在山麓，则山岭全部就可能完全属于一方国家领土。② 例如在英印的领土扩张活动推进到英帝国主义制造的所谓麦克马洪线以前，中国西藏地方与印度的边界的东段原是在喜马拉雅山的南麓的，因而所谓麦克马洪线，是非法地把原属中国一方的领土划出去了。

边界条约关于依山为界的地方通常规定沿分水岭分界，有时也把山脊和分水岭联系起来作为一线规定，例如1890年《中英间藏印条约》规定西藏与哲孟雄（锡金）的边界（第1款）规定："藏哲之界，以自布坦（不丹）交界之支莫挚山起，至廓尔喀（尼泊尔）边界止。分哲属梯斯塔及近山南流诸小河，藏属莫竹及近山北流诸小河，分水流之一带山岭为界"；1961年《中缅关于边界的议定书》（第2条）也规定："凡是《中缅边界条约》第7条规定以分水岭为界的，即以分水岭的山脊为两国的边界线"。③ 因此，一般地说，如西方国际法学家所指出，"如无特别条约规定，疆界线在山脉上即沿分水岭"，有的也说分水岭线也就是沿山脊线。④ 人们若因此而得出

① 1961年10月13日在北京签订的《中缅边界议定书》载明沿边界线竖立的界桩数达244。（《中华人民共和国条约集》，第10集，1961年，第52～227页。）

② Rousseau, Droit interational public, 1953, p. 261；

《奥本海国际法》（中译本），第1卷，第2分册，第69页

③ 王铁崖《中外旧条约汇编》，第1卷，第552页；《中华人民共和国条约集》，第10集，1961年，第53页。

④ 《奥本海国际法》（中译本），第1卷，第2分册，第69页；

Rivier, Principes du droit des gens, pp. 168-169 （"la ligne idéale, sauf disposition contraire, suit la cête, ou ligne de faîte qui est aussi la ligne de partage des eaux"）.

结论说，山岭地区的边界线必须是沿分水岭，沿分水岭一定就是沿山脊，那是不正确的。事实上，山区边界线并不一定都是沿着分水岭的，比方中印边界西段的传统习惯线就不是完全沿着分水岭。分水岭和山脊也不一定到处都是一致的。在这方面发生的困难，如海德所指出，早已构成过国际争议的事件。① 西方一位边界问题专家指出，某一山系的山顶、最高峰和分水岭好象当然是同一条线。实际上它们可能是三条线，也许是相互远离的三条线。智利、阿根廷间关于南部安第斯山脉（the southern Andes）边界的争议事件最可以说明这种复杂情况。智利和阿根廷间那段边界线原系根据两国间 1881 年条约的规定；当时订约者为了使边界的划定获得双倍巩固，规定边界应沿"分水的最高山脊"（"the highest crests which may divide the waters"）的界线而行。按照文字的解释，这个问题是不能得到解决的。因为分水岭位于距离最高的山脊东边很远的地方。智利认为条约上所说"分水的最高脊"一语，就指定了位于阿根廷所主张的最高山峰的东边的分水岭。唯一的可行的边界是一种折衷的界线，大部分既不沿着最高山脊，也不沿着分水岭。智阿间这件边界争端终于在 1902 年经英国国王仲裁决定采用一种折衷界线。结果争议双方接受了这种折衷界线。②。

分隔两国领土的河流叫做界河（boundary river）。界河如果是可通航的河流，除非条约或传统习惯另有决定，界线应沿着主航道的中心线，亦即水流最深处（所谓"下航道"（thalweg, mid-channel）。主航道或"下航道"（thalweg）这个名词是如西方国际法学家所说，"表明一种顺流而下的航道，或吨位最大的船只下驶时所循的航道"。所以采用主航道中心线为界线的理由是基于"平等和公道"原则，

---

① Hyde, International Law, 1947, I, pp. 441-442；

Fenwick, International Law, 1948, pp. 371-372.

② Jones, Boundary-making, 1945, pp. 99-101.〔位于最高山峰东边相当远的分水岭说是由于多雨的智利海岸较急而力量较大的河流溯源侵蚀（headward erosion）而形成的。〕

因为如果分界线是放在河流的中央而不在主航道中央，那么整个航道可能是在一方国家领土之内，而另一方国家就完全享受不到。① 反之，如果界河是不能通航的，则以河道中心线分界。界线两边河中的岛屿分属于各边沿岸国所有。② 上述按照界河之可通航或不可通航而分别依主航道中心线或河道中心线分界，是国际实践一般采用的原则。例如 1919 年巴黎和会所订各和约，如《凡尔赛和约》第 30 条规定，"关于疆域以水道为界者，其'河流'与'河道'两名词用于本条约之意义，一指不便航行之各河水道（waterway）或其主要支流之中心线，一指便于航行之各河即主要航行河道（principal channel）之中心线"；《圣泽门和约》第 30 条有同样的规定。③ 又如 1946 年《苏阿（富汗）疆界协定》（第 1 条）规定，"阿富汗和苏联之间在阿姆河和皮安德河可通航部分的国界线应按水流最深处划分。如果对水流最深处的位置无法确定，边界线循这些河流的主要航道的中心线划分。在皮安德河不可通航地段循该河的中心线划界"。④ 近年中华人民共和国同各邻国缔结的边界条约关于河流分界线也有类似的规定，例如 1960 年《中缅边界条约》（第 8 条）规定，"凡是以河流为界的地段，不能通航的河流以河道中心线为界，能够通航的河流以主要航道（水流最深处）的中心线为界"⑤。

河流全部可能位于一方沿岸国的领土内，在这个场合，界线就沿

---

① 希金斯《海上国际法》（中译本），1957 年，第 156～160 页；

Hyde, International Law, 1947, I, pp. 445-446（1934 年美国最高法院在新泽西州诉特拉华〔New Jersey v. Delaware〕案关于所谓 Doctrine of Thalweg，发表了权威的意见。）；

Westlake, International Law, 1910, I, p. 144.

② 《奥本海国际法》（中译本），第 1 卷，第 2 分册，第 67～68 页；苏联科学院，《国际法》，1959，第 197 页；

Rivier, Principes du droit des gens, 1896, p. 168.

③ 《国际条约集》（1917～1923 年），第 86、297 页。

④ 《国际条约集》（1945～1947 年），第 261 页。

⑤ 《中华人民共和国条约集》，第 9 集，1960 年，第 76 页。

着对方的河岸。这种事情显然是不合理的，也很少见的，但不是不可能的。奥本海指出这种特殊情形造成的原因是，"自古占有，条约或由于一国在其他国家占有河流那一岸的土地以前就已占有河流这一岸的土地"①。历史上有如下的实例：由于自古占有（immemorial possession），汉堡（原德意志的自由市）领有易北（Elbe）河，不来梅（Bremen，自由市）领有维泽（Weser）河的全部河流，根据 1648 年《威斯特伐利亚和约》，瑞典领有奥得（Oder）河的全部河流。②

两国领土以河为界，界线也可能不是河道中央线，而在河之两岸；在这个场合，河流就不是属于沿岸国任何一方所独有，而应为双方所共有和共用。例如 1864 年《中俄勘分西北界约记》第 6 条规定，"遇大河，以河岸划界"。③

界河的水流也可能移动的。关于河流的移动对边界线的效果，传统的国际法的规则是，界河的水流由于自然的原因而逐渐向一边河岸移动，则边界线（主航道中心线或河道中心线）也随之变动；如果界河的水流由于急剧的变化而改道，除沿岸国另有协议外，原来的界线维持不变。④ 这个规则也是国际实践所承认的。例如 1924 年德捷划界委员会《最后议定书》（第 6 条）规定，"边界线随水道逐步自然变迁而改变。如果水道发生任何其他变迁，由于水道的中间线系在该项变迁以前即存在的，因此在达成新协议以前应继续为界线。"⑤ 1960 年《中缅边界条约》（第 8 条）规定，"如果界河改道，除双方另有协议外，两国的边界线维持不变"；1961 年《中尼（泊尔）边界条约》（第 2 条）和 1962 年《中蒙边界条约》（第 2 条）都有同样

① 《奥本海国际法》（中译本），第 1 卷，第 2 分册，第 68 页。

② Westlake, International Law, 1910, I, p. 145.

③ 王铁崖《中外旧条约集》，第 1 卷，第 217 页。

④ Rivier, Princpes du droit des gens, 1896, p. 168;
《奥本海国际法》（中译本），第 1 卷，第 2 分册，第 68 页；
苏联科学院《国际法》，第 197 页。

⑤ League of Nations, Treaty Series, Vol. 109, p. 240.

的规定。① 按照里维尔之说，如果河上有桥，边界线即在桥的中央，而不随着河道中央线或主航道而变动。②

分隔两国或数个国家领土的湖或内海，除非有条约特别划定，边界线通过湖或内海的中央。分隔两国陆地的狭窄海峡，除非另有特殊条约规定，其边界线或者通过海峡的中央，或者通过主航道。

四、自然边界说

必须指出，国际政治上有所谓自然边界说，这与上述采用按自然的地形分界的方法因而叫做自然边界（以别于用人为的标志标界的人为的边界）是完全不同意义的两回事。按照自然边界说，各国应该以自然赋予它们作为边界的自然障碍（特别是如高山、大河）作为它们的领土分界线；没有这种自然边界的国家有权寻求和取得这种边界。③ 这种所谓自然边界说显然是一种政治的主张，反映有些扩张主义的国家企图推展国境，进占邻国领土的侵略政策。例如过去法国主张莱茵河是它的自然边界（意大利人对于阿尔卑斯山也有这样的说法），就是历史上主张自然边界说最显著的例子。在 1960 年关于中印边界问题的中印官员会谈中，印度方面为了支持他们对于印度边界

---

① 1919 年《凡尔赛和约》（第 30 条）规定："如河流或河道将来或有变迁，该项界线是否随之变迁，或是否在本条约实行之时确定此河流或河道之位置，应由本条约所载之划界委员会特别详细决定。"《国际条约集》（1917～1923年），第 86 页。

《中华人民共和国条约集》，第 9 集，第 76 页，第 10 集，第 50 页，第 11集，第 34～35 页。

② Rivier, Principes du droit des gens, 1896, p. 168.

奥本海教本上说，如在边界河流上建有桥梁，除非有特别条约规定（例如1919 年《凡尔赛和约》第 66 条关于阿尔萨斯-洛林境内莱茵河上的桥专属法国的规定），则分界线位于桥的中间。〔《奥本海国际法》（中译本），第 1 卷，第 2分册，第 68 页〕

③ Rivier, Principes du droit des gens, 1896, pp. 166-167;

《奥本海国际法》（中译本），第 1 卷，第 2 分册，第 67 页;

苏联科学院《国际法》（中译本），第 197～198 页。

线的主张，也曾提出所谓地理原则先天地规定边界线的说法。① 这也就是套用所谓自然边界说的观点，为印度的扩张主义政策服务。

上述所谓自然边界说是早已在国际法上受到广泛的抨斥的。例如法国国际法家福希叶说，"政治家们和政论家们曾经主张应按照自然为国家划出的边界来决定国家的界限。这就是所谓自然边界说：为了规定一国的界限，人们应以天神为了建立国家而预先形成的山脉和河流作为分界线。这一说窒碍难行，且违反历史传统，在法国却有不少的拥护者，与其说是国际法的产物，毋宁说是政治学的产物。"② 帝俄时代有名的国际法学家马滕斯（Martens）也驳斥了所谓自然边界说（théorie des frontières naturelles），他指出，"所谓自然的边界本身不能形成分界线。它不通过条约就不能取得这种意义。换句话说，今天边界具有协定的和人为的性质。现在人们都认为这界是从条约产生的。"③ 由此可见，自然边界说所指的自然边界，如奥本海教本所指出，是政治性的概念，不属于国际法的范畴。④ 而在国际政治上，那一学说也是反映一种反动的扩张主义的政策，是必须彻底否定的。

五、国际边界争端

国际边界争端的发生可以起于各种不同的原因，例如两国间的边界全部或其一部分原来未经正式划定，因而边界线的位置或走向不明确；或者虽然两国边界已经依条约正式划定，而双方对条约关于界线的规定有不同的解释，或者由于邻国对边境的侵占，界线被移动，引起界线的改正或调整问题。但是边界线的确定对邻国间的和平友好和边境安宁至关重要，而其对于保卫国家领土主权有重要

---

① 参看《中华人民共和国政府官员和印度政府官员关于边界问题的报告》（中华人民共和国外交部，1961年3月）。

② Fauchille, Traité de droit international public, 1925, I-2, pp. 105-106.

③ Martens, Traité de droit international, 1883, I, pp. 454-458.

④ 《奥本海国际法》（中译本），第1卷，第2分册，第67页。

的意义，更不待说。如何解决国际边界争端是关涉国际法的一个重要问题。

在国际实践上，解决国际边界争端主要有以下三种方式：（一）通过双方协议，以条约规定的方式解决；（二）通过仲裁或国际司法解决；（三）通过国际委员会决定。① 依国际委员会解决边界问题是1919 年巴黎和会所订的许多和约通用的方法。例如《凡尔赛和约》（第 35 条）关于德比两国边界规定，"本条约实行后十五日内应设立七人委员会，主要协约参战各国派委员五人，德比各派委员一人，就地划定比德间新界线，但应审度经济状况及交通方法；决议依多数表决。各关系方面应有遵守之义务。"同年《圣泽门和约》（第 55 条）关于奥捷（克斯洛伐克）边界和 1923 年《洛桑条约》（第 5 条）关于土耳其和各邻国的边界，也有同样的规定。② 这种解决边界问题的国际委员会同两国根据边界条约设立的划界委员会（例如中缅、中尼（泊尔）边界条约规定设立的以勘界和标界为主要任务的联合委员会）在组织和权限上有重大的差别。依仲裁解决边界争端是 19 世纪以来国际方面屡见不鲜的事，特别是在美洲国家之间。例如加拿大（由英国代表）与美国间关于阿拉斯加的边界争端，就是于 1903 年依仲裁解决的。在欧洲方面，这类仲裁案件重要的有 1909 年挪威和瑞典间关于海上边界案（the Grisbadarna case）③，1914 年荷兰和葡萄牙关于帝汶岛案（the Island of Timor case）④。在美洲方面，除了上述智利和阿根廷间关于南安第斯山（the Southern Andes case）边界争议系在 1902 年由英国国王仲裁解决外，还有 1922 年依瑞士总统仲裁解决的哥伦比亚和委内瑞拉间的边界问题案⑤，1909 年由阿根廷总

---

① 《奥本海国际法》（中译本），第 1 卷，第 2 分册，第 69 页；
Fauchille, Traité de droit international public, 1925, I-2, p. 121.

② 《国际条约集》（1917 ~ 1923 年），第 87、304 页，第 849 ~ 850 页。

③ Scott, The Hague Court Reports, 1916, pp. 121 ~ 140.

④ Scott, The Hague Court Reports, 1916, pp. 354 ~ 386.

⑤ United Nations, Reports of International Arbitral Awards, Vol. I, pp. 225-290.

统判决的玻里维亚和秘鲁间的边界问题案①，以及其他许多边界仲裁案。② 在亚洲方面，最近（1962）有依国际法院判决的柬埔寨和泰国间关于隆端古寺归属的争执案（case concerning the Temple of Preah Vihear）。③

值得特别重视的是依条约解决国际边界争端。奥本海早已指出，如有关各方能够成立协议，订立边界条约，是做到和平解决争端最简单的办法。他并且举出边界条约的一个很好的例子是 1908 年英国同美国在华盛顿签订的《关于划定美国与加拿大自治领间国际边界的条约》。④ 其实，有关国家通过和平协商，订立条约来解决边界争端，不但是最简单的办法，而且是比较合理的有效的办法。这从中华人民共和国在这方面的实践可以得到充分的证明。中国同四邻的边界，除同印度和其他一两邻国以传统习惯线为界外，一般是过去通过条约划定了的，虽然那些条约差不多都是帝国主义强加于过去中国政府的不平等条约。但是对于中华人民共和国而言，无论是传统习惯的边界或条约划定的边界，都有从帝国主义侵略时代历史上遗留下来的一些边界问题，必须全部彻底地予以解决。中华人民共和国成立以来，一贯主张通过友好协商同有关邻国解决这些边界问题，首先同缅甸政府于 1960 年 1 月 28 日签订关于两国边界的协定，随后于同后 10 月 1 日缔结两国边界条约。⑤ 这就是一个良好的开端。1961年 10 月 5 日中尼（泊尔）间也订成了边界条约。⑥ 到 1964 年，除

---

① Hackworth, Digest of International Law, 1940, I, pp. 726-727.

② 参看 Fauchille, Traité de droit international public, 1925, I-2, pp. 121-122.

③ 参看 Weissberg, Maps as Evidence in International Boundary Disputes, in American Journal of International Law, October 1963, pp. 781-803.

④ Oppenheim, International Law, 1912, Vol. I, p. 272;《奥本海国际法》（中译本），第 1 卷，第 2 分册，第 69 页。英美间 1908 年关于加拿大边界的条约全文见 Hertslet, Commercial Treaties, Vol. XXV, 1910, pp. 1208-1224.

⑤ 《中华人民共和国条约集》，第 9 集，1960 年，第 65~79 页。

⑥ 《中华人民共和国条约集》，第 10 集，1961 年，第 45~51 页。

中苏边界谈判尚在进行中，中印边界问题印度一直拒绝谈判外，中华人民共和国同巴基斯坦、阿富汗、蒙古等邻国都通过谈判，解决了一切边界问题，重新订立边界条约，正式划定和标定界线，使得彼此的边界巩固地成为和平友好的边界。这在解决国际边界争端上肯定是树立了一个范例。

关于国际边界争端，值得特别注意的是条约文字与附图的矛盾问题。在边界条约中一般附有详细标明界线的地图，例如现今中缅、中尼以及中国同其他邻国新订的边界条约都附有地图。地图标明的界线的位置和走向有时也可能与条约文字的说明不完全符合。因此，如果有关国家各从有利于自己方面的情况打算，关于界线的正确位置，各执一词，就可以成为严重的边界争端。这种地图与条约文字的矛盾问题不可避免地构成边界仲裁案件中争论的重点。如何解决地图与条约文字的矛盾是国际法上的重要问题。① 根据国际实践，解决这个问题的规则应该是，除非在边界条约中另有规定，遇有附图与约文矛盾之处应以约文为准。第一、第二两次世界大战结果所订的一些和约关于划分疆界的规定就是适用这个规则的。例如 1919 年《凡尔赛和约》（第 29 条）规定，"上述之疆界用一百万分之一比例尺地图绘以红线，附于本条约后（第一号地图）。如约文与地图或其他附入之地图遇有不符之处，以约文为准"；《圣泽门和约》（第 28 条）也规定，"所有本条约规定之边界，其业经确定之部分，皆于本条约所附百万分比例尺地图内划定，如约文与地图遇有不符之处，以约文为准"。② 1947 年在巴黎签订的《对意和约》（第 1 条）关于疆界同样作如下规定，"此项疆界已在本约所附地图（附件一）上划明。如疆界在文字上说明与地图有所不符，须以文字说明作准"③。这样解决地图与条约文字的矛盾问题的规则是合理的。因为条约文字的说明在确定界

① 关于地图作为确定界线的证据的价值，参看 Hyde, International Law, 1947, I, pp. 489-497.

② 《国际条约集》（1917～1923 年），第 85～86 页，第 297 页。

③ 《国际条约集》（1945～1947 年），第 292 页。

线的作用上是基本的，因为约文是双方当事国意志的体现，当事国的意志是决定性的因素；地图则只是根据条约文字的说明标明界线，作为附件，不能超越约文而具有决定性的效力。事实上，在关于边界争端的案件中，法庭一向不把当事国提出的地图看作决定界线位置的有力的证据。例如在 1928 年荷兰和美国间关于帕尔马斯岛案（Island of Palmas Case）的仲裁中就涉及一方当事国提出的地图证据问题，而当时的仲裁人（瑞士国际法学家 Max Huber）就拒绝承认地图作为证据的重要性。① 因而国际法专家们认为地图在确定界线的作用上至多只是次要的证据，而决不是主要的证据。② 近年来在国际方面几件有关边界争端的案子的判决表示有利于地图的证据。特别是 1962 年柬埔寨与泰国间关于隆端古寺归属的争议案在国际法院的判决；因为国际法院多数法官接受柬埔寨根据地图对隆端古寺领土主权的主张，使得柬埔寨胜诉。于是有人根据这种事实便作出结论说，国际仲裁和司法方面对于地图在边界争端中作为证据的评价有了与以前相反的倾向；地图证据受到较多的重视，甚至可以具有超越条约文字说明的效力。③ 但是，这不能不认为是过早之论，并不能反映现代国际法的实践。比方人们所引的隆端古寺案中，关于地图双方当事国争执的中心问题是关于一方当事国提出来作为证据的那种地图本身的合法性、有效性，而不是地图与条约文字二者之中以何为准的问题。国际法院对该案的判决也只是认定一方当事国（柬埔寨）提出的地图早已经他方当事国（泰国）政府事实上接受，因而对它有效，法院并不是直接裁定了地图与条约文字二者之中以何为准的问题。现在只可说，在某种情况之下，地图作为证据在边界争端中可以起一定的作用；至于

① Hackworth, Digest of Interational Law, 1940, I, p. 721.

② 参看 Hyde, Maps as Evidence in International Disputes, in American Journal of International Law, 1933, p. 315;

Weissberg, Maps as Evidence in International Boundary Disputes, in American Journal of International Law, Oct. 1963, p. 781.

③ Weissberg, Maps as Evidence in International Boundary Disputes, in American Journal of International Law, Oct. , 1963, pp. 801-803.

因此而断言今后在确定边界线上地图将当然超越条约文字说明而具有决定性的效力，则肯定是不正确的观点。一般地说，在边界条约中附图所标界线与条约文字说明不符之处，在解决这一矛盾上，还是应该以约文为准的。

六、边境制度

国家为了边境的安全秩序、边界线的维护，居民生活的便利以及交通、经济的利益等，除以国内法规定边境制度外，也可以同邻国订立关于边境制度的条约，或者在边界条约或其他涉及边境关系的协定中，作出有关边境制度的事项的规定。例如苏联曾经同许多邻国（同波兰和芬兰，1948 年；同匈牙利，1950 年）签订了一系列的关于边境制度的条约。① 中华人民共和国建国以来尚没有同邻国订立过专门关于边境制度的条约，但在一系列的新订边界条约、边界议定书和其他有关边境的协定中也载入一些涉及边境制度的规定。一般地说，边境制度主要涉及下列一些事项。

边界标志的维护。（一般边境制度条约和有些边界条约都规定双方国家负有保护边界标志，不令受损失或移动位置的责任以及各自负修理或恢复本国一方境内界标的责任）。例如 1948 年《苏波边界制度协定》（第 5 条至第 8 条）就载有关于维护界标以及进行定期检查和对移动或毁坏界标者的处罚措施的规定。② 中缅两国政府 1961 年签订的《关于两国边界的议定书》，关于维护界标也作出了详细的规定；议定书（第 38 条）规定，为了有效维护界桩，双方分担责任；如果一方发现界桩已被移动、损坏或毁灭，应尽速通知另一方，负责维护该界桩的一方这时应该采取必要的措施，在另一方在场的情况

---

① 《国际条约集》（1948～1949 年），第 104～116 页，第 139～148 页；（1950～1952 年），第 16～28 页。

② 国际法学家认为边界的标志是主权的象征，侵犯一国的边界标志，就构成对国际法的罪行，因为那是对国家自保和受尊重的权利的侵犯。（Rivier, Principes du droit des gens 1896, p. 166.）

下，在原址按原定的规格予以恢复、修理或重建（第 38 条）；并且规定，缔约各方对于任意移动、损坏、毁灭边界标志或故意使界河改道的人应视情节轻重予以追究（第 39 条）。①

地方居民的来往。由于边境居民生活的需要或部落种族的关系，对于双方居民的来往贸易，可以根据习惯，给予特殊的方便，而不适用一般关于出入国境的正规手续的限制。例如 1954 年《中印关于中国西藏地方和印度之间的通商和交通协定》（第 5 条）就规定，"两国边境地区居民，凡因进行小额贸易或探望亲友而互相过境往来，仍按以往习惯前往对方地区，而不限于经过前述第四条所指定的山口和道路，并无需护照、签证或许可证。"②

边境河流的利用。关于边境河流的利用，问题最为复杂，举其主要者有河水的使用、水上航运、河中捕鱼以及由于河流的变迁和界线的移动或界河的改道而引起的原界线两边的岛屿的归属等问题。

首先要考虑的是河水的使用问题。河上尽管有分界线，但河水是流动的，性质上自然是沿岸国共用的。因此，沿岸国在河水的使用上不得有损害邻国利益的行为，例如使得河水污损或毒化、使得邻国一方遭受河水枯涸或泛滥的危害等。这个原则通常在边境制度条约中有具体的规定，例如 1948 年《苏波关于边境制度的协定》，就规定，"缔约双方主管当局应采取适当步骤，以保持边界水正常的清洁状态，应防止从工厂或工业机构出来的酸性物或垃圾使水毒化或污损，不准在水中浸亚麻或大麻或以其他方法使水污染。"③ 1961 年《中缅关于边界议定书》（第 42 条）规定，"缔约双方应尽可能防止界河改道，任何一方不得故意使界河改道"；该议定书并且规定，遇有界河改道，应由双方共同采取必要措施，或经双方协商后，由一方单独采取措施，使界河恢复原河道；如果由于自然原因，不能使界河恢复原河道，除双方另有协议外，该段边界线维持不变。《中缅边界议定

---

① 《中华人民共和国条约集》，第 10 集，1961 年，第 228 ~ 230 页。
② 《中华人民共和国条约集》，第 3 集，1954 年，第 3 页。
③ 《国际条约集》（1948 ~ 1949 年），第 110 页。

书》（第 44 条）并且规定，"两国的边界和渠道，由双方共同使用。任何一方在界河上兴建水利和灌溉工程时如需越出河道中心线，应在事先取得另一方的同意。"① 过去中国与外国间的边界协定也有关于边境河流水利的规定，例如 1864 年《勘分西北界约记》（第 8 条）规定，"倘有河源系在中国而流注于俄国者，中国不得改截其流注之故道；倘有河源系在俄国而流注于中国者，俄国亦不得改截其流注之故道。"② 并且，在原则上，任何国家不得肆意改变其本国领土的自然状态致不利于邻国的自然状态，因而一国在未与邻国协商以前，亦不得在边界河流上建筑驱使河水侵向对岸的堤防。

关于界河水上航运，沿岸国应该共有其便利，在有关国家的条约中可以作出详细的规定。例如中华人民共和国在 1957 年同苏联订有《关于国境及其相通河流和湖泊的商船通航协定》，1960 年同朝鲜民主主义人民共和国订有《关于国境河流航运合作协定》③；1956 年中朝间尚订有《关于在鸭绿江和图们江中运送木材议定书》。④ 1962 年《中蒙条约》（第 2 条）作了如下原则性的规定，"界河中的河水由双方共同使用，使用河水的办法，由双方有关当局另行协商确定。"⑤苏波间 1948 年《关于边境制度的协定》（第 12 条）作了关于沿岸各国船舶通航的规定，"在边界线循其主要航道（水流最深处）通过的边界河流上，缔约双方的船舶（轮船、小船）有权在主要航道上自由航行，不受边界线路线的约束，在湖泊上，船舶（小船）仅得航行至边界线为止。"⑥《苏波边境制度协定》还规定了双方在河上自

---

① 《中华人民共和国条约集》，第 10 集，1961 年，第 229 页。

近年来为了以色列片面进行约旦河改道计划，损害邻国约旦和叙利亚等国的利益，成为以色列和阿拉伯国家间严重的争端。

② 王铁崖《中外旧约章汇编》，第 1 卷，第 217 页。

③ 《中华人民共和国条约集》，第 6 集，1957 年，第 278 页；第 9 集，1960 年，第 153 页。

④ 《中华人民共和国条约集》，第 5 集，1956 年，第 24 页。

⑤ 《中华人民共和国条约集》，第 11 集，1962 年，第 35 页。

⑥ 《国际条约集》（1948～1949 年），第 109 页。

由浮运木材的权利："缔约双方得在整个边界水道上，包括两个边岸全属缔约一方的地区在内，自由地从事于木材的浮运。"①

沿岸国有权在边界线以内的水面上捕鱼，但沿岸国双方对水中鱼类的保养和繁殖具有共同的利益，因而沿岸国各方进行捕鱼的行为应共守一定的规则。1948 年《苏芬关于边境制度的条约》（第 12 条）规定："缔约各方的居民根据其境内的现行法令可以在边界线以内的边界水上进行捕鱼，但下列各项应予禁止：（甲）使用大批杀伤和残害鱼类的炸药、毒药和麻醉品；（乙）夜间在边界水上进行捕鱼。"② 苏波间 1948 年《边境制度协定》关于捕鱼也有类似的规定（第 25 条）。

界河中的岛屿分属于界线两边的沿岸国；如果有岛屿跨在界线上的则其归属应该通过协议决定：它可以划归一国所有或者两国平分，或者按水上界线划分。③ 这是一个确定的原则。但是既定的界线由于河流的变迁而移动的时候就发生某些随着界线移动而转位于另一边的岛屿是否改变归属的问题。这在有关边境制度的条约上也有必要作出规定。1948 年《苏波关于边境制度的协定》（第 3 条）规定，"在可通航的河流，边界线的路线应随主要航道（水流最深处）的中心线的自然变迁而改变；在不可通航的江河、小河和运河，边界线的路线应随该项江河、小河和运河边岸地形的自然变迁所引起的中心线的转移而改变。"但以上规定的"边界线的路线的改变，除经各缔约国特别协议外，不得改变边界河流中在划定边界时划归缔约任何一方的各岛的领土地位"。④ 根据 1961 年《中缅两国边界议定书》（第 5 条）的规定，界河中骑在河道中心线上的岛屿，"已在公平合理的基础上由双方协商确定其归属"，该议定书并规定，今后"界河中出现新的岛屿和沙洲，仍按河道中心线划分，分别属于中国或缅甸，如果出现

---

① 《国际条约集》（1948～1949 年），第 111 页。

② 《国际条约集》（1948～1949 年），第 143～144 页。

③ 参看 Fauchille, Traité de droit international public, 1925, I-2, p. 113;
希金斯《海上国际法》（中译本），第 159 页;
Jones, Boundary-making, p. 125.

④ 《国际条约集》（1948～1949 年），第 105 页。

的岛屿和沙洲骑在河道中心线上，由双方在公平合理的基础上协商，确定其归属"。① 1962 年《中蒙边界条约》（第 2 条）也有类似的规定。② 总的说来，根据条约实践，无论是界河水流的变迁（引起界线的移动）或是河流改道（假定原界线不变），除沿岸国双方另有协议外，原界线两边岛屿的领土地位不变，简言之，即原来划归哪一边沿岸国的仍属该沿岸国所有。③ 但是有人主张，某一个岛屿由于自然的原因成长到与一方沿岸国陆地连接起来成为一体，则尽管它原属另一沿岸国所有，也应被视为构成所连接的沿岸国的领土一部分。如福希叶曾引 1860 年《奥（地利）萨（地尼亚）划界议定书》如下的规定："根据深水线而划定的岛屿地位应固定不变，不论河流受到任何变化，但一岛屿与两岸之一相结合的情况为例外，在此情况下，岛屿的全部主权和所有权应移归岛屿所连接的河岸所属国。"④

边境事端的处理。为了处理边境关系的事端，邻国双方可以依条约规定设立边界委员或其他负责的边界当局和处理争端的程序。除特别严重的事件必须通过外交途径解决外，通常边境上发生的事件，可以由双方指定的边界委员或其他负责当局共同处理。例如 1948 年苏波间订有《关于边境争端和事件处理办法专约》，规定双方互设边界委员，其"职责是为防止边界争端和事件采取必要的措施，以及进行调查，并在适当情况下予以处理"。边界委员负责调查并处理一切边界争端和事件，包括"私人非敌意越境时，边界委员必须同样决定将这些人遣返到他们从那里出来一方的领土上"；"边界标志或航路标志被移动、损坏或破坏"等事件。"边界委员未能达成协议的问题交由外交途径解决"。⑤ 1961 年《中缅边界议定书》（第 47 条）关于边界事件的处理方式也作了概括的规定，"凡需就本议定书第四部

---

① 《中华人民共和国条约集》，第 10 集，1961 年，第 53 页。

② 《中华人民共和国条约集》，第 11 集，1962 年，第 35 页。

③ 福希叶认为，一经确定的边界即使在河流上发生变化，对岛屿不发生变化。（Fauchille, Traité de droit international public, 1925, I-2, p. 113.）

④ Fauchille, Traité de droit international public, 1925, I-2, p. 113.

⑤ 《国际条约集》（1948～1949 年），第 119～125 页。

分（关于边界线和界桩的维护）所规定的有关事项彼此联系或协商处理时，由双方为此专门指定的官员负责进行"①。

划界程序和文件。国际边界，如上所述，一般是通过条约正式划定的。依条约正式划定边界是确定国界最正常的程序。比利时国际法学家尼斯（Nys）早已强调地说过，国际法要求毗邻国家承担义务共同规定它们的边界并尽可能清楚地标出边界线；边界一般是依毗邻国家缔结的条约来确定，并且通过科学工作来把条约的规定实地明确化。②

正式划界的程序一般是经过两个阶段。首先是通过条约如专门的边界条约、和约中的领土条款，或其他条约中涉及的领土或边界条款（这类涉及边界的条款特别见诸过去中国被强加的许多不平等条约中），对国家的疆界和界线的主要位置和走向作出基本的规定。这种条约，就边界文件的意义说，可称为基本性条约或母约。其次一个阶段，就是通过条约设立的划界委员会，就条约上规定的边界路线，实地进行勘测，更详细地划定边界的位置和走向，并树立界桩，作为标志。第二个阶段完成后即由双方作成边界议定书，议定书在划界文件中可称为子约；因为它是根据上述基本性条约规定的任务，在条约规定的边界路线的基础上进行划界工作的。中华人民共和国近年来同各邻国新订的边界条约都有关于设立划界委员会的规定，例如1962年《中蒙边界条约》（第3条）规定："本条约生效后，即成立中蒙联合勘界委员会，根据本条约第1条的规定，具有勘定两国全部边界，树立界标，然后起草关于两国边界的议定书并绘制边界地图，详细载明全部边界线的走向和界标的位置；本条第1款所述的议定书和地图，经双方政府代表签字生效后，即成为本条约的附件，联合勘界委员会绘制的边界地图将代替本条约所附的地图。"③ 值得特别注意的是，中缅边界的划定经过比较多的阶段。首先，在1960年1月中缅两国

① 《中华人民共和国条约集》，第10集，1961年，第230页。
② Nys, Le droit international, 1912, I, pp. 450-451.
③ 《中华人民共和国条约集》，第11集，1962年，第35页。

政府缔结了《关于两国边界问题的协定》，规定：“立即成立由双方同等人数的代表所组成的联合委员会，并且责成该委员会根据本协定的规定，商谈解决本协定第 2 条所列的有关中缅边界的各项具体问题，进行勘察边界和树立界桩的工作，起草中缅边界条约。”同年 10 月中缅两国在上述关于两国边界问题的协定的基础上，缔结了《中缅边界条约》，正式解决历史上遗留下来的各项边界问题，并规定边界各段界线的位置，责成上述中缅边界联合委员会继续对两国的边界线进行必要的勘察，树立新界桩和订修、改造旧界桩、然后草拟一项议定书，详细载明整个边界线的走向和全部界桩的位置，并且附入标明界线和界桩位置的详图。上述议定书经两国政府签订后，即成为本条约的附件，该项详图将代替本条约的附图（在上述议定书签订后，1960 年 1 月双方关于两国边界问题的协定即行失效）①。接着于 1961 年 10 月中缅两国政府签订《关于两国边界的议定书》，声明，“中缅两国的边界线，除西端终点有待最后确定外，已经双方根据《中缅边界条约》第 7 条（各段边界线的位置）的规定，经过实地勘察，予以标定，对于双方所勘定的边界线的走向，在本议定书内作了比条约更为详尽的叙述，今后，两国边界线的具体走向即以本议定书的规定为准”（第 1 条）。议定书并规定，“根据《中缅边界条约》第 10 条的规定，本议定书自生效时起即成为该条约的附件，同时本议定书的附图即代替该条约原附的地图”（第 49 条）。②

由此可见，划界程序是相当繁重的，一般包括定界（determination of boundaries）、划界（delimitation of boundaries）、勘界（survey）和标界（demarkation of boundaries）等过程。通常是依条约规定边界、由划界委员会进行实地划界、勘界和标界的工作；有的边界条约

---

① 《中华人民共和国条约集》，第 9 集，1960 年，第 63～77 页。

② 《中华人民共和国条约集》，第 10 集，1961 年，第 52～53 页，第 231 页。

《中缅边界议定书》载明各段界线的走向、界桩的编号和位置，极其详细。（《中华人民共和国条约集》，第 10 集，第 55～227 页）

也详细划定边界线，但由勘界委员会执行勘测和标界的任务。在正式划定国际边界的全部程序中产生一系列的文件，如条约、划界议定书（有时还有换文）和地图，作为确定边界线的根据和证据。这些文件经过双方签字、批准或核准的手续，应该都是有效的，各项文件所标明的边界线也应该是一致的。但是也可能由于某些原因，它们中间出现矛盾，比方界桩的位置可能与地图标明界线有不符合之处，或者地图划法与划界议定书划定的界线有矛盾，或者议定书与条约的说明有矛盾；对于这类的矛盾引起的边界争端如何解决，也就构成国际法的重要问题。一般地说，由于地形的原故，在划界和标界过程中标明的边界线的位置距离偶有小的出入是可以理解的，可以不成为问题。①但是在这方面遇有重大的矛盾，则必须有适当的解决。在原则上，如果界桩位置与划界议定书和地图标明的界线不符，应该以议定书和地图为准，因为界桩的位置是应该反映议定书和地图标明的界线的，并且界桩是可能被移动的，而议定书和地图则是一成不变的文证。至于地图的画法与约文不符之处，则按照国际实践（例如 1919 年《凡尔赛和约》第 29 条的规定）应以约文为准；如果划界议定书划定的界线与条约规定有不符之处，按照子约根据母约的关系，应以条约的规定为准，除非有关双方另有协议（例如 1961 年《中缅边界议定书》第 1 条的规定）。不过总的说来，这类矛盾问题在正常情况之下，还是以通过双方友好协商，求得公平合理的解决为适当。这也就是中华人民共和国在边界问题上一贯奉行的政策：例如 1960 年《中缅边界条约》（第 11 条）明文规定，"缔约双方同意，在两国边界正式划定后，如果发生任何边界争议，应由双方友好协商解决"②；1963 年《中巴（基斯坦）边界协定》（第 5 条），也有类似的规定。③

---

① 1947 年《对意和约》（第 5 条）就有如下的规定，"划界委员会对于本条约所定界线有权作半公里的出入，使疆界能适合当地地理和经济情形"。〔《国际条约集》（1945～1947 年），第 296 页。〕

② 《中华人民共和国条约集》，第 9 集，1960 年，第 77 页。

③ 1963 年《中巴边界协定》（第 5 条）英文本，见 American Journal of International Law, July 1963, pp. 713-716.

第二节　国家领土的取得

西方资产阶级国际法学家阐述的关于国家取得领土的理论和规则，一向是沿用罗马法中关于私有财产权的观念，并特别反映近代殖民主义、帝国主义掠夺土地的实践；从现代国际法的观点说，那种理论和规则的正确性是大有问题的。比方他们首先举出领土取得的五种方式，即添附（accretion）、先占（occupation）、时效（prescription）、征服（conquest）和割让，而按照其所取得的权利是否系从以前所有者转承的权利，把它们分为转承的取得和原始的取得两大类。对于这些方式的分类，国际法学家们的看法也并不一致：有的，如奥本海，只承认割让为转承的取得方式，其他四种都列为原始的方式①；有的，如里维尔，则只承认先占、添附和征服为原始的取得②；又有的则只承认征服和先占或者先占和添附为原始的取得③。而且所谓领土的原始取得与转承取得实际没有截然的界限，比方征服系取自别国的领土自不待说，就是先占和添附也不能说一定是原始的取得，从以下对各个方式的分段说明中就可以看出。至于说到各种方式的合法性，如果按照现代国际法的观点来评判，也不是一律都能被承认的；特别是征服，显然现今再也不能被认为是取得领土的合法手段。

此外，西方资产阶级的国际法学家还把19世纪末期以来，帝国主义、殖民主义掠夺或侵占领土的新手法，如租借、划分势力范围之类，一并列入国际法。而这类方法在反帝国主义、反殖民主义的大原则之下，当然必须从现代国际法中完全排除出去的。

以下当就国家取得领土的各种方式和作法分别说述。

---

① 《奥本海国际法》（中译本），第1卷，第2分册，第79页；
Oppenheim, International Law, 1912, I, p. 284.

② Rivier, Principes du droit des gens, 1896, p. 176.

③ Liszt, Le droit international (traduction française), 1927, pp. 99-100；
Fauchille, Traité de droit international public, 1925, I-2, p. 666.

一、五种取得方式

添附。添附是指土地通过新的形成而增加；它是一般认为原始取得领土的方式的。例如在河口成长三角洲，在领海内出现新岛屿，以及在海岸产生涨滩（由水流冲积而造成的土地的增加），都使得沿岸国的领土范围扩展，因为领海宽度要从新的三角洲、岛屿或涨滩（超过原来海岸低潮线）起算。在某种特殊情况之下，公海中产生的新岛屿也可以具有同样的添附作用，例如奥本海所指出的安娜号案（the Anna case，1805）就可以作为说明的一个例子。①

上述这些添附都是自然的形成，都构成领土的增加，都属于原始的取得，不待说，也都是合法的取得。但是并不是一切添附的情况都是如此的。添附也可以是人为的造成，比方在海岸或在界河一方河岸建筑堤防，就因为领海的宽度的起算点超出低潮线而领海向外伸展，或者由于河岸堤防的影响驱使河水向对岸移动，以致河中界线移动而使得一方领土增加。在后项情况下，添附也就不能说是原始的取得，因为一方沿岸国增加领土同时就是另一方领土的相应减损。并且这种人为的工作造成的添附也可能是不合法的，如果一方沿岸国在本国河岸建筑堤防而没有事先同对岸国家协商以致利己损人。又如河流改道也可以发生同样问题，因为如果废河床的原界线已不明确，而改以河床中央为界，则由于界线的变动使得一方沿岸国的领土有所增加（另一方沿岸国领土相应地受到减损），就不能算是原始的取得。至于在界河中新成长的岛屿或沙洲位于一方界内的，属于该方沿岸国所

---

① 1805 年，在英国与西班牙战争中，英国私掠船米纳瓦号（the Privateer Minerva）在密西西比河河口附近拿捕了西班牙船安娜号。当这个案子提到英国捕获法庭的时候，美国认为该船系在美国的领海内被拿捕，要求释放该船。英国法官作了承认美国要求的判决，理由是，拿捕虽然是在海岸三浬（美国领海限度）外发生，但是在一些由漂流入海的泥土和木材所造成的小泥岛（作为属于美国海岸添附的岛）的三浬以内发生，就是在美国领海内发生。〔Oppenheim, International Law，1912，I，pp. 301-302；《奥本海国际法》（中译本），第 1 卷，第 2 分册，第 96 页。〕

有，则不算是领土的增加，因为它本来就是产生在该方沿岸国之领域内，也只限于在该国领土内发生效果。

先占。先占是指国家占有无主之地（res nullius, vacant land），而取得对它的主权。西方国际法理论一般认为先占是国家取得领土的一个原始的方式。先占的对象是无主地。而所谓无主地，是说不属于任何国家所有之地，它或者是完全无人居住之地（如荒岛），或者虽有土著居民而未组成国家。简言之，所谓无主之地，如里维尔所说，就是无国之地（res nullius civitatis）①，又曾经一度属于一个国家所有而后来被抛弃的土地，也可以成为先占的对象。② 西方一些殖民国家自近世纪开始以来，陆续在世界各地，占有广大的殖民地或属地，一般就是通过先占的方式实现的。而从各国夺取殖民地的长期实践也就产生和发展了一些关于依先占方式取得领土的规则，通常分为习惯的规则和协定的规则两大类。

关于先占的习惯的规则，主要是联系着美洲大陆殖民地的取得而发展出来的。按照习惯的规则，对于某一地域的先占的完成必须通过以下两个步骤：（一）正式占有，即以国家的名义宣布占有该地域的意旨，把它置于本国主权之下；（二）实行管理，即由国家设立行政组织，表示执行统治权能。国家于采行第一个步骤之后，必须于相当时期内接着实行第二个步骤，才算完成了先占程序，实现有效的先占。③ 按照1885年柏林会议制订的专为在非洲适用的协定的规则，凡在非洲海岸占有土地或设立保护地的国家，应当向缔约国发一通知，缔约国担任在各自占有的地域内，维持权力，以保护交通和商业的自由。占有土地的国家所担负的这两项义务，是关于先占的习惯的

① Rivier, Principes du droit des gens, 1896, p. 188.
② 《奥本海国际法》，第1卷，第2分册，第87页，第108～109页。
③ 《奥本海国际法》（中译本）第1卷，第2分册，第88～90页；
Rivier, Principes du droit des gens, 1896, p. 192;
必须注意，作为取得领土方式的先占与战时的军事占领属于完全不同的性质，虽然西方中使用 occupation 同一个名词；前者使得国家取得领土主权，后者只是给予交战国暂时行使的军事管制权利。

规则原来所未有的，不过这项特别协定的规则，只限于在非洲取得土地才适用。

发现新土地一般不认为就构成先占的权利，但发现这一事实本身也被认为对于发现的国家给予一种初步的权利（inchoate title），在对于被发现的土地作有效先占所必要的相当期间内，这种权利"有暂时阻止他国占领的作用"。①

关于先占有效的限度，常有争论。有时殖民国家要求庞大的范围，如说占有海岸就连带占有海岸背后一带的内地，这是一般不承认的。但也有人主张凡占有一定的地点、同时附带着若干地域，或是殖民者之力所能实际控制的、或是与所占定的地点构成一个地理的整体的；例如说，占有小群岛中的一岛，即看作占有全群岛；占有一岛的一部分，如其面积适中，即视为占有全岛；又凡占有大陆的一带海岸，其范围视为及于经这海岸入海的河川的流域，但仅仅占有河口，不算是占有该河的流域；占有河的一岸，不涉及河的对岸。②

总的说来，上述先占作为领土的原始取得方式以及适用的规则，完全是从殖民国家的争夺土地的便利出发的一种政治安排，不能视为公认的国际法规则。今后这种取得领土的方式和规则实际适用的机会已不多（除在关于领土争端的仲裁或司法案件中可能援用以主张一方当事国的权利外），因为现今世界上已经很少可能找到无主之地供任何国家作为先占的对象（除非在南极、北极区域）。③ 因此，关于先占的规则就用不着详论。不过作为国际法理论上的问题，所谓原始取得方式的先占的合法性，是必须否定的。首先，所胃无主地的观念根本上就成问题。一个地域如果有居民，有土著部落存在，尽管没有

---

① 《奥本海国际法》（中译本），第 1 卷，第 2 分册，第 89～90 页；Hall, International Law, 1909, pp. 102～103.

② Rivier, Principes du droit des gens, 1896, pp. 195-197.

③ 关于南极、北极区域的占有问题，各国有不同的主张，迄今在国际法上尚没有公认的规则；奥本海教本第八版只是在脚注里略举了一些理论家的见解和某些国家的主张。（Oppenheim, International Law, 8th ed., 1955, pp. 556-557；参看苏联科学院《国际法》（中译本），第 192～195 页。）

建成国家，或不属任何国家所有，也不能说是无主地。该地原有的居民也应该有自主、自决的权利。任何国家依先占取得该地主权就是掠夺该地居民即原来所有者的权利，因而这样的先占就不能说是原始的取得。事实上，在先占的名义下，外来国家作为新主人，把土地上原来的主人（土著种人）消灭掉，或者加以奴役；这是完全侵犯人权和违反民族自决原则的。西方资产阶级的国际法学家也提不出先占行为的合法根据。福希叶曾经企图为殖民国家占有所谓无主地的行为作辩护，提出了一些理由，如为了移植过剩人口（甚至流放罪犯）的必要，开发资源和传播文明的共同利益等，那也只能是反映殖民主义者进行的掠夺和奴役的政策，决不能建立先占行为的法律论据。①

时效。时效也是国内私法的一个观念②，西方资产阶级国际法学把它应用在国际关系上作为国家取得领土的一种原始的方式。所谓属于领土原始取得方式的时效，是说国家继续安稳地占有某些土地，经过长时期，即取得该土地的主权。

按照一些西方国际法学家的说法，国际法上的时效与国内私法上的时效的不同主要为如下两点：（一）私法上的取得时效限于原来善意的占有，时间的经过不能洗除原来的不法行为③；国际法上的时效则不论是否善意的占有，而承认时间的经过可以洗除原来不法的行为，例如奥本海说，"在国际社会成员的实例中，如果一国原先不正当地并非法地占有某些领土，而占有者已经相当长时期在继续并安稳占有，致造成一般信念，以为事物现状是符合国际秩序的，则该国就被视为那些领土的合法所有者"④。（二）私法上的取得时效是规定

---

① Fauchille, Traité de droit international public, 1925, I-2, pp. 681-684.

② 例如《日本民法》（第162条）规定，"10年间以所有之意思平稳地并且公然地占有他人的不动产者，其占有之开始是善意的并且是没有过失时，则取得其不动产之所有权"（末川博《六法全书》，岩波，昭和三十三年版，第596页。）

③ 例如上引《日本民法》第162条要求"善意的并且是无过失的"占有。

④ 《奥本海国际法》（中译本），第1卷，第2分册，第104～105页。

有确定的年期的（按照各国国内法的规定，如 10 年至 40 年不等）①，而国际法上的时效则没有一定的年期，过去有主张 100 年或 50 年的，但一般不要求确定的年期，而按照具体情况，经过相当长时期，只要他国不继续抗议或不提出主张，占有就算是安稳而符合于国际秩序的信念，肯定取得土地的主权；例如奥本海所举出，假设有一个国家原来明知一个岛屿曾为另一个国家所先占，而仍依据以先占取得所有权名义恶意地予以占有，且该国长时期安稳地继续占有该岛，而从前的所有者不再抗议并缄默地放弃它的主张时，国际社会成员之中就发生事物状态符合国际秩序的信念。这类例子说是可以表明，对于领土所有权的因时效而产生不能一成不变地规定一个确定的年限。②

必须指出，把如上所述意义的时效作为国家取得领土的一种原始的方式的理论是不能接受的。主张这种理论的奥本海也承认，"自从有国际法以来，经常有人反对以时效为一种取得领土的方法"③。虽然在关于领土争端的仲裁案件中，例如 1909 年瑞典和挪威间关于海上边界（the Grisbardana case）仲裁案和 1928 年美国和荷兰间关于帕尔玛斯岛（The Island of Palmas）仲裁案④曾被人们引作国际判例承认取得时效的例子，但是其实仲裁法庭只是对于有争执的领土，根据一方当事国长时期间继续和平安稳占有的事实，作出有利于该当事国的裁决，并不是明明认定一方事实的占有原来是非善意的或非法的而仍然裁定依时效取得领土主权。按照上述西方资产阶级国际法理论，即令原来占有他国土地是非善意的或非法的，只要是相当长时期继续安稳占有，就可以取得领土主权，那就是说，时期的经过可以使得一

---

① 上引《日本民法》（第 162 条）规定取得时效为 10 年；旧中国《民法》（第 70 条）规定，"以所有之意思，10 年间和平继续占有他人未登记之不动产，而其占有之始为善意并无过失者，得请求登记为所有人"。（《六法全书》，会文堂，民国三十二年版，第 122 页。）

② 《奥本海国际法》（中译本），第 1 卷，第 2 分册，第 105～106 页。

③ 《奥本海国际法》（中译本），第 1 卷，第 2 分册，第 104 页。

④ 海上边界仲裁案见 Scott, The Hague Court Reports, 1916, p. 130；帕尔玛斯岛案见 Scott, The Hague Court Reports (second series), 1932, p. 83.

切侵占领土的既成事实合法化，而且所谓相当长时期又是不确定的，狡猾的国家便可以按自己的便利，任意主张。总的说来，时效作为取得领土的一个方式既不都是原始的取得（假定占有属于别国的领土），也不是合法的方式（因为占有可以是原来就不合法的、非善意的），而徒然供扩张主义的国家利用作霸占别国领土的法律论据。因此，西方资产阶级国际法学家所主张的取得时效是不能认为构成国际法公认的规则的。

征服。征服是说国家以武力占有他国的领土（全部或其一部分），而取得其主权。西方资产阶级的国际法学家一向也把征服列作国际法承认的国家领土取得的方式之一，有的甚至说它是原始取得方式。① 按照他们的理论，凡属有效的征服，只要征服国方面满足以下两个条件：

（一）占有的意思。这个意思一般依一道正式合并之宣告以表示。

（二）保持的能力。战胜国对于其所占领的土地是否已具有保持的能力，是一个事实问题。如果所占的地方仅属于他国领土的一部分，则保持的能力当依战事终结或和约成立而证定。具体的说，如果战事没有经过和约而自然终结，或是订有和约而和约完全未提到割让这种被占领的土地（例如 1912 年意土战争中意大利占有的黎波里 Tripoli），则可认为原主国放弃了收复失地的意思，而战胜国依征服取得这项土地。（如果和约上明文规定把这项土地让与战胜国，则领土取得的方式就已不属于征服范畴，而成了割让。）又如果所占领的土地为他国领土的全部，则战胜国保持这全部土地的能力就当依完全占领后一定时期的经过而证定。无论如何，在战事尚在进行中合并敌国土地（例如英国在 1900 年宣布合并南非共和国）是不合法的行为，不能赋予征服的权利，因为战事尚在继续进行那个事实已足够证明征服并未确定。

---

① 《奥本海国际法》（中译本），第 1 卷，第 2 分册，第 97～100 页；
Rivier, Principes du Droit des Gens, 1896, pp. 181-182.

　　国际关系历史上充满着一国以武力兼并他国领土的例子；这是个政治事实，无可否认。可是把这样武力兼并土地的事实认作领土合法取得的一种原始方式，在国际法理论上显然是站不住脚的。被兼并的土地原来是属于他国所有的，怎么能说是原始取得？武力夺取别国的领土，怎么能说是合法取得？事实上，西方国际法学家中早已有人根本否认征服可以作为取得领土的方式；就是那些主张征服权的人们也提不出正当的有力的理由。有人根据国家自保权的理由，主张国家向外扩张领土的权利，这也只可作为强权政治、强国掠夺政策的政治借口，根本不成为法律的论据，自不待深辩而明。① 有人从国家的战争权的概念出发，认为传统的国际法原则既然承认战争可以是合法的，由于战争的结果而导致的征服也应该认为是合法的。② 但是传统的国际法尽管承认战争的事实，但对于战争的行为和手段是有限制的，它并没有在法律上肯定国家一旦进行战争，对敌方便可以为所欲为，以致灭人国家，径行夺取土地（战时的军事占领，也并不能赋予领土主权）。战争结果，至少在没有通过和约上明文规定割让的法律形式以前，是不能认为合法地取得别国领土的。至于从现代国际法观点说，由于1928年《巴黎非战公约》的效果，特别是由于第二次世界大战后《联合国宪章》（第2条）规定不得以武力侵害任何国家领土完整的原则，所谓征服作为国家取得领土的一种方式，在法律上肯定更是没有存在的余地了。③

　　割让。割让是说一国的领土依条约移转于他国。领土的移转可以发生于各种不同的情况，也可以是有代价的。历史上有过依交换条件转让领土的事，例如1890年英国以换得东非洲保护地的条件把赫尔戈兰岛（Heligoland）让给德国④，1867年帝俄取价720万美金，把

---

① Rivier, Principes du droit des gens, 1896, p. 181.

② Fauchille, Traité de droit international public, 1925, I-2, pp. 767-768.

③ 至于平时合并别国领土或甚至灭人国家，例如18世纪末期俄、普、奥三国三次瓜分波兰，1910年日本合并朝鲜，1938年希特勒的德意志合并奥地利，那更是赤裸裸的强盗行为，当然更说不上合法取得领土的方式。

④ Mowat, A History of European Diplomacy, 1815-1914, p. 249.

阿拉斯加（Alaska）卖给美国，1916 年丹麦把它在西印度（West Indies）群岛中所领有的岛屿，以 2 500 万美金之代价，卖给美国。①

但是严格意义的割让，是领土的强制性的移转，无代价的移转。这主要根据战争结果和约上作出的规定，例如普法战争结果，依 1871 年《法兰克福和约》（Peace of Frankfurt）法国的阿尔萨斯-洛林（Alsace-Lorraine）被割让给德国；中日战争结果，依 1895 年《马关条约》，中国割让台湾于日本；日俄战争结果，帝俄依 1905 年《朴次茅斯和约》（Treaty of Portsmouth）将库页岛南部割让给日本。领土的割让也可以发生于平时，例如依 1860 年《都灵条约》（Treaty of Turin）（撒丁）（意大利）将尼斯、萨瓦（Nice and Savoy）割让给法国。②

割让的效果为领土主权的移转，是一项重大的国家行为，因而在许多国家的宪法上对这项国家行为都有限制性的规定，例如须经国会同意。如果一国政府违反宪法的规定把领土割让给他国，这种割让行为在国内可以构成违宪责任，在国际方面是否有效，是可以成为法律上争执的问题（这问题当在以下条约一章里另行讨论）。

割让既然涉及主权的移转，在原则上割让地的住民随着割让的事实当然成为受让国的人民。但在近代割让条约上，常规定割让地的住民有依明示的声明保留原来的国籍之自由，不过使用这项自由的人，就没有继续居住该地的权利。关于住民自由退出割让地之期限，条约上亦常作明文的规定，例如 1871 年《法德和约》关于阿尔萨斯、洛林两省住民地位的规定，1895 年《中日马关条约》关于台湾住民地位的规定；在第一次世界大战后，巴黎和会所订各和约也有类似的规定。

割让构成国家取得领土的一种转承的方式，一向被认为国际法承认的合法的方式。但是从现代国际法的观点看来，割让这个取得领土的方式的合法性也还是需要重行检查的。特别是在第二次世界大战

---

① Hackworth, Digest of International Law, 1940, I, p. 481;
Bemis, A Diplomatic History of the United States, 1938, pp. 308-309.
② Mowat, A History of European Diplomacy, 1815-1914, p. 147.

后，根据《联合国宪章》的原则各国负有彼此不侵害领土完整的义务，因此，除为了进行边界调整或其他公平合理的目的，在友好协议的基础上作一些必要的土地移转外，一国没有权利索取别国的土地。一切领土的强制转移，即令是战争的结果，即令是通过条约，在原则上都不能认为是合法的；收复失地，又当别论。事实上，法兰西大革命时代宣布的民主原则之一就是不以夺取领土的目的进行任何战争①；而俄罗斯十月革命后在列宁领导之下颁布的《和平法令》，强调"不兼并"②，也就是排除所谓征服和割让的意思。

二、所谓变相的割让

上述领土的正式割让之外，西方资产阶级的国际法学家尚列举有所谓变相的割让（disguised cession，cession déguisée）。这就是说某些关于领土的交易，在形式上不是割让而实际类于割让或者有成为完全割让之势。这类所谓变相的割让主要有如下几项：

占住和治理。有时国家被迫允许别国占住并治理它的一部分领土，而自己在名义上保有主权。例如 1878 年英国依其与土耳其缔结的协定，占住土耳其所有的塞浦路斯（Cyprus）岛，实行治理；同年《柏林条约》将土耳其的波、赫（Bosnia And Herzegovina）两省交给奥匈帝国占住和治理（occupation and administration）。后来在 1908 年奥匈帝国终于正式宣布合并波、赫两省，而在 1914 年英国也宣布合并了塞浦路斯岛。

永久占用。有时一国将其领土一部分永久让他国使用和控制，而自己不对这部分领土行使权力。例如 1903 年巴拿马共和国根据《美巴条约》（the Hay-Varilla Treaty）把修筑巴拿马运河所需之地带及运河两岸各五英里宽的土地永远许与美国"使用、占有及控制"

---

① "La nation française renonce à entreprendre aucune guerre dans la vue de faire des conquêtes..." (Titre Ⅳ, Constitution du 3 septembre 1791, 原文见 Duguit, Les Constitutions de la France, 1915, p. 33.)

② 《国际公法参考文件选辑》，世界知识出版社，第 13～15 页。

（"use, occupation and control"），俾得建造、管理并防护运河。

有期租借。领土的租借（lease, cession à bail）是 19 世纪末出现的事，西方国际法学家也有视为一种变相的割让。租借这一新办法当时形成帝国主义列强瓜分中国的局势，事实是 1898 年前清政府先后将胶州湾租借与德国（租期 99 年），旅顺和大连租借与帝俄（25 年），威海卫租借与英国（租期比照旅大租期），广州湾租借与法国（99 年），以及随后又把九龙租借与英国（99 年）。有的法学家以为这种租借事实上同土地割让很难分别。英国国际法学家劳伦斯（Lawrence）说，中国在这里所丧失的是主权。① 但有些法学家，如奥本海，虽然也承认就实际的效用说，租借同于割让，但断言，在严格法律上租借地仍属原主国所有。②

无论如何，这种有期的租借，性质上显然不同于割让，不管帝国主义者租借土地的政治意图如何，中国在法律上仍然是租借的主权者，则是不能否认的。事实上，经过第一、第二两次世界大战，这些租借地都先后由中国收回了。

必须指出，上述所谓变相的割让之说，只是反映帝国主义推行掠夺和侵占政策的企图，而对于有关领土的地位并不是正确的法律解释。那些领土是否会终于成为割让，当依形势的发展而定；如果自始就说是原主国失掉了对有关领土的主权，那在法理上是站不住脚的。事实上，中国已经先后收回了各租借地（除九龙外），巴拿马人民也在坚决要求收回运河区，估计美帝国主义也不能长期霸占下去。

三、殖民保护地和势力范围

殖民国家除依先占那个所谓原始取得方式，取得土地外，尚使用

---

① Lawrence, Principles of International Law, 1913, p. 177;

参看 Fauchille, Traité de droit international public, 1925, I-2, pp. 770-776.

关于所谓变相的割让，法国出有专著：Perrinjaquet, Des cessions déguisées de territoire, 1904.

② Oppenheim, International Law, 1912, I, p. 233; Brierly, The Law of Nations, 1942, pp. 128-129.

一些新手法，造成一种土地关系，自身并不足以构成对土地的完全权利，然而却是取得完全权利的初步。保护地（protectorates）和势力范围（sphere of influence）的划定，就是这种新手法的重要者。

保护地。19 世纪后半期，帝国主义的欧洲国家力图取得广大的殖民地，特别是在非洲，而又不能即时为有效的先占，于是对于尚未被别国占住的地方，强迫土著部落酋长以协定的形式，把他们的土地置于欧洲国家的保护之下；这些地方被称为保护地或殖民保护地（colonial protectorates）。所谓保护地与居于强国保护下的所谓被保护国是属于完全不同的范畴。[1]

保护关系的成立，可以说是取得了对于有关土地的初步的权利，可以阻止别国占有这块土地。有时保护地的取得就是变相的先占；实际有时保护地和殖民地很难分别。在非洲方面，过去德国取得的东非保护地以及英国占有的东非保护地，实际是当作它们的领土处理的。

势力范围。在非洲争夺殖民地的国家企图渐次扩张它们的领域于其占有地的内地或其背地（hinterland），常同别国缔结协定，划定彼此的势力范围。所谓势力范围，可说就是那一部地域之为占有邻近地的国家所保留以待将来占取者。各国在其势力范围内有取得殖民地或设立保护地的完全权利，他方缔约国不得妨害。但是各国对于势力范围没有行使直接管理权，设置行政组织的义务。[2]

严格地从法律上说，划定势力范围的条约只能约束缔约各方，第三国则可以不受其约束。但是事实上第三国也尊重这种势力范围而不侵入。

必须注意，势力范围这一名词在国际关系上可以用于几种不同的意义。以上所说的势力范围同过去帝国主义的列强在中国争取的所谓势力范围截然为两事。后者与其叫做势力范围，毋宁叫做利益范围（sphere of interests）。过去列强在中国的所谓势力范围或利益范围，

---

① 这里所谓保护地同其他名称保护关系的区别，参看 Lawrence, Principles of International Law, 1913, pp. 168-173.

② Lawrence, principles, 1913, pp. 173-175.

发生于列强与中国前清政府缔结的或列强相互间订立的各种形式的特殊协定。列强在属于各自的利益范围的地域内并不获有取得中国领土的权利；它只是要求中国不把这地域割让与别国，例如中国对英国声明扬子江流域各省不割让，对日本声明福建不割让。它们在这种地域内则特别关于经济的财政的事情，主张该国国家和其人民有优先的或甚至独占的权利。①

帝国主义过去在中国争取的势力范围或利益范围，虽然不是像在非洲的势力范围那样作为占有殖民地的初步，但也是帝国主义过去对华侵略政策的极端恶毒的表现，连同租借地的争取，一时造成一种瓜分运动的局势，这当然是不能找出任何国际法规则来把它合法化的。

总的说来，西方资产阶级国际法学家关于国家取得领土的各种方式的说法，如上所指出，主要是沿用过去罗马法关于私有财产权的规则和反映近代帝国主义、殖民主义掠夺和侵占土地的实践，而作为国

---

① 关于外国在华的势力范围及其他权利和利益的说明，详见 Willoughby, Foreign Rights and Interests in China, 2nd ed., (1926), 2vols.

过去帝国主义在中国取得势力范围或利益范围，一般说是根据所谓协定造成的，这些协定大体上可分为以下三类：

第一类是迫使中国保证不割让或租借领土给第三国的协定。例如 1897 年 3 月 15 日关于海南岛和 1898 年 4 月 10 日关于两广和云南对法国的保证；1898 年 2 月 11 日关于扬子江流域诸省对英国的保证；1898 年和 1915 年关于福建两次对日本的保证；1915 年关于山东对日本的保证。这些协议使有关的帝国主义国家在上述地区取得了确立势力范围的保证。

第二类是强迫中国承认某国在一定地区享有独占权或优先权或其他特权的约定。例如 1885 年《中法天津条约》第 7 条规定，中国在中越边境建造铁路时应由法国商人承包；1898 年《中德胶澳租借条约》承认，德国对山东省内一般经济事业享有优先权和对该省内的铁路、矿山享有独占权；1915 年《中日换文》，除承认日本在南满和内蒙东部建造铁路和借款的优先权外，还约定中国在南满聘用外国顾问（包括政治、经济、军事、警察顾问）时，应优先聘用日人。

第三类是帝国主义国家相互间背着中国擅自瓜分中国利益的协定。例如 1899 年 4 月 28 日英俄两国划分彼此在华建造铁路区域的协定；1898 年 9 月 3 日英德两国银行团划分彼此在中国建造铁路范围的《伦敦协定》。

际法的理论是久已落后于时代的了。因为侵略战争既经成为非法的，国家领土完整是不可侵犯的，并且在反帝国主义反殖民主义的斗争形势之下，西方资产阶级国际法学家所说述的国家取得领土的各种方式，决不能构成国际法公认的原则。因此，在现代国际法中，如果尚需要有关于国家取得领土的规则一部分的话，那是要根本重新制订的。

第三节　国际地役

一、国际地役的概念

地役（servitude）是私法上的一个名词，属于产权范畴的观念。在私法上，地役是指某人所有的土地为他人所有的土地的利益服务；前者为承役地，后者为需役地。① 西方资产阶级的公法家却把私法上地役这个名词和观念搬用在国际法里来指称国家间的领土关系，有的称为国家地役（state servitudes），有的称为国际地役（servitudes internationales），意思都是一样的。按照英国一个有代表性的资产阶级国际法学家的说法，"国际地役是根据条约对一国属地优越权所加的特殊限制；按照这种限制，一国领土的一部或全部在一定范围内须永远供另一国某种目的或利益之用"。② 简言之，国际地役就是为了使得一国的领土或其一部分满足别国的利益，依条约对前者的领土主权所加的限制。

二、国际地役的性质

国际地役一般分为积极的和消极的两类。例如一国依条约许与邻国军队过境的权利，或者允许他国人民在本国领海内捕鱼［例如法

---

① 旧中国《民法》（民国十八年）第 851 条规定："称地役权者谓以他人土地供自己土地便宜之用之权。"（《六法全书》，会文堂，第 132 页）

② 《奥本海国际法》（中译本），第 1 卷，第 2 分册，第 70 页。

国根据 1713 年的《乌德勒支条约》（Treaty of Utrecht）和 1783 年《凡尔赛条约》有在英属纽芬兰海面捕鱼的权利]，是属于积极的地役。又如一国依条约不得在国境上特定地点建设军事要塞［例如阿尔萨斯境内的许宁根 Hüningen 城，依 1815 年《巴黎和约》，为了瑞士巴塞尔（Basle）洲的利益不得设防]，是属于消极的地役。①

国际地役的成立基于条约，所谓自然的地役，即不须根据条约而为一般国家所当然享受者，如领海的无害通过，则不算是国际地役。

国际地役的对象是领土，凡对于一国领土主权的限制而不涉及该国领土供他国利用的关系的，则不属于国际地役的范畴。

三、国际地役的效力

国际地役不是对人权（rights in personam），而是附着于和它有关的对象的权利，因之有关领土的所有主即令变更，附着于这领土的地役仍然存在。如是则假定一项国际地役成立之后，有关的土地或因征服，或因割让，落于第三国之手，这项地役仍然是有效的。例如撒丁（意大利）的沙百莱和福西尼（Chablais and Faucigny）省以及萨瓦在乌琴以北的领土的全部（the whole of the territory to the north of Ugine）在 1860 年割让于法国；依 1815 年《维也纳公会公约》（第 92 条）所设定的地役，即瑞士在战时有在这些地区暂时驻军队的权利，并不因而消灭。②

国际地役既然成于条约，则依有关国家（承役国和需役国）的相互协定，或依需役国一方的放弃权利，可以消灭。又按照一般条约适用的情势变迁原则，有关地役的条约亦可适用这个原则，这就是说，如遇有情势变迁，至于某项地役到了不堪忍受的时候，也可以由

---

① 关于国际地役的专著，30 年代出版的有 Vali, servitudes of International Law. A Study of Rights in Foreign Territory（法文英译），1933；Reid, International Servitudes in Law and practice，1932.

② Strupp, Documents pour servir a l'histoire du droit des gens, 1923, tome I, pp. 180-181.

承役国单方宣告解除。①

四、对于所谓国际地役观念的批评

所谓国际地役的观念在国际法理论上原来也不是一般接受的。事实上，有不少的西方国际法学家，如李斯特（Liszt）②、麦克奈尔（McNair）③、尼斯（Nys）④ 等都反对国际地役观念。主张国际地役说的人尚说各国实践都接受国际地役观念，而援引 1929 年智利与秘鲁间塔克那—阿利卡争议（the Tacna-Arica Controversy）的最后解决办法明白规定应为秘鲁的利益，永久享有最完全的地役的例子来支持他的说法，但同时又不得不承认 1910 年常设国际仲裁法院对于北大西洋沿岸渔业案的裁决中表现了排斥地役观念的意见⑤，可见所谓国际实例也支持国际地役的说法原来也是没有确实的根据的。而从现代国际法的观点看来，国际地役说更是应该完全从国际法排斥出去的。第一，所谓国际地役与私法上的地役是完全不同性质的两回事，前者关涉国家领土主权，后者关涉私人产权，而同样使用地役那一名词和观念，就是根本错误。第二，罗马法上地役的观念适用到国家领土关

---

① 上述《维也纳公约》第 92 条的规定及其他关于萨瓦中立化地带的规定，就是经 1919 年《凡尔赛和约》（第 435 条）确认法国和瑞士的协议而废止了的。参看《奥本海国际法》（中译本），第 1 卷，第 2 分册，第 74～75 页；《国际条约集》（1917～1923 年），第 260 页。

② Liszt, Le droit international（法译本），1928, p. 81.

③ 麦克奈尔认为把罗马法中的地役名词和概念适用于这一类对于属地优越权的条约的限制是可遗憾的，而这种限制的效果通常能借使用其他争论较少的原则来实现。（McNair, in British Yearbook of International Law, 1925, p. 111-127）引见《奥本海国际法》（中译本），第 1 卷，第 2 分册，第 71 页。

④ 尼斯特别详述了这一罗马法关于私权的地役观念引用到国际法上对主权的限制的历史过程。Nys, Le droit international, 1912, tome II, pp. 319-330.

⑤ Oppenheim, International Law, 1912, I, pp. 274-275；《奥本海国际法》（中译本），第 1 卷，第 2 分册，第 70～71 页。

关于 1910 年仲裁法庭驳斥国际地役的意见，参看 Scott, The Hague Court Reports, 1916, pp. 159-160.

系上原来是由于适应神圣罗马帝国时代欧洲封建领主的土地错综分散的特殊状态。如尼斯指出，当时封建国家没有一个整体的疆土，例如德意志的符腾堡（Wurttemberg）就有两千个"飞地"（"enclaves"，即包围在别国领土内的土地）①，自然在交通和管理上有通过别国领土的必要，所谓地役观念就是这样发生的。然而这种封建特殊状态久已不存在，因而就更没有在国家领土关系上保持所谓地役观念的理由。第三，关于国际地役观念的内容，在国际法理论中也没有一致的认识，有的公法家，如法国的德巴涅（Despagnet）就把国际地役理解为一切对国家主权的限制，甚至包括领事裁判权在内②；这样就更造成国际地役观念的混乱和无限的扩大，以至可以把现今帝国主义所实行的在外国驻军和设立军事基地那类侵略事实都包括在国际地役之内而把它合法化了。第四，现代国际法强调尊重国家主权的原则，限制国家主权是不正常的事，一般不在国际法承认的制度的范畴。把任何条约，不论它的性质如何（可能是不平等条约），所加于领土主权的限制，一律在国际地役之名义下，使之合法化，那是不符合国际法上的主权原则的。第五，即令在特殊情况之下，例外地对一国的领土主权的行使有所限制，那也属于国家权利行使的限制问题的范畴，根本不需要另外引用什么国际地役的观念。

---

① Nys, Le droit international, 1912, tome II, p. 321.
② Despagnet, Cours de droit international public, 1910, pp. 245-248.

第八章　公　海

第一节　公海的概念

公海的意义和范围。地球上的海域，就其法律的地位说，有公海（the open sea, the high seas, 1a haute mer）、领海和内水之分。如 1958 年《日内瓦公海公约》（第 1 条）所规定，公海是指"不属领海或一国内国水域（内水）之海洋所有部分"。① 一切所谓大洋，如大西洋、太平洋、印度洋、北冰洋等自然都是属于公海的。大洋的分支以及其分支的分支各具有特别的名称的，也都属于公海，例如北海、波罗的海、地中海、阿拉伯海和红海、黄海等。②

公海的法律地位。按照国际法公认的原则，公海是自由的。这就是如福希叶所说，公海不构成任何国家的领土部分；任何国家不能对它有所有权、或主权、或管辖权；任何国家不能主张对它制订法律的权利。海洋是一切国家共通的大道。③ 关于公海自由，奥本海更强调地说，"公海自由一词表示公海不属于并且也永远不属于任何国家主权的国际法规则。因此，公海既不是任何国家的领土，任何国家通常就没有在公海任何部分行使立法、行政、管辖或警察的权利。同时，

---

① American Journal of International Law, Oct. 1958, pp. 842-851. 1958 年《日内瓦公海公约》（如同时其他公约一样）须有 22 个国家批准或加入才生效；截至 1963 年年底该公约已经 26 个国家批准或加入，因而现已生效。

② 《奥本海国际法》（中译本），第 1 卷，第 2 分册，第 117 页。

③ Fauchille, Traité de droit international public, I-2, p. 11.

公海既永远不属于任何国家的主权，任何国家就没有以占领的方法取得公海的一部分的权利"①。

公海自由的意义如上所说。可是，公海的法律地位究竟是怎样的？关于这个问题在理论上久有争执。有的主张公海是不属于任何人的东西，即所谓无主物（res nullius）说；另外有的则主张它是属于一切人的东西，即所谓共有物（res communis）说。批评无主物说的人认为无主物是可以占有的，而公海是不许占有的。批评共有物说的人则认为如果把海洋视为各国共同的所有物，那么，共有就意味着可以分割，也就可以各自分有，而且在使用上就需要各国间达成协议。因此，福希叶认为这两说都不是正确地表明公海的地位的，他的意思是，海洋的使用永远是对所有国家公开的。简言之，福希叶的折中意见着重在共用。但是共用似乎是同共有的观念分不开的，因而英国的海洋法专家希金斯则又结合这两个观念而作出如下的结论，即"公海的法律地位是以公海是一切国家所共有并对它们开放的这个概念为基础的"②。不过这种理论的争执实际并不关重要，重要的还是公海自由的具体效果。而关于这点，理论和实践现今已趋于一致。无论人们主张无主物说或共有物说，公海之不属于任何国家的主权范围而是对一切国家的使用开放，则是完全肯定了的。事实上，《日内瓦公海公约》（第 2 条）就规定，"公海对各国一律开放，任何国家不得有效地主张任何部分属其主权范围"。公约并规定，公海自由主要包括下列等项：（一）航行自由；（二）捕鱼自由；（三）敷设海底电缆与管线的自由；（四）公海上空飞行的自由。③ 上述公海公约规定四

---

① 《奥本海国际法》（中译本），第 1 卷，第 2 分册，第 117~118 页。必须指出，由于一国领海宽度（例如由 3 海里扩大到 12 海里）或领海基线划法（如用直基线）的变更而致把原来属于公海部分划入领水范围，则是另一问题。

② Rousseau, Le droit international public, 1953, pp. 415-416;

Fauchille, Traité I-2, p. 15;

希金斯《海上国际法》（中译本），第 65~66 页。

③ American Journal of International Law, Oct. 1958, pp. 842-843.

项自由同 1927 年国际法学会洛桑年会决议提出的公海自由原则的效果四点是完全一致的。①

公海自由原则的历史发展过程。公海自由现今是公认的国际法原则。这个原则是经过理论上和实践上长期的斗争才确定下来的。早在中世纪后半期，欧洲一些沿海国家各自主张对海洋某些部分的主权，例如威尼斯共和国对亚得里亚海，瑞典和丹麦对于波罗的海，英国对于所谓狭海（the narrow seas）、北海和大西洋的广大部分，都主张各自的主权。特别是葡萄牙主张对于全部印度洋以及在摩洛哥以南的大西洋的主权，西班牙主张对于太平洋以及墨西哥湾的主权，它们说是根据 1493 年教皇亚历山大第六所颁布的在两国之间划分新世界的两道教皇敕令。海洋主权的主张的实际表现有多种形式，如对公海某部分主张主权的国家要求在那部分航行的外国船舶向该国国旗表示敬礼，如对外国船舶征收通行税，禁止外国人捕鱼，以及控制甚至禁止外国船舶航行。特别是葡萄牙和西班牙企图禁止外国船舶来到它们所主张的主权海洋；那种夸大的主张，引起其他国家如英国、荷兰的航海者的抗拒。甚至连本来自己对公海部分主张主权的英国也公然拒绝西班牙关于英国人德拉克（Drake）在太平洋所作有名的航行向英国女王伊丽莎白提出的抗议，英国女王答复说：因为海洋和空气的使用是一切人类所共有的，海洋不能属于任何国家的所有权，就自然和公用的考虑来说，都不允许占有海洋，因此一切国家的船舶都可以在太平洋上航行。② 在这里英国为了反对西班牙对太平洋主权的主张，实际自己就提出了海洋自由的论点。由于葡萄牙继续迫害荷兰东印度公司在印度洋上的航海贸易，格老秀斯在 1609 年发表了他的《海洋自

---

① Wehberg, Résolutions de l'Institut de Droit international, 1873-1956, p. 88. (l'Institut... declare que le principe de liberte de la mer comporte notamment les consequences qui suivent：1. liberté de navigation en haute mer; 2. liberté de peche en haute mer; 3. liberté d'immersion en haute mer des cables sous-marins; 4. liberté de circulation aérienne au-dessus de la haute mer.)

② 《奥本海国际法》（中译本），第 1 卷，第 2 分册，第 113～114 页。

由论》（mare liberum）。① 格老秀斯认为海洋在实际上是不能占住的，因此海洋不能为任何国家的所有物，而其结果海洋是自然不受任何国家主权控制的。格老秀斯的海洋自由论引起欧洲社会的注意，但并没有即时被接受为公认的法律原则；相反地，它却在相当长时期受到不少作家的反驳。特别是英国的塞尔登（Selden）于 1618 年写出的《闭海论》（mare clausum），于 1635 年刊行，成为辩护海洋主权的最重要的一本著作，实际也是反映当时英国政府的对海洋主权的主张，虽则如上所述，英国为了维护自己的航海活动的利益，也曾经以海洋自由为理由否认西班牙主张的海洋主权。到了 18 世纪后半期，在理论上对海洋自由原则已没有多大的反对。18 世纪的一切著名作家，特别是宾凯斯霍克（Bynkershoek）和瓦特尔（Vattel）又提出公海自由问题，在领海与公海之间加以区别，前者在沿岸国控制之下，后者不属于任何国家的主权。瓦特尔（Vattel）在 1756 年断言，任何国家不得企图在海洋僭有排他的权利。事实上，由于航海贸易的自由发展符合新兴的资产阶级的经济利益的要求，主张海洋主权的国家，包括拥有强大海军的英国，最后也放弃了它们的主张。因此，到了 19 世纪 20 年代，公海自由原则在理论上和实践上可说已获得普遍承认。②

第二节　公海自由原则

一、公海自由的内容

公海自由虽然久已成为普遍承认的国际法原则，但是如福希叶所指出，过去在海洋国家间关于海洋自由的解释出现分歧：英、法、乃

---

① Grotius 的 Mare liberum 这一短篇著作原来是他的一本论捕获法的著作（De jure praedae）的第十二章，专为辩护荷兰东印度公司的东方贸易权而写的，原著迟至 1868 年才刊行；Mare liberum 则早于 1609 年刊行，现已有英译单行本如下：Grotius, Freedom of the Seas, English Translation by Magoffin, 1916.

② Fauchille, Traité I-2, pp. 24-25；《奥本海国际法》（中译本），第 1 卷，第 2 分册，第 14~116 页。

至德、美各国按照各自的利益，根据不同的情况，就有不同的解释。① 特别是在第一、第二两次世界大战期中，由于交战国（主要英、德）滥用战争权力，极端破坏公海自由（如宣布广大的"战区"［war zone］），重新引起公海自由的实质问题。在第一次世界大战期中有美总统威尔逊于 1918 年 1 月 8 日宣布的和平原则十四点（the "Fourteen Points"）之一就是在领海范围之外，海洋上绝对航行自由，平时战时一样（除非为执行国际协定，以国际行动封锁全部或部分海洋）。对于美国这一主张，英国及其盟国不肯无保留地接受，显然因为这超出它们所承认的公海自由的范围，涉及战时海战的权利。在第二次世界大战期中美、英两国政府当局（罗斯福和丘吉尔）联合发表的宣言通称《大西洋宪章》（The Atlantic Charter）者，又主张作为和平原则之一，应使人人能够无阻碍地通过公海和大洋。② 必须指出，由于海洋强国对制海权的争夺，它们关于公海自由的主张，主要是作为政治问题提出，并不是正确地反映国际法原则的。

从法律的观点说，公海自由有它的一定的内容，国际法学家称为公海自由原则的效果。③ 1958 年《日内瓦公海公约》（第 2 条）具体地把公海自由的内容列举四项，即航行、捕鱼、敷设海底电线和管线，以及公海上空飞行的自由。如上节所指出，这里列举的四项自由是同 1927 年国际法学会决议所举出的公海自由原则的四项效果完全一致的。不过必须注意，公约列举四项自由（也如国际法学会的决议一样）只是就其主要的内容而言，并不意味着已经概括一切。海法条款起草者国际法委员会对此作了解释说，公约这条所包括的公海自由并非限制性，不过就其主要的四项特别举出而已。④ 又如在理论

---

① Fauchille, Traité de droit international public, I-2, p. 30.

② Fenwick, International Law, 1948, pp. 424-426.

③ 例如 1927 年国际法学会的决议（Wehberg, Résolutions de l'Institut de Droit international, 1873-1956, p. 88）。

④ 事实上，这条规定在《日内瓦公海公约》（第 2 条）的英文本上的措词是："freedom of the high seas comprises, inter alia..." American Journal of International Law, Oct. 1958, p. 842.

上福希叶列举了在海床或底土（le sous sol）进行工事和建设的可能，作为公海自由的一项效果；而鉴于开通海底隧道的计划（例如英法间海峡的隧道）的存在和开发海底资源（如油矿）的可能，则举出这项自由的效果也是可以理解的。① 并且所谓大陆架开发的新问题，就特别涉及这项自由。但是，在《日内瓦公海公约》所列举的公海自由四项中，没有举出关于在海床或底土进行工事的自由一项，而代之以公海上空飞行的自由。公海自由包括公海上空飞行自由，是题中应有之义，毋庸解说。但关于海床和底土的使用问题，联合国国际法委员会在起草海法条款时有意识地不列在公海自由范畴内，而列入大陆架条款部分的规定。大陆架就是指邻接海岸，但在领海范围之外的一定深度的海底区域的海床和底土，而沿海国为了探测和开发它的自然资源，对大陆架行使主权的权利（sovereign rights）。委员会虽不承认沿海国对海床和底土享有主权（sovereignty），但承认它对于进行探测和开发自然资源具有一切必要的并且是排他的权利。② 这样，海床和底土的利用同上述公海自由显然是属于不同范畴的权利了。因此，日内瓦海法会议把大陆架条款同公海公约分开而订成另一公约，即《大陆架公约》（Convention on the Continental Shelf），也是可以理解的。

二、公海自由的行使

公海自由不意味着容许公海发生无法律的混乱状态。一定的法律秩序的存在和遵守，对于保证各国安全地有效地行使公海自由的利益是有必要的。公海的法律秩序建立在国际习惯法以及有关特别事项的国际公约和各国的国内法的基础之上，达就形成公海的法律制度。公海自由就是在这样的法律制度下行使的。《日内瓦公海公约》（第2条）规定："公海自由依本条款及国际法其他规则所规定的之条件行

---

① Fauchille, Traité, I-2, pp. 17-20, p. 30.

② American Journal of International Law, Jan. 1957, pp. 205-206, pp. 246-247; the same journal, Oct. 1958, p. 858.

使之。"

公海自由最基本的一项是航行自由。航行自由是国际交通发展的必要条件，也就构成公海自由原则存在的理由；这项自由的行使涉及的法律问题最复杂，有详说的必要。现在先说航行自由和其有关问题，而后对于捕鱼和海底电线敷设问题作简单的说明。

航行自由。航行自由意味着一切国家的船舶，不论军舰或商船，在公海任何部分有完全无阻碍地航行的自由；这包括船舶在公海上不受任何强制性的海上礼节的约束（除按本国法或条约规定外），也不负任何通行税的义务的自由。按照国际习惯法的规则，在公海上航行的船舶应各有其国籍。船舶的国籍，如希金斯所说，乃是国际法为航行自由提出的保证之一：每一只在公海上航行的船舶必须具有一个国籍，而且能证明具有这个国籍。船舶具有国籍乃是国家进行干涉和保护的根据。① 船舶所悬挂的国旗就是它的国籍的证据。国际法并不存在着决定船舶悬挂某一国家的旗帜的权利的规则，各国自己以国内法规定船舶悬挂它的国旗所须满足的条件，称为船舶国籍证书。《日内瓦公海公约》（第 5 条）规定，各国应规定给予船舶国籍、船舶在其境内登记及享有悬挂其国旗权利之条件；船舶有权悬挂一国国旗者具有该国籍，并应由该国发给有关证书。

为着公海上秩序的利益，不悬挂一国国旗的船舶，就不享受任何保护。但是，关于船舶悬挂一国旗帜的权利，可以由各国自由制定规则，甚至可以准许外国人所有的船舶悬挂它的旗帜（现今事实上有些国家如巴拿马、利比里亚等，准许外国人的船舶悬挂该国国旗，人们称为"方便之旗"Flag of convenience，也就是挂名的旗帜）②；悬挂它的旗帜的船舶也就因此属于该国的管辖。但是，奥本海指出，任何国家不得允许已经悬挂他国旗帜的船舶悬挂它的旗帜；一只悬挂两

---

① 希金斯《海上国际法》（中译本），第 201～204 页。

② Goldie, Flags of Convenience（a review of Boczek, Flags of Convenience: an International Legal Study）, The International and Comparative Law Quarterly, July, 1963, pp. 989-1004.

个国家的旗帜而航行的船舶就像一只不悬挂任何国家的旗帜而航行的船舶一样,不享受任何保护。① 关于这点,现今《日内瓦公海公约》(第 6 条) 作了明确的规定:"船舶如悬挂两国以上国家之国旗航行,权宜换用,不得对他国主张其中任何一国之国籍,且得视同无国籍船舶。"

由于关于船舶悬挂一国旗帜的条件由国家自己决定,各国对于船舶悬挂它们的旗帜有不同的规则。有些国家,如英国,只允许完全属于本国人以及属于在本国领土内成立的公司所有的那些船舶悬挂它们的旗帜。有些国家允许属于外国人的财产的船舶悬挂它们的旗帜。也有些国家,如法国,则允许部分属于本国人的财产的船舶悬挂它们的旗帜。又有些国家,作为悬挂它们的旗帜的条件,不但要求船舶的全体所有者或部分所有者是它们的本国人,而且要求船舶的全体职员和船员或一定比例的职员和船员是它们的本国人。但是所有国家都同样要求的条件是,由公认的当局在它们的港口保存着的船舶登记簿中对船舶进行登记,而把一份证明已履行一切必要手续的证明书发给船主。②

无海岸线的国家,例如瑞士,是否也同有海岸线的国家一样可以有自己的海商旗,在公海上享受航行自由?这是第一次世界大战以前早已存在的争论问题。③ 实际上当时无海岸线的国家人民所有的船舶都悬挂一个海洋国家的旗帜。一直到 1921 年巴塞洛那会议,才通过一个宣言,有英国和许多其他国家的批准或加入;按照该宣言,签字国和加入国"对于无海岸线各国船舶所悬挂之旗帜,如其船舶系在该国本国领土内一定地方注册者,一律予以承认",该地方即作为那

---

① Oppenheim, International Law, 1912, Vol. I, p. 330;参看 American Journal of International Law, Jan. 1957, pp. 209-210.

② 《奥本海国际法》(中译本),第 1 卷,第 2 分册,第 123～124 页。参看希金斯《海上国际法》(中译本),第 202～203 页。

③ Fauchille, Traité, I-2, pp. 33-34;参看《奥本海国际法》(中译本),第 1 卷,第 2 分册,第 121～122 页。

些船舶的注册港口。①

现在无海岸国的船舶悬挂本国的国旗在公海上航行自由，已经通过 1958 年日内瓦海法会议，订成一般适用的规则。按照《公海公约》（第 2 条）的规定，公海自由对沿海国和非沿海国一律适用："各国无论是否沿海国均有权在公海上行驶悬挂本国国旗之船舶"。公约并且规定，"无海岸国家应可自由通达海洋，俾与沿海国国家在平等地位享有海洋自由。为此目的，凡位于海洋与无海岸国间之国家应与无海岸国相互协议，依照现行国际公约：（甲）准许无海岸国根据相互原则自由过境；（乙）对于悬挂该国国旗之船舶，在出入及使用海港事宜上准其与本国船舶或任何他国船舶享受平等待遇"（第 3 条）。② 这就涉及无海岸国通过邻国出海和利用它的港口的便利问题。关于这问题，公约作了上述原则上的规定，至于如何实现公约的规定，还有待于相关国家通过友好协商在互惠原则的基础上达成协议。

公海上航行自由的行使同航海安全的保证问题是分不开的。保证航海安全是海洋国家共同的利益，就需要各国在这方面遵循基本上相同的规则和合作的措施。因为海上航行涉及许多重要的技术性问题，如果海洋国家各行其是，其后果不免造成混乱状态，增加海上事故的危险。但是除了对于公海上海盗行为的镇压（另在下节公海上的管辖权部分论述），有国际习惯法的规则可遵循外，在 1910 年以前，国际法还没有关于防止碰撞后拯救人命、以及其他的规则。海洋国家，特别是当时航海贸易最发达的海洋强国英帝国，曾经分别制定关于信

---

① Declaration respecting the Right to a Flag of State Having no Sea Coast, opened for Signature at Barcelona, April 20, 1921 (Hudson, International Legislation, 1919-1921, pp. 662-663) 事实上，1919 年《凡尔赛和约》（第 273 条）已经规定，缔约各国允承认任何无海岸之协约或参战国船舶之国旗。如此种船舶在该国领土内指定地方注册者，该地方应视为此种船舶之注册港。该约（第 363 条）并且规定，德国应给予无海岸的捷克斯洛伐克国以使用汉堡和什切青（Stettin）两海港的便利。《国际条约集》（1917～1923 年），第 189、241 页。

② Convention on the High Seas, signed at Geneva, April 29, 1958, American Journal of International Law Oct. 1958, pp. 842-843.

号、引水、航路、碰撞以及其他的法律，适用于在公海上悬挂它们的旗帜的船舶。虽然各国对于这些问题可以独立地制定法律，但在 19 世纪后半期一般趋势是追随英国的有关法律规章。及至 1910 年在布鲁塞尔（Brussels）召开的国际会议（所有欧洲海洋国家、美国、以及南美洲多数国家均派代表参加）签订了两个公约：一个是《统一船舶碰撞规则》（International Convention for the Unification of Certain Rules of Law in regard to Collisions between Vessels），另一个是《统一海上救助规则》（Convention for the Unificaton of Certain Rules of Law respecting Assistance and Salvage at Sea）。为着实施这两个公约，英国于 1911 年通过了《海商公约法》。上述第一个公约对于船舶碰撞时船只所受损害或船上的人或物品所受损害的赔偿责任问题作出了详细的规定。第二个公约规定在海上进行财产救助应得到酬金的权利和条件；该公约并且规定，在不使自己的船只或船员蒙受严重危险的限度内，"每一船长必须尽可能地对在海上被发现有丧命危险的每一个人给以援助，即令是敌人"。虽然这一条并不适用于军舰或从事公务的政府船舶，但有若干国家依它们的国内立法使它们的军舰也有对遇难船只进行这样救助的义务。①

由于 1912 年英国邮船铁达尼号（the Titanic）在海上遇难的惨事，引起世人对航海安全问题的严重注意，1914 年在伦敦签订了一个《保障海上人命安全公约》（Convention for the Safety of Life at Sea）；英国还制定了《1914 年商船（公约）法》，并使该公约在英国发生效力。批准该公约的国家又于 1929 年签订一个同样名称的公约（有二十多个国家包括英国在内早已批准，苏联也已加入），以代替 1914 年公约。1929 年公约规定有关从事国际航行的载客船只的构造，关于防水部分，抽水设备等问题的统一规则。它规定关于船上设置救生用具的规则，使此项设备成为强制性质；关于无线电信设备的

---

①　参看《奥本海国际法》（中译本），第 1 卷，第 2 分册，第 127～129 页；希金斯《海上国际法》（中译本），第 236～239 页；苏联科学院《国际法》（中译本），第 222～223 页。

规则；关于气象消息的传播等。因为自 1929 年以来航海船舶构造和设备技术上有了新发展，1948 年又在伦敦会议通过了关于保障海上人命安全的新公约；这个公约对船舶的构造和证件制度，无线电设备，防火和救生设备等作出了新规定，以适应最新技术成就的要求。1960 年在伦敦召集的海上人命安全国际会议又制定了一个《国际海上人命安全公约》，以代替 1948 年的公约。1960 年的公约是在 1948 年公约的基础上修订的；它比 1948 年公约增加了不少新的内容，并作了一些重大的修改。

在上述 1948 年伦敦会议并且制定了一项《关于防止海上碰撞的国际规则》，不作为公约的附件而可由各国作为单独的文件接受施行。海上避碰规则适用于船舶和水上飞机，主要是对船上悬挂的号灯和船舶的操纵定出统一的规则，使得一致遵行，以避免碰撞的危险。中华人民共和国于 1957 年接受了海上避碰规则。① 同样为着航海安全的目的，1930 年在伦敦会议也制定了《船舶载重线公约》（the Load Lines Convention）。这个公约规定了国际航行船舶载重的限度，以增进海上生命财产的安全；它规定出海作国际航行的船舶的检验和勘划标志以及国际载重线的证书的发给。1957 年中华人民共和国也经过全国人民代表大会常务委员会的决定，承认了《船舶载重线公约》。②

上述各个公约是世界上许多海洋国家（包括苏联在内）参加的有关保证海上安全的主要的国际公约。这些公约所定的规则虽然对于没有正式参加公约的国家不具有法律的约束力，但是实际上它们也大都在不同的限度内各自依国内法制订或适用相同的或类似的规则，以期在一些重要的有关海上安全技术性问题上尽可能保持行动一致。

1958 年《日内瓦公海公约》把航行自由列为公海自由的首项，

---

① 全国人民代表大会常务委员会关于接受 1948 年伦敦海上人命安全国际会议制定的《海上避碰规则》的决定和规定全文。载《中华人民共和国条约集》，第 6 集，1957 年，第 294～314 页。

② 《中华人民共和国条约集》，第 6 集，1957 年，第 282～294 页。
Hudson, International Legislation, 1929-1930, pp. 634-717.

而对保证航行安全的规则也作出了如下原则性的规定。公约第 10 条规定："一、各国为确保海上安全，应为悬挂本国国旗之船舶采取有关下列条款之必要办法：（甲）信号之使用、通讯之维持及碰撞之防止，（乙）船舶人员之配置及船员之劳动条件，其办法应参照可适用之国际劳工文书；（丙）船舶之构造、装备及适航能力。二、各国采取此项办法，须遵照公认之国际标准并须采取必要步骤，确保此项办法之遵守。"公约第 12 条的规定："一、各国应责成悬挂本国国旗船舶之船长在不甚危害船舶、船员或乘客之范围内：（甲）对于在海上发现有淹没危险之人，予以救助；（乙）据告有人遇难亟需救助理当施救时，尽速前往救援；（丙）于碰撞后，对于他方船舶、船员及乘客予以救助，并于可能时将其船舶名称、船籍港及开往之最近港口告知他方船舶。二、各沿海国应为海面及其上空之安全提倡举办维持适当与有效之搜寻及救助事务，如环境需要，并与邻国互订区域办法，为此目的从事合作。"① 公约这些规定，只是确认上述有关海上安全的一些公约已定的原则，至于保证安全的具体办法，则仍然要适用现行有效的有关公约的规定。公约第 30 条明文规定："本公约之条款对于现已生效之公约或其他国际协定，就其当事各国关系言，并不发生影响。"参加这个公约的各国负有为确保海上安全，采取公认的共同办法，实行合作的一般义务。

捕鱼自由。一国的领海隶属于国家主权之下，沿岸国可以将领海内渔业保留给本国人民，而完全禁止外国船舶捕鱼或者只准其在一定的条件下捕鱼。相反地，公海是自由的，公海自由的结果之一是，公海上的渔业是对一切国家的船舶公开的。各国船舶可以在公海上自由捕鱼，有些国家自己定出规则管理本国人民的船舶在公海内的捕鱼活动。但是由于一国所定的规则不能拘束他国人民，而公海的渔业资源的保护属于海洋国家，特别是在同一海区内邻近的沿岸国家的共同利益，因此，公海捕鱼自由之行使也有必要通过有关国家的协议加以限制和管理。如希金斯所指出，人们久已认识到，在一切季节无限制地

---

① American Journal of International Law, Oct. 1958, pp. 844-845.

捕鱼，会严重地涸竭海洋中的鱼源；而且新的捕鱼方法证明破坏性很大和浪费很大，如果听任这些方法无限制地使用下去会使海洋上大块地区的鱼类局部地归于消灭。因此，规定禁止捕鱼的季节和禁止使用有害的捕鱼方法是绝对必要的。

事实上，自 19 世纪后期以来，海洋国家间已经出现了关于限制和管理公海一定区域的渔业的一些重要国际协定，例如 1882 年《北海渔业公约》（Convention for the Regulation and the Police of the Fisheries in the North Sea outside Territorial Waters）、1911 年《北太平洋海豹保护办法公约》（Convention respecting Measures for the Preservation and Protection of the Fur Seals in the North Pacific Ocean），以及 1946 年《关于管理捕鲸的公约》 （Convention for the Regulation of Whaling）等。

1882 年《北海渔业公约》，由英国、比利时、丹麦、法国、德国和荷兰签订，规定了在北海内捕鱼的规则；根据它的规定，各国有相互执行临检搜索的权利以保证该公约规定的遵守。1911 年《北太平洋海豹保护办法公约》，原系由于英美两国间有关在北海捉捕海豹的英船被美国拿捕的争执仲裁案判决的结果，在 1911 年由英、美、俄和日本四国签订；公约禁止在太平洋北纬 30 度以北的太平洋地区，包括白令海、勘察加海、鄂霍次克海和日本海，捕杀海豹。公约授权所有缔约国的军舰执行监督工作。1941 年日本单方面废止了这个公约。1957 年，在华盛顿又签订了一项《保护北太平洋地区海豹的临时协定》。

1946 年《关于管理捕鲸的公约》，是总结 1931 年以来陆续签订的有关捕鲸的各个协定（1931 年、1937 年、1938 年、1944 年）而订成的。这个公约说是在管理公海渔业方面最广大的国际协定，由 15 个国家签订（包括苏联），从 1948 年起随着澳大利亚、荷兰、挪威、南非联邦、苏联、英国和美国交存批准书而生效。公约规定了每年捕鲸的最高限额，并且载有保护若干种鲸不被杀害的规定。

关于公海渔业的管理，除公约或多边协定之外，尚可以依有关国家间的双边协定作出规定。事实上，沿海国家间已经有不少的这类协定。例如为了管理法罗群岛（Faroe Islands）和冰岛（Iceland）周围领海外的渔业，英国和丹麦就于 1901 年签订了《伦敦协定》，其规定大部分与上述 1882 年在海牙所订《北海渔业公约》相同。英丹《伦敦协定》的一个附加条款规定，任何国家有它的人民在法罗群岛和冰岛周围捕鱼者，都可以加入该协定。①

　　中华人民共和国同邻近国家之间也有关于海上渔业的双边和多边协定。首先是 1955 年《关于黄海、东海渔业的中日民间协定》和附件，由中华人民共和国渔业协会和日本国日中渔业协议会签订，以后曾在 1965 年重订，并多次延长。这个协定的目的是，"为了合理地利用黄海、东海渔场，保护渔业资源和避免双方渔船作业时的纠纷，以增进中日两国渔业界的友好关系"；它划定了本协定适用的海域，而规定，双方渔协就协定海域内的六个渔区，分别在一定期间内，规定中日双方机船、拖网渔轮实际从事捕渔的最高船数（但声明本条款不限制在协定海域内航行）。协定并作了关于双方渔船紧急避难，相互救助的规定，以及双方渔协为了保护和发展渔业资源，相互交换调研和改进资料的规定。② 其次是 1956 年中、苏、朝、越四国间《关于太平洋西部渔业、海洋学和湖沼学研究的合作协定》。这一多边协定，旨在"相互关心合理地利用太平洋西部和缔约各方相连的边境水域中鱼类和其他水生动物的资源，以便获得最大限度的渔获量，并且保护经常高额数量的渔捞对象；并且依相互合作，发展渔业、海洋学、湖沼学的研究工作，以获得为实现上述目的所必需的科学资料"③。

　　上述关于保护和管理公海渔业的公约或多边协定，或双边协定，所作出的规定只适用于若干缔约国，而对于不参加协定的国家没有拘

---

① Oppenheim, International Law 1955, Vol. I, pp. 618-624；参看希金斯《海上国际法》（中译本），第 279 ~ 285 页；苏联科学院《国际法》（中译本），第 223 ~ 224 页。

② 《中华人民共和国条约集》，第 4 集，1955 年，第 265 ~ 283 页；同上，第 5 集，1956 年，第 410 ~ 414 页；同上，第 6 集，1957 年，第 330 ~ 334 页。

③ 《中华人民共和国条约集》，第 5 集，1956 年，第 169 ~ 172 页。

束力。西方资产阶级的国际法学家认为现今关于公海渔业的保护不存在具有一般拘束力的规则，是国际法上的一个缺陷。1958 年日内瓦海法会议制定的《公海捕鱼及养护生物资源公约》（Convention on Fishing and Conservation of the Living Resources of the High Seas）可说是作为一般的规则提出来的①

1958 年日内瓦会议《公海公约》中把捕鱼自由列为公海自由的一项，而在同时另订《公海捕鱼及养护生物资源公约》（以下简称《捕鱼公约》），对有关捕鱼自由的行使问题各方面作出原则性的规定。《捕鱼公约》第 1 条首先标明两个原则：一、"各国均有任其国民在公海捕鱼之权利，但须（甲）遵守其条约义务；（乙）尊重本公约所规定之沿海国利益与权利；（丙）遵守下列各条关于养护公海生物资源之规定。"二、"各国均有义务为本国国民自行或与他国合作采行养护公海生物资源之必要措施。"国际法委员会认为，公约规定各国国民在公海捕鱼之权利，并没有承认沿海国可以划定只准其本国国民在内捕鱼的毗连区的权利。②

为了保全和发展捕鱼自由的公共利益，有必要注意养护公海生物资源。公约认为养护公海生物资源所涉及之问题，就其性质而论，显然必须由各关系国家尽可能在国际合作基础上协力求得解决，因而关于各国在养护公海生物资源的措施方面的合作，作出了一些原则性的规定，使得参加公约的各国负有采行一定的措施的义务。例如该公约第 3 条规定："如一国国民在公海任何区域采捕任何一种或数种鱼源或其他海洋生物资源，而该区域内并无他国国民从事此种采捕，该国应于必要时在该区域内为本国国民采行养护有关生物资源之措施。"公约第 4 条规定："如两国以上国民在公海任何一区或数区内采捕同一种或数种鱼源或其他海洋生物资源，此等国家经其中任何一国之请

---

① American Journal of International Law, Oct. 1958, pp. 851-858.

② 关于国际法委员会对公约中这条所作的说明，参看 American Journal of International Law, Jan. 1957, p. 223.

求，应举行谈判，为各该国国民协议规定养护有关生物资源之必要措施"；条约并规定，"倘关系国家于十二个月内未获协议，任何一造得援用第 9 条规定之程序"。这里所谓"第九条规定之程序"，系依一造之请求，提交所谓"五人特设委员会"解决，也就是一种强制仲裁的解决。这种强制仲裁的义务不是可以受到一般接受的。必须特别指出的是《捕鱼公约》第 13 条作出了关于海床固定设备的规定："凡在邻接一国领海之公海区域内利用埋置海底设备经营之渔业，经该国国民维持经营历时已久者，该国得施以管理，但除此项渔业向例久由该国国民专营之区域外，须准许非国民（non-nationals）与国民以平等地位参与此项作业。此项管理不影响前述区域为公海之一般地位。"在这里，公约实际承认了沿岸国享有一种特殊权利。国际法委员会关于这一条款作了如下的说明：利用海底固定设备经营渔业的海域曾经被有些沿岸国视为在它们占住之下或者构成它们的领土一部分；委员会并不承认这些海域为沿岸国所占住或为它们所有，但鉴于这些海域的特殊地位，就有理由承认那些在这些海域内长期经营渔业的国民所属的沿岸国的特殊权利，虽然这不排斥他国国民参与其活动，也不影响这些海域作为公海的地位。① 最后，《捕鱼公约》（第 14 条）对于该公约第 1 条及其他条款中出现的"国民"字样的意义，作了解释，说：所称"国民"指依关系国家法律具有该国国籍之大小捕鱼船，不问其船员国籍为何。

敷设海底电线自由。公认的国际习惯法准许各国在公海敷设海底电线，这一向被视为公海自由原则的一个结果。相反地，在一国领海内，国家完全有权不准许任何其他国家敷设海底电线，除非另有协定。过去中国领海内有外国公司敷设的海底电线，主要为英国人控制的大北电报公司（名义上为丹麦公司）和大东电报公司，以及美国人控制的太平洋商务电报（或称水线）公司，各别敷设海底电线直达中国的上海、厦门等港。② 这显然是帝国主义过去一种侵害中国领

① American Journal of International Law, Jan. 1957, pp. 237-238.
② 详见威罗贝《外人在华特权和利益》（中译本），第 578～579 页。

海主权的事实，虽然形式上中外双方也订有什么合同，实际也就是强加于中国人民的不平等协定。①

事实上，各国久已在公海敷设了许多海底电线，从而发生了海底电线的保护问题。国际法学会曾在 1879 年布鲁塞尔年会讨论这个问题并建议订立一个国际协定，宣布在公海毁坏海底电线为国际法上的犯罪行为，并规定适用的处罚。② 及至 1882 年法国邀请各国在巴黎举行国际会议，讨论保护海底电线问题；这个会议举行于 1882 年 10 月，1883 年 10 月再度举行；其结果产生了《国际保护海底电线公约》（Convention pour la Protection des Cables sous-marins），于 1884 年 3 月 14 日经英国及其他 25 个国家在巴黎签订。1884 年《国际保护海底电线公约》的主要规定有以下几项：（一）以故意或重大过失切断或损害公海内电线的行为，除系基于自保而作的损害外，应由全体签字国予以惩罚（第二条）；（二）船舶遇见指明敷设电线或被损害的电线的浮标时，应保持至少四分之一浬的距离；（三）违法的船舶的船旗国的法院对于处理违反条约的规定的行为具有排它的管辖权（第 8 条）；（四）全体签字国的军舰有权拦截有破坏条约规定嫌疑的一切国家的商船，并查明它们的国籍（第 10 条）。③

1884 年公约是一个现行有效的保护海底电线的重要的国际公约，参加的国家很多，但还不能构成具有一般约束力的国际规则。1958 年《日内瓦公海公约》把敷设海底电缆与管线之自由列为公海自由的一项，并于公约第 26 条规定，"各国均有权在公海海床敷设海底电线及管线"；"沿海国除为探测大陆架及开发其天然资源有

---

① 有关这些外国公司与过去中国方面所订合同，见商务印书馆《国际条约大全》（1925 年，增订四版），第 5 卷，第 3~9 页。

② 国际法学会在 1927 年洛桑年会，又有关于海底电线的决议。详见 Wehberg, Résolutions de l'Institut de Droit international, 1873-1956, pp. 113-114.

③ 1884 年《保护海底电线公约》，全文见 Le Fur, Recueil de textes de droit international public, 1934, pp. 140-143；

参看 Oppenheim, International Law, 1955, Vol. I. pp. 625-626.

权采取合理措施外，对于此项电缆或管线之敷设或维护，不得阻碍"；"敷设此项电缆或管线时当事国对于海床上原已存在之电缆或管线应妥为顾及，尤不得使原有电缆或管线之修理可能受有妨碍"。公约为贯彻保护海底电缆之目的，并于第 27 条规定："各国应采取必要立法措施，规定凡悬挂其国旗之船舶或属其管辖之人如故意或因过失破坏或损害公海海底电缆，致使电报或电话通讯停顿或受阻，或以同样情形破坏或损害海底管线或高压电缆，概为应予处罚之罪行。"《公海公约》对破坏海底电线的行为的处罚和对犯规的船舶的截留并检查其国籍问题没有作何具体的规定；这一切，对于1884 年《国际保护海底电线公约》的缔约国而言，当然仍适用上述该公约第 8 条和第 10 条的规定（这些规定实质上也是符合 1879年国际法学会的建议所提出的原则的）。①

公海上空飞行自由。公海是自由的，公海上空当然也是自由的。公海自由包括公海上空飞行自由，可说是不言而喻之事。因为空中飞行技术和航空事业的发达是最近几十年之事，传统的国际法学说没有特别提出公海上空飞行自由作为公海自由的一个效果，是可以理解的。1958 年《日内瓦公海公约》开始明文规定，公海自由包括公海上空飞行自由。国际法委员会认为公海上空飞行自由是直接从公海自由原则引申出来的，但是它避免定出关于公海上面航行的规则，因为那涉及航空法，而不属于海洋法范围。②

大陆架问题。大陆架（continental shelf）问题涉及公海的底土（和海床）的法律地位，是现代国际法上一个新的问题。虽然公海海床下的底土（subsoil）的法律地位，由于海岸国采矿和开通隧道（例如过去多年拟议建造的英法间连接的 Dover 和 Calais 的海峡隧道的活动或计划），早已引起国际法学家的注意③，但是它之作为国际实践

---

① 参看 American Journal of International Law, Jan. 1957, pp. 238-240.

② American Journal of International Law, 1957, pp. 205-206.

③ Fauchille, Traité de droit international public, 1926, I-2, pp. 61-66;
Oppenheim, international Law, 1912, Vol. I, pp. 357-361.

和国际法理论的一个突出的新问题出现，则是自 1945 年 9 月 28 日美国总统杜鲁门发表所谓《大陆架公告》（Proclamation with respect to the Natural Resources of the Subsoil and Seabed of the Continental Shelf）以来开始的事。事实上，在 1942 年英国和委内瑞拉间订立了一个《关于帕里亚湾（the Gulf of Paria）的海底区域的条约》，把该海湾划为两部分，分属于英委两国，彼此承认各自对于连接其海岸的海床和底土具有主权。根据这一条约，英国依一道枢密院法令，正式宣布合并帕里尔海湾的那部分海底区域，宣称其海床和底土合并于英国，构成其领土部分，归英属特立尼达殖民地（the Colony of Trinidad，现已独立）管理。英委条约虽然未提出大陆架字样，但是海底区域（submarine areas）的观念就是用来指着缔约国领海外的海床和底土的。必须注意的是，该条约的缔约国并不只是主张沿岸国开发领海外的公海底土的矿产的权利，而是合并其海床和底土本身。虽然 1942 年英委条约只是一个双边条约，对第三国没有约束力，但它是两个国家对大陆架地位问题采定立场的第一个例子，是值得特别举出的。①

1945 年美国政府宣布大陆架的公告，第一次明文提到大陆架，声称：美国政府视为在公海底下但连接美国海岸的大陆架的海底土和海床（subsoil and sea-bed）的自然资源（natural resources，意即指石油和其他矿产，以别于生物资源，如鱼类）属于美国，受美国的管辖和控制（jurisdiction and control）。② 美国这道公告没有像上述 1942 年英委条约那样宣布把大陆架的底土和海床合并为它们的领土；它只是主张那里的自然资源属于美国，受其管辖和控制。该公告特别声明，大陆架上面的海域之为公海的性质和海上自由而不受阻碍的航行的权利不因此而受影响；在大陆架延伸到他国海岸，或与邻接国家分

---

① Mouton, The Continental Shelf, in Hague Academy, Recueil des cours, 1954-I, （tome 85）p. 372.

② 关于自然资源和生物资源的区别的解说，可参看 American Journal of International Law, Jan. 1957, pp. 246-247.

享之场合，其分界线当由美国与有关国家按照公平原则来决定。① 在上述美国总统公告中没有具体地定出确定大陆架的宽度的海水深度，但一般了解为 200 米；公告也没有主张对大陆架上面的海域的领土管辖权，其所主张的管辖和控制只是对底土和海床而言。②

美国政府关于大陆架的公告不能拘束别国；别国可以不承认它所主张的对公海上底土和海床的管辖和控制的权利。但还没有引起国际上明白的反对，似乎一般国家对于大陆架问题持保留态度。在理论上沿岸国主张对大陆架的权利则有一定的支持。人们认为承认沿岸国对大陆架的海床和底土的自然资源的开发享有排它的权利，并不与传统的公海自由观念矛盾，并举一些支持沿岸国对大陆架的权利的理由，如沿岸国的接近；大陆架构成该国领土的自然延伸，其矿藏和陆地的矿藏形成一体；沿岸国对开发大陆架的资源的特殊利益，并且在地理位置上最适于开发这种资源等。③ 其实上述这些理由大都也是美国总统公告中提到了的。

---

① 1945 年 9 月 28 日美国总统关于大陆架的公告全文及其他有关文件，见 American Journal of International Law, 1946, Supplement, pp. 45-48；Laws and Regulations on the Regime of the High Seas (UN Legislative Series), Vol. I, pp. 38-39；参看 Gutteridge, The 1958 Geneva Convention on the Continental Shelf, British Yearbook of International Law, 1959, pp. 102-123.

必须注意，美国总统 1945 年同日发表的尚有一道《关于在公海的某些区域的沿海渔业的公告》(Proclamation with respect to Coastal Fisheries in Certain Areas of the High Seas) 主张在连接海岸的公海区域建立渔业保护区（也就是一种毗连区），对区域内捕鱼活动由美国行使管辖和控制的权利。这与上述《大陆架公告》所宣布的是属于性质不同的事情，而人们有时把两个公告混同起来，引起观念的混乱。

② Fenwick, International Law, 1948, p. 380.

③ Oppenheim, International Law, 1955, I, p. 633；

Kunz, Continental Shelf and International Law, American Journal of International Law, Oct. 1956, pp. 829-833；

Lauterpacht, Sovereignty over the Submarine Areas, British Yearbook of International Law, 1950, pp. 374-433.

在 1945 年美国宣布大陆架的公告以后，接着有许多其他国家，特别是拉丁美洲国家如阿根廷、巴拿马、智利、萨尔瓦多等，依国内法令宣布它们主张的对大陆架的权利。有的国家的主张远远超过原来美国公告的主张的限度：如主张它对大陆架及其上面海域享有主权；如说它的大陆架宽度一直从海岸伸长到公海 200 浬，不论其海水深度如何；如说它对大陆架的权利包括独占有关海域的渔业资源的权利；萨尔瓦多的宪法甚至规定，该国的领土包括距海岸 200 浬的海域及其相应的上空、底土和大陆架。这样，关于大陆架的问题，在各国实践方面，就出现政策的分歧和观念的混乱，其结果不免引起海洋国家间的纠纷。① 现代国际法面临着这个新出现的大陆架问题，有必要定出一般适用的规则。大陆架伸出公海的限度如何，沿岸国对大陆架应有的权利属何性质，大陆架上面的公海的地位是否因沿岸国对大陆架的权利而受影响，沿岸国对大陆架的权利是否包括其上面海域渔业的独占权，这些都是有关大陆架法律地位的重要问题，有待于国际解决。联合国国际法委员会详细讨论了大陆架问题，在其 1956 年提出的海洋法条款草案里，作出了关于大陆架的一些规定，并附有详细解说。② 1958 年日内瓦海洋法会议基本上采用了上述国际法委员会草案关于大陆架的规定，并加以发展，于《公海公约》之外，另行订

① 本文中所举拉美几个国家之外，还有下列各国也曾先后宣布大陆架：Costa Rica（1948），Iceland （1948），Guatemala（1949），The philippines （1949），Saudi Arabia（1949），Honduras （1950），Pakistan （1950），Yugoslavia （1950），Israel （1953），Australia （1953）. Oppenheim, International Law. 1955, I. p. 632；Kunz, Continental Shelf and International Law. Oct. 1956, pp. 833-835；关于宣布大陆架的有关法令，载在 Laws and Regulatlons on the Regime of the High Seas（United Nations Legislative Series）Vol. I, 1951.

上述有些国家法令，对大陆架的权利的夸大的主张，曾引起英、美的抗议。1952 年南朝鲜宣布的所谓李承晚线（ "Syngman Rhee Line"）也引起了日本的抗议。关于各国对大陆架权利的主张的分析和批评，参看 Mouton, in Hague Academy, Recueil des cours, 1954-I, pp. 369-383.

② American Journal of International Law, January, 1957, pp. 240-252.

成一个《大陆架公约》①。这是现今关于大陆架问题的唯一的国际公约，值得特别注意。

《大陆架公约》，首先标定了大陆架的地理位置和其限度，于其第 1 条规定："本条款所称'大陆架'系：（甲）邻接海岸但在领海以外之海底区域之海床及底土，其上海水深度不逾 200 米，或虽逾此限度而其上海水深度仍使该区域天然资源有开发之可能性者（公约第 7 条特别声明，"沿海国以穿凿隧道方法开发底土之权利无论其上海水深度如何，均不受本条款之影响"）；（乙）邻接岛屿海岸之类似海底区域之海床及底土。"其次，公约规定了沿岸国对大陆架的权利的性质："一、沿海国为探测大陆架及开发其天然资源之目的，对大陆架行使主权上权利；二、本条第一项所称权利为专属权利，沿海国如不探测大陆架或开发其天然资源，非经其明示同意，任何人不得从事此项工作或对大陆架有所主张；三、沿海国对大陆架之权利不以实际或观念上之占领或明文公告为条件；四、本条款所称天然资源包括在海床及底土之矿物及其他无生资源以及定着类之有机体，亦即于可予采捕时期，在海床上下固定不动，或非与海床或底土在形体上经常接触即不能移动之有机体。"（第 2 条）上述公约的规定，明确了以下几点：一、沿岸国对大陆架的权利，已不是如一般所主张的管辖和控制，而是"主权权利"（sovereign rights）；按国际法委员会的解说，这不是"主权"（sovereignty），而是沿岸国为开发和利用大陆架的天然资源所必要的一切权利，包括管辖权以及防制和处罚违法行为的权利；二、沿岸国的权利是专属的即排它的权利；三、沿岸国对大陆架的权利是当然具有的、不言而喻的权利，不需要经过占领或明文公告；公约所称天然资源不完全限于矿藏，而亦包括海床上定着的鱼类。② 公约也肯定关于大陆架上面海域的公海地位，保障公海自由，作了规定："沿海国对于大陆架之权利，不影响其上海水为公海之法律地位，亦不影响海水上空之法律地位。"（第 3 条）除上述那些原

---

① American Journal of International Law, October, 1958, p. 858.

② American Journal of International Law, January, 1957, pp. 246-247.

则性规定外，公约还就有关大陆架的一些技术性问题作出了具体规定，如沿岸国不得阻碍海底电线的敷设；不得使海上航行、捕鱼或科学研究受妨害；如沿岸国有权在大陆架上设立为探测和开发目的使用的装置及设定安全区等（第 4 条、第 5 条）。公约也规定了在同一大陆架邻接两个国家的领土之场合，其分属各国部分之界线依有关国家协议决定的原则（第 6 条）。这样，《大陆架公约》解决了 1945 年美国总统发表的《大陆架公告》以来引起的一系列的有关大陆架的法律问题：它确定了大陆架的地位和限度；肯定了沿岸国对大陆架的权利；明确了沿岸国享有的权利的性质和内容及其行使权利所应遵守的限制；解决了沿岸国对大陆架的权利与公海自由的矛盾。这个公约的全部规定，实际是 1945 年美国《大陆架公告》的发展，形成一种新的大陆架制度。公约建立这个大陆架制度，是否可以成为现代公认的国际法规则，则要看公约的规定将来是否受到普遍的或一般的接受或采用。不待说，各国单方的公告或立法对大陆架的主张固然不能拘束别国；就是日内瓦国际会议制定的《大陆架公约》，在其成为公认的国际法规则以前，对于不参加这个公约的国家也是没有法律的约束力的。①

公海自由行使的限制。公海自由的行使也不是完全不受限制的。首先就是公海自由本性上包含的限制，即一国不得滥用公海自由以致妨害别国享受公海自由的利益。比方像美帝国主义曾经在太平洋的岛上进行核爆炸试验，播散毒性的放射性物质，伤害海上渔民的健康或生命，损害海中鱼类资源，是侵害公海自由的共同利益的不法行为，受到全世界和平人民的谴责。又如从船舶或其他设备排泄污浊海水，也是妨害公海自由利益的行为，应该制止。为此目的，1958 年《日内瓦公海公约》（第 24 条）作了如下的规定："各国应参酌现行关于防止污浊海水（pollution of the seas）之条约规定制订规章，以防止因船舶或管线排放油料或因开发与探测海床及其底土而污浊海水。"公约并规定，"各国应参照主管国际组织所订定之标准与采取办法，以防止倾弃放射废料而污浊海水；"各国应与主管国际组织合作采取办

---

① Fauchille, Traité de droit international public, 1926, I-2, pp. 26-27.

法，以防止任何活动用使用放射材料或其他有害物剂而污浊海水或其上空"。(第 25 条)

国家也可依其与他国订立的双边或多边协定限制自己在公海的活动，例如划定一定的区域不准船舶进内捕鱼，或不许在一定的季节捕鱼，或捕鱼不得超过一定的数量，或不得使用超过一定数的船只。(参看 1955 年和 1965 年《中日渔业协定》及其附件)

在战时，国家行使公海自由，更是特别受限制。交战国相互间各自行使交战的权利，极端破坏对方在公海上享有的自由，这就不说了；就是不参加战争的中立国家行使公海自由也大大地受了限制，主要是因为在战时，交战国的军舰可以基于破坏封锁、运送战时禁制品或从事非中立的役务的行为的理由，临检、搜索和拿捕公海上中立国的私船。

第三节 公海上的管辖权

这里所讲的是公海上的管辖权，而不是对公海的管辖权，因为公海是自由的，不隶属于任何国家的主权之下，任何国家不能对它行使管辖权。但是公海究竟是供一切国家公用的，也不能容许存在着无法律秩序的混乱状态。因此，海洋国家向来在一定的限度内在公海上合法地行使不同性质和形式的管辖权。国家在公海上行使的管辖权，是根据国际习惯法的一般规则，或者是根据特殊国际协定。

一、一般承认的管辖权

首先，国家对于悬挂其本国旗的船舶享有完全的、排它的管辖权，是国际法理论和实践一致承认的规则。① 船上的一切人和发生的事件，不论其人的国籍如何，处于船旗国专属的管辖之下，适用船旗

---

① Brierly, Law of the Nations, 1948, pp. 224-225；Brierly 认为国家对公海上本国船舶的管辖权不必援用所谓船舶浮动领土说那一拟制。希金斯也主张，这是一种对本国公民的人身和财产的管辖权，而不是一种领土管辖权。〔希金斯《海上国际法》，(中译本) 第 198 ~ 201 页。〕

国的刑事和民事的法律，虽然这不排斥在刑事上行使外国、本国并行管辖权，或在民事上援用国际私法的有关规则。1926 年英美求偿委员会的裁决中曾强调船旗国专属权原则，说：海上国际法的一个基本原则是：军舰对一只在公海上进行合法业务的外国船只的干扰是不许可的和非法的；这构成对船只所悬挂的旗帜所属的国家的主权的侵犯。[1]《日内瓦公海公约》（第 6 条）确认上述专属管辖权原则，规定，"船舶应仅悬挂一国国旗航行，除有国际条约或本条款明文规定之例外情形外，在公海上专属该国管辖"。希金斯指出，按照大多数国家的法律，国家的管辖权是委托给船长，船长被授予为维持船上纪律和保护所负责的那些人和货物所必要的权力。为此目的，他可以把被控犯罪的人在船上加以监禁。[2]

其次，为着海洋国家对公海自由和安全的共同利益，一切国家的军舰被允许对于公海上的商船行使一定的权力，主要是查明船舶的国旗。按照国际法的习惯规则，一切国家的军舰有权要求在公海上遇到的船舶出示它们的国旗；任何船舶，即令是外国人的财产，如果查明系未经准许而非法地悬挂该国的旗帜，该国军舰就可以予以拿捕并追诉、惩罚和没收。又为了消除海盗以维持公海上的安全，对于形迹可疑的船舶，如果认为即令出示国旗还可能是海盗船，军舰也可以停止它的航行而进行临检。但是军舰所具有的这个权力不是可以滥用的；如果军舰停止和临检一只外国船舶而没有可怀疑的充分理由，它所属的国家就要负损害赔偿的责任。[3]《日内瓦公海公约》（第 22 条）

---

① 希金斯《海上国际法》（中译本），第 207～209 页；《日内瓦公海公约》（第 22 条）规定，除干涉行为出于条约授权之情形外，军舰对公海上相遇之外国商船，非有适当理由认为有从事海盗行为或贩卖奴隶，或者该船悬挂外国国旗或拒不举示国旗，而事实上与该军舰同一国籍，不得登临该船。

② 希金斯《海上国际法》（中译本），第 207～208 页。

③ 关于查询国旗和临检的程序，参看《奥本海国际法》（中译本），第 1卷，第 2 分册，第 131～133 页。里维尔（Rivier）指出，任何船舶在海上航行而没有国旗或经召唤而不出示国旗，则有海盗行为的嫌疑。（Rivier, Principes du droit des gens, 1896, p. 249.）

关于军舰在公海上临检外国商船的权利作了具体的规定:"一、除干涉行为出于条约授权之情形外,军舰对公海上相遇之外国商船非有适当理由认为有下列嫌疑,不得临检该船:(甲)该船从事海盗行为;或(乙)该船从事贩卖奴隶;或(丙)该船悬挂外国国旗或拒不举示其国旗,而事实上与该军舰属同一国籍。二、遇有前项(甲)(乙)(丙)三款所称之情形,军舰得对该船之悬旗权利进行查核。为此目的,军舰得派出军官指挥之小艇前往嫌疑船舶。船舶文书经检验后,倘仍有嫌疑,军舰得在船上进一步施行检查,但须尽量审慎为之。三、倘嫌疑查无实据,被登临之船舶并无任何行为足以启疑,其所受之任何损失或损害应予赔偿。"必须注意,《日内瓦公海公约》在这里把取缔贩卖奴隶的权利一般化,而向来军舰行使这项权利是由特殊协定授予的(以下另说)。关于海盗行为及军舰对此具有的管辖权问题,则有另行详细说明的必要。

海盗行为。海盗行为(piracy)通常称为一种国际罪行(international crime),而海盗本人一般称为人类的公敌,置于法律保护之外(out-law)。根据国际法的习惯规则,每个海洋国家都有权惩治海盗,国家的军舰(或被授权的公船)都可以在公海上追逐、攻击和拿捕海盗船,把它带回本国,由本国法院审讯和处治。国际法理论向来认为海盗和他的船舶由于海盗行为这一事实就丧失了船旗国的保护和他们的国家属性;对于海盗如何处治(死刑或较轻的刑罚)完全由军舰所属国决定。但是美国哈佛研究部拟成的《海盗公约草案》规定,海盗船仍保持其国家属性(第5条),并应受到公平的裁判(第14条)。①

什么是海盗行为?关于这问题有两点必须注意:其一是国内法上的海盗行为同国际法上的海盗行为不可混为一谈;其二是在理论上,国际法上海盗行为的意义也有广狭的不同,有些国家在国内法中关于处罚海盗行为的规定,其范围可以比国际法所认为海盗行为的较

---

① American Journal of International Law, 1932, Supplement, pp. 745-746.

狭，也可以更广。例如按照英国的刑法，一个英国人战时在海上对于英王的敌人予以援助，或在公海上运输奴隶，就被视为海盗。但是这种国内法关于海盗行为的解释只能适用于本国人，而不能适用于在公海上的外国船舶和外国人；对于外国船舶和外国人而言，除非他们犯了依照国际法属于海盗行为的罪行，是不能作为海盗行为处罚的。①

就国际法上的海盗行为的意义而言，在理论上解释也不是完全一致的。通常人们所了解的海盗行为，如奥本海所说，"系指一只私船在公海上以劫夺的意图对于另一只船舶所作未经授权的各种强暴行为"；这是海盗行为的原始和严格意义。对于这种严格意义的海盗行为，一切国家的军舰有权实行镇压，在国际法的理论和实践上是一致承认而不产生问题的。问题是，这个狭义的海盗行为之外是否就没有被认为海盗行为的其他情况。奥本海指出，实际上，如果一只船舶的船员叛变并将船舶和船上货物侵占，以供他们自己之用，即使他们并没有对于另一只船舶作强暴行为，他们是被认为海盗的。又如，如果未经授权的强暴行为（在被攻击的船舶上杀害人命或破坏船上货物），是在公海所作而无劫夺的意图，这样的行为也是被视为海盗行为的。这样海盗行为的意义就扩大了，它既不一定是对另一只船舶所作的暴力行为，也不一定是意图抢掠财物。英国海法专家希金斯反映英国的海法观点，对海盗行为作出类似上述意见的定义，"海盗行为是在任何文明国家的管辖范围之外在公海上所做的未经授权的暴力行为"。希金斯援引了英国枢密院在一次判案中表示赞同的一个定义，"海盗行为是在海上的任何不是合法的战争行为的武装暴力行为"；他并且从这一观点出发列举了海盗行为的一些假设的例子，实际是否定抢掠行为构成国际法上海盗行为的必要的条件，而着重在暴力行为的事实，因而把海盗行为的意

---

① 《奥本海国际法》（中译本），第 1 卷，第 2 分册，第 143～144 页；希金斯《海上国际法》（中译本），第 298～299 页；

American Journal of International Law, 1932, Supplement, p. 749.

义和范围扩大了。① 美国哈佛研究部在 1932 年发表拟成的《海盗公约草案》，对于海盗行为也作出广义的解释，包括任何暴力行为或掠夺行为，不论是意图对人或对财物的侵犯（第 3 条）。② 由此可见，对于国际法上海盗行为一般倾向于作广义的解释，而不限于通常所了解的从掠夺意图出发的海盗行为。1958 年《日内瓦公海公约》关于海盗行为的定义基本上是适应这一趋向的。

《日内瓦公海公约》（第 14 条）规定："各国应尽量合作取缔公海上或不属任何国家管辖之其他处所之海盗行为。"公约（第 15 条）关于海盗行为的意义和范围作了如下的规定："海盗指下列任何行为：（一）私有船舶或私有航空器之航员或乘客为私人目的，对下列之人或物实施任何不法之强暴行为、扣留行为或任何掠夺行为：（甲）公海上另一船舶或航空器，或其上之人或财物；（乙）不属任何国家管辖之处所内之船舶、航空器、人或财物；（二）明知使船舶或航空器成为海盗船舶或航空器之事实而自愿参加其活动；（三）教唆或故意便利本条第 1 款或第 2 款所称之行为。"对于海盗行为以私船为主体的原则，公约（第 16 条）也承认了一种例外："军舰、政府船舶或政府航空器之航员叛变并控制船器而犯第 15 条所称之海盗行为，此等行为视同私有船舶所实施之行为。"上述《公海公约》的各项规定中，可以特别注意以下几点：（1）镇压海盗不但是各国的

---

① Oppenheim, International Law, 1912, Vol. I, pp. 340-341；《奥本海国际法》（中译本），第 1 卷，第 2 分册，第 134～135 页。希金斯《海上国际法》（中译本），第 295～299 页；希金斯也指出，另一方面，在船上杀人或抢劫都不一定是海盗行为，这些行为可以根据船旗国的法律予以惩办。但是如果这些行为是为了将船舶或货物供他们自己使用而对该船所做的，这些杀人犯和抢劫犯就都成为海盗。李斯特也与奥本海和希金斯同样只着重暴力行为构成海盗行为的特征。（Liszt, Le droit international, traduction française par Gidel, 1928, p. 220.）里维尔则相反，也强调抢劫意图为海盗行为构成的要素。（Rivier, Principes de droit des gens, 1896, p. 249.）

② 哈佛研究部草案并对海盗行为的定义，作了详细的说明，可供参考。（American Journal of International Law, 1932, Supplement, pp. 768-822.）

权利并且被规定为各国的义务；（2）海盗行为发生的地点，于公海之外，尚可以在不属任何国家管辖之其他处所；所称其他处所，按国际法委员会的解说，是指无主的岛屿或尚未被占住的地域或海岸；（3）私用飞机同船舶一样可以犯海盗行为；（4）海盗行为含义相当广泛，不限于抢劫财物；在这里公约的规定大体同哈佛研究部所拟《海盗公约草案》的内容相似；（5）海盗行为的主体，例外地可以是公船，即军舰、政府船舶的航员叛变而控制船舶，犯有海盗行为者也视同私船海盗行为。但这也否定了仅以军舰人员叛变或起义即认为海盗的观点。① 于上述这些特点之外，公约尚有一项特点，即规定，"船舶或航空器虽已成为海盗船舶或航空器，仍得保有其国籍。国籍之保有或丧失，依给予国籍国家之法律定之"②。达条规定否定了一般所说海盗船丧失国旗国的保护同时也丧失其国家属性的看法，而是完全与上述哈佛研究部《海盗公约草案》（第5条）所定的规则一致的。按照《日内瓦公海公约》（第19~21条）的规定，各国得在公海上或不属任何国家管辖之其他处所逮捕海盗船舶，逮捕其人员并扣押其财物，由该国法院判决应处之刑罚，并得判定船舶或财物之处置，但须尊重善意第三人之权利；逮捕只能由军舰或经授权之他种政府船舶执行；逮捕涉有海盗行为嫌疑之船舶如无充分理由，逮捕国应向船旗国负一切损害赔偿之责。公约这三项规定是确认有关逮捕和处理海盗一般承认的规则。

最后，必须指出，尚有公船可能成为海盗行为的主体问题，在《日内瓦公约》中未包括进去，而国际实践上已经出现了的，如1922年《关于使用潜水艇的华盛顿条约》（未生效）规定，犯破坏国际法

---

① 叛变或起义的军舰在公海上的活动是否可视为海盗行为，在19世纪末由于拉美有些国家的军舰叛变曾经成为国际法上的一个问题。英国法学家根据英国方面的实践，认为只要这种外国军舰不侵害他国船舶或其人民的生命财产，不视为海盗。Lawrence, Principles of International Law, 1913, pp. 235-237.

② American Journal of International Law, October, 1958, pp. 845-847；关于上述有关海盗的规定的解说参看 American Journal of International Law, January, 1957, pp, 214-217.

和违反人道的罪行的潜水艇上人员按照海盗罪行审处；1937 年《尼翁协定》宣布把在西班牙战争中违犯国际法规则的潜水艇的行为视为海盗行为来对待。又近年来美帝国主义军舰在远东和加勒比海方面对外国商船肆行干扰或截留的非法行动，引起有关国家的抗议，也被斥责为海盗行为。因此，苏联以及参加日内瓦海洋法会议的一些其他国家都对公约第 15 条声明保留，认为该条对海盗行为所下之定义未有包括现代国际法应视为海盗行为的某些行为。

紧追权。紧追权（right of hot pursuit）是指国家对于在其领水内违反法律的任何外国船舶实行追赶，一直到公海，继续进行，把它拿捕和交付审判的权利。国家具有这项权利是国际法一般承认的，在原则上从来没有争论的。关于这项权利的行使，则有公认的如下一些具体规则：追赶犯法的船舶必须是从该船舶在领水（内水或领海）内的时候开始；紧追必须是继续的，一旦中断，即不能再进行；被追赶的船舶一旦进入它的本国或者第三国的领海，紧追权即终止；紧追任务由军舰或经特别授权的其他公务船舶执行。

上述关于紧追权几项主要的习惯的规则，也为《日内瓦公海公约》所确认。公约（第 23 条）明文规定："沿海国主管机关有正当理由认为外国船舶违犯该国法律规章时得进行紧追。此项追逐必须于外国船舶或其所属小艇之一在追逐国之内国水域、领海或毗连区内时开始，且须未曾中断方得在领海或毗连区外继续进行。在领海或毗连区内之外国船舶接获停船命令时，发令船舶无须同在领海或毗连区以内（这规定实际适用于在领海外执行任务的巡逻艇）。""紧追权在被追逐之船舶进入其本国或第三国之领海时即告终止。""紧追权仅得由军舰或军用航空器，或经特别授予此权之他种政府事务船舶或航空器行使之。"在这里必须注意的是，公约新提出了对在毗连区内犯法的外国船舶的紧追权，但限定"惟有于该区设以保障之权利（根据《日内瓦领海及毗连区公约》第 24 条），遭受侵害时，方得追逐之"；这就划清了毗连区与领海不同的地位。公约最后规定，"倘船舶在公海上被迫停船或被逮捕，而按当时情形紧追权之行使并无正当理由，其因而所受之任何损失或损害应予赔偿"；这种损失赔偿也是理所当

425

然之事；各国在公海上行使其他类似性质的管辖权（如临检、如拿捕海盗），如上所述，一般都负有损害赔偿的义务。①

自卫。有些国际法专家例如英国的布赖尔利（Brierly）认为国家可以在例外的情况下，根据自卫理由在公海上行使权力。布赖尔利举出 1873 年弗吉纽斯号（Virginius）案为例。当时西班牙在公海上拿捕美国船弗吉纽斯号，因为这船正在开往古巴援助起义者。船上有英国人，于抵达古巴时被立即处决。英国政府对于这样处决英国人提出抗议，认为不能以自卫理由来辩护，但是对于该船的拿捕和船上人员的扣押则可以认为有理由。布赖尔利原来的意见是，在捕拿该船舶的行动上，西班牙当局显然是有理由的，但其过错在于后来将船上的一些英、美公民处死。不过后来他又说，这种意见并不是被普遍接受的。② 沿岸国为了国家的安全利益，采取紧急措施，在公海上截留和拿捕有企图危害本国的嫌疑的外国船舶，不是不可能发生的事。实际在公海上对于外国船迫切危害而采取自卫措施可说是本书第三章所述国家的自保权的实施，也涉及微妙的政治问题。达种自卫行动的合法性，还要按事件的性质和其发生的情况来判断，而不能确定一般适用的规则。

二、特殊协定授予的管辖权

国家也可以根据国际条约或协定在公海上行使一定的权力。国际实践提供了不少的这种协定的例子；在协定的范围内，各国相互承认一方对他方在公海上的船舶行使一定的警察或管辖权。主要之例，如 1882 年《北海渔业公约》，承认各国相互有权临检和搜索彼此的渔船，但对违犯捕鱼规章的罪行的审判则保留于犯规的渔船所属国。为

---

① 联合国国际法委员会关于紧追权条款的解说，见 American Journal of International Law, January, 1957, pp. 219-222.

② Brierly, Law of the Natoins, 1948, pp. 227-228；Brierly, 1953, pp. 241-242

参看 Hall, International Law, 1909, pp. 270-272.

了保护海底电线和取缔贩奴，各国也相互承认行使类似的管辖权利。1884 年《保护海底电线公约》授权缔约国的军舰对于有违犯公约嫌疑的船舶进行查讯；犯规案件的审理则属于犯罪的船舶所属国。[1] 传统的国际法并没有肯定贩卖奴隶为非法。1915 年维也纳会议虽然宣告贩奴为非法，有的国家也依国内法禁止贩奴（例如英国法律把贩奴的英国人作为海盗待遇），但各国并不具有在公海上干涉贩奴的外国船舶的权利，1885 年柏林非洲会议（the Berlin African Conference）和 1890 年布鲁塞尔禁奴会议（the Brussels Anti-slavery Conference）采取了镇压非洲地区贩奴活动的措施，有关国家的军舰终于根据条约在一定限度的地域内获有对嫌疑的船舶进行临检的权力，贩奴的嫌疑犯则交由其本国法院审理。1919 年《圣泽门公约》（Convention de Saint Germain）代替了 1885 年柏林会议和 1890 年布鲁塞尔会议的《议定书》，规定取缔贩奴的措施。[2] 此外尚有双边协定承认缔约国一方对他方在公海上的船舶片面地行使某种管辖权的，例如美国在20 世纪 20 年代禁酒时期同许多国家，包括英国，分别订立的条约，承认美国当局有权在美国领海外一定的距离的海面搜查私有船舶，并将有运酒嫌疑的船舶带交美国法院审理。[3]

《日内瓦公海公约》关于取缔贩奴船舶，作出了一般适用的规定；它除责成各国"采取有效措施以防止并惩治准悬其国旗之船舶贩运奴隶，并防止非法使用其国旗从事此项贩运"（第 13 条）外，并授权各国军舰在公海上遇有贩奴嫌疑的船舶进行临检（第 22 条）。

三、海上船舶碰撞事件的管辖权

公海上发生不同国籍的船舶碰撞事件，经常引起管辖权问题；关

---

[1] Le Fur, Recueil des textes de droit international public, 1934, pp. 140-143.

[2] Le Fur, Recueil des textes, pp. 547-553;

参看 Lawrence, Principles of International Law, 1913, pp. 237-241.

[3] Brierly, Law of Nations, 1948, p. 226.

于这一困难的管辖权问题，国际法上迄今没有公认的统一规则；国际实践出现重大的分歧。特别是刑事管辖问题由于 1927 年常设国际法院对有名的荷花号案（the Lotus case）的判决而引起了严重的注意。一般地说，受害的船舶对加害的船舶的控诉，向后者的所属法院提出，在原则上是不应该有问题的，因为在公海上的船舶属于船旗国的管辖。但是海洋国家在碰撞事件上都主张对别国船舶的管辖权；受害者也不一定愿向加害的船舶所属国法院提出诉讼。各国对待这项管辖权问题的实践殊不一致。希金斯指出，英、美的海事法院对船舶碰撞事件主张的管辖权最为广泛，它们不仅对它们本国船只和外国船只发生碰撞案件行使管辖权，而且当碰撞的船只的双方都是外国船只并且只涉及外国利益，只要其中有一只船或一方是在它们管辖之内时，它们也行使管辖权。法国则主张在受害的船只是法国船时，即使对方船只是外国船，法国也有管辖权。如果双方都是外国船而它们一致同意法国管辖时，或有特殊情形存在时，法国法院也行使管辖权。意大利法院认为，即使双方都是外国船，只要距离碰撞所在地最近的港口是一个意大利港口，或受伤的船只因碰撞而被迫停留在意大利的一个港口内，意大利就主张管辖权。

为了尽可能减少各国关于海上船舶碰撞事件的管辖权的冲突；1952 年 5 月 10 日在布鲁塞尔签署有两个公约：其一为《船舶碰撞中民事管辖权方面若干规定的国际公约》（International Convention on Certain Rules concerning Civil Jurisdiction in Matters of Collision），其二为《统一船舶碰撞或其他航行事故中刑事管辖权方面若干规定的国际公约》（International Convention on the Unification of Certain Rules relating to Penal Jurisdiction in Matters of Collision or Certain Incidents of Navigation）。前者关于民事管辖权，规定两个主要原则：一、有管辖权的限于下列两类法院：（甲）被告经常居住地或营业所在地法院；（乙）扣留过失船舶或得依法扣留的属于被告的任何其他船舶的地点的法院，或本可进行扣留而已提出保证金或其他保全的地点的法院（第 1 条第 1 款）。二、诉讼究竟向前列两类法院中哪一法院提出，由原告自己择定（第 1 条第 2 款）。但以上规定并不妨碍在当事双方已选定的法院进行诉讼。后项公约关于刑事管辖权，作出了统一的管辖权的规定，即：发生碰撞或任何其他航行事故时，刑事或纪律案件只能向当事船舶所悬旗帜国司法或行政机关提出（第 1 条）。但公约不排除并行管辖权，它规定，任何国家都可以允许该国有关当局，在发生碰撞或其他航行事故时，对其本国人民在悬挂另一国旗帜的船上的犯法行为提出控告（第 3 条）。①

1958 年《日内瓦公海公约》关于碰撞事件刑事管辖权的规定，完全采用了上述 1952 年《布鲁塞尔公约》定出的统一规则。《公海公约》（第 11 条）规定，"船舶在公海上发生碰撞或其他航行事故致船长或船上任何其他服务人员须负刑事责任或受惩戒时，对此等人员之刑事诉讼或惩戒程序非向船旗国或此等人员隶籍国之司法或行政机关不得提起之"；公约并强调，"除船旗国之机关外，任何机关不得命令逮捕或扣留船舶，纵使借此进行调查亦所不许"。这样，《公海公约》关于碰撞事件的刑事管辖权的规定，是支持船旗国专属管辖权的原则，同时也是适用被告主义，而否定了 1927 年常设国际法院关于荷花号案判决所根据的犯罪行为的效果地管辖权原则。但是鉴于各国法律观点的不同，刑事管辖涉及的政治因素复杂，公约这一关于海上碰撞刑事管辖的硬性的统一规则是否切实可行，能受到普遍或一般的接受而成为公认的国际法规则，可以说还是一个问题。《公海公约》对于海上碰撞事件的民事管辖权方面，没有作出任何规定。②

事实上，在船舶碰撞事件中，民事赔偿和刑事处分常是牵连在一起的；而在理论上，单纯的民事案件的管辖问题主要涉及国际私法范围；因此，关于海上船舶碰撞管辖权问题，《公海公约》注重解决公法上刑事管辖权问题，而不对民事管辖方面作任何规定，也是可以理

① Brierly, Law of Nations, 1948, pp. 224-225;

Oppenheim, International Law, 1955, Vol. I, pp. 601-603.

参看希金斯《海上国际法》（中译本），第 239～240 页。

② 关于《公海公约》中碰撞管辖权的规定的说明，参看 American Journal of International Law, January, 1957, pp. 212-213.

解的。

四、军舰和政府船舶管辖权的豁免

就国家在公海上管辖权的对象而言，所称船舶当然是严格指商船及其他私人船舶，决不能包括军舰或其他公船在内，因为在公海上军舰只属本国管辖，是国际法公认的规则。《日内瓦公海公约》也重申这一公认的规则，作出了如下具体的规定，"军舰在公海上完全免受船旗国以外任何国家之管辖"（第 8 条）；"一国所有或经营之船舶专供政府非商务用途者，在公海上完全免受船旗国以外任何国家之管辖"（第 9 条）。在这里必须注意的是，按照公约的上述规定，在公海上免受他国管辖的限于非商务用途的政府船舶；这显然是有意识地把从事商务运输的国有或国营船舶排除于享受管辖豁免者之外。公约这种歧视供商务用途的政府船舶的规定，不是实行国家垄断对外贸易，使用国有船舶从事运输的社会主义国家所能接受的。其实国际法委员会在起草海洋法条款草案的时候，原议把商务用途的政府船舶也包括在享受豁免的国有船舶之列，虽然当时有人反对并举出 1926 年《布鲁塞尔公约》（只有少数国家批准的，英国虽经签字，也尚未予批准）取消国有商船享受豁免的权利之例，作为反对的理由，但是委员会 1956 年提出的草案仍如原议承认供商务用途的国有船舶也享受豁免；草案（第 33 条）规定，国有的专供政府事务用的船舶，不论是供商务或非商务用途，一律不受船旗国以外的任何国家的管辖。① 但是后来在 1958 年日内瓦会议通过的《公海公约》（第 9 条）关于国有船舶享受管辖豁免的规定中把商务用途的国有船舶排除去了。可见《公海公约》这一规定一直是有争执的；苏联、捷克等在签署《公海公约》时都对此作了保留，认为按照国际法，管辖豁免的权利适用于一切政府船舶。

---

① 国际法委员会关于《海洋法条款》第 33 条的说明，见 American Journal of International Law，January，1957，pp. 210-211；关于 1926 年《布鲁塞尔公约》的规定，参看 Oppenheim，International Law，1955，Vol. I，pp. 857-858.

第九章 外交关系

第一节 外交关系的概念

一、外交关系在国家对外关系中的地位

外交关系属于国家对外关系的范畴。国家的对外关系涉及多方面的事务，包括政治、经济文化等等关系；外交关系是对外关系的一个特殊方面，它同国家对外关系的其他方面有相互依赖的作用，因为一般对外关系主要是通过外交关系来实现、发展和调整的，外交关系又是不断密切地受一般对外关系的影响的。

要明白外交关系的性质和作用，应该明白什么是外交。外交(diploma-cy)这一名词，如英国外交学著者尼科尔森(Nicholson)所指出，在现代流行的语言中，被随便用来表达几种不同的东西：有时被用来作为"外交政策"的同义词，例如说"英国在近东的外交不够有力"；有时指"谈判"，例如说"这个问题可以用外交来解决"；更特别是用这个名词来指谈判的过程和进行这类谈判的机构；第四个意义是指外交工作部门，例如说某人"从事外交"；这个名词的第五个意义是用来表达一种抽象的品质或天才。尼科尔森认为，这五种意义被毫无区别地使用着，其结果造成思想的混乱。① 为

---

① 美国外交家萨道义所著的《外交实践指南》对外交一词作了如下的定义："外交就是把才智和技巧应用到各独立国家政府间的正式的关系的活动中去。"这样一个定义也是太空，不能表明外交的特征。

Satow, A Guide to Diplomatic Practice, 1964, p. 1.

萨道义《外交实践指南》（中译本），世界知识出版社，1959年，第25页。

着明确外交的含义，尼科尔森采用了如下一个定义："外交就是用谈判的方式来处理国际关系，是大使和特使用来调整和处理国际关系的方法，是外交官的业务和技术。"① 尼科尔森对外交一词所采用的这一定义可以说是比较正确的，既适用于外交学，也可适用于国际法，因为国际法和国际惯例有关外交关系公认的规则，如1961年《维也纳外交关系公约》的内容所表现的，主要也就是有关上述定义中包括的外交谈判、外交使节和外交业务等类事项。现在要从国际法的角度确定外交关系的性质，就可以说：作为国际法规律的对象，外交关系就是国与国间进行国际交往，运用谈判、会议和订约的方法，以及互设常驻代表机构形成的关系。

外交是国家对外政策的重要工具，也就是国家进行国际斗争和合作的手段；外交关系则是通过法律的形式为国家的对外政策服务的。对外政策属于国际政治的范畴，由国家各自根据其国家政策来决定，而不在国际法管辖范围之内，虽然一国的对外政策违犯国际法公认的原则，如帝国主义采行的侵略或干涉政策，则是国际法所不容许的。

二、外交关系的多种形式

国家间的外交关系可以有多种的形式。一般习见的是正式的外交关系。正式的外交关系是全面的外交关系；所以一般称正式的外交关系为正常的外交关系。但是例外地也有半外交关系，例如中英半建交。国家间也可以有非正式外交关系，例如继续多年的中美大使级会谈。此外尚有通过人民团体出面活动形成的国民外交关系。在关于外交关系这些方面，中华人民共和国成立以来的实践是具有创造性的。以下当分别说述各种形式的外交关系。

正式外交关系。国家间正式的外交关系，以双方互派常驻使节为其主要特征。这种关系的建立应该是根据国家主权平等的原则，经双

① 尼科尔森《外交学》（中译本）；世界知识出版社，1957年，第22～24页；Nicholson，Diplomacy，third edition，1963，p. 13-16. 尼科尔森对外交所下的定义，说是采用了牛津英文字典中 diplomacy 一字的解释。

方同意的。① 建交同意的表现主要是出以下列方式：或者由一方表示愿意建交而他方表示决定接受，例如 1949 年中缅建交，就是先由缅甸一方声明"决定承认中华人民共和国，并期望外交关系之建立与使节之交换"，而中华人民共和国复照，同意在缅甸政府与国民党反动派残余断绝关系的基础上"建立中华人民共和国与缅甸联邦间的外交关系，并互换使节"②；或者是由双方发表公报，宣布双方同意建交，例如 1954 年中挪决定建交的公报宣称：中挪两国政府已经"圆满地结束了关于两国建立正常外交关系的谈判，双方同意在中华人民共和国和挪威王国之间建立正常的外交关系，并互派大使"；如 1955 年中阿（富汗）建交的公报，宣布"双方同意在中华人民共和国和阿富汗王国之间建立正常外交关系，并互派大使"。③

　　中华人民共和国在同外国建交问题上，有它独创的实践，即要求满足一定的条件和经过一定的程序。这些条件和程序在中华人民共和国成立之初具体地规定在 1949 年 9 月 29 日通过的《中国人民政治协商会议共同纲领》（第 56 条）："凡与国民党反动派断绝关系，并对中华人民共和国采取友好态度的外国政府，中华人民共和国中央人民政府可在平等、互利及互相尊重领土主权的基础上，与之谈判建立外交关系。"共同纲领所规定的对中华人民共和国采取友好态度和接受平等互利及互相尊重主权的原则，是一般性的条件；与国民党反动派断绝关系是特殊的条件；谈判是建交要经过的程序。虽然乍看起来，两国建交而先提出条件，并且要通过谈判，好像是不合情理的事④，

　　① 依不平等条约的形式建立的外交关系，则是帝国主义的强国强加于他国的关系而不是根据双方同意的关系。比方前清时代英国依 1858 年《天津条约》强加于中国的建交，《中英天津条约》第 2 款规定："大清皇帝，大英君主意存睦好不绝，约定照各大邦和好常规，亦可任意交派秉权大员，分诣大清、大英两国京师。"（王铁崖《中外旧约章汇编》，第 1 卷，第 96 页。）

　　② 《中华人民共和国对外关系文件集》，第 1 集，第 17 页。

　　③ 《中华人民共和国对外关系文件集》，第 3 集，第 168、226 页。

　　④ 事实上，外国如英国、印度，最初都没有想到同中华人民共和国建交还要经过一番谈判的程序，它们原以为双方交换文电就构成了对建交的同意，以后就只是互派使节的问题。

但是从解放后的中国的立场说，提出这种要求是有必要的，也是合理的，而实际也是可行的。上述一般性的条件不待说，就是特殊性的条件也是应该满足的，因为中华人民共和国政府决不能容许与它建交的国家仍然同盘踞在台湾的国民党反动派保持任何关系，以致形成承认"两个中国"。既然存在着这种特殊的条件问题，则必须经过谈判的过程来解决，也是可以理解的。

其实，中华人民共和国提出的建交的特殊条件和程序主要是，对付西方帝国主义的国家以及其他在过去中国享有特权和投资利益而同盘踞在台湾的国民党反动派有些关系的资本主义国家的；在建交问题上，中国政府是按照不同的国家和中国的关系的具体情况区别对待的。自1949年10月1日，毛泽东主席宣告中华人民共和国中央人民政府成立的公告以及同日周恩来外交部长向各国政府送达该公告的公函表示愿意同外国建立外交关系后，① 首先是社会主义的兄弟国家表示决定同中国建交，而由于它们根本不存在着对中国不友好或同国民党反动派保持关系的问题，它们同中国之间的外交关系，通过来往照会，迅速建立，并没有经过任何谈判的程序。对于有些新独立的亚洲民族主义国家虽然最初一般也要求经过谈判建交，但问题简单，迅速建立外交关系，例如中印间外交关系就是在1950年建成的。后来对于其他亚非民族主义国家同中国建交也就不要求通过谈判，例如：1955年1月阿富汗、1956年5月埃及、8月叙利亚、9月也门、1958年7月柬埔寨同中国建交，都没有经过谈判即成立建交关系。这同对西方资本主义国家建交的要求显然大有区别。因为亚非民族主义国家大都是新从殖民地的地位解放出来，基本上是珍视中国的友谊和支持的，它们一般同过去国民党政府本来关系就很少，或者全无关系，因而同中华人民共和国建交就不发生需要满足特殊条件的问题，就没有一律经过谈判的必要。（至于尼泊尔1955年8月同中国建交经过了谈判，则是因为尼泊尔过去对中国西藏地方有些特殊关系。）

西方资本主义国家从1950年1月至3月期间，表示承认中华人

① 《中华人民共和国对外关系文件集》，第1集，第3~4页。

民共和国政府，并愿意建交的已有英国、挪威、丹麦、瑞典、瑞士、荷兰等国。这些国家均系原在中国有投资或希望继续同中国进行贸易的西欧或北欧国家。它们同中华人民共和国建交都是经过谈判的；事实上中国政府对它们表示愿意建交的复照，也都明白提到谈判。在建交谈判中，中华人民共和国政府是一直坚持对方满足上述的特殊的条件，即对方实行同国民党反动派断绝关系，并对新中国采取友好态度。当时同中国政府进行谈判的西方资本主义国家，除英国、荷兰两国外，涉及的问题也比较简单，因而建交谈判顺利完成，双方很快就建成外交关系。①

在另一方面，中华人民共和国同英国、荷兰的建交谈判的情况和结果就大不同了。它们在这方面采取暧昧和不够友好的态度，特别是英国方面牵涉的问题多而且严重，因而中英建交谈判的过程特别拖得长；中英间到 1954 年 6 月日内瓦会议时才决定互派代表办；中荷间也直到同年 11 月才决定互派代办。这样中英间和中荷间经过多年谈判过程才建成外交关系，但仍然是半外交关系。

值得特别注意的是，1964 年 1 月中法决定建交的情况又有所不同。中法两国政府同年 1 月 27 日的联合公报宣布："中华人民共和国政府和法兰西共和国政府一致决定建立外交关系。两国政府为此商定在三个月内任命大使。"② 在联合公报中虽然形式上没有像 1954 年中挪建交公报那样明文提建交谈判，实际上中法决定建交，对于上述特殊条件的满足，双方还是有一定的理解或协议的；这从中国政府就中法建交事发表的如下声明就可以看出，"中华人民共和国政府是作为代表全中国人民的唯一合法政府同法兰西共和国政府谈判并达成两国建交协议。按照国际惯例，承认一个国家的新政府，不言而喻地意味着不再承认这个国家的人民所推翻的旧的统治集团。因此，这个国家的旧的统治集团的代表不能继续被看作是这个国家的代表，同这个国

————————

① 其中只有挪威迟至 1954 年 10 月 5 日才结束建交谈判，双方同意建立正常外交关系。

② 1964 年 1 月 28 日《人民日报》。

家的新政府的代表同时存在于同一个国家里，或者同一个国际组织中。中华人民共和国政府是根据这样的理解，同法兰西共和国政府达成中法建交和互换大使的协议的。中国政府认为有必要重申，台湾是中国的领土，任何把台湾从中国的版图割裂出去或者其他制造'两个中国'的企图，都是中国政府和中国人民绝对不能同意的"①。

半外交关系。中英建交谈判涉及的问题既多而又严重。英国政府于 1950 年 1 月 6 日承认中华人民共和国中央人民政府，并表示愿意建交；中国政府于 1 月 9 日复电通知接受英方派来的代办为建交谈判的代表。谈判于 1950 年 3 月 2 日正式开始。中国政府代表首先向英国谈判代表提出，"关于中英两国建立外交关系之初步的与程序的问题，其中最重要与必须先行解决者，为英国政府与中国国民党反动派残余的关系问题（例如：英国在台湾淡水还设有领事馆）。我中央人民政府认为：英国代表在联合国关于中国代表权的问题上投弃权票的行动，以及英国政府对于在英国、香港和英国属地之国民党反动派残余集团的各种机构及中国的国家财产究持何种态度的问题，都属英国政府与中国国民党反动派残余关系的问题。因此，我中央政府希望英国政府就这两个问题予以澄清"。英国政府通过其谈判代表提出的对这些问题的答复，不能令中国政府满意，并且事实上英国政府当时在联合国所属一切机构中对中国代表权问题一贯投票弃权，而对当时在香港的中国、中央两航空公司所直接保有的飞机（属于中国国家财产），香港当局既多方阻其起飞返回中国，又不真正负责保护，以致其中 7 架遭受破坏。甚至英国政府更进一步，竟下令香港法院扣押中国、中央两航空公司停放在香港启德机场的 70 架飞机。中国政府认为英方这种行动，"不仅证明英国政府对我中央人民政府之国家产权及财产处置权并不尊重，且实为对我中华人民共和国极不友好的态度的表现"②。并且一方面英国政府表示愿意与中华人民共和国政府建

① 1964 年 1 月 29 日《人民日报》。

② 外交部发言人关于中英建立外交关系谈判经过的谈话。全文见《中华人民共和国对外关系文件集》，第 1 集，第 122～123 页。

交，另一方面，又在事实上一再表现对中国国民党反动派残余集团未完全断绝关系。就是由于英国政府这样对中国表示不友好的态度，在对国民党反动派的关系上，继续玩弄两面派手法，以致中英建交谈判拖延下去不能达成协议，终于长时期完全停顿。及至 1954 年日内瓦会议，英国在会议中虽然基本上追随美国，但也采取较现实和积极的态度，对促成《印度支那停战协定》起了一定的作用。正是在这个基础上中英关系有了一些发展，于是 1954 年 6 月 17 日中英两国政府达成协议，互换代办："中华人民共和国中央人民政府和联合王国政府协议：中华人民共和国中央人民政府派遣代办驻在伦敦，其地位和任务与英国驻北京代办的地位和任务相同。"① 但是英国政府并没有在促进中英关系方面继续努力，相反地，日内瓦会议后，它还在追随美国，阻挠中国政府恢复其在联合国的合法地位，并且还公然主张所谓"台湾地位未定"的谬论，参与制造"两个中国"的阴谋。这就如 1958 年 2 月周恩来总理在全国人民代表大会报告中所指出："如英国不改变它对中国的两面态度，中英关系不可避免地受到不利的影响。"② 因此，中英关系长期停顿在互派代办的阶段，形成一种半建交关系。中荷建交也有类似的情况。荷兰政府于 1950 年 3 月通知承认中华人民共和国中央人民政府，并表示愿意建立外交关系；中国政府于同年 4 月复电接受荷兰指派来北京的临时代办为进行谈判建交关系问题的代表。但是，中荷谈判也和中英谈判一样很久未能达成协议。及至 1954 年 11 月中国政府才同意互派代办③，而中荷关系也长期停留在互派代办这一阶段，简言之，就是半外交关系。

半外交关系的特征，表现在双方停留在互派代办的形式。这种形式的关系的长期存在，确是在国际关系上不正常的现象。一般地说，代办这一级的使节，地位最低，通常只是派驻一个不重要的或者彼此

---

① 《中华人民共和国对外关系文件集》，第 3 集，第 107 页。
② 《中华人民共和国对外关系文件集》，第 5 集，第 22 页。
③ 《中华人民共和国对外关系文件集》，第 1 集，第 30～31 页；第 3 集，第 188 页。

关系不多的国家，或者特殊情况之下，派出进行一定的联系或任务（例如英、荷派到中国谈判建交的代表）。在国际关系上，像中英这样相互关系很重要的两大国之间长期停留在互派代办的关系上，可以说是超出常规的事。

事实上，英国政府和荷兰政府在它们通告中国政府表示愿意建交的照会里就都已提到随后任命大使，可见它们愿意按照常规同中国建交并互派大使。只是由于建交谈判没有圆满地完成，中国方面不同意互派大使，所以长期停留在互派代办阶段。两国建交，一方愿意派高级使节，而另一方只同意互派最低使节，以致长期停留在互派最低级使节的关系，因而称为半外交关系。半外交关系虽然属于正式的外交关系，但实质上是国家间建交尚未完成的阶段的一种不够正常的外交关系，也就是不够成立全面的外交关系（例如彼此没有设领事馆）。半外交关系的作法可说是中国打破国际常规的一种外交实践，有它一定的创造性，不待说，这在反对帝国主义在对中国关系上玩弄两面派手法和采取不友好态度，是具有重大的政治意义的。

非正式的外交关系。如上所说，国家间的外交关系可出以多种方式。人们认为保持两国间外交关系最有效能的方法，如联合国国际法委员会所强调，是在彼此的领土内互设常驻使节（如大使馆或公使馆），但不排斥两国同意依其他方法处理它们的外交关系，例如通过它驻在第三国的使节。[①] 这就是说，国家间正常的外交关系应该是正式的外交关系，但是国家间也可以有非正式的外交关系。九年来中华人民共和国政府和美国政府间继续进行（除一个短时期中断外）的大使级会谈，就是中美间一种非正式的外交关系。

如所周知，美国政府一直敌视中华人民共和国，拒绝予以承认，中美间迄今没有正式建交。但是由于中美两国之间存在着须待解决的很多重大问题，双方有必要通过某种方式进行接触或会谈。中美会谈的办法就是周恩来总理首先在 1955 年万隆亚非会议中提出来的。同年 4 月 23 日出席亚非会议的缅甸、锡兰、中国、印度、印度尼西亚、

---

① American Journal of International Law, January, 1959, p. 255.

巴基斯坦、菲律宾和泰国代表团团长举行会议，讨论缓和远东紧张局势问题，特别是缓和台湾地区紧张局势问题；在那次会议上周恩来总理作出了以下一段具有重大意义的声明，"中国人民同美国人民是友好的。中国人民不要同美国打仗。中国政府愿意同美国政府坐下来谈判，讨论远东紧张局势的问题，特别是缓和台湾地区的紧张局势问题"。随后，在同日亚非会议闭幕会上发言，周恩来总理又声明说，"台湾地区紧张局势的缓和和消除，应该由中国和美国坐下来解决，但丝毫不能影响中国人民行使主权，解放台湾的正义要求"。在同年5月13日全国人民代表大会常务委员会会议上关于亚非会议的报告中，周恩来总理又提到为了缓和台湾地区紧张局势，中国政府愿意同美国政府坐下来谈判，并且不拘任何形式，可以照苏联的提议开十国会议，也可以采其他谈判方式。但无论如何，不得影响中国行使主权，解放台湾的要求和行动，中国政府也不能同意蒋介石集团参加任何会议。① 在中国方面，周恩来总理发表上述声明之后，美国政府终于在同年7月13日通过英国政府向中国政府建议举行大使级会谈；中国政府于7月14日答复美国政府，同意举行大使级会谈，以便"有助于双方平民回国问题的解决，并且有利于进一步讨论和解决我们双方之间目前有所争执的某些其他实际问题"②。

中美大使级会谈于1955年8月1日在日内瓦开始举行，双方同意如下议程：（甲）双方平民回国问题；（乙）双方有所争执的其他问题。在（乙）项议程下，可以包括，而且实际提出了的问题还多，并且比较（甲）项具体的平民问题关系更为重要，有的政治性更重，如最初中国方面提出的禁运问题和准备高一级会议，讨论缓和和消除台湾地区紧张局势问题等。其中台湾海峡地区紧张局势问题自然构成中美会议的重点。由于美方拒绝接受中国方面提出的在互相尊重主权、领土完整和互不干涉内政的原则下发表声明，通过和平谈判解决

① 《中华人民共和国对外关系文件集》，第3集，第252~253页，第254、271页。

② 《中华人民共和国对外关系文件集》，第3集，第334~335页。

中美两国间在台湾地区的争端而不诉诸武力的协议草案，反而要求中国方面承认它在台湾地区有所谓"自卫"的权利，中美会谈的这一重点问题，经长期谈判，未能达成协议。至于其他问题，除其中有关双方平民回国问题达成了协议外，美方一再拖延谈判，不同中国进入实质的讨论。最后，美国政府竟于 1957 年 12 月 12 日提议把美方谈判代表改由一个非大使级的官员充任，企图把中美会谈降一级，而中国政府对于美方这一作法拒绝接受。于是在日内瓦进行将近两年半的中美大使级会谈至此中断。① 及至 1958 年 6 月 30 日中国政府发表关于中美大使级会议的声明，要求美方于 15 天内派出大使级代表恢复会谈；否则中国政府就不能不认为美国已经决心破裂中美大使级会谈。美国政府虽然犹故作姿态说是不能屈服于这种"最后通牒"式的要求，但终于不得不指派大使级代表。② 周恩来总理于同年 9 月 6 日发表关于台湾海峡地区紧张局势的声明，表示"为了再一次进行维护和平的努力，中国政府准备恢复大使级会谈"。③ 而毛泽东主席接着于 9 月 8 日在最高国务会议上论目前形势也表示对于中美两国在华沙即将开始的谈判寄予希望，并说全世界人民都是注视着两国代表将要进行的谈判。④ 这样，中断了十个月的中美大使级会谈才又于 1958 年 9 月 15 日在华沙恢复了。

中美两国间迄今没有正式建交，而双方代表最初在日内瓦，继而在华沙进行外交谈判，到 1964 年 10 月已逾九年，会谈总共不下百几十次；而双方谈判代表都是代表国家的大使一级的外交官，谈判的问题又涉及高度政治性的国际争端，并且在协议文件上双方代表都相互使用正式头衔，例如在其关于双方平民回国问题的协议的声明，就称"中华人民共和国和美利坚合众国两国大使"协议的声明。在两个没

---

① 《中华人民共和国对外关系文件集》，第 5 集，第 20 页、第 88～93 页（中华人民共和国外交部公布中美两国大使级会谈长期陷于停顿的经过的声明）。

② 《中华人民共和国对外关系文件集》，第 5 集，第 140～142 页。

③ 《中华人民共和国对外关系文件集》，第 5 集，第 164～166 页。

④ 《中华人民共和国对外关系文件集》，第 5 集，第 170 页。

有正式建交关系的国家之间而多年继续这样的外交谈判，并且成为两国保持外交接触的固定的特殊的方式，确是国际关系上史无前例之事。中美间这种会谈的作法，并且与通常出现的一国的代表同未与建交的别国的代表在共同参加的国际会议上接触乃至商谈，以及有时两个未建交的国家外交代表通过驻在国的第三者进行接触或非正式的商谈，在外交实践上，是完全不同性质的两回事。因此多年来继续进行的中美大使级会谈，可说在国家间外交关系的方式上自成一格，那就是未正式建的两国间的非正式外交关系。非正式外交关系这种外交方式的采用也就是中华人民共和国在国际关系上的一项创造性的实践。

国民外交。中华人民共和国推行的国民外交，也是在现代国际关系上出现的创造性的实践之一。中华人民共和国成立以来，一直积极发展国民外交。国民外交实际构成中国外交整体的一部分。国民外交主要表现在个人或代表团体进行友好访问，发展国家间交往关系，并且有时通过这种非官方的接触，双方具有代表性的人民团体就两国的关系问题得出一致看法，发表共同声明或联合公报；或者就具体事务达成协议而正式签订民间协定。这是中华人民共和国对外关系活动特殊的一面的表现，也就是在外交实践上的一种创造。

国民外交对于同中国没有建交的国家的关系是特别有意义的。在国民外交活动的方式下中国同有些国家虽然没有外交关系，而它们的政党和议会代表通过中国方面人民团体的邀请前来中国访问，就获得同中国政府领导人接触和交谈的机会。例如 1954 年 8 月以英国前首相艾德礼为首的英国工党代表团应中国人民外交学会的邀请访问中国，同周恩来总理和各民主党派负责人就有了接触并进行交谈；代表团并且受到毛泽东主席的接见。特别是在中国对日本的关系上，国民外交活动起了显著的作用。1955 年 10 月日本议会代表团在访问中国期间受到了毛泽东主席的接见，并且和中国方面发表了重要联合公报，即中华人民共和国全国人民代表大会常务委员会秘书长和日本国会议员访华团团长的联合公报（1955 年 10 月 7 日）。在上述联合公报中，表示双方就中日友好、亲善、和平、邦交正常化、中日贸易等问题交换意见的结果，对于若干列举的问题取得一致的意见。① 代表团体这种发表联合公报的作法超出了通常友好访问的范畴，而形成中国对外关系上独创一格的实践。近来中日两国间各种人民团体彼此进行访问，交往频繁，发表有关两国关系问题的共同声明或联合公报也益多。

最突出的是，1959 年 3 月以浅沼稻次郎为首的日本社会党访华代表团前来北京访问，会谈的结果，中国人民外交学会会长张奚若和日本社会党访华代表团团长浅沼稻次郎发表共同声明（1959 年 3 月 17 日），重申日本岸信介政府必须接受并实行中国方面提出的三原则，即（1）停止执行敌视中国的政策；（2）不参加制造两个中国的阴谋；（3）不阻挠中日两国正常关系的恢复，为打开中日关系的僵局的前提；并且表示要求废除《日蒋和约》，而同中华人民共和国另订和约，以及要求打破日美"安全保障"体制和建立亚洲太平洋集体安全，保证日本中立地位。② 上述共同声明的内容涉及中日两国关系的重大问题，显然是特别具有政治的意义和影响的。最近（1964 年 10 月 29 日）中国人民外交学会和日本社会党第四次访华代表团签署的共同声明，与上述 1959 年共同声明一样具有重要的政治意义。③

此外，中日间渔业团体（如 1955 年 4 月中日渔业会谈公报，1956 年 12 月中国渔业协会访日代表团同日本渔业协议会代表团发表共同声明，要求两国政府缔结渔业协定）、贸易团体（如 1956 年中国国际贸易促进委员会同日本国际贸易促进协会、日本国会议员促进中日贸易联盟关于进一步促进中日贸易的声明）等团体就双方有关业务事项，发表联合公报或共同声明；这也就为签订民间协定开辟道路或者构成民间协定的一部分。周恩来总理早在 1956 年 6 月全国人

---

① 《中华人民共和国对外关系文件集》，第 3 集，第 377～378 页。

② 《中华人民共和国对外关系文件集》，第 6 集，第 516～519 页。

③ 1964 年 10 月 30 日《人民日报》。这个共同声明强调发扬"浅沼精神"，重申"美帝国主义是日中两国人民的共同敌人"。

民代表大会会议上关于目前国际形势的发言中指出，"尤其值得注意的是中日两国人民团体已经通过协商直接处理某些有关共同利益的问题。从1952年到现在（1956年6月）中日两国人民团体之间总共签订了15个协议或联合公报。这些协议或联合公报涉及贸易、渔业、侨民和在许多方面进行友好合作的问题"①。在周恩来总理所提到的协议中，有些就是以民间协定的形式出现的。这样成立的民间协定，例如1955年5月《中日贸易协定》和同年4月《中日渔业协定》②，形式上虽以双方人民团体为主体，实质上在有关事务上起了国际协定的作用，因而可以视同相关国家间的有效协定。

上述中华人民共和国推行的国民外交，同各国通常所说的国民外交活动，如各国人民的友好往来，在实质上是有重大差别的。中国国民外交的特点，在于它的各种方式的活动都是有领导的、有组织的、配合着国家的对外政策而进行的。因此，这种国民外交可说是实际属于半官方外交关系的性质。周恩来总理在1957年7月25日就中日关系对日本记者谈话中就明白指出，最近几年来，中日两国很多民间团体、半官方团体签订了不少的协议，这些协议大多数已经在实行。尽管中日两国那时还没有恢复正常关系，这没有妨碍两国人民友好活动和签订民间性的协议；并说，"我们这样的作法可以说是在国际关系史上创造了新范例。我们是抱着这样愉快的有希望的心情来进行国民外交的。我们把国民外交看成是我们整个外交的重要组织部分"③。

由此可见，中华人民共和国的国民外交的实践构成国家间外交关系的一种特殊方式，一种新的创例，肯定将在现代国际法的发展中占有重要的地位。

三、外交关系机关

国家的外交关系机关，大别为两部分，即国内的机关和国外的机

---

① 《中华人民共和国对外关系文件集》，第4集，第81~82页。
② 《中华人民共和国条约集》，第4集，第258~283页。
③ 《中华人民共和国对外关系文件集》，第4集，第357页。

关。在国内领导外交的机关包括国家元首、政府（如通常各国所称内阁、部长会议，中华人民共和国现称国务院等）和政府中直接主管外交关系的外交部。在国外执行外交任务的机关为国家派出的外交使节或外交代表，分为常驻使节或临时使节两类。

本段只就国内的机关的地位和作用略加说明。关于国外的机关，主要是常驻使节即使馆制度，当于下节详细论述。

国家元首。讲到国内机关，首先就要举出国家元首（head of the state，chef d'état）。国家元首是国家在对外关系上的最高代表。[1] 国家元首可以是个人，如君主国的皇帝、国王、共和国的总统、主席；也可以是集体，如瑞士的联邦委员会（Conseil fédéral）[2]、苏联的最高苏维埃主席团。在对外关系上，凡是以元首的名义发出的决定或行为就被认为代表其国家的决定或行为。关于国家元首在对外关系上具有的具体的职权和行使其职权的方式或条件，各国宪法有不同的规定。一般地说，作为一国对外最高代表，国家元首通常行使下列职权：派遣和接受外交代表、批准国际条约、宣战、讲和等。国家元首也可以亲自出席国际会议，参加首脑会谈。作为国家的最高代表，元首在外国，于享受相应的尊荣外，一般享有如下节所述的外交特权和豁免。封建专制的欧洲各国的帝王老早有过这样活动的前例（如参加1815年维也纳会议和其后组成神圣同盟），自不待说，在第二次世界大战中就有美国总统参加首脑会议，先后共同发表《开罗宣言》和《克里米亚声明》和《波茨坦公告》等，也形成现代首脑外交的新作法。两国元首之间也可以亲自进行政治商谈，签订双边条约，例如1964年6月中华人民共和国主席和阿拉伯也门共和国总统签订的《中也（门）友好条约》，和同年11月中华人民共和国主席和马里共

---

① 关于国家元首在外交关系上的地位，福希叶作了详细的阐述。

Fauchille, Traité de droit international public, 1926, Ⅰ-3, pp. 5-20;

Rivier, Principes de droit des gens, 1896, pp. 413-425.

② Guggenheim, Traité de droit international public, 1953, tome Ⅰ, pp. 485-486.

和国国家元首签订的《中马（里）友好条约》。两国元首亲自签订的条约，当然不需要互换全权证书，在原则上并且可以毋须经过批准，即时生效（上述中也条约规定自签字之日起生效）；但如果一方因为宪法的限制必须经过批准，也可在条约上作出批准和互换批准书的规定（例如上述中马条约就规定本条约须经批准）。两国元首会谈的结果也可以发表联合公报，例如 1964 年 11 月 12 日中华人民共和国主席和阿富汗国王在北京发表的联合公报。

按照 1954 年《中华人民共和国宪法》（第 41 条）的规定，中华人民共和国主席代表中华人民共和国，接受外国使节；根据全国人民代表大会常务委员会的决定，派遣和召回驻外全权代表；批准同外国缔结的条约。《中华人民共和国宪法》（第 31 条）规定全国人民代表大会常务委员会行使的职权中，涉及对外关系的，有"决定对外全权代表的任免；决定同外国缔结的条约的批准"等项。而根据 1955 年全国人民代表大会常务委员会的决议，中华人民共和国主席和副主席休假或外出期间由全国人民代表大会常务委员会委员长接受外国使节。中华人民共和国主席行使其派遣和召回驻外全权代表以及批准同外国缔结的条约，则须根据全国人民代表大会常务委员的决定；并且在主席休假或外出期间则由常务委员会委员长接受外国使节。这样，中华人民共和国采行的国家元首制度就具有一种不同于任何其他国家元首制度的特点。1954 年 9 月 15 日第一届全国人民代表大会第一次会议上，在《关于中华人民共和国宪法草案的报告》中曾指出，"我们的国家元首职权由全国人民代表大会所选出的全国人民代表大会常务委员会和中华人民共和国主席结合起来行使。我们的国家元首是集体的国家元首"。因此，作为对外关系的最高代表，中华人民共和国国家元首，也可以列入集体元首的范畴。

政府。国家元首虽然名义上是国家对外关系的最高代表，但实际上国家元首，除像美国那样采用总统制的国家的元首同时又是政府的首脑外，很少直接管对外事务的。实际上决定对外政策，处理对外事务的，一般是各国的政府，即如所称内阁、部长会议或国务院之类。政府为国家对外关系的一般领导机关，在法律上行使重要的职权，如同外国政府签订条约，签发某些谈判或会议代表的全权证书（例如出席联合国大会和安理会代表的全权证书），任免一定等级的外交人员等。按照《中华人民共和国宪法》（第49条）的规定，国务院管理对外事务；按照《国务院组织法》（第9条）的规定，国务院任免外交部副部长、驻外使馆参赞和驻外总领事，以及相当于上列职位的外交行政人员。

政府首脑，如国务院总理、部长会议主席等，在对外关系上居于首要地位，他可以直接进行外交谈判、参加国际会议、签订条约、以及同他国政府首脑一道发表具有重大政治意义的共同宣言或公报等。1954年中华人民共和国周恩来总理和印度共和国尼赫鲁总理共同提出有名的和平共处五项原则，就是一个最显著的例子。必须指出，在一般原则上，一国的政府首长亲自进行政治谈判，如谈判订约，就不需要具备全权证书；并且他如果亲自出席联合国会议，如安全理事会，按照安全理事会议事规则的规定，它有权不提交全权证书而出席。① 这也就表明政府首脑在国际关系上法律地位的重要性。

外交部。现代各国政府中，都设有主管外交事务的一个部门，通称外交部，（ministry of foreign affairs, ministère des affaires, étrangères）。虽然有些国家冠以不同的名称，例如在美国为国务院（the Department of State，汉译作国务院，其实是外交部），瑞士为政治部（département politique），苏联以前称外交人民委员会（commissariat du peuple pour les affaires étrangères）。外交部这种外事机关之出现于欧洲各国，说是从17世纪中（威斯特伐利亚和会后）开始的。中国前清盛时，把同中国进行交往的外国，一律作为藩属看待，对外事务由理藩院掌管。《北京条约》（1860年）成立后，设立"总理各国通商事务衙门"，从此始有专管外交的衙门，及至《辛丑和约》（1901年）订立，才又把总理各国事务衙门，改为外务部，班列六部之前，辛亥革命后，中华民国将外务部改称外交部。中华人民共和国成立后，仍用外交部名称。外交部是国家外交关系的中心机关；它负责执行政府关于外交政策的决定；处理一般外交业务，指导和监督驻外使领馆人员的工作和活动；一国政府和政府各部门同外国政府和其各部

---

① 《国际公法参考文件选辑》，世界知识出版社，第474页。

门以及同外国常设代表的接触和联系，一般都是通过外交部。外交部长负领导外交部全盘工作和指导驻外代表的工作的责任；他在国家对外关系方面，具有代表性，也有其特殊的法律地位。①

国家元首签发的国书，由外交部长副署；在外国外交代表向元首呈递国书的时候，必须有外交部长（或他的副手，外交部副部长）在场。一切关于外交事务的重要文件都须经过外交部长（或他的副手外交部副部长）签署。外交部长签发驻外最低级代表即代办的委任证书（也就是国书）和接受外国外交部派来的代办。外交部长当然有权同外国政府或其代表进行订约的谈判而不须有全权证书；按照联合国安全理事会议事规则，安全理事会理事国代表的全权证书可以由有关国家的外交部颁发，而理事国的外交部长则也有权不提交全权证书而出席安全理事会。外交部长一级的国际会议在现代国际关系上也可有固定的形式，例如在 1945 年 8 月波茨坦会议，各大国决议在伦敦设立一个经常性的外长会议，如在美洲国家组织的体系下也有外长会议这一办法。现今在世界各方面处理国际事务采用外长会议的方式越来越多，足见外交部长地位的重要性。

外交部长在国际事务中，作为他的国家的代表是否可以发表具有拘束力的声明，这是一个在理论上有争论的问题。一方面 1933 年常设国际法院在关于东格陵兰法律地位案判决中认为：挪威外长曾经发表过的一个声明，对挪威具有拘束力，因而证明外交部长在适当的场合，可以发表拘束本国的声明；另一方面，有的国际法学家如福希叶，则认为只有在国家宪法授权的范围内，外交部长才有权发表对他的本国有拘束力的声明。② 实际这种声

---

① 参看 Oppenheim, International Law, 1955, I, pp. 763-768;

Fauchille, Traité de droit international public, 1926, I-3, pp. 21-25;

Rivier, Principes du droit des gens, 1896, pp. 426-428.

② 参看《奥本海国际法》（中译本），第 1 卷，第 2 分册，第 239 页;

Oppenheim, International Law, 1955, I, p. 764; Fauchille, Traité de droit international public, 1926, I-3, p. 22;

Liszt, Le droit international (traduction française, 1928), p. 120;

Hall, International Law, 1909, pp. 290-291.

明的拘束力问题要按事件的具体情况和声明的内容来决定；在一般的情况下泛泛的声明，如果说有任何拘束力的话，那只能是道义上的拘束力而不是法律上的拘束力。上述东格陵兰案涉及的挪威外交部长那一声明，是针对着格陵兰领土归属那一具体问题，为了表明挪威的立场而作的答复，并且那个问题说是属于挪威外交部长职权范围以内的问题。因此，那次挪威外交部长的声明被常设国际法院认为具有拘束力，是可以理解的，但不能因此而推断一国外交部长在外交关系上的任何声明，都对其本国具有法律的拘束力。

使节权。国际法上所称使节权（right of legation）是指国家派遣和接受外交代表的权利。使节权有主动的和被动的两个方面。主动的使节权是指国家向外国派遣外交代表的权利；被动的使节权是指国家接受外国外交外表的权利。

国家从主权原则出发都享有主动的和被动的使节权。但是国家的这种权利不能作绝对的意义理解，换句话说，即不能理解为国家有对任何国家在任何情况下派遣外交代表的权利，或者相对地，国家有必须接受他国所派遣的代表的义务。派遣和接受外交代表在原则上必须是有关国家双方同意的。联合国国际法委员会考虑到使节权非经国家间协议不能行使，所以在所提《外交关系公约草案》中不提使节权，而规定：国与国间外交关系及常设使馆之建立以协议为之。（不平等的条约，如 1858 年《中美天津条约》第 2 款规定所谓"任意交派秉权大员"，实即强迫中国承担接受外国使节的义务，那显然是非法的。①）

使节权一般是由国家元首行使。至于元首行使使节权的方式，则按照各国国内法的规定而有所不同。有的国家宪法单纯地规定元首派遣和接受外交代表而不附任何条件，例如根据 1946 年《法兰西共和国宪法》（第 31 条），共和国总统向外国派遣大使及特使；外国大使

---

① 王铁崖《中外旧约章汇编》，第 1 卷，第 96 页；参看 American Journal of International Law，January，1959，p. 255。

和特使应向他派遣①；又如在英国，派遣和接受外交代表，在法律上一向属于国王的大权；又如《苏联宪法》（第49条）规定，苏联最高苏维埃主席团任免驻外全权外表。②　有的国家元首，根据宪法的规定，派遣外交外表必须经过议会或人民代表机关的同意，例如美国总统应依参议院的同意任命大使、公使和领事③；阿根廷共和国总统任命大使和公使亦须经过参议院同意。④

按照《中华人民共和国宪法》（第41条）的规定，中华人民共和国主席接受外国使节；根据全国人民代表大会常务委员会的决定，派遣和召回驻外全权代表。这就是说，中华人民共和国主席行使主动的使节权，以经过最高国家权力机关的常设机关的决定为条件。上述宪法（第41条）所称驻外全权代表主要是指派往外国的常驻使节，具体地说，即常驻外国的大使和公使，其中也包括中国作为联合国安全理事会常任理事国派遣常驻联合国会所的代表。并且执行特定的外交任务的全权代表，在实践上也是比照驻外全权代表的地位，由主席根据全国人民代表大会常务委员会的决定派遣的。例如，凡以中华人民共和国或中华人民共和国主席名义缔结国际公约、条约、协定的全权代表，由国务院提请全国人民代表大会常务委员会作出决定，并请中华人民共和国主席特派。这样，中华人民共和国主席派遣的全权代表，已不限于"驻外"的常设使节，而涉及更大的范围，包括外交上的特别使节或临时代表了。又如出席国际会议的全权代表，例如1955年以周恩来总理为首的出席万隆亚非会议的中国代表团团长和其他代表，就是由中华人民共和国主席经过全国人民代表大会常务委员会的决定而任命的。至于临时派往外国参加独立典礼的特使或代表团，则只须于接受

---

①　Peaslee, Constitutions of Nations, 1956, Vol. Ⅱ, p, 11.

②　Peaslee, Vol, Ⅲ, p. 491；日本1946年《宪法》关于国家元首行使使节权的规定，表现一种特别的形式：《宪法》第7条规定天皇依内阁之助言与承认，"认证全权委任状及大使和公使之信任状"。（末川博《六法全书》，岩波昭和33年，第13页。）

③　Peaslee, Vol. Ⅲ p. 588.

④　Peaslee, Vol. Ⅰ, p. 63.

对方邀请时正式通知对方，而不需要按照上述程序由主席特派。①

必须强调在国际法上，每一个国家应该都享有使节权；行使使节权与否，各国可以根据国家主权，按照具体情况，自行决定。可是西方资产阶级国际法学家否认每个国家都享有使节权，而认为"能享有这权利的主要的只有完全主权国"②；这种说法是完全不符合现代国际法的主权原则的。作为国际法的主体，凡属国家都是主权的、平等的，因而都享有使节权。所谓半主权国，如附庸国、被保护国之类，如在第二章所论述，在现代国际法上已经是落后于时代的观念，必须彻底排斥。因此，以所谓半主权地位的理由来否定任何国家的使节权，现今在法律上是站不住脚的。至于有的小国由于特殊情况，自己不派使节而自愿委托别国代表对外交涉和保侨，如欧洲小国列支敦士登（Lichtenstein）委托瑞士代表则是另一问题。有的联邦宪法规定联邦国家的分子都可以行使使节权（例如第一次世界大战以前的《德帝国宪法》，现行《苏联宪法》）；但是在国际关系上别国是否把这种联邦的成员作为国家看待，则是问题。③

第二节　外　交　使　节

一、外交使节的种类

国家的外交关系机关中，特别构成国际法规律的对象的是国家派往国外的外交使节。这种外交使节大别为两类：（一）临时出国执行特别任务的代表或代表团；（二）派驻外国行使经常联系

---

①　例如 1957 年 3 月 6 日聂荣臻副总理参加加纳的独立庆典，就没有经过人大常委会决定、主席特派的程序。

②　《奥本海国际法》（中译本），第 1 卷，第 2 分册，第 247～248 页。

③　例如 1963 年 12 月 5 日亚非经济合作组织第四届会议（在巴基斯坦首都卡拉奇）开会的时候，苏联的一个加盟共和国乌兹别克的商会以乌兹别克属于亚洲国家为理由，要求作为会员国组织参加会议，而因为别国不认为乌兹别克是独立国家，该商会的申请就没有通过。

和交涉等职务的常设使馆，即大使馆、公使馆等（联合国会员国在联合国会所的常驻代表也属这一类）。在（一）类外交使节中又可分为政治性的使节（如出席国际会议、进行外交谈判、签订条约的代表等）和礼节性的使节（如参加外国独立庆典、君主加冕典礼的代表等）。① （一）类外交使节在其性质和任务上虽然同（二）类外交使节大有区别，但是前者作为外交代表在外国享有的地位和特权一般是比照后者享有的地位和特权决定的。

关于（二）类外交使节，即常设使馆制度，特别是作为馆长的大使和公使等的地位和特权的规则，自来构成国际法的一个重要部分。1961 年维也纳会议制订的《外交关系公约》（Vienna Convention on Diplomatic Relations），主要也是关于常设使馆的地位和特权的规则。② 国家间常设使馆的存在就是正常外交关系的具体表现。

常设使馆制度。常设使馆制度是近代欧洲国际关系的产物。自古以来，世界上凡有国际交往之处，无论是在西方或东方，便不可避免地有临时使节出现，例如在古代中国春秋时代各国间聘使往来是常见的事。但是像现在世界各国通行的常设使馆制度，则是从 15 世纪以来在欧洲出现的，首先是在意大利，特别是威尼斯开始实行，后来推行于西欧、中欧，而到了 1648 年《威斯特伐里亚和约》以后，就成为普及的外交制度了。③ 过去中国准许外国在京有常设使馆，则是1858 年《中英天津条约》成立以后的事。④

---

① 国际关系历史上还有弱国被迫向强国政府派遣的所谓道歉或谢罪的特派使节，例如中国前清政府由于义和团事变中驻京德国公使"被戕害一事"，曾于 1901 年 6 月"钦派醇亲王载沣为头等专使大臣赴大德国大皇帝前，代表大清国大皇帝暨国家惋惜之意"。（王铁崖《中外旧约章汇编》，第 1 卷，第 1003 页）

② 《维也纳外交关系公约》全文见 American Journal of International Law, October, 1961, pp. 1064-1077. 按照《维也纳外交关系公约》（第 51 条）的规定，公约"应于第 22 件批准或加入文件送交联合国秘书长存放之日后第 30 日起发生效力"，该公约已于 1964 年 4 月生效。

③ Fauchille, Traité de droit international public, 1926, I-3, pp. 29-30.

④ 参看 1858 年《中英天津条件》第 3 款和 1860 年《续增条约》第 2 款。王铁崖《中外旧约章汇编》，第 1 卷，第 96、141 页。

常设使馆的建立。国家间互派常驻使节必须是经过有关双方的同意，这个原则已为 1961 年《维也纳外交关系公约》所确认。公约第 2 条规定，"国与国间外交关系及常设使馆之建立，以协议为之。"这种建交协议，可出以有关双方交换照会的形式，也可以出以联合声明或公告的形式；也可以通过条约的规定，例如 1924 年《中俄解决悬案大纲协定》（第 1 条）声明，"两协定签字后，两缔约国之平日使馆关系应即恢复"①。

中华人民共和国建立以来和许多国家建交和互派常驻使节的协议，除大多数依交换照会或联合公报表达外，也有通过条约规定的，例如 1956 年《中尼（泊尔）协定》（第 1 条）规定，"缔约双方重申两国间互派大使级外交代表的决定"。1958 年 1 月 12 日《中国和也门友好条约》（第 3 条）规定："缔约双方重申中华人民共和国和也门穆塔瓦基利亚王国之间建立外交关系的决定，缔约双方将在最近时期内按照两国同意的日期和办法互派外交代表。"②

二、外交代表的等级

充任常设使馆馆长的外交代表，按照 1815 年维也纳会议的决定，分为三个等级：第一是大使（ambassador）和教廷大使（nuncios）；第二是特命全权大使（minister plenipotentiary and envoy extraordinary）和教廷公使（internuncios）；第三是代办（charge d'affaires）。后来在 1818 年艾克斯拉夏培勒会议（Congress of Aix-la-chapelle），即亚琛会议，与会的英、俄、普、奥、法五强又决定增加驻办公使（minister resident）一级，其他国家一般明示地或默示地承认了。③ 这样区分

---

① 《中外旧条约汇编》，第 3 卷，第 422～423 页。

② 《中华人民共和国条约集》，第 5 集，第 4 页；第 7 集，第 4 页。截至 1964 年底止，世界上的国家属于联合国会员国的，数达 115 国；其中有 50 国已同中华人民共和国建立正常外交关系，接受了中国的常设使节。

③ 1815 年《维也纳议定书》和 1818 年《亚琛议定书》，译载《国际公法参考文件选辑》（外交学院编），1958 年，第 324～325 页；Strupp, Documents pour servir à l'histoire du droit des gens, 1923, I, pp. 195-196.

的外交代表的等级，迄今成为国际上公认的制度。按照《维也纳决议书》（第 4 条）的规定："同一等级的外交代表的席次，以正式通报所发表的其抵达派驻国宫廷的先后为序。但此项规定不适用于教皇代表。"在天主教的国家，教皇代表总是居先位。这样，过去因为外交代表的先位问题引起的争执就获得了一定的解决。① 1818 年艾克斯拉夏培勒会议增加的驻办公使的一级，原来是为大国规避公使先位权问题，即避免它们的全权公使可能排在小国的全权公使之下的不利地位，而特别定出次于全权公使的一级的公使。但是这一等级的存在，早已没有现实的意义。事实上，苏联一向不派遣这一级的使节，西方国家也很少派遣。中华人民共和国建立以来从未派遣过驻办公使一级的外交代表。从国际实践上看，艾克斯拉夏培勒会议关于驻办公使的规定可说已成具文。因此 1961 年《维也纳外交关系公约》在使馆馆长中不列入驻办公使一级，是可以理解的。该公约（第 14 条）规定："使馆馆长分为如下三级：（甲）向国家元首派遣之大使或教廷大使，及其他同等级位之使馆馆长；（乙）向国家元首派遣之使节、公使及教廷公使；（丙）向外交部长派遣之代办。"由此可见，按照现今国际惯例，常设使馆馆长仍为《维也纳决议书》所规定，分为大使、公使和代办三级。

三、外交代表的派遣和接受

国家派使的平等权利。在维也纳会议的前后，一般认为只有享受所谓皇室尊荣（royal honours）的国家，才有资格派遣或接受第一级代表，即大使。② 事实上，当时派大使的也限于英、俄、法、普、奥列强。后来在 19 世纪中这种情况渐有所改变，特别是由于新的强国和大的共和国出现于国际舞台。可是帝国主义的大国对于它们所谓次等国家一般还不派大使，而只派低级的外交代表，显然是不以

① Rivier, Principes du droit des gens, 1896, pp. 445-448;
Lawrence, Principles of International Law, 1913, pp. 298-299.

② 《奥本海国际法》（中译本），第 1 卷，第 2 分册，第 250～251 页。

平等对待后类国家。在这一方面，十月革命后苏联的外交树立了新的风格；它强调大小国家在国际关系中平等地位，开始对驻一切国家的外交代表都采用苏维埃国家全权外交代表名称，但后来在国书上注明相当的等级。① 事实上苏联是第一个过去同中国互派大使级代表的。1924 年 5 月 31 日当苏联与中国建立正常外交关系时，双方于同年 7 月 15 日约定互派大使级外交代表。在那以前资本主义的列强，派驻中国的代表都限于公使一级；并且等到中苏互派大使级代表后很久才开始把公使升格为大使。这也可以说明帝国主义的国家过去如何不平等地对待中国。

中华人民共和国是一贯主张大小国家、民族一律平等的，在同别国互派使节上坚持相互平等原则，不论对方国家强弱大小，都可以互派第一级外交代表即大使。世界上同中华人民共和国建交派使的国家，截至 1972 年 11 月止已有 82 国，一律同中国互派第一级外交代表即大使。就是原来同中国互派公使的也门、瑞士和丹麦各国也早已互把公使升格为大使。这样对于中华人民共和国而言，外交代表等级中大使和公使之分，已很少现实的意义。事实上，如联合国国际法委员所指出，晚近日益增长的趋势，特别是自第二次世界大战以来的趋势，是各国宁愿派遣大使而不派遣公使；因此该委员会也考虑到废除公使名称或者废除大使和公使两级的区别的可能。②

国际法并不反对国家派驻一国的使节兼驻其他国家。在实践上采用这种办法的也是有的。萨道义的《外交实践指南》指出："在原则上并不反对同一个人员被派驻一个以上的国家。在事实上彼此毗邻的

---

① 由于一些资产阶级的国家企图把苏联的全权代表看成比列入等级的外交代表的级别还低的一种外交代表，苏联最高苏维埃主席团在委派全权代表时，在国书里注明该代表相当于某一等级的外交代表。1941 年 5 月 9 日苏联最高苏维埃主席团的命令，规定苏联派驻外国政府的外交代表分以下等级：一、特命全权大使；二、特命全权公使；三、代办。〔苏联科学院《国际法》（中译本），1959 年，第 295～296 页〕。

② American Journal of International Law, January, 1959, pp. 204-206.

小国，或因财政原因必须限制外交使节的经费时，时常使用这种办法。"① 在前清时代，中国政府同西方国家互派使节，最初是以一个公使兼驻英、法、意三国，另一公使兼驻俄、德两国。过去国民党政府对于拉丁美洲国家也有派使兼驻一个以上国家的事例，这显然主要是由于经费的限制。中华人民共和国也有过派驻印度的大使兼驻尼泊尔的公使、驻阿联的大使兼驻也门的公使的例子。中华人民共和国这样的做法也只有在特殊情况下一种暂时的安排（事实上现今中国对也门和尼泊尔都早已另派大使），但不排除今后同新的建交国在某种特殊情况下采用同样暂时性的安排。1961 年《维也纳外交关系公约》确认外交代表可以兼驻一个以上国家的原则，但以有关接受国同意为条件。公约（第 5 条）规定："派遣国向有关接受国妥为通知后，得酌派任一使馆馆长或外交职员兼驻一个以上国家，但任何接受国明示反对者，不在此限。"《维也纳外交关系公约》（第 6 条）并且规定："两个以上国家得合派同一人为驻另一国之使馆馆长，但接受国表示反对者，不在此限。"

使馆馆长所属之等级，如《维也纳外交关系公约》（第 15 条）所规定，"应由关系国家商定之"。但这并不意味着国家互派的使馆馆长必须属于同一等级；事实上有过一些不是这样的例子。② 福希叶指出，外交代表的等级由派遣国自己决定，而按照既定的习惯，各国相互派遣同级的使节，但是法国在瑞士派有大使，而瑞士在巴黎只派全权公使级的代表。事实上国家可以不拘于习惯而接受较高或较低于它自己所派遣的代表。③《外交关系公约》规定互派代表的等级由关系国家商定，是比较有灵活性而符合一般惯例的。在国际实践上，一国驻外使节中也可以同时有几个外交代表，例如第二次世界大战期中，英国驻美使馆，大使之外尚有一个或几个公使级代表。④ 一国派驻外国的使

---

① 萨道义《外交实践指南》（中译本），第 153～154 页；《奥本海国际法》（中译本），第 1 卷，第 2 分册，第 254 页。

② American Journal of International Law, January, 1959, pp. 263-264.

③ Fauchille, Traité de droit international public, 1926, I-3, p. 45.

④《奥本海国际法》（中译本），第 1 卷，第 2 分册，第 254 页。

节，是否可以由驻在国的公民充任，这个问题是与一国是否接受本国公民为外国派驻本国的外交官和是否有义务同样给予外交特权的问题相关联的。对于这个问题，传统的国际法没有作出确定的规则。在实践上，如萨道义的《外交实践指南》所说："一国的国民被任命为外国驻在他的本国的使节，这是不多见的。"① 萨道义指出，西方国家，如法国，不允许法国公民充任外国驻巴黎的大使或公使，这似乎早就是既定的宪法准则。美国法律禁止在它的外交工作中任用任何非美国公民的人。美国国务院又规定不接受美国公民为外国政府的外交代表，但是这一项规则可以灵活应用。然而从国际实践上看，派任外国公民为外交官和接受本国公民为他国派来的使节的事，也不是完全没有的。过去中国前清政府曾经派任美国公民（原驻北京的美国公使）蒲安臣（Burlingame）为特使赴美国及一些欧洲国家作外交活动，而在华盛顿也被当作中国政府的外交代表接待，同美国政府谈判一项重要条约。② 多年以来，国际法注意到一国公民充任他国驻他本国的外交代表的地位问题。1928 年《哈瓦那公约》（第 7 条）规定："各国可自由选择其外交官，但是如无驻在国同意，不能选派驻在国公民任此职务。"③

1929 年国际法学会关于外交豁免的决议（第 15 条）规定，外交豁免不适用于属于驻在国国籍的外交官。④ 1961 年《维也纳外交关系公约》对此作了较全面的规定；按照公约第 8 条，"使馆外交职员原则上应属派遣国国籍"；"委派属接受国国籍之人为使馆外交职员，非经接受国同意，不得为之"。公约第 38 条并规定，"除接受国特许享受其他特权及豁免外，外交代表为接受国国民或在该国永久居留

① Satow, A Guide to Diplomatic Practice, 1932, pp. 128-130；萨道义《外交实践指南》（中译本），第 153~154 页。

② Moore, Digest of International Law, 1906, Vol. I, pp. 550-551.

③ 1928 年《哈瓦那关于外交官公约》，见《国际条约集》（1924~1933 年），第 353~358 页。

④ Hans Wehberg, Résolutions de l'Institut de Droit international, 1873-1956, p. 27.

者，仅就其执行职务之公务行为，享有管辖之豁免及不得侵犯权。"①
这就肯定了以下原则，即外交官也可以从驻在国公民中派任，但必须
经过驻在国的同意，而驻在国一时同意接受，即应给予其执行职务上
享有的豁免和不可侵犯。但是从现代政治的观点看来，对外政策是国
内政策的延续，外交涉及国家重要的机密事宜，不容许外人参与。
《外交关系公约》的上述规定，只能看作对于落后国家的一种特殊办
法，不是一般能适用的；显然对于一般国家而言，根本无此需要。过
去中国如前清政府任用"客卿"办理交涉的事例，实质上也就是半
殖民地政治的反映，不可以效法的。事实上在联合国国际法委员提出
的草案报告中，也承认派任驻在国公民充外交职员之事已罕见，今后
随着新独立的国家的发展，这一实践将会消失，公约现今作出此规
定，也聊备一格而已。②

征求驻在国的同意。各国按照国内法决定它派驻他国的外交代表
的人选，但是国际法并没有给予任何国家以权利坚持他国必须接受其
派去充任外交使节的某一特定个人。根据国际惯例，每一个国家都可
以拒绝接受任何一个它所认为不能接受的人，即外交上特别称为
"不受欢迎的人"（persona non grata）。③ 在国际关系史上一国派驻他
国充任外交使节而由某种原因被后者拒绝的例子不少。④ 例如 1891
年中国前清政府就拒绝美国派来北京的公使布莱尔（Blair），因为他
任美国参议院议员的时候，曾经于 1882 年和 1888 年在该院发表极端

---

① 必须注意，1961 年《维也纳外交关系公约》所称"外交代表"（diplo-
matic agent）系作广义使用，包括使馆馆长和使馆外交职员。

② American Journal of International Law, January, 1959, p. 359. 1961 年
《维也纳外交关系公约》第 8 条并规定："接受国对于第三国国民之亦非为派遣
国国民者，得保留同样之权利。"这似乎也承认一国可以派第三国的公民充任驻
他国的外交代表。历史上在 17 世纪中，有过荷兰国际法学者充任瑞典王国驻巴
黎的大使的有名的例子。（Lawrence, Principles of International Law, 1913, pp.
30-31; Grotius, Le droit de la guerre et de la paix, I, traduction par Pradier-Fodéré,
1867, pp, XXXV-XXXVI.）

③ 《奥本海国际法》（中译本），第 1 卷，第 2 分册，第 256～257 页。

④ 详见 Satow, A Guide to Diplomatic Practice, 1932, pp. 125-128.

反华的言论，促成1888年《排斥华工法案》的通过，而美国政府不能不让其辞职。① 国家这样拒绝他国派来的不受欢迎的人充任使节，是作为一个主权国家当然应具有的权利，不能看作不友好的行为，拒绝接受的国家也没有义务一定要向对方提出拒绝的理由。这是外交使节个人之被拒绝接受，总不免引起派遣国与接受国之间不愉快或甚至争执，因而致有一方暂时中止派使之事，于是在外交实践上产生事先征求驻在国对代表人选同意的规则，即在派任某个人为外交代表以前，就征询（书面地或口头地）驻在国政府的意见：是否该个人将被视为被欢迎的人（persona grata）而予以接受；俟驻在国确定同意接受（agréation）之后，才正式派遣赴任。这种事先征求同意的办法，已成为国际上公认的规则。1961年《维也纳外交关系公约》确认这一原则，公约第4条规定，"派遣国对于拟派驻接受国之使馆馆长人选，务须查明其确已获得接受国之同意"，"接受国无须向派遣国说明不予同意之理由"。这就是说，如果对方不表示同意接受，则该个人不能派遣。在这样谅解之下，可以避免为使节人选被公然拒绝而影响派遣国和接受国双方的关系。②

常设使馆馆长以外的馆员中，除陆、海、空军武官，如《维也纳外交关系公约》（第7条）所规定，"接受国得要求先行提名，征求该国同意"外，其他职员，无论是外交职员（严格意义的外交官）或行政和技术人员，派遣国都可以自由委派，而其人选不需要征求驻在国的同意。但是这些馆员在已经派定或已经到职之后，接受国还随时可以宣告为"不能接受的"。按照《维也纳外交关系公约》（第9条）的规定："接受国得随时不具解释通知派遣国宣告使馆馆长或使馆任何外交职员为不受欢迎的人或使馆任何其他人员为不能接受。遇此情形，派遣国应斟酌情况召回该员或终止其在使馆之职务。"任何人得于其到达接受国国境前，被宣告为不受欢迎的人（persona non

---

① Satow, A Guide to Diplomatic Practice, 1932, p. 127;
Moore, Digest of International Law, 1996, Vol. IV, p. 484.

② 参看 American Journal of International Law, January, 1959, pp. 257-258。

grata) 或不能接受 (not acceptable)。①

四、外交代表的职务

关于外交代表的职务，可以按其属于临时使节或常驻使节加以区别。临时使节的职务就从其被派任特定的使命（如参加庆典，出席国际会议，进行谈判）上明白表示出来。常驻使节则是驻外经常地并且一般地代表本国，具有广泛的职务。国际法学家，如奥本海，曾经把常驻使节的经常职务，概括为三大类，即：谈判、观察和保护；并且说，"除了这些经常的职能之外，外交使节也可以负有其他和更繁杂的职能"，例如有关本国人民生、死、婚姻的登记等事项，但是外交使节不得执行"业已由驻在国法律规定完全为该国官吏保留的职务"，例如，某国法律如规定凡欲结婚者必须亲自去该国的登记处完成结婚手续，那么，该国即可不必准许外国使节为其侨民的婚姻在未经该国政府登记处登记前，完成法律手续。②

1961 年《维也纳外交关系公约》，对常驻使节的职务特别作了具体的规定（第3条），"（甲）在接受国中代表派遣国；（乙）于国际法许可之限度内，在接受国中保护派遣国及其国民之利益；（丙）与接受国政府办理交涉；（丁）以一切合法手段调查接受国之状况及发展情形，向派遣国政府具报；（戊）促进派遣国与接受国间友好关系及发展两国间经济、文化与科学关系"。公约的上述规定也只是就常

---

① "不受欢迎的人"（persona non grata）这句外交成语常被广泛使用；其实严格地说"不受欢迎的人"原是适用于外交官，特别是作为使馆馆长的大使、公使等身上的；对于非外交人员则应该说是"不能接受"（not acceptable）。《维也纳外交关系公约》（第九条），把这两个用语的区别特别点明了，这是值得注意的。（参看 American Journal of International Law, January, 1959, p. 258.）

1961 年《维也纳外交关系公约》（第 1 条）把使馆馆长和使馆职员统称使馆人员，而在使馆人员中又分出外交职员、行政及技术职员和事务职员三类。

② 《奥本海国际法》（中译本），第 1 卷，第 2 分册，第 258 ~ 259 页。

中国境内的外侨结婚，必须按照《中华人民共和国婚姻法》向中国的婚姻登记处完成登记手续，才是合法的，不得由有关外国使馆举行登记来代替。

设使馆的主要职务而言，① 也是国际惯例一般所承认的；但这并不排斥常设使馆由本国政府授权并在不违犯驻在国法律的规定的范围内执行其他职务，如上述关于本国侨民的生、死、婚姻的登记等事项。此外，必须指出，常驻使节尚可以执行领事职务，事实上，有些国家在外国的使馆特别设有领事部办理领事职务。《外交关系公约》确认这一国际实践，于其第 3 条特别声明："本公约任何规定不得解释为禁止使馆执行领事职务。"根据国际惯例，外国常驻使节也可以受托保护第三国及其国民的利益，但须经过驻在国同意。关于这一委托的职务，《外交关系公约》（第 45 条）也作了具体的规定，"遇到两国断绝外交关系或使馆长期或暂时撤退时，接受国务应尊重并保护使馆馆舍以及使馆财产与档案"；"派遣国得委托接受国认可之第三国代为保护派遣国及其国民的利益"。公约又明文规定，"派遣国经接受国事先同意，得应未在接受国内派有代表之第三国的请求，负责暂时保护该第三国及其国民之利益"（第 46 条）。对于使馆这种受托执行保护第三国利益的任务，驻在国给予同意与否，是该国可以自由决定的事。中华人民共和国成立以来，接触过不少的有关外国使馆受托代为保护第三国及其侨民的在华利益问题，中国政府对待这类问题的态度是按照不同对象和具体情况而有所不同。例如中国政府曾经同意瑞士使馆代为保护列支敦士登的利益和阿联使馆保护伊拉克（于伊拉克建馆前）的在华利益；但是中国拒绝同意英国代办处代管美国在华权益，也不承认英国代管加拿大、澳大利亚和新西兰等英联邦成员的在华权益的原则。这样，中国政府在原则上不否定一般承认的外国使馆代管第三国权益的制度或办法，而在实践上保留同意权，按照具体情况区别对待，是完全符合国际法和国际惯例的准则的。② 1965 年 1

---

① American Journal of International Law, January, 1959, pp. 255-257.

② 1928 年《哈瓦那关于外交官公约》（第 6 条）也有如下的规定："经各本国政府正式授权的外交官得在当地政府的同意下并根据未派普通官员代表驻于上述政府的国家的请求，担任在上述同一政府暂时或偶然保护上述国家的利益。"〔《国际条约集》（1924～1933 年）第 354 页。〕

月布隆迪王国政府宣布暂时中止同中华人民共和国的外交关系，中国驻布大使被撤回，中国委托阿拉伯联合共和国代为保管中国在布隆迪的使馆的房地产。

外交代表职务的开始。充任常设使馆馆长的外交代表，如上所述，现在一般分为大使、公使和代办（charge d'affaires）三级。各级代表人选于取得驻在国的接受同意后，即可正式派遣，具备国书（即委任状 letter of credence，lettre de créance）赴任。大使和公使级的代表是国家元首向驻在国元首（个人元首或集体元首）派遣的，国书也由元首向对方元首发出；代办则是由一国外交部向驻在国外交部派遣的，国书也由外交部长向对方外交部长发出。各级外交代表到达驻在国后，应将所携带的国书未封口的副本送到该国外交部，定期分别亲向元首或外交部长呈递。外交代表如果于作为使馆馆长的经常职务之外，尚特别负有其他使命，如谈判特别条约或协定，则须另带一种特别授权文件，即全权证书（full powers）。

必须注意，与上述正式充任使馆馆长的代办不同的，有所谓临时代办（charge d'affaires ad interim），前者是一国外交部派遣往另一国外交部的；而后者则是使馆中的一个馆员，在使馆馆长请假或离职期中被指定代理馆务的，他的地位列于普通代办之下。《维也纳外交关系公约》（第19条）关于临时代办作了如下具体的规定："使馆馆长缺位或不能执行职务时，应由临时代办暂代使馆馆长。临时代办姓名应由使馆馆长通知接受国外交部或另经商定之其他部；如馆长不能通知时，则由派遣国外交部通知之。使馆如在接受国并无外交职员时，派遣国得于征得接受国同意后，指派行政或技术职员一人，主持使馆日常行政事务。"按照公约上述规定，临时代办只能从使馆的外交职员中派任，如不得已而指派行政或技术人员，则必须征得驻在国的同意，并且不能作为临时代办处理外交事务，而只能以行政人员的资格主持使馆日常行政事务。①

上述关于外交代表人选征求同意和代表呈递国书的规则，不适

---

① 参看 Satow, A Guide to Diplomatic Practice, 1932, pp. 157-158。

用于派出参加国际会议的临时使节，也不适用于参加联合国组织的代表，因为他们都不是向国际会议或国际组织所在地的国家派遣，不存在呈递国书问题；这些代表只须具备全权证书，提交会议或组织审查。

外交团。按照外交惯例，驻在一国的各国外交使节全体组成外交团（diplomatic corps），而以到职最先的一位大使或公使（如无大使）为团长（doyen），在天主教国家则认教廷大使为团长。外交团存在的作用主要是在礼节方面，特别是在驻在国举行典礼或宴会的场合，由外交团团长代表全体使节致词；它不具有任何法律的职能。国际法不承认外交团有对驻在国政府进行政治交涉或采取联合抗议的权利。①但是过去帝国主义国家在许多东方国家里，滥用外交团的地位，要求外交团所不享有的广泛特权。特别是在过去中国前清末期和北洋政府时期，在北京的所谓外交团凭借帝国主义的势力，动辄联合抗议和行动，对中国政府施加压力，公然干涉中国的内政，至被说成为当时北京的"太上政府"；并且还占有一个特定的"使馆区"（即人所熟知的东交民巷），俨然成为"国中之国"。那真是世界外交史上突出的恶例。中华人民共和国成立以后，取消帝国主义的一切特权的残余，现在驻北京的各国外交代表虽然仍自成一个外交团，有它的团长，但也只是按照一般惯例，履行礼节性的任务，过去所谓外交团的特权地位是一去而不复返了。

各国常设使馆的到任先后同他们担任外交团团长的资格和在其他场合的位次问题是相关联的。外交代表在到任先后依什么事实来决定：决定于他们正式通知抵达驻在国的日期呢，还是决定于他们正式呈递国书的日期呢？关于这个问题，在外交的理论和

---

① 关于外交团的广义的组成（包括参赞、秘书、随员和武官等）及团长的权限，参看 Satow, A Guide to Diplomatic Practice, 1932, pp. 238-239；西方国际法学说认为外交团具有保护团员的共同利益的职能，假如一个代表的外交特权受到驻在国侵犯，外交团全体可以提抗议。Hurst, Immunités Diplomatiques, dans l'Académie de la Haye, Recueil des cours 1926, Ⅱ, p. 131.

实践上都表现分歧。1815 年《维也纳决议书》（第 4 条）规定，同一级外交代表的席次依其正式通知抵达派驻国宫廷的日期先后为序。19 世纪以来，有些国际法教本遵循《维也纳决议书》的这一规定，例如 19 世纪末期北京同文馆汉译美国国际法家吴氏（Woolsey）所著《公法便览》就引《维也纳决议书》的规定说，"使臣位次均以报到日期前后为定"①。同文馆汉译德国教授步伦氏（Bluntschli 原系瑞士籍）所著《公法会通》也说，"公使未递国书以前，应将到任日期，先行知照彼国外政大臣，各使之位次即以报到而定其先后"②。最近瑞士的一位国际法学家也还说，在同级的使节中位次先后以其向外交部通知到达之日或各国国名字母次序来决定。③但在外交实践上有的国家早已采用以使节呈递国书之日期先后来决定，而不按照《维也纳决议书》的规定。例如在苏联，外交代表递交国书的时刻，被认为是外交代表正式执行其使命的开始。④ 萨道义认为对于究竟是以通知抵达的日期还是以正式呈递国书的日期来定使节位次的问题，取决于驻在国所采定的规则。他说，尽管有些地方主张以呈递国书的日子决定各级代表的位次，不过《维也纳决议书》当事国则大概不会这样做。⑤ 中华人民共和国政府实行的规则，就是以各国使节正式呈递国书的日子决定他们位次的先后。关于这个问题，1961 年《维也纳外交关系公约》第 13 条作出了如下一种妥协性的规定，"各使馆馆长依照接受国应予划一适用之通行惯例，在呈递国书后或在向接受国外交部或另经商定之其他部通知到达，并将所奉国书正式副本递交后，即视为已在接受国内开始执行职务"⑥。也就是由于草拟该公约的国际法委员会鉴于各国对此问题的态度不同，所以才作

---

① 吴尔玺《公法便览》（北京同文馆译），第 2 卷，第 29 页。

② 步伦执礼《公法会通》（北京同文馆译），1880，第 2 卷，第 23 页。

③ Guggenheim, Traité de droit international public, tome I, p. 493.

④ 苏联科学院《国际法》（中译本），第 300 页。

⑤ 参看 Satow, A Guide to Diplomatic Practice, 1932, pp. 158-160, p. 240。

⑥ 参看 American Journal of International Law, January, 1959, pp. 261-265。

出这样一种妥协性的规定：由各国就上述两种日期之中任择其一作为代表开始任职的日子。公约并规定："使馆馆长在各别等级中之优先地位，应按照第 13 条规定开始执行职务之日期及时间先后定之。"

至于外国派来的使节从什么时候起开始享受外交特权则是另一问题。按照国际惯例，外交代表享受特权应当是从他们进入驻在国的国境后即开始的。① 1961 年《维也纳外交关系公约》规定（第 39 条）："凡享有外交特权与豁免之人，自其进入接受国国境前往就任之时起享有此项特权与豁免，其已在该国境内者，自其委派通知外交部或另经商定之其他部之时开始享有。"中华人民共和国的实践，关于这问题也是按照一般国际惯例处理的。

外交代表职务的终止。关于外交代表的职务的终止问题，就临时使节如派出参加外国庆典之类的临时使节而言，问题很简单，因为他们的派遣具有特定的使命，使命完成则职务自然终止。而关于常驻使节职务的终止，则问题较为复杂；1961 年《维也纳外交关系公约》作出了概括性的规定。按该公约（第 43 条）的规定："除其他情形外，外交代表之职务遇有下列情事之一即告终了：（甲）派遣国通知接受国谓外交代表职已终了；（乙）接受国通知派遣国谓依第 9 条第 2 项之规定（宣告为不受欢迎）该国拒绝承认该外交代表为使馆人员。"从国际实践上分析起来，作为常设使馆馆长的外交代表如大使、公使等职务的终止，可以基于以下多种的情事：

（一）代表满任。代表的国书如果有特定任期，而任期届满（例如按照英国规定，使馆馆长任期 5 年）则代表职务即告终止，除非特别予以延长。

---

① 参看 American Journal of International Law, January, 1959, p. 285;

Guggenheim, Traité de droit international public, tome I, p. 497;

（Guggenheim 也说，如其人原已在接受国境内，则其从被给予同意之日开始享有外交特权。）哈佛研究部于 1932 年发表的《外交特权公约草案》（第 16 条）规定外交代表享受特权从入境开始；1928 年《哈瓦那关于外交官公约》（第 22 条）也如此规定。（American Journal of International Law, 1932, Supplement, pp. 89-90.）

（二）本国召回。外交代表由于调职、辞职或其他原因而被本国政府召回，则代表职务即告终止。在这种场合，对于被召回的代表经由本国发给"辞任国书"（召回状 letter of recall）；大使和公使的"辞任国书"由本国元首发给，由大使或公使亲向驻在国元首呈交，代办的"辞任国书"则由本国外交部长发给，由代办亲向驻在国外交部呈交；代表"辞任国书"也可以由其继任人在呈递国书时同时送交。

（三）驻在国要求召回。如果驻在国政府以外交代表有不当行为，如进行敌对、间谍或破坏活动或阴谋等，认为不受欢迎，而要求其本国召回，也可以使得其本国命令回国而终止其职务；如果其本国拒不召回，驻在国政府也可自行宣布该代表职务的终止。在驻在国要求召回的情状下，外交代表离任，不需要呈交"辞任国书"。①

（四）代表主动离任。代表即使未经本国召回，也可以因为受驻在国的非礼待遇而自行要求护照离开驻在国，而其职务也因之终止。但是现在在国际电讯便捷，代表容易向本国政府请示的情况下，这样径自离任之事是不大会发生的。②

（五）外交代表升级。外交代表升级，代办升为公使或公使升为大使，也必须发给国书，向驻在国元首呈递。

（六）两国外交关系断绝。由于派遣国与驻在国之间的争执或冲突而导致双方断绝外交关系，则各自的代表撤退回国而其职务而终止。例如 1965 年 1 月布隆迪王国宣布暂时终止同中华人民共和国的外交关系，中国驻布大使撤回。但是如果一方或者双方只是召回大使

---

① 外交代表经驻在国政府要求召回的事是常见的。第一次世界大战期间美国政府于 1915 年要求奥匈帝国政府召回驻美大使顿巴（Dunba），因为他在美国进行破坏兵工厂的阴谋，是历史上一个有名的例子。1955 年苏联政府要求美国召回其驻苏大使凯南（Kennan），因为他发表反苏意见，是人所熟知的最近重要事例。

② Satow, A Guide to Diplomatic Practice, 1932, p. 257；

里维尔指出，外交使节赴任，由本国政府发给护照；从前外交代表抵任所后，即将其护照交存驻在国的外交部，但这似乎已不再是当今的作法了。（Rivier, Principes du droit des gens, 1896, p. 463.）

而仍可以指派临时代办主持馆务，则不构成外交关系的断绝。例如自1962 年中印边界冲突以后，双方大使都离任，而由临时代办主持馆务，中国和印度之间仍维持外交关系。

（七）两国间发生战争。由于派遣国和驻在国间战争状态的发生，导致外交关系的断绝，双方使节的职务当然终止。①

（八）元首的变更。派遣国或驻在国元首如果是君主，则他的死亡或即位就会使得他所派遣或接受的外交使节的职务终止，而所有留在原职的大使或公使都必须重新呈递国书，代办则不须新发国书。至于共和国总统的死亡或改选，一般不构成外交使节职务的终止的原因，不发生重新发国书的问题。②

---

① 在对日抗战期中，中国国民党政府驻日本的外交使节长期继续在职，中日间外交关系直到 1940 年 12 月正式对日宣战后才断绝。这也是国际关系上稀有的例子。

② 关于共和国元首的变更是否影响外交使节的国书问题，奥本海有不同的说法，他说，"在法国或美国这样的国家，总统为国家元首，有派遣或接受使节之权，因此，在他死亡、退位或任职届满而致引起宪法性的变化时，他所派遣或接受的使节的使命当然告终，因此必须予以新的国书"；但在像瑞士那样由联邦委员会构成集体元首的国家，其主席的变更则不足以使得外交使节的职务终止。〔《奥本海国际法》（中译本），第 1 卷，第 2 分册，第 284～285页。〕

上述奥本海之说，并不反映一般国际实践。萨道义指出，共和国总统的死亡或满任不影响外交使节的使命；历史上曾发生法国总统 Thiers 辞职（1873年），由 MacMahon 将军继任时，德帝国政府坚持法国大使呈交新国书，而奥、意、俄三国也仿照德国的要求，但是英国和其他国家没有这样要求。（Satow, A Guide to Diplomatic Practice, 1932, p. 256）1928 年《哈瓦那关于外交官公约》（第 25 条）规定："两国任何一国元首的死亡或辞职，政府或政体的变更均不终止外交官的使命。"（《国际条约集》〔1924～1933 年〕第 257 页）哈瓦那公约的规定是适用于美洲共和国之间的。可见这些共和国总统的死亡或退职不影响外交使节的使命，不须重新发给国书。参看 Moore, Digest of International Law, 1906, Vol. IV, p. 472。美国国际法学家芬尼克也说，共和国的总统的死亡或变更不影响外交使节的地位。（Fenwick, International Law, 1948, p. 478）中华人民共和国主席改选，并不要求外国驻华使节重新呈递国书。

（九）革命产生新政府。在外交使节的本国或驻在国发生革命，产生新政权，例如君主变成共和，或共和变成君主，或废黜一个君主迎立另一个，则外交代表的使命也告终。中国人民革命成功，中华人民共和国于1949年成立以后，所有各国原来驻华使节的职务即告终止。承认中华人民共和国的国家都经过双方谈判或协议，重新建交，互派使节，呈递国书。在此之前，外国原来使馆留华人员一律作为普通外侨待遇。

（十）不待说，外交代表本人的死亡或者派遣国或驻在国的灭亡或被合并，代表的任务，也当然终止。①

第三节 外 交 特 权

一、外交特权的概念

一国派往外国的外交代表，不论是常驻使节或临时使节，于享受礼节上与各自的身份和地位相应的尊荣外，还享有一定的特殊的权利和优遇。这类特殊的权利和优遇，统称外交特权（diplomatic privileges），有时也称为外交特权和豁免（diplomatic privileges and immunities）。例如1927年国际联盟设立的国际法编纂专家委员会（Committee of Experts for the Progressive Codification of International Law）选定的七个国际法编纂专题之一，就称"外交特权与豁免"；1932年美国哈佛研究部发表的一个公约草案也称"关于外交特权和豁免"公约草案（Draft Convention on Diplomatic Privileges and Immunities）。②

其实外交代表享受的豁免也就是一种特权，因之在外交文件上就有使用"外交豁免的特权"（the privilege of diplomatic immunity）的

---

① 参看 Fauchille, Traité de droit international public, 1926, I-3, pp. 103-105；

Satow, A Guide to Diplomatic Practice, 1932, pp. 256-283。

② American Journal of International Law 1932, Supplement, Codification of International Law, p. 2, pp. 19-25.

名词的。① 最早的英国女王安妮政府制订的有关外交使节的人身保护条例（Statute of Anne c. 12 of 1708）就是以"特权"标题的。② 相反地，1895 年国际法学会关于这问题的决议则题为"关于外交豁免"的规则（Règlement sur les immunités diplomatique）③，而 1958 年国际法委员会提出的公约草案又以"关于外交交往和豁免"条款草案为标题（也就是 1949 年国际法委员会选定的题目的名称）。④ 1961 年维也纳会议通过的公约则笼统地称为"外交关系"公约，而不再标出外交特权或豁免字样。⑤ 但是一般说来，外交特权包括豁免，而外交豁免则不能包括一切外交特权，虽则豁免确属于外交特权的主要的并且最重要的部分。因此，以外交特权这一观念概括外交代表享有的一切权力和优遇，是可以理解的，而且说述上也是比较简便的。

自国际交往上外交使节出现以来，特别是常设使馆制度推行以后，国际上存在着外交代表享受特权的问题。一国派到他国的代表何以要享受特权？一般外交特权的存在的理由何在？这早就成为国际法学家探讨的理论问题。关于这个问题在传统的国际法学上早已有两种解说。其一是代表性说（the "representative character" theory），即说外交特权的根据在于外交代表是派遣国的化身，是代表主权者的尊严。另一是"治外法权"说（the "extraterritoriality" theory），即说外交使节所在地象征他的派遣国的领土的延长；他虽然实际身在驻在

---

① 美国政府关于 1935 年 11 月伊朗驻美公使因汽车犯规被警察拘留事件，对伊朗公使道歉时指出：凡享有"外交豁免特权"（the privilege of diplomatic immunity）之人应该有义务要谨慎地遵守驻在国的一切法令规章。〔Oppenheim, International Law, 1955, Vol. I, p. 791 note；《奥本海国际法》（中译本），第 1 卷，第 2 分册，第 263 页（注四）。〕

② The Diplomatic Privileges Act of 1708，全文见 United Nations（Legislative Series），Laws regarding Diplomatic and Consular Privileges and Immunities, 1958, pp. 347-348；

American Journal of International Law, 1932, Supplement, p. 26.

③ Wehberg, Résolutions de l'Institut de Droit international, 1873-1956, pp. 19-23.

④ American Journal of International Law, January 1959, p. 254.

⑤ American Journal of International Law, October 1961, p. 1064.

国而在法律上假定他仍在其本国，因而不受所在地的法律管辖。所谓治外法权的意义就在于此。治外法权说老早创自格老秀斯的理论，一向被认为是一种法律上的拟制（la fiction de l'exterritorialité）。①

上述代表说和治外法权说之外，现今尚有通行的一说是"职务上必要"说（the "functional necessity" theory）即认为外交特权在于使外交使节能履行其职务是必要的。有的法学家一方面承认外交代表之所以享有特权因为他们是国家及其尊严的代表，同时也强调，如果没有外交特权，外交代表就不可能很圆满地执行他们的职务。事实上，所谓"治外法权"那一拟制曾经在 18 世纪乃至 19 世纪的学说中流行，但自第一次世界大战以来早已不是一般支持的理论。现今一般认为外交特权建立在两重基础上，即（一）对外交代表所代表的国家的尊重；（二）代表在执行其职务上的必要。②

外交特权的内容及其适用的范围，除决定于公认的国际法规则和外交惯例外，尚可以有国内法和条约的规定。依国内法保障外交特权最早的一个例子是上述在传统的国际法上经常援引的 1708 年英国女王安妮政府颁布的《外交特权条例》。③ 并且如尼斯（Nys）所指出，在 18 世纪末期，大革命后的法兰西和新独立的北美合众国都颁布有保障外交代表的特权的法令。④ 现代各国

---

① Nys, Le droit international, 1912, tome 2, pp. 421-422；格老秀斯主张外交代表享有治外法权的理论，详见 Grotius, De jure belli acpacis（English translation by Kelesy, 1925），pp. 441-444；美国吴尔玺指出，人谓"按公法所谓使臣在外与在本国无异"即言其尽免外邦管辖也。其实未可尽免。〔吴氏《公法会通》（北京同文馆译），第 2 卷，第 15 页。〕

② American Journal of International Law, January, 1959, pp. 266；参看 American Journal of International Law, 1932, Supplement, pp. 26；《奥本海国际法》（中译本），第 1 卷，第 2 分册，第 260 ~ 261 页；苏联科学院《国际法》（中译本），第 303 页；Hurst, Les immunités diplomatiques dans l'Académie de la Haye, Recueil des cours, 1926, Ⅱ, pp. 122-123。

③ United Nations,（Legislative Series），Laws and Regulations regarding Diplomatic and Consular privileges and Immunities, 1958, pp. 347；《奥本海国际法》（中译本），第 1 卷，第 2 分册，第 262 ~ 263 页。

④ Nys, Le droit international, 1912, tome 2, pp. 434.

制订有关外交特权和豁免的国内法规的更多,① 首先可举出 1927 年苏联颁布的《关于苏维埃社会主义共和国联盟境内的外国外交代表机关和领事代表机关的条例》, 规定外国外交代表和领事代表在互惠的基础上享有根据国际法规范与其地位相当的一切权利和优遇。② 各国也有在友好通商等类条约, 规定外交代表相互享受外交特权和豁免的, 双边条约作出这种规定不但出现于欧洲国家相互间以及欧洲国家及拉美国家之间, 后来也推行于西方国家和东方国家之间。自 1858 年以后许多西方国家同中国订立的条约规定双方派使, 同时也要求中国保障外国使节享受外交特权。例如 1858 年《中法天津条约》（第 2 条）关于外交特权作了如下具体的规定:"凡进京之钦差大臣公使等, 当其暂居京师之时, 无不按照情理全获施恩, 其施恩者乃所有身家、公所与各来往公文、书信等件皆不得擅动, 如在本国无异……大清大皇帝欲派钦差大臣前往大法国京师侨居, 无不各按品级延接, 全获施恩, 俱照泰西各国所派者无异。"③ 1861 年《中德条约》、1869 年《中

① 关于各国保障外交特权的国内法规, 详见 United Nations（Legislative Series）, Laws and Regulations Regarding Diplomatic and Consular Privileges and Immunities, 1958, pp. 336-339。

② 苏联科学院《国际法》（中译本）, 第 303 页, 苏联 1927 年条例全文, 译载 United Nations（Legislative Series）Laws and Regulations regarding Diplomatic and Consular Privileges and Immunities, 1958, pp. 336-339。

③ 王铁崖《中外旧约章汇编》, 第 1 卷, 第 104 页上引《中法天津条约》关于外交特权的规定（第 2 条）的一段, 法文本意义较明确, 特摘录如下, 可对照看: "Les agents diplomatiques jouiront réciprog uement, dans le lieu de leur résidence des privileges et immunités que leur accorde le droit des gens; c'est-à-dire que leurs pesonnes, leur famille, leur maison et leur correspondence seront inviolables..." "Les agents diplomatiques qu'il plaira a Sa Majesté l'Empereur de la Chine d'accréditer auprès de Sa Majesté l'Empereur des Français seront reçus en France avec tous les honneurs et toute les prérogatives dont jouissent, a rang égal, les agents diplomatiques des autres nations accrédités a la Cour de Sa Majesté l'Empereur des Français" （Hertslet, China treaties, 1908, Vol. I, 200.）

奥条约》都有类似的规定。① 但是如 1932 年哈佛研究部发表的
《关于外交特权和豁免公约草案》的说明所指出，当时除 1928 年
《哈瓦那关于外交官公约》外，尚没有规定外交特权的国际公
约。② 及至 1961 年维也纳会议制定《外交关系公约》，国际关系
上才有一部完整的外交特权规则，这个公约系统地整理了关于外
交特权既存的国际法规则和国际惯例，使之法典化并加以发展，
现已获得法定必要的 22 国的批准生效，对于这些国家具有拘束
力，预计随后通过世界上其他国家的批准或加入，可以成为具有
普遍拘束力的国际协定法的一部分。至于个别不参加这公约的国
家，当然不受其拘束，而可以按照现行公认的国际法规则、国际
惯例以及国内法和互惠协定，处理外交特权问题。

　　如上所述，外交使节在驻在国享有一定的特权和豁免，是由
于对他所代表的国家的尊重和基于他在执行职务上的必要，所以
这类特权本质上是属于他的本国的而不是属于他个人的，因而不
能由代表本人自行放弃。因此，作为一个常设使馆馆长的外交代
表，如果要放弃某项豁免，必须经过他的本国政府的同意，至于
使馆的其他职员放弃其享有的特权也必须经过馆长的同意。1961
年《维也纳外交关系公约》（第 32 条）规定："外交代表及依第
37 条享有豁免之人（使馆其他职员）对管辖之豁免得由派遣国抛
弃之，豁免之抛弃概须明示。"公约所说由国家抛弃，在形式上
并不是一定由代表的本国政府直接通知，由于外交代表既然是代
表国家，遇有他通知抛弃，即可认为是他的本国政府的声明。③

　　上面说过，外交代表享受特权和豁免照例是于进入驻在国国
境即开始，而不是等待正式到职以后。外交代表的特权和豁免也

---

　　① 关于《中德条约》、《中奥条约》及其他载有关于外交特权的类似
规定的中外条约，可检看王铁崖编《中外旧约章汇编》或 Hertslet, China
Treaties, Vol. Ⅰ.

　　② American Journal of International Law 1932, Supplement, pp. 26-31.

　　③ 参看 American Journal of International Law, January, 1959, pp. 276-
277。

不是机械地随着他的职务的终止而终止。在一般情况之下，外交特权是等待代表离境的时候才终止。关于这点，《维也纳外交关系公约》作了如下具体的规定（第 39 条）："享有特权与豁免人员之职务如已终止，此项特权与豁免通常与该员离境之时或听任其离境之合理期间终了之时停止，纵有武装冲突情事亦应继续有效至该时为止。"必须注意，维也纳这项规定，不是可以无保留地实施的。它并不完全反映国际实践。首先，外交代表享受到离境为止这一规则，只适用于一般情况下外交职务的终止，遇有像中国人民革命胜利、中华人民共和国建立之始的特殊情况，对于一般敌视中国人民革命的西方帝国主义、资本主义的国家的原来驻华使节的人员，外交职务终止而尚未出境的，就有充分理由一律终止其特权和豁免。其次，在武装冲突成为战争的场合，就很难要求驻在国保证尚未离境的对方外交使节继续享受一切特权和豁免，第一、第二两次世界大战开始时，交战国对待敌方外交使节的限制的措施，已经充分证明了这点。

二、外交特权的内容

外交代表在驻在国享有的权利，通常分为外交特权和豁免，但是两类权利的界限实际上是很难完全分清的。讲到代表享有的某项具体的权利究竟是居于特权一类，还是属于豁免一类，或者自成一类，就成问题。例如代表的人身不受侵犯（inviolability）可以列为特权，也可以列为豁免，有的国际法学家如奥本海也把它突出地标为一类，而包括刑事管辖。① 有的又在"治外法权"的总题下分别列入人身不受侵犯和司法豁免等项特权（prérogatives）。② 因此一个比较简明的叙述法，还是避免把外交特权和外交豁免截然分为两类，而在外交特权的总题之下，按照

① 《奥本海国际法》（中译本），第 1 卷，第 2 分册，第 262～264 页。

② Liszt, Le droit international（traduction française），1928，pp. 130-137.

不同的事项分成如下几类特权：（一）代表的人身、馆舍和公文、档案的不可侵犯；（二）代表享有的司法豁免；（三）使节的通信自由；（四）使节免除一切税捐；（五）其他特权或优遇。

（一）人身、馆舍、档案和公文的不可侵犯。外交代表的人身不可侵犯是外交特权的基本重要的部分，是传统的国际法的准则，并且可以说是近代意义的国际法形成以前、自古国际交往上早就一向相互遵守的习惯。这也可说是派遣国和接受国的一种默契，即一国使节既然为他国政府所接受，当然有义务保证对代表的安全和尊严的尊重。外交代表人身的不可侵犯，也就是保证代表自由而无阻碍地履行其任务的必要条件。国际法理论和实践的一致看法是，侵犯外交代表的人身就是侵犯国际法。驻在国政府不但自己不能侵犯代表的人身，特别是不得加以搜查、逮捕或拘禁，而且要防止任何个人有侵犯行为，并对个人所犯这种侵犯行为加以处罚。上述 1708 年英国女王安妮政府颁布的《外交特权条例》，就是明白指出其遵守国际法义务的宗旨的。根据上述条例，英国的刑法对于凡以强力或拘禁人身等行为，侵犯了任何外国外交代表的特权，或因控诉、检举或执行任何令状或诉讼程序而致外国使节本人或外国使节的仆人被捕或被禁闭等，都以犯轻罪论。[1] 1961 年《维也纳外交关系公约》（第 29 条）规定："外交代表人身不得侵犯。外交代表不受任何方式之逮捕或拘禁。接受国对外交代表应特示尊重，并应采取一切适当步骤以防止其人身自由或尊严受有任何侵犯。"公约这项规定也就是确认传统的国际法准则的。必须注意，代表人身不可侵犯的原则，并不排斥由于代表本人的挑衅行为而引起他人的自卫手段，也不保证在例

---

[1]　United Nations（Legislative Series），Laws and Regulations regarding the Diplomatic and Consular Privileges and Immunities，1958，pp. 3、4、7；《奥本海国际法》（中译本），第 1 卷，第 2 分册，第 262 页；

Hurst，Les immunités diplomatiques dans l'Académie de la Haye，Recueil des cours，1926，Ⅱ，pp. 128-130.

外的情况之下不采取防止他进行犯罪行为的措施。①

　　另一项基本重要的外交特权是外交使节馆舍的不可侵犯。这项特权的存在的理由并不是如"治外法权"说的学者所解说的使节的馆舍被看作他本国的领土，那种说法是不符合事实的。外交使节的馆舍之享有不可侵犯权，也就是为了尊重代表的尊严地位，使得他能够自由而无阻碍地执行职务，而不受外来干扰。一般地说，外交使节的馆舍，非经有关使节特别允许，驻在国的司法、警察、税收人员及其他官吏都不得进入。② 关于这项特权，1961 年《维也纳外交关系公约》，作了如下原则性的规定（第 22条）："使馆馆舍不得侵犯。接受国官吏非经使馆馆长许可，不得进入使馆馆舍。""接受国负有特殊责任，采取一切适当步骤保护使馆馆舍免受侵入或损害，并防止一切扰乱使馆安宁或有损使馆尊严之情事。"这样，在实现使馆馆舍不可侵犯的原则上，驻在国政府就负有两重义务：首先，它有义务防止它的官吏进入使馆馆舍执行职务，例如送达执行令状或传票（通常应通过外交部送达）。其次，它负有特殊义务保护使馆馆舍不被侵入或毁坏，并且防止扰乱使馆的安宁或损伤其尊严。③《外交关系公约》也规定（第30

---

　　① American Journal of International Law, January, 1959, pp. 273；《奥本海国际法》（中译本），第 1 卷，第 2 分册，第 264 页。

　　② 《奥本海国际法》（中译本），第 1 卷，第 2 分册，第 266～267 页。按照 1961 年《维也纳外交关系公约》第 1 条（壬）的解释，使馆馆舍系指"供使馆用及供使馆馆长寓邸之用之建筑物或建筑物之各部分以及其所附属之土地，至所有权谁属，则在所不问"。

　　③ American Journal of International Law, January 1959, pp. 267-268. 国际法委员会在其说明里并指出，向使馆送达传票就是在门口送达也是不容许的。必须注意，上述公约规定保护外国使馆的尊严和安宁的义务，在实践上现已不是可以硬性地实行的。在现代反帝国主义、反侵略的群众示威运动的高潮下，驻在国对于构成人民群众示威的对象的外国使馆的保护要能够做到使它的尊严不受损伤，或它的安宁不受扰动，那几乎是不可能的。因此，一般地说，只要使馆馆舍不被侵入或损毁，群众在馆舍外的示威，无论情绪如何激昂，应不发生驻在国政府对有关外国使馆的责任问题。

条）："外交代表之私人寓所一如使馆馆舍应享有同样之不得侵犯权及保护。"按照公约起草者国际法委员会的解说，这里所说"外交代表之私人寓所"必然包括外交代表的临时住所。①

必须指出，外交使节的馆舍不可侵犯并不意味着它可以利用作政治避难所。国际法不承认常设使馆享有外交庇护权，只有拉丁美洲国家根据它们之间长期形成的惯例以及后来签订的公约，相互承认使馆接受驻在国的政治犯避难②，是一种地域性的例外。按照 1928 年哈瓦那《关于庇护权公约》，各国不得在使馆内以庇护权（避难权）给予普通刑事被告或已决犯（第 1 条），但政治犯在使馆内所受到的庇护权，在庇护国的习惯、公约或法律允许以庇护作为一种权利或人道宽容的限度内予以尊重（第 2 条）。③ 1933 年蒙得维的亚《美洲国家关于政治庇护权的公约》也同样承认使馆庇护政治犯的原则："政治庇护权作为人道主义性质的制度，不受相互原则的限制。任何人不分国籍，在不妨碍其所属国家承担的义务的情况下，均可求得其保护"（第 3 条）。"对于罪行是否政治性质的判断权，属于给予庇护的国家。"（第 2 条）④ 1928 年《美洲国家间关于庇护权公约》（和 1933 年《蒙得维的亚公约》等）只是确认美洲国家间相互奉行的在那方面革命政变频繁发生的特殊政治情况下形成的地域性的习惯的规则，根本不构成一般承认有效的国际法的一部分。相反地，公认的国

---

① American Journal of International Law, January 1959, pp. 273.

② 奥本海曾指出，秘鲁是南美国家中惟一不承认使馆庇护政治犯的国家，但是现今秘鲁是否仍是这样，则有问题。鉴于数年前秘鲁和哥伦比亚间发生过的使馆庇护政治犯的争执案问题不在使馆有无庇护权，而是政治犯的性质由何方来判定，则可以看出，似乎秘鲁在原则上也不否认使馆行使庇护权。（Oppenheim, International Law, 1955, I, pp. 794.）

③ 《国际条约集》（1924～1933 年），第 369～371 页。美国在签字 1928 年哈瓦那《关于庇护权公约》时提出保留，指出美国不承认并且不同意所谓庇护权的学说作为国际法的一部分。

④ 《国际条约集》（1924～1933 年），第 542～543 页。

际法规则是，使节馆舍不能庇护任何罪犯即使是政治犯。① 过去驻在北京的外国使馆庇护中国的犯罪分子，如复辟犯张勋受到荷兰使馆的庇护，1956 年匈牙利事变后美国使馆一直庇护一个反革命的匈牙利大主教，显然都是完全违反国际法规则的行为。特别值得注意的是，《维也纳外交关系公约》在外交特权部分完全不提所谓外交庇护权。

使节馆舍也不得扣押使馆外的任何人，即使是使馆的本国侨民。在近代外交史上有过 1896 年中英间发生的有名的"孙逸仙事件"（the Sun Yat-sen case）。事实是当时中国革命先行者孙中山在伦敦被诱入中国清朝驻英的公使馆中并被拘禁起来，等候押送回国。当时中国公使认为使馆的房屋是中国领土，英国政府无权干涉。但是经过英国政府严重抗议和干涉，孙终于在几天之后被释放了。②

最后，使馆馆舍不得侵犯，也并不意味着使馆馆舍绝对不能移动。按照联合国国际法委员会关于公约草案报告对使馆馆舍范围的说明，使馆馆舍包括办公用建筑物（不论是派遣国所有或租用），以及附属设备，如花园、车房等。使馆馆舍的不可侵犯并不排除驻在国为了实施某种公共计划，例如市区改正计划，有商洽迁移使馆或动用其一部分地方的可能。在这种场合使馆应该采取合作态度，在驻在国一方当然要给予适当的补偿。③

外交使节的档案和公文的不可侵犯，也是一项公认的为使节执行其职务所享有的特权。1961 年《维也纳外交关系公约》作出了严格的规定（第 24 条）："使馆档案及文件无论何时，亦不论位于何处，

---

① 参看《奥本海国际法》（中译本），第 1 卷，第 2 分册，第 266 ~ 268 页；Oppenheim, International Law, 1955, pp. 793-798。

② 有的国际法学者认为，如果外国使馆庇护罪犯，或者扣押馆外的人，拒不交出，在严重情况之下，驻在国政府可以派兵将使馆包围，甚至最后用强力把有关个人带出。

参看《奥本海国际法》（中译本），第 1 卷，第 2 分册，第 265 ~ 266 页。

③ American Journal of International Law, January, 1959, pp. 267-268.

均属不得侵犯。"具体地说，不论文件已归入档案或与档案分开，也不论文件在馆舍内或在馆舍外（例如使馆职员携带在身上）都不得加以侵犯。①

（二）管辖的豁免。根据国际法，外交代表享有当地刑事和民事管辖的豁免。外交豁免构成外交特权的一个基本重要部分，一向被认为是于使节的尊严和执行职务的自由绝对不可或缺的权利。刑事管辖的豁免是完全的，除非经过外交代表的本国政府同意抛弃。民事管辖的豁免则不是完全的而是有例外的，例如代表本人起诉而引起的反诉，或者由于他的私有不动产或营业发生的诉讼，则不享受民事管辖的豁免。关于代表享有的管辖豁免权，《维也纳外交关系公约》作了如下具体的规定（第31条，一、）："外交代表对接受国之刑事管辖享有豁免。除下列案件外，外交代表对接受国之民事及行政管辖亦享有豁免：（甲）关于接受国境内私有不动产之物权诉讼，但其代表派遣国为使馆用途置有之不动产不在此列；（乙）关于外交代表以私人身份并不代表派遣国而为遗嘱执行人、遗产管理人、继承人或受遗赠人之继承事件之诉讼；（丙）关于外交代表于接受国内在公务范围以外所从事之专业或商务活动之诉讼。"尽管外交代表在上述特定的事件上受当地民事管辖，但是无论诉讼的结果如何，在原则上不得对代表加以强制执行，这也是一般承认的规则。因此，公约（第31条，三、）也明文规定："对外交代表不得为执行之处分，但关于本条第一项（甲）（乙）（丙）各款所列之案件，而执行处分复无损于其人身或寓所之不得侵犯权者，不在此限"。②

与管辖豁免权相关联的是外交代表被召唤到法庭作证的豁免。简言之，如《维也纳外交关系公约》（第31条，二、）所规定，"外交

---

① American Journal of International Law, January, 1959, pp. 269-270.

② 关于《维也纳外交关系公约》第31条关于管辖豁免的解说，参看American Journal of International Law, January, 1959, pp. 274-276；关于民事管辖的例外，有不同的意见，参看 Hurst, Les immunités diplomatiques dans l'Académie de la Haye, Recueil des cours, 1926, Ⅱ, pp. 149-150, pp. 179-189。

代表无以证人身份作证之义务"。驻在国政府如果请求代表在馆舍或寓所向前来录取证言的人提供证言，他也完全有权拒绝，这在法律上是肯定没有问题的。但是事实上有外交代表愿意出庭作证的例子；还有某项案件，某个外交代表的作证于审理案件有绝对的必要，而代表绝对拒绝作证，因而引起驻在国对该代表的不满，要求召回的例子。因此，在这种场合，只要代表的本国政府同意，并且也为驻在国法律所允许，则由代表以书面作证，也许是解决这个微妙问题的一个实事求是的变通办法。①

必须强调，外交代表享受管辖豁免不等于说他可以完全不遵守或尊重驻在国的法令。这只是意味着遇有外交代表违犯他应该遵守的当地的法令的情事，驻在国的行政、司法或警察不能直接对他执行制裁，而要通过外交途径处理，由他的本国政府自行对他采取处分，以满足驻在国的抗议或要求。《维也纳外交关系公约》（第31条，四、）规定："外交代表不因其对接受国管辖所享之豁免而免除其受派遣国之管辖。"中华人民共和国国务院1964年4月公布施行《外国人入境出境过境居留旅行管理条例》就明文规定（第17条），"享有外交豁免的外国人违反本条例规定的事件，通过外交途径处理"，也就肯定外交代表不因其享受管辖豁免而可以在驻在国为所欲为而不负法律责任。《外交关系公约》（第41条）也明文规定，"在不妨碍外交特权与豁免之情况下，凡享有此项特权与豁免之人员，均负有尊重接受国法律规定之义务"。并规定使馆馆舍不得充作与使馆职务不相符合之用途。

外交使节免受驻在国的管辖，使馆自身并不享有管辖权。使馆馆长根据其本国国内法，行使使馆的内部管理权，可以自行处理一切纪律事项，但遇有使馆工作人员在馆内犯罪情事，如果犯者是享有外交特权级的人员（外交职员即通称外交官）则应送回其本国处理，除非本国政府同意抛弃豁免；如果犯者是不享有外交特权的人

---

① 参看《奥本海国际法》（中译本），第1卷，第2分册，第269～271页。

员，则必须交由驻在国处理。这更可以证明"治外法权"说者把使馆视同代表的本国的领土那种观点，是在理论和实践上都站不住脚的。①

（三）通讯自由。使节享有的外交特权包括通讯自由。通讯自由也是于外交使节执行其职务必要的权利。根据国际惯例，外交使节一般享有外交信件的不可侵犯、使用密码通讯的自由、外交邮袋或邮包的不可侵犯和外交信使（diplomatic courier）人身的不可侵犯等各项特权。关于这类特权，《维也纳外交关系公约》（第27条）作了比较全面的规定："一、接受国应允许使馆为一切公务的目的自由通讯，并予保护。使馆与派遣国政府及无论何处之该国其他使馆及领事馆通讯时，得采用一切适当方法，包括外交信差及明密码电信在内。但使馆非经接受国同意不得装置并使用无线电发报机。二、使馆之来往公文不得侵犯。来往公文指有关使馆及其职务之一切来往文件。三、外交邮袋不得予以开拆或扣留。四、构成外交邮袋之包裹须附有可资识别之外部标记，以装载外交文件或公务用品为限。五、外交信差应持有官方文件，载明其身份及构成邮袋之包裹件数；其于执行职务时应受接受国保护。外交信差享有人身不得侵犯权，不受任何方式之逮捕或拘禁。六、派遣国或使馆得派特别外交信差。遇此情形，本条第五项之规定亦应适用；但特别信差将其所负责携带之外交邮袋送交收件人后即不复享有该项所称之豁免。七、外交邮袋得托交预定在准许入境地点降落之商营飞机机长转递。机长应持有官方文件载明构成邮袋之邮包件数，但机长不能视为外交信差。使馆得派馆员一人径向飞机机长自由取得外交邮袋。"

上述《维也纳外交关系公约》关于外交使节通讯自由的特权的规定，主要是确认长期的国际惯例，部分地也反映现代国际实践的发

---

① 英国国际法专家赫斯特（Hurst）曾经举出一个外国使馆馆内发生一个享有外交特权的人杀死本馆另一享有外交特权的人的事故，而使馆抛弃管辖豁免，把杀人犯交由当地法院处分的例子。Hurst, Les immunités diplomatiques, dans l'Académie de la Haye, Recueil des cours, 1926, Ⅱ, pp. 159.

展，例如关于装置和使用无线电发报机、由飞机机长传递外交邮袋等。①

（四）税捐的免除。在驻在国免除税捐也属于外交特权的一种。外交代表一般免除个人所得税和其他直接税。使馆馆舍免除房地产税和一切地方税捐（除公用事业或服务性税捐，如水、电收费外）。国际法并不要求驻在国对外交代表豁免关税，但是各国一般根据国际礼让，对使馆公用物品以及代表私人用品免征关税。关于这类的免税的限度，通常由各国根据平等相互原则，以国内法作具体的规定。②

（五）其他特权。按照外交惯例，外交使节有悬挂本国国旗或国徽的权利。《维也纳外交关系公约》（第20条）规定："使馆及其馆长有权在使馆馆舍及在使馆馆长寓邸与交通工具上，使用派遣国之国旗或国徽。"这也就是重申国际上一般承认的特权。西方资产阶级的国际法学家还举出所谓"礼拜权"（right of chap-

---

① 参看 American Journal of International Law，January，1959，pp. 271-272；国际委员会关于外交使节通讯自由特权规定的解说中指出，外交邮袋也有时经过外交部长的允许，在使馆的代表在场的条件下被打开，但这只是在严重怀疑外交邮袋用于非法目的，有损驻在国的利益的场合作为一种例外措施，在原则上还是要强调外交邮袋的不可侵犯。

② 参看《维也纳外交关系公约》（第36条）如下详细的规定：

一、接受国应依本国制定之法律规章，准许下列物品入境，并免除一切关税及贮存、运送及类似服务费用以外之一切其他课征。

（甲）使馆公务用品；

（乙）外交代表或与其构成同一户口之家属之私人用品，包括供其定居之用之物品在内。

二、外交代表私人行李免受查验，但有重大理由推定其中装有不在本条第一项所称免税之列之物品，或接受国法律禁止进出口或有检疫条例加以管制之物品者，不在此限。遇此情形，查验须有外交代表或其授权代理人在场，方得为之。

部分的说明，见 American Journal of International Law，January，pp. 279-280。

el），说"驻在国的国内法必须给予使节以设立私有教堂（在使节馆舍内），以奉行他自己的宗教的特权"①。这一所谓特权是否被给予以及特权行使之形式和限度，还要决定于有关驻在国的国内法。事实上《维也纳外交关系公约》完全没有提外交使节的礼拜权。此外，派遣国与驻在国在互惠协定的基础上，也可以相互给予外交使节以其他特权。

三、外交特权适用的范围

充任常任使馆馆长的外交代表（大使、公使、代办）享有上述外交特权和豁免。同样，由于使节执行职务上的必要，这些特权和豁免也适用于使馆的外交职员，即参赞、一等秘书、二等秘书、三等秘书和随员（通称外交官）②，以及海、陆、空军武官。所有上列享受外交特权和豁免的人员，其配偶以及未成年的子女也享受这类的特权和豁免。这肯定是公认的国际法原则，各国的国内法和实践一般奉行这一规则是不成问题的。但是使馆的其他职员，如行政或技术职员的法律地位如何，是否也享有这类特权或其一部分，关于这问题则国际法上没有确定的规则，而各国的国内法或实践也不一致。在一方面，有的国家只承认外交职员享有特权和豁免，例如苏联1927年法律。③ 在另一方面，有些国家把行政和技术职员都包括

① 参看《奥本海国际法》（中译本），第1卷，第2分册，第272页；Rivier, Principes du droit des gens, 1896, pp. 506-507.

② 1961年《维也纳外交关系公约》（第1条）将外交代表（diplomatic agent）用作广义的名称，包括使馆馆长和使馆外交职员。在本书里，除引用的《维也纳外交关系公约》条文外，按照通常用法把外交代表的名称一般限于外交使节的首长，就常设使馆而言，则为使馆馆长，即大使、公使、代办。

③ United Nations (Legislative Series) Laws and Regulations regarding Diplomatic and Consular Privileges and Immunites, 1958, pp. 336. 苏联也依1956年法令，规定，1927年关于外交代表机关所规定的权利和优遇，在分别适用互惠原则的基础上可以扩延于驻苏的外交大使馆和公使馆的职员和服务人员。（苏联科学院《国际法》〔中译本〕，第305页。）

在享有外交特权和豁免的人员之列，有的甚至把服务人员也包括在内，例如英国。①

1961 年《维也纳外交关系公约》扩大了外交特权和豁免的适用范围，按照公约第 37 条的规定：使馆的行政和技术职员及其同居家属也同外交职员一样享有外交特权和豁免，并且使馆的服务人员就其执行公务之行为享有豁免。② 这样，《维也纳外交关系公约》的规定就在两方面超过了国际法所公认的外交特权适用的范围，即一方面把外交职员以外的使馆工作人员包括在享有特权和豁免的人员之内，同时也把随同享有外交特权的本人享受特权与豁免的家属，从向例限于其本人的配偶和未成年的子女推及于一切同居的家属。公约这样扩大外交特权适用的范围，国际法委员会在草案报告的说明中自诩为前进了一步。其实公约这条规定既没有国际法的根据，也不反映国际的实践，不参加这个公约的国家没有义务奉行公约的规定，而可以各自根据公认国际法原则并依本国国内法或某种互惠协定，决定外交特权和豁免的适用范围。

按照中华人民共和国的实践，外国使馆人员享受外交特权的范围是严格限制的，只有使馆馆长（大使、公使、代办）和外交职员（包括参赞、一等、二等、三等秘书、随员、陆、海、空武官、商务、文化、新闻参赞或专员），即统称外交官的，才享有外交特权和豁免（除非另有条约规定或互惠办法），外交官享有的特权和豁免也适用于其配偶及其未成年之子和未结婚之女。各国驻中国的外交官基于平等相互原则享有外交特权，包括人身不可侵犯权，使馆及其公文、档案与外交官之住所不受侵犯权，民事和刑事裁判和供证义务的

---

① 英国安妮女王 1708 年《外交特权法》列入使节的仆役。奥本海所说外交特权的广泛地适用于使节的一切随从人员，可说是根据英国法律的观点。《奥本海国际法》（中译本）第 1 卷，第 2 分册，第 276～278 页；

参看 Hurst, Les immunités diplomatiques, dans l'Académie de la Haye, Recueil des cours, 1926, Ⅱ, pp. 152-153。

参看 Guggenheim, Traité de droit international public, 1953, Ⅰ, pp. 499。

② American Journal of International Law, January, 1959, pp. 281-283.

豁免，关税和其他税捐的免除（按照法令的规定），以及通讯自由（包括密码电报）等。中华人民共和国给予外国驻华外交官的特权和豁免，是基于相互平等原则。因此，外国驻华使节享受的外交特权和豁免，应该同样由对方国家给予中国派驻对方的外交官，否则就不算是平等，对方外交官就没有具备在华享有外交特权的条件。①

必须指出，外交特权虽然主要是为属于常驻使节的外交官所享有，但在现代国际交往的发展的新情况下，根据协定或实践在各国享受外交特权的人员的种类或范围显然趋向于扩大。就中华人民共和国而言，根据条约享受外交特权的外国机关就有商务代表处。商务代表处制度，如所周知，原来是苏联创始的。中华人民共和国依 1958 年《中苏通商航海条约》同意互设商务代表处，该约（第 13 条）规定："缔约任何一方都可以在缔约另一方的首都设立本国的商务代表处。"按照该约附件（第 2 条）的规定，"商务代表处是本国大使馆的组成部分"。商务代表处办公处所"享有不可侵犯权"，"商务代表和副代表享有外交人员的一切权利和特权"。② 又按照中华人民共和国的实践，尚有如下四类人员经中国外交部核定，也得享受若干特权和豁免。

其一是，途经或临时留在中国境内的各国驻第三国的外交官。这里所说各国应该不是泛指一切外国，而是指已同中华人民共和国建交或至少是中华人民共和国所承认的国家。事实上对于一个未建交的国家的外交官，中华人民共和国政府完全可以拒绝给予过境签证（除非作为礼貌问题），而一个不持有过境签证的护照的外国外交官更谈不到要求特权待遇。（以下当再论外交代表在第三国的地位。）

其二是，外国派来中国参加国际会议的代表。这类人员可以包括得很广：外国政府正式派来出席国际会议的代表，不待说，就是出席

---

① 中华人民共和国驻外使节的随从人员要求享受驻在国给予同类人员的特权或豁免，以免形成对中国使馆人员的差别待遇；例如 1956 年中国驻瑞士使馆的汽车被指控辗死了一个瑞士小孩，瑞士要把汽车的司机交付司法审判，但中方因为瑞士一向承认使馆司机一类随从人员享有外交豁免，就以司机系大使的直接随从人员应享受外交豁免为理由要求司法豁免，结果瑞士政府也承认这个要求，而由中方提出赔偿了事。

② 《中华人民共和国条约集》，第 7 集，第 45、47 页。

人民团体的国际性会议的外国代表也可以包括在内。

其三是，外国政府为各种不同的目的派来中国的高级人员，包括来华访问的政府首脑以及进行业务接触、谈判和参观的高级人员。

其四是，依照国际公约应享受外交官的特权和豁免的人员（例如按照《联合国宪章》）。

必须注意，上述四类人员在中国境内享受外交特权，并不是当然享受外交官享有的特权和豁免的全部，而只是经中国外交部核定享受若干必要的特权和豁免（特别是免除海关查验、课税等）。

此外，在中国境内还有根据双边协定，可以享受外交特权的。事实是，中华人民共和国曾经同某些亚非国家在未建交前就签定了贸易协定或经济合作协定，并且同意互设官方代表机构，如中国埃及间互设商务代表处、中国柬埔寨间互派经济代表团，而这种商务代表处或经济代表团的法律地位虽然不像《中苏通商航海条约》所规定的商务代表处那样构成各本国的大使馆的一个组成部分，但是根据双方协定在一定的限度内也是享受外交特权和豁免的。例如按照 1955 年《中埃贸易协定》（第 6 条），双方同意中华人民共和国政府和埃及共和国政府彼此在对方设商务代表处，双方政府并同意给予对方商务代表处以应有的尊重、安全的保护和工作上的各种便利。① 又如 1956 年 3 月中国和柬埔寨签订了《贸易协定》，并于同年 6 月签订了《经济援助协定》，而在同时签订的《实施经济援助协定议定书》（第 4 条）中规定，"为了执行经济援助协定，中国政府将派遣经济代表团驻在金边，柬埔寨政府将派遣经济代表团驻在北京，每方政府将给予对方经济代表团团长和副团长以外交特权，并且给予对方代表团在工作上一切便利"②。

中华人民共和国对于根据民间协定产生的常驻商务代表机构也同意给予有限度的特权。例如 1955 年中华人民共和国访问日本贸易代表团和日本国际贸易促进协会等签订的《中日贸易协定》（第三次协

① 《中华人民共和国条约集》，第 4 集，第 124 页。
② 《中华人民共和国条约集》，第 5 集，第 112 页。

定），其第 10 条规定，"双方同意，相互在对方国家设置常驻商务代表机构"，"双方商务代表机构及代表机构的人员享有外交官待遇的权利"。事实上，从有关的中日两国贸易团体负责人员交换的信件上可以体会到当时日本政府当局是对这一协定表示给予支持的，中国方面的支持更是不言而喻之事。① 1958 年 3 月中国国际贸易促进委员会和日本国会议员促进日中贸易联盟等签订的《中日贸易协定》（第四次）又正式规定，"双方同意，相互在对方国家设置常驻的民间商务代表机构"，"双方各自取得本国政府的同意，给予对方商务代表机构及其所属人员以安全保证和进行工作的方便"。同时另外一个备忘录对于商务代表机构及其人员的待遇作了一些具体的规定，其中重要的如保证代表机构人员实际享受司法豁免和代表机构有权悬挂本国国旗等项，这实际已包括外交特权和豁免的某些部分了。② 虽则由于当时日本岸信介政府的恶意破坏，特别在 1958 年国旗事件上的表现，《中日贸易协定》没有实施，协定上同意设置的常驻商务代表机构并未实现，然而中国之同意给予民间商务代表机构以进行工作所需要的属于外交特权的某些权利这一事实，足以表示中华人民共和国在运用外交特权方面的实践也是打破成规，对国际法具有创造性的贡献。

四、外交代表在第三国的地位

外交代表（包括他的配偶及其他应享有外交特权的随从人员）由本国前往驻在国通过第三国的领土时，按照国际惯例，第三国政府给予过境的代表以按其身份应享有的特权和豁免。在这一国际惯例的适用上有两种特殊情况必需考虑分别处理。其一是过境的代表的本国不为第三国所承认，在这种情况之下，第三国就没有给予该代表以外交特权的义务。③ 事实上在这种场合第三

① 《中华人民共和国条约集》，第 5 集，第 260 页，第 262～263 页。

② 《中华人民共和国条约集》，第 7 集，第 199～202 页。

③ Guggenheim, Traité de droit international public, 1953, I, pp. 511.

国首先就可以拒绝给予过境签证，因而根本上排除了在境内享受外交特权的问题。

哈佛研究部 1932 年发表的《外交特权和豁免草案》（第 15 条）规定，外交代表在其通过的第三国享受外交特权，如其派遣国的政府是该第三国所承认的，而代表本人的公务性质经事先通知了的。① 1961 年《维也纳外交关系公约》也规定（第 40 条），"遇外交代表前往就任或返任或返回本国，道经第三国国境或在该国境内，而该国曾发给所需之护照签证时，第三国应给予不得侵犯权及确保其过境或返回所必需之其他豁免。享有外交特权或豁免之家属与外交代表同行时或单独旅行前往会聚或返回本国时，本项规定同样适用"②。另一种情况是，处交代表的本国对于其所通过的第三国为交战国。在这种情况下，代表在通过第三国不但不能享受外交特权，并且可以被扣留作俘虏待遇。因此在这种场合，仅仅为了无害通过也需要从有关第三国取得安全通行证（safe-conduct），例如第一次世界大战期间，当着 1914 年奥匈帝国派驻美国（当时尚是中立国）的使节将通过英国的领水前赴美国时，就不得不事先请求英国（交战国）发给安全通行证，1916 年奥匈帝国驻美大使因美国政府要求召回而离职回国需要通过英国领水，也必须办理同样手续。至于一个外交代表隐名通过第三国领土或是为了私人游览的目的而通过第三国国境时，如奥本海所说，他是不能要求任何特权的，在这种情况下他的地位与一般外国人旅行者是完全相同的，虽然所在国政府由于礼貌可能特别予以适当的照顾。③

① American Journal of International Law, 1932, Supplement pp. 85.

② American Journal of International Law, January, 1959, pp. 285-287.

③ 奥本海似乎根本否定外交代表在第三国享受外交特权或豁免的规则，而只承认其无害通过权。

参看《奥本海国际法》（中译本），第 1 卷，第 2 分册，第 273～275 页。

第四节 领 事 制 度

一、领事关系的性质

1961 年维也纳会议制订了如上所述的《外交关系公约》，接着于 1963 年另一次维也纳会议又制订出一个《领事关系公约》。乍看起来好像领事关系与外交关系在国际上是两种截然不同的事情，而其实不然。所谓领事关系就是意味着一国的官吏在他国的领土内行使领事职务的事实形成的两国间的关系。虽然领事职务和外交职务不同，因而领事官地位和外交官地位显然不同，但是领事关系和外交关系两者之间一般是有关联的。首先，两国间同意建立外交关系，即包含同意建立领事关系，这一项国际惯例也是《维也纳领事关系公约》（第 2 条）明文确认了的。① 其次，外交使节按照国际实践也可以同时执行领事职务；通常是在使馆内设领事部，指派外交官管理，例如苏联驻外使馆有设立领事部的；中华人民共和国驻苏使馆亦设有领事部。这一实践为 1961 年《维也纳外交关系公约》（第 3 条）所确认，而在 1963 年《维也纳领事关系公约》（第 3 条和第 70 条）中也对它作了具体的规定。② 再次，在行政系统上，领事官一般与外交官同属于外交人员组织系统，由外交部领导，而在国外则从属于本国驻当地的外交使节，在执行职务上受其指导和保护。再其次，在本国同驻在国没有外交关系的场合，领事也有兼办外交事务的。例如，奥本海指出，有些小国不派遣外交使节，而只派领事驻在另一国家，兼办领事和外交使节的两种事务，并且他

① American Journal of International Law, January, 1962, pp. 279-280；参看哈佛研究部《关于领事法律地位和职务公约草案》第 4 条。（American Journal of International Law, 1932, Supplement pp. 229-230.）

② American Journal of International Law, January, 1962, pp. 280, pp. 351-352.

们也可能具有"外交代表（diplomatic agent）的头衔或"代办"（charge d'affaires）的身份。① 最后，在两国间建立了领事关系而尚没有外交关系的情况之下，领事关系就是有关两国间唯一经常性的国家关系，而在那个场合，领事关系构成外交关系的初步。②

两国间单纯的领事关系（即在未建立外交关系的场合），不论是双方互派领事或只一方独派领事，虽然不同于外交关系，但仍然是国家关系，其政治的意义也是不可轻视的。领事关系之所以为国家关系，可从以下事实证明：（一）领事关系的建立必须是通过双方国家的同意的。（二）领事（主要为专职领事）是国家的官吏，由政府正式任命（甚至在美国由总统依参议院的同意任命），发给领事任命书，送交接受国政府后，接受国政府给予领事证书。这就意味着领事关系的建立基于双方国家的行为，因此国际法学家认为正式派遣领事或接受领事就构成对新国家的间接承认。③ （三）领事职务虽然与外交职务不同，但是领事官执行领事职务，例如保护侨民，也是代表国家，保护国家的利益，因此领事官也被称为领事代表。加之，如上所述，领事关系有时构成外交关系的初步。领事关系的存在这一事实，在国际关系上就可以起一定的政治作用。

由此可见，像英国政府以前所做的那样，一方面承认中华人民共和国，同中国政府建交，同时又保留派在中国人民所反对的国民党反动派集团盘踞的台湾的英国领事，不可否认地是出于企图造成两个中国局势的两面政策，因而不能不遭到中国人民的反对，以致中英间过去在很长一段时间内只能停留在半建交关系。

二、领事制度的起源

1963 年《维也纳领事关系公约》在前文中首先说，"领事关系自古以来就在各国人民之间建立"。西方国际法学家一般认为

① 《奥本海国际法》（中译本），第 1 卷，第 2 分册，第 294～297 页。
② American Journal of International Law, January, 1962, pp. 279.
③ Oppenheim, International Law, 8th ed. , 1955, Ⅰ, pp. 836-837.

领事制度可溯源于中世纪后期，是国际商业关系的产物。当时在意大利、西班牙和法国的商业城镇中，商人在他们的同行中选举一个或更多的人充任发生商务争执时的仲裁者，称为"仲裁领事"（judges consuls）或"商人领事"（consuls marchands）。经过十字军之役，当着意、西、法各国商人在东方国家定居下来并建立商业的时候，他们也就把领事制度带到了这些东方国家，并且由于他们的本国政府同他们定居的国家的回教君长之间订立所谓《领事裁判权条约》（capitulation），领事的职能扩大，包括对本国侨民的特权、生命、财产的保护以及对他们行使民事和刑事的管辖权。这就是所谓领事裁判权制度的最初的出现。

在 15 世纪的时候，领事制度又由东方流传到西方，西方国家如意大利有领事设在荷兰和伦敦，英国也有领事设在荷兰、瑞典、挪威、丹麦和意大利。到了 16 世纪，西方国家的领事已不复由当地侨商推选而改由政府派任。这些设在西方国家的领事在属人法主义的影响下，也如设在东方国家的领事一样，享有对本国侨民的民事、刑事管辖权。但到了 17 世纪，由于近代国家领土主权观念的得势，设在西方国家的领事不得具有民事、刑事管辖权，其职能才缩小而限于一般照管本国通商和航海事务和保护本国侨民的利益。及至 19 世纪中，领事制度又出现两方面的发展：一方面由于国际商业的发展，领事制度的重要性日益增加，领事制度系统地发展起来，因而领事的地位、职务和特权成为通商航海条约或领事专约的主题；同时由于西方帝国主义、殖民主义向远东的发展，不但领事制度推行到远东的一些国家，如中国、暹逻、日本等，并且把原来通行于近东、中东国家，特别是在土耳其帝国内的领事裁判权制度依不平等条约强加于上述那些远东国家。一直到第二次世界大战以后，所谓领事裁判权才最后差不多完全消灭。各国在中国的领事裁判权的取消，详见本书第五章（居民），兹不赘述。①

---

① 《奥本海国际法》（中译本），第 1 卷，第 2 分册，第 293～294 页。参看 Fauchille, Traité de droit international public, 1926, Ⅰ-3, pp. 111-116.

三、关于领事制度的规则

关于领事制度的规则可以有以下几种根据：（一）国际习惯法；
（二）各国的国内法（和实践）；（三）条约（双边和国际公约）。传
统的国际法一般地承认领事的代表性和其一定的法律地位。关于领事
的任命、等级和职务一类事项在各国国内法中一般都有所规定；并且
有的国家特别制订有关于领事地位的条例，例如上述 1927 年《苏联
关于外国驻苏使领馆的规则的法令》。① 此外，国际上尚有不少的双
边条约，特别是领事专约，对于国家间的领事关系的建立以及领事的
特权和豁免等事项作出全面的规定。例如 1952 年《英国瑞典间的领
事专约》②、1923 年《美德友好通商领事专约》③、1925 年《苏德领
事专约》④、1957 年《德捷领事专约》⑤ 和《苏德领事专约》⑥、
1959 年《中苏领事专约》和《中德领事专约》⑦。但是除了 1928 年
《哈瓦那关于领事官公约》⑧ 适用于美洲地域之外，在 1963 年《维
也纳领事关系公约》产生以前，国际上没有一项旨在普遍适用、具
有一般拘束力的关于领事制度的国际公约。而这项国际公约的必要性
久已受到国际法学家的注意，有的甚至强调，"目前时机也许已经成
熟，可以缔结一个关于领事地位和特权的一般性的国际公约"。⑨

事实上关于制定一项一般性的有关领事制度的国际公约，西方资
产阶级的国际法学家早已开始作了一些系统的准备工作。国际法学会

---

① United Nations（Legislative Series），Laws and Regulations regarding Diplo-
matic and Consular Privileges and Immunities，1958，pp. 338-339.

② United Nations（Legislative Series），Laws and Regulations regarding Diplo-
matic and Consular Privileges and Immunities，1958，pp. 467.

③ 《国际条约集》（1917~1923 年）第 906~919 页。

④ 《国际条约集》（1924~1933 年），第 184~193 页。

⑤ United Nations Treaty Series，Vol，320（1959），pp. 146-161.

⑥ United Nations Treaty Series，Vol，285（1958），pp. 120-133.

⑦ 《中华人民共和国条约集》，第 8 集，第 20~33 页。

⑧ 《国际条约集》（1924~1933 年）第 358~362 页。

⑨ 《奥本海国际法》（中译本），第 1 卷，第 2 分册，第 304 页。

早于 1896 年威尼斯年会通过一部《关于领事豁免的规则》。① 美国哈佛研究部于 1932 年发表了一项《关于领事的法律地位和职务公约草案》。② 联合国国际法委员会于 1949 年第一次会议上选定"领事往来和豁免"为准备编成法典的 14 个专题之一，1955 年指定了特别报告人（Zourek）开始进行研究。国际法委员终于在 1961 年向联合国大会提出《领事来往和豁免条款草案》（Draft Articles on Consular Intercourse and Immunities），并建议由联合国大会召开国际会议讨论这项草案，把它订成一个国际公约。③ 为上述目的召开的国际会议，于 1963 年 3 月 4 日至 4 月 22 日在维也纳开会，列名的参加国数达 92。④ 维也纳关于领事关系的国际会议（United Nations Conference on Consular Relations）于 1964 年 4 月 22 日通过了一部《维也纳领事关系公约》（Vienna Convention on Consular Relations），全文共 79 条，是一个关于领事制度全面的一般性的国际公约。⑤ 根据国际法委员会关于"领事来往和豁免"条款报告中的说明，这个公约的草案是结合国际习惯法，多数国际条约一致的规定，以及主要国内法体系采行的规则而编成法典的。⑥ 因之，其中有些部分不一定能适用于一切国家，例如名誉领事制度（第 3 章）。按照《领事关系公约》（第 77 条）的规定，公约应于 22 国交存批准书或加入文件后第 30 天起发生效力。预计公约获得世界上绝大多数国家的批准或加入后，将成为公认的国际

---

① Règlements sur les immunités consulaires（1896 Venice）.（Wehberg, Résolutions de l'Institut de Droit international, pp. 27-32.）

② Draft Convention on the Legal Position and Functions of Consuls.（American Journal of International Law, 1932, Supplement, pp. 193-200.）

③ 关于联合国国际法委员会起草领事往来和豁免条款的经过，参看 American Journal of International Law, January, 1962, pp. 270-276。

④ 中华人民共和国未参加维也纳会议，在台湾的国民党反动派集团的代表出席会议，冒充代表中国。

⑤ 《维也纳领事关系公约》全文见 American Journal of International Law, October, 1963, pp. 993-1022。

⑥ American Journal of International Law, January, 1962, pp. 280。

协定法的一部分。不过《领事关系公约》对于不参加公约的国家没有法律的拘束力；它是可以不管公约的规定如何，而在不违反国际习惯法的限度内，按照自己的国内法和同他国缔结的条约、协定发展领事关系，确定领事的特权和豁免的。

四、领事机关和领事

领事机关。执行领事职务的机关有两种，即使馆的领事部和专设的领事馆。有些国家在驻外使馆内设领事部，办理领事事务，例如中华人民共和国和苏联都有在驻外大使馆设领事部的实践：1959 年《中苏领事专约》（第 25 条）特别声明，"本条约中关于领事的权利和义务的规定，对于在外交代表机关中执行领事职务的外交人员同样适用"。1963 年《维也纳领事关系公约》也确认这一实践，于其第 3 条规定："领事职务并由使馆照本公约的规定执行。"一般地说，使馆的领事部，在其本国未在驻在国另设有领事馆之场合，其管辖范围当然包括全国；如其本国在驻在国另设有领事馆，则使馆执行领事职务限于在领事区域以外的地域。① 领事职务的执行一般是通过专设的驻外领事馆。如上所说，国家间外交关系的建立，即默示着对建立领事关系的同意，因之在这种场合，领事专约的缔结，正如 1959 年《中苏领事专约》的前文所说，"进一步巩固和发展两国领事关系"。但是领事区域和领事馆设立地点则尚需要取得驻在国的同意。事实上，1959 年《中苏领事专约》（第 2 条第 2 款）就明文规定，"领事的驻在地点和领事区域由双方协议确定"。《维也纳领事关系公约》（第 4 条）也规定，领事馆所在地，领事馆的类别和领事区域应由派遣国确定，并应得到接受国的认可。

领事的种类。国际习惯一般将领事分为专职领事（career consul, consul missi）和名誉领事（honorary consul, consul electi 两类。专职领事是国家正式任命的官吏；名誉领事则是从当地商人（并且有时就是所在国国民）中选任兼办领事事务的人员，一般不支国家薪

---

① 参看 American Journal of International Law, January, 1962, p. 280。

金，而从领事业务上所收规费中取得报酬。后者比起前者来，当然地位次要，不能享有全部领事特权和豁免。① 许多资本主义国家于派遣专任领事外，又设置名誉领事，并把名誉领事这一制度规定在国内法，例如挪威、瑞士等国。② 并且有些领事专约，例如 1952 年《英瑞（典）领事专约》（第 2 条），也明文承认名誉领事制度。过去中国政府同外国订立的友好关系条约，也有关于允许委派商人充名誉领事一节，作出明文规定的，例如 1920 年《中国波斯友好条约》（第 5 条）。③

事实上，过去中国政府在外国（如英、比等国）某些城市曾经派过名誉领事，就是以当地商人也就是所在国公民充任的。

相反地，中华人民共和国成立以来从未派任过名誉领事，也未接受过名誉领事。现今中国的实践不承认有所谓名誉领事，可以 1959 年中德、中苏领事专约的内容证明，在这两个专约中都完全不提名誉领事。因此可以肯定，名誉领事这一制度在中华人民共和国的法律或实践中是没有地位的。1963 年《维也纳领事关系公约》承认名誉领事制度，并且特辟一章（第 3 章，第 58 条至 67 条），具体规定名誉领事和领事馆的一些特权和豁免，但在公约第 68 条中声明，"每一国都可以自由决定是否委派或接受名誉领事官"。必须指出，领事职务也是国家职务，在外国委任一个当地商人行使领事职务，至少对于社

---

① 参看联合国国际法委员会关于《领事往来和豁免条款草案》第 1 条和第 3 章第 57 条的说明（American Journal of International Law，January，1959，pp. 278，pp. 345-347）；

Harvard Draft Convention on the Legal Position and Functions of Consuls，Art. I（American Journal of International Law，1932，Supplement，pp. 221-222）.

② Feller and Hudson，Diplomatic and consular Laws，Vol. Ⅱ，pp. 903，pp. 1166；《中国外交年鉴》（民国二十五年），第 311 页。过去中国国内法也承认名誉领事制度，1930 年《驻外使领馆组织条例》规定，"未设领事或通商事务员之地得酌派名誉领事"。

③ 《中外旧约章汇编》（北京大学国际法教研室编），第 3 卷，第 80～81 页。

会主义国家而言，是不符合国家的体制的。①

领事的等级。国际法没有定出领事的等级；领事的等级一向由各国依国内法规定。现今从各国国内法（和实践）以及国际协定看来，肯定以下三级是一般承认的，即总领事（consul-general），领事（consul）和副领事（vice-consul）；有些国家尚承认领事代理员（consular agent）一级，例如英国，有的国家则否。

总领事有的是几个领事区域的领事的长官，管辖几个领事区域，有的是管辖一个广大的或特别重要的区域的领馆馆长。

领事可以是一个较小区域的领事馆的馆长，也可以在总领事馆充任总领事的助手。副领事则为总领事或领事的助手，但本身具有领事性质，因而可以代理领事的一切职务，也可以充任总领事馆或领事馆的分馆的馆长。领事代理员是具有领事性质的代理人，由总领事或领事经其本国政府同意后加以任命，以便在该领事区域内某些城镇或地方，成立领事代理处（consular agency），执行某些部分的领事职务。1963 年《维也纳领事关系公约》（第 9 条）规定领事馆馆长分为四级，即：总领事、领事、副领事和领事代理员。但按照国际法委员会对公约草案上这条的说明，这并不意味着各国必须实行全部四级领事制；如果某一国的国内法不承认领事代理员一级，它尽可不修改它的法律。② 按照中华人民共和国的实践，领事官分为总领事、领事和副领事三级，而不包括领事代理员。这一实践也反映在中国同他国缔结的领事专约，例如 1959 年《中苏领事专约》（第 1 条）规定，"缔约双方同意互派总领事、领事和副领事（以下统称领事）"③；同年

---

① 值得注意的是，1925 年《苏德领事专约》尚有涉及名誉领事的规定（第 6 条），但到 1957 年《苏德（德意志民主共和国）领事专约》则完全没有提到名誉领事了。在 1927 年苏联《关于外交和领事特权条例》中也没有关于名誉领事的规定。

② American Journal of International Law, January, 1962, pp. 291-292.

③ 但是苏联 1927 年颁布的《关于外国驻苏使领馆规则》的法令也承认领事代理员一级。United Nations (Legislative Series), Laws and Regulations regarding Diplomatic and Consular Privileges and Immunities, 1958, pp. 336.

《中德领事专约》（第1条）的规定也是如此。

值得指出的是，正规的领事馆之外尚可以有类似领事馆的机构，称为商务代理处的。中华人民共和国和印度签订的《关于中国西藏地方和印度之间的通商和交通协定》，规定中印相互同意在对方一定的城市（如印度在西藏的亚东、江孜、噶大克三处）设立商务代理处。这些商务代理享有一定的特权和豁免（如执行职务时不受逮捕，如使用信使）和某种保侨方面的职能（如按照当地政府的法律及规定接触涉及民事或刑事案件中的本国侨民）。因此可以说，中印关于西藏地方的协定所承认的商务代理处虽然不居领事馆之名而实际具有领事馆的某些特权和职务。商务代理处这种特殊机构显然是在当时情况下，由于照顾到印藏地方间传统的商务和交通关系作为一种变通办法而采行的。

五、领事的派遣和接受

领事的任命。关于领事的任命，各国按照国内法办理。有的国家的驻外领事，按照宪法上的规定，一律由国家元首任命，手续颇为繁重，例如《美国宪法》规定领事应由总统经过参议院的同意任命①；一般国家的领事由政府任命，手续比较简单。就中华人民共和国而言，根据《国务院组织法》（第9条），驻外总领事由国务院任命，其他各级领事则由外交部任命。

领事任命书和领事证书。按照国际惯例，一国派遣的驻外领事，应具备"领事任命书"（consular commission），经由派遣国外交使节送交驻在国外交部，驻在国政府则发给该领事一种领事证书（exequatur）。领事取得领事证书后，即可正式执行领事职务。在各国实践上，领事证书有多种的形式；一般地说，这或者是一个由驻在国特别颁发的正式文件，或者也可以是就在领事任命书上批写"领事证书"（exequatur）字样。按照《维也纳领事关系公约》（第13条）的

---

① The Constitution of the United States of America, Article Ⅱ. （Peaslee, Constitutions of Nations, Vol. Ⅲ, pp. 588.）

规定，"在送交领事证书以前，得在临时的基础上准许领事馆长执行他的职务"。国家各自决定有权发给领事证书的机关。在许多国家领事证书由元首发给，如果领事任命书是由派遣国元首发给的，而在其他场合则由外交部长发给。而又有许多国家，领事证书总是由外交部长发给。另外有些国家把发给领事证书的权限保留于政府。① 1959年《中苏领事专约》（第 3 条）规定，"馆长领事任命书应由派遣国的外交代表机关交给驻在国的外交部"，"馆长领事在派遣国任命和驻在国发给领事证书以后开始执行职务"。领事证书一般是只发给馆长领事，发给馆长的领事证书包括馆中一切领事官的活动。但是1963 年《维也纳领事关系公约》（第 19 条）也规定，"如果派遣国的法律和规章如此要求，派遣国得请求接受国对领事馆馆长以外的领事官发给领事证书"；"如果接受国的法律和规章如此要求，接受国得对领事馆馆长以外的领事官发给领事证书"。② 公约作出这一规定是因为有的国家的法律可能限定持有领事证书的人员才能执行某项职务；不过公约这一规定并不具有强制性，而是可以由有关国家自由抉择的规则。

领事的接受。国际惯例并不要求各国任命领事像派遣驻外外交代表一样事先征求驻在国对人选的同意。对方国家发给领事证书就是对于派来的领事的接受；如果国家对于个别领事由于某种理由不愿接受，可以拒绝发给领事证书，使之不能执行职务，但不以事先一律经过征求同意的手续为原则。1928 年《哈瓦那关于领事官公约》（第 5条、6 条）没有要求任命领事之前征求驻在国同意的规定。1963 年《维也纳领事关系公约》也没有关于领事人选事先征求同意的规定，但依其第 12 条的规定，默示承认国家有权拒绝给予领事证书，并且

---

① 领事任命书和领事证书照例由领事保存，作为向地方当局证明其公务地位的重要文件。参看 American Journal of International Law, January, 1962, pp. 294-295。

② American Journal of International Law, January, 1962, p. 295, pp. 303-304.

明文规定"拒绝给予领事证书的国家没有义务向派遣国说明此项拒绝的理由"。公约这项规定也是反映国际惯例的。各国领事条约一般不要求任命领事事先征求驻在国的同意；甚至如 1952 年《英瑞（典）领事专约》（第 4 条）明文规定，"在领事官呈递领事任命书或其他任命通知书后，接受国应尽早地免费给予该领事以领事证书或其他许可证书"；并且强调"无正当理由不能拒绝颁发领事证书或其他许可证书"。① 中华人民共和国在这方面条约的实践同一般惯例有所区别。中国政府承认领事经过派遣国任命和驻在国发给领事证书后执行职务，但是在 1959 年《中苏领事专约》（第 2 条）和《中德领事专约》（第 2 条）都明文规定，派遣国在任命馆长领事之前应就领事的任命征求缔约对方的同意。这样条约上作出关于领事任命事先征求驻在国同意的规定，上述 1957 年法捷间和苏德间的领事专约都有，而且 1925 年苏联在《苏德领事专约》中（第 1 条）也作了同样的规定。②

　　领事的职务。一般地说，领事的主要职务可大别为以下四类：（一）保护本国和本国侨民（个人和法人）在驻在国的利益，特别是监视有关条约的执行和保护侨民生命财产的不受非法侵害；（二）促进本国和驻在国的贸易和文化关系的发展；（三）给予本国侨民以及入港、入境的本国船舶、飞机和其人员以所需要的协助和援助；（四）办理公证、签证、认证以及有关户籍登记（侨民的出生、死亡和婚姻登记）等项法律手续。至于以上各类领事职务的具体内容和执行方式，以及此外可能允许领事执行的其他职务或活动，一般应由有关国家的国内法、条约或特殊互惠协定来

---

　　① United Nations（Legislative Series），Laws and Regulations regarding Diplomatic and Consular Privileges and Immunities，1958，pp. 469.

　　② 《国际条约集》（1924～1933 年），第 185 页。

　　但是 1924 年《苏联和波兰的领事条约》（第 2 条）则没有关于任命领事事先征求对方国家同意的规定。〔United Nations（Legislative Series）Laws and Regulations regarding Diplomatic and Consular Privileges and Immunities，1958，pp. 448.〕

决定。① 1959 年《中苏领事专约》，关于领事的职权，首先在第 14 条作出以下两个基本规定，即："（一）领事保护派遣国国家、公民或法人的权利和利益；（二）领事在执行职务时可以同领事区域内的有关机关联系，并且可以对损害派遣国家、公民或法人的权利和利益的行为进行交涉。"而后在第 15～24 条就有关领事职权事项分别作出具体的规定，如本国公民登记、护照的颁发或签证、出生或死亡的证明、以及婚姻或离婚的登记，但不因此免除关系人或当事人遵守驻在国有关法令规定的义务（第 15 条）；如办理各项公证、认证的手续（第 16～17 条）；如保护本国公民的遗产或财产和替本国公民指定监护人和保护人（第 19～21 条）；以及对本国船舶或飞机给予各方面的帮助或协助（第 22～23 条）。《中德领事专约》关于领事职权也有差不多同样的规定。② 上述这些条约的规定也就反映中华人民共和国关于领事职务执行的实践。

1963 年《维也纳领事关系公约》关于领事职务作出了比较详细的具体规定。公约（第 5 条）规定领事的职务有 13 项，其中主要的如："在国际法所允许的范围内，保护派遣国及其国民（包括个人和法人）在接受国的利益"；"增进派遣国和接受国之间的商务、文化和科学关系的发展"；"协助和援助派遣国的国民（包括个人和法人）"；"在不与接受国的法律和规章相抵触的情况下，以公证人和民事登记人以及类似的资格从事，并执行某些行政性质的职务"；"依照现行国际协定或者在没有这类国际协定时，依照符合接受国法律和规章的任何其他方式，为派遣国法院传送司法文件，或执行录取证词的司法委托或嘱托"；"对于具有派遣国国籍的船舶和在该国登记的

---

① 1928 年《哈瓦那关于领事官公约》（第 1 条）简单地规定，领事在别国领土内"代表本国，保卫本国工商利益，并对本国国民给予他们需要的协助和保护"。西方的国际法学说一般把领事的职务分为促进工商业、监督航运、保护侨民和公证职能四大类。参看《奥本海国际法》（中译本），第 1 卷，第 2 分册，第 300～301 页；American Journal of International Law，January，1962，pp. 282-290。

② 《中华人民共和国条约集》，第 8 集，第 23～25 页，第 29～31 页。

飞机以及它们的人员，行使派遣国法律规章所规定的监督和检查的权利"，并给予这种"船舶和飞机以及它们的人员以必要的协助"等。同时，为了便利执行和派遣国国民有关的领事职务，《领事关系公约》（第36条）明文规定，领事官得自由地和派遣国国民通讯并同他们接触，派遣国国民在和派遣国领事官的通讯和接触方面应有同样的自由；在领事区域内有派遣国国民被逮捕、入狱或被拘留，接受国当局应依当事人的请求，立即通知有关领事馆；领事官应有权访问在狱中的、受拘押的或被拘留的派遣国国民，和他交谈和通讯，并为他安排法律代表。公约（第37条）并且规定，遇有在领事区域内派遣国国民死亡，或者在接受国领水内派遣国船舶毁损或搁浅，或在接受国领土内派遣国飞机发生事故，接受国当局有义务立即分别通知该区域内或离现场最近的领事馆。① 公约关于领事职务的其他规定尚多，兹不赘述，显然其中有些规定不免超过各国国内法（或实践）或条约承认的限度，至少可说不符合中华人民共和国的实践；中国迄今未参加该公约，不受其拘束。因而公约有关领事职务的条款只作为参考之用。

国际惯例承认领事也可以经第三国的委托和驻在国的同意，代为照顾和保护第三国的侨民，特别是在战时，有关第三国和驻在国断绝使领关系或者第三国同驻在国根本没有领事关系的场合，一国领事照管第三国侨民在驻在国的利益是屡见不鲜的。1963年《领事关系公约》（第8条）规定："除非接受国反对，派遣国的领事馆经适当通知接受国以后，得代表第三国在接受国执行领事职务。"② 在这方面中华人民共和国尚没有固定的实践，一切是按照同有关国家的关系，根据具体情况分别处理的。1959年中苏、中德领事专约也没有涉及领事代管第三国侨民的利益的规定。

---

① American Journal of International Law, October, 1963, pp. 997-999, pp. 1008-1009.

② American Journal of International Law, January, 1962, pp. 290-291.

六、领事的特权和豁免

国际法没有给予或规定领事的外交特权和豁免。但是在国际习惯上为了领事执行职务上的便利和安全，一般承认领事在驻在国享受某些必要的特权和豁免；而这些特权和豁免又通常是依各国国内法（和实践）或领事专约加以确定和保证的。

一般承认的并经中国现行领事条约明文规定的领事享有的特权和豁免主要为下列几项：

（一）领事办公处所和公文档案的不受侵犯。1959 年《中苏领事专约》（第 13 条）规定，"领事馆的办公处所不受侵犯；驻在国当局不在领事馆办公处所采取任何强制措施"；"领事的公文档案不受侵犯；在领事馆的档案内不能收藏私人文件"。但是《苏德领事专约》（第 4 条）于规定领馆办公处所不可侵犯外，还加上接受国当局不得在领事的办公处所以及私人住宅内采取任何强制性的措施的规定。1928 年《哈瓦那关于领事官公约》（第 18 条）也曾规定，"领事的正式住所以及领事办公处所都一律不可侵犯"。可见在这方面《中苏领事专约》的规定是比较有限制性的。

（二）通讯的自由。按照《中苏领事专约》（第 13 条）的规定，"领事因公来往的文书和电报不受侵犯，并且不受检查"。按照《中德领事专约》第 4 条，这一规定也适用于电报、电话和电传打字。"馆长领事有权使用密码同派遣国政府机关联系，也有权利用派遣国外交机关所派的外交信使同派遣国政府机关通讯"。

（三）司法的豁免。《中苏领事专约》（第 6 条）规定，"领事执行领事职务的行为不受驻在国的司法管辖"。

关于这项特权有需要说明的几点：第一，中苏以及中德领事专约（第 6 条）规定的司法豁免限于领事才能享有，这是比较别国间的领事条约或国际公约的规定具有更多的限制性。例如 1957 年《苏德领事专约》（第 6 条）和《捷德领事条约》（第 7 条）规定，"领事和领馆工作人员"在职务内的事情不受驻在国司法机关的管辖，则是把领事享有的职务上行为的司法豁免权扩大到一般领馆工作人员了。

又如 1951 年《英美领事专约》（第 11 条）也规定，"领事官或职员都享有职务上行为的司法豁免"。鉴于领事执行职务上的行为是代表国家的公务行为，因而免受驻在国的司法管辖。这一特权应只有领事官本人才能享受，而不适用于领馆一般工作人员，以免被滥用，致有损当地法权和私人利益。中国在这方面采取如上限制性的规定，是可以理解的。第二，所谓领事职务上的行为，不能包括领事官的一切行为，而应理解为领事在行使根据国内法和条约或国际惯例应有的职权上所采取的行为（或不行为），具体地说，例如拒绝签发护照，解雇职工等。① 第三，领事职务上的行为不受当地司法管辖，并不意味着他不负任何法律责任。由于这类行为而引起的争讼，当地法院不能受理，但这并不排斥受害人向驻在国政府提出要求，通过外交途径取得救济或赔偿。事实上，1928 年《哈瓦那关于领事官公约》（第 16条）明文规定："领事在其职权范围内所作的公事性质的行为，不受当地管辖；如果私人认为受领事的行为侵害，可向政府提出要求，政府如认为要求合理，当循外交途径进行交涉。"最后，领事享有司法豁免，并不包括免除一般出庭作证的义务。按照《中苏领事专约》（第 12 条）的规定，"对于非职务活动的事情，领事有义务出席驻在国法庭作证"；如果因公、因病不能出庭，可以在领事办公处或住宅提供证词或寄送书面证词。《中德领事专约》（第 7 条）有同样的规定。

至于领事非有重大的犯罪行为或现行犯罪，不得加以拘留或逮捕，虽然条约上未有明文规定，仍应该认为是尊重领事的代表地位不言而喻之事。

（四）税役的免除。领事和领事馆工作人员（限于非驻在国国籍的）照例免除一切役务和直接税，也享受关税方面的优遇。《中苏领事专约》规定，"领事、具有派遣国国籍的领事馆工作人员和他们的配偶和未成年的子女，免除一切役务（可解释为包括一切个人役务、

---

① Charles Rousseau, Droit international public, 1953, pp. 354；《奥本海国际法》（中译本），第 1 卷，第 2 分册，第 304 页（注二）。

一切种类的公共役务，以及诸如与征用、军事捐献和部队住宿有关的军事义务①）和直接税"（第 8 条）；"对于专供领事使用或供领事和领事馆其他人员居住用的不动产，免征一切直接税"（第 9 条）；"在关税方面，领事和具有派遣国国籍的领事馆工作人员，在互惠的基础上，享受同外交代表机关中相应的工作人员相同的优遇"（第 10 条，也适用于同领事一起生活的领事的配偶和未成年子女）。

（五）国旗和国徽的使用。领事有权在领事馆馆址和领事的交通工具上悬挂派遣国的国旗、国徽，这也是国际的通例。

《中苏领事专约》（第 7 条）明文规定："领事有权在领事馆馆址装置派遣国国徽和有领事馆名称的牌匾。在领事馆馆址和领事的汽车上有权悬挂派遣国国旗。"

以上所述的领事享有的特权和豁免以外，国家尚可以根据其所参加的国际公约或有关国家间的条约或特定的互惠办法，相互给予领事以其他更多的权利或优遇。1963 年《维也纳领事关系公约》，关于领事的特权和豁免，于确认国际上一般奉行的规则外，还大有所增加和发展，详见公约第二章（第 28 条至第 57 条），兹不赘述。②

七、领事职务的终止

领事职务的终止可以出现于下列任何一种情况：

（一）领事被召回或调职。领事被召回、撤职或调职（改任其他职务，如领事调任使馆外交职员），领事的职务当然终止；新派的继任馆长领事，必须从驻在国政府另行取得领事证书。

---

① 《维也纳领事关系公约》第 25 条，以及国际法委员会草案报告关于这条的说明。（American Journal of International Law, January, 1962, pp. 339-340.）

② 参看 American Journal of International Law, January, 1962, pp. 311-345; the same Journal, October, 1963, pp. 1005-1016。

必须指出，1963 年《维也纳领事关系公约》，亦如 1961 年《维也纳外交关系公约》一样，由于中华人民共和国未参加，对中国还没有法律的拘束力；不过公约的主要规定，基本上是重申或确认国际上一般承认的现行规则，因而具有引证的价值，有必要随时参考。

（二）领事证书的撤回。驻在国对于某个外国领事认为不受欢迎的人，有权撤回已发给他的领事证书；在这种场合，领事的职务即告终止。按照《维也纳领事关系公约》（第 23 条）的规定，接受国得随时通知派遣国声称某一个领事官是不受欢迎的人，派遣国如拒绝在合理时间内召回有关领事，接受国就得撤销他的证书，并且接受国没有义务向派遣国说明它的决定的理由。①

（三）战争状态的发生。派遣国和接受国之间发生战争，领事的职务也告终止。按照国际惯例，在这种场合，驻在国当局也不得擅动领事馆馆舍和档案，而应任领事馆人员自行保管或由另一国的领事受托代管，以至和平关系恢复为止。②

战争状态的发生一般导致外交关系的断绝，因而领事关系也随之终止。但是如果两国间仅断绝外交关系，是否即当然终止领事的职务，则是一个值得考究的问题。1963 年《维也纳领事关系公约》（第 2 条）特别规定："外交关系的断绝不应当然引起领事关系的断绝。"公约这一规定当系专指平时两国外交关系的断绝而言，它强调不应因此就终止双方领事的职务。在另一方面，1962 年中印边界冲突发生以后，中印间外交关系继续维持，而印度政府片面撕毁协议，要求中国政府撤走中国驻印领事，并从中国撤走印度驻华领事，使得中印双方的领事职务都告终止，这也是国际上一个极不正常的事例。其实外交关系的断绝与领事职务的终止是否发生连带关系问题，在国际实践上尚没有一定的解决，一切由有关国家根据具体情况决定。上述《维也纳领事关系公约》的规定是试图在原则上解决这一问题。③

---

① 关于各国撤回领事证书的先例，引见《奥本海国际法》（中译本），第 1 卷，第 2 分册，第 299 页。

② 《奥本海国际法》（中译本），第 1 卷，第 2 分册，第 306 页；

Fauchille, Traité de droit international public, 1926, Ⅰ-3, pp. 140-141;

Rivier, Principes du droit des gens, 1896, pp. 533-534.

③ 《维也纳领事关系公约》这项规定，根据联合国国际法委员会的说明，是定下一项一般接受的国际法规则。(American Journal of International Law, January, 1962, pp. 279-280.)

在上述各种情况之下，领事职务的终止不意味着它应享受的特权和豁免即终止。在国际习惯上，职务终止的领事，通常是直到他离开驻在国国境时为止，被允许继续享受一定的特权和豁免的。按照《维也纳领事关系公约》（第53条）的规定，"领事馆的每一成员应自他在赴任途中进入接受国国境时起，享有本公约所规定的特权和豁免"；"当领事馆的成员职务告终时，他本人和他同居的家属或他的私用人员的特权与豁免，通常在有关人员离开接受国时，或在可以离境的合理期间届满时即告终止"。但是在由于有关国家间发生战争而领事职务终止的特殊情况下，事实上是否能保证尚在交战国境内的领事享受特权特遇，则是有问题的。①

---

① 参看 American Journal of International Law, January, 1962, pp. 341-342; Garner, International Law and the World War, 1920, Ⅰ, pp. 47-51.

第十章　条　约

第一节　条约的概念

条约在国际法上占有特别重要的地位，它是国际交涉重要的法律形式，同时也构成现代国际法的主要渊源。远在近代国际法成长之前，条约就早已出现于国家间的关系上。西方国际法学者举出公元前1272 年有埃及同别国订立的一个条约。① 其实在古代中国春秋时代，各国订约的事实很多，当时并且具备有相当完备而郑重的形式和约词，按着条约之为"会同条约"（多边条约）或"对订条约"（双边条约）而有所区别。② 随着近代欧洲国际法的成长，条约成为国际法公认的一个制度，被赋予法律的拘束力。近代国际法的奠基人格老秀斯在他的名著《战争与和平法》一书（1625 年出版）里，使用了相当多的篇幅讨论条约，包括条约的分类，特别是平等和不平等条约的区别，并强调信义原则，条约必须遵守的原则。③ 其后，在传统的国际法中，条约一直占有重要的地位。事实上自 1815 年《维也纳公约》以后，由于国际关系各方面的发展，和独立的国家的数目在世界上增多，各国间缔结的条约的数目大大地增加。根据 1935 年西方

---

① American Journal of International Law, 1935, Supplement (part Ⅲ, Law of Treaties), p. 666.

② 徐传保《先秦国际法之遗迹》，1931 年，第 147～148 页，第 152～154 页，第 397～411 页。

③ Grotius, De jure belli ac pacis (on The Law of War and Peace, English translation by Kelsey, 1925, pp. 391-429.)

国际法学家所举出的数字，在 1914 年世界上总共有 8000 件生效的条约，而在 1920～1935 年间在国际联盟秘书处登记的条约、协定也约有 3000 件，还有许多未登记的未算在内。可见那时候世界上已经有成千成万的条约在各国间发生效力。① 而自那时候以后，特别是经过第二次世界大战，国际关系又有进一步的发展，特别是亚非新独立的民族国家日益增多，各种类型和性质的条约也就增多。在现代国际斗争和合作的关系上，条约日益发挥其重要的作用。因此，条约及其相关的法律问题成为现代国际法科学研究的重点，是可以理解的。

一、条约的定义和名称

定义。条约是国家间关于它们的相互权利和义务关系的书面形式的协议。这一定义表明条约的以下几项特征：

（一）条约是国家与国家间的协议，因此，国家与私人（个人和法人）间的协议，无论其性质和内容如何重要，不算是条约，尽管后类协议也可能产生某种国际义务，但是那不属于条约义务的范畴，而是基于国际习惯法的义务。②

（二）条约是书面形式的协议，这就是说，凡属于条约必须具有成文的形式，而作为一个文件出现。单是口头的协议不算是条约。有的国际法学家也举出过去欧洲帝王有过口头订条约的例子来证明可以有口头的条约③，但是，这决不符合现代的实践，而且事实上也为国际公约所否定或排除了的。1928 年《哈瓦那关于条约的公约》（第 2条）就明文规定，"书面形式是条约必备的条件"。这一规定就根本

---

① American Journal of International Law, 1935, Supplement, Part Ⅲ, pp. 666-667.

② 参看 Amerasinghe, State Breaches of Contract with Aliens and International Law, in American Journal of International Law, October, 1964, pp. 881-913. 必须指出，有关国际组织与国家间关系的协定，例如 1946 年联合国大会通过的由联合国各会员国参加的《联合国特权及豁免公约》，也应该认为属于条约的范畴，因为国际组织也就是由国家组成的。

③ 《奥本海国际法》（中译本），第 1 卷，第 2 分册，第 353 页。

否定了口头条约。又根据《联合国宪章》（第 102 条）的规定，"联合国任何会员国所缔结之一切条约及国际协定应尽速在秘书处登记，并由秘书处公布之"。显然，只有成文形式的条约才能登记和公布，因此，口头条约就已经是被《联合国宪章》排除了的。① 在 20 世纪中，外交上有所谓君子协定，不具一定的书面和签字形式，例如日本人所称道的日美间关于日本的所谓移民"绅士协定"（"Gentlemen's Agreement"，1907 年）就是一个经常引用的实例。② 这种所谓君子协定，也被引作口头条约的例子。但是所谓君子协定，既然不具备书面形式这个要件，就不能算作条约，虽然这并不排斥它按照国际法或国际惯例对当事国发生一定的拘束力。实际上，国家间口头协定是罕见的。国际法学家大多数主张写成正式文件为条约存在的必要条件，说"没有文件就没有协议的证据，就无可解释或适用。简单地说，除了载有条款的文件外就没有条约"③。

（三）条约是关于国家间权利义务关系的协议。权利义务关系为协议的内容，是条约的一个实质上的特征。国际文件，例如，两国或更多的国家发表的共同宣言，仅仅对国际问题或彼此有关事项表示共同的态度或政策，而彼此不是就具体事项承担任何国际义务，则不算是条约，尽管这类文件在国际关系上可能具有重大的政治意义。有的国际法学家认为，条约的内容不一定都是包括权利义务关系的。因此，如哈佛研究部 1935 年发表的《条约法公约草案》（第 1 条）对条约所下的定义，把条约说成是两国或更多国家建立或争取建立国际法下的关系的协议的一项正式文件；它只泛提国家间关系，而不具体

① American Journal of International Law, January, 1960, p. 243. 必须指出，如果是口头协议，载入记录并经双方签字，那就进入书面协定的范畴，当然也可以作为条约看待。

② 关于日美间君子协定，参看 Bemis, A Diplomatic History of the United States, 1937, pp. 668-669;

Bailey, A Diplomatic History of the American people, 1940, p. 57.

③ American Journal of International Law, 1935, Supplement, Part Ⅲ, pp. 689-692.

地提出国家间的权利义务关系；人们以为虽然多数条约，特别是所谓契约性质条约（"contractual treaties"），建立国家间的权利和义务，但也可设想有的条约规定或建立国家间的关系，但不一定为缔约国创造权利或义务。① 但是一般地说，条约的内容都涉及国家间的权利义务关系。人们或以为立法性的条约，主要是规定国家的行为的规则，例如，关于战争法规的《海牙公约》是规定战时国家行为的规则，就不能说是建立国家间的权利义务关系。其实，条约规定国家行为的规则，也就创造国家的权利和义务，因为按照条约的规定，国家就承担一定的行为（或不行为）的义务，取得对他国违反条约规定的行为表示反对或采取报复或制裁措施的权利。必须指出，以上定义所说关于相互权利和义务关系的协议，包括国家间建立、修改或终止现有权利义务的协议以及解释现行规定的协议。②

名称。作为外交上的一个名词，条约（treaty）具有广狭两义。就其广义说，条约是指上述定义所包括的不论任何名称的，一切国家间的书面协议；就其狭义说，条约是指上述那些协议中主要的一种。国际法上所称条约就是指上述定义所包括的广义的条约。

广义的条约可以冠以各种不同的名称，最通用的首先是条约，此外则有公约（convention）、专约（convention）、协定（agreement）、议定书（protocol）、宣言（declaration）、换文（exchange of notes）、最后决议书或总决议书（final act or general act）等。③

一般地说，国家间的协议之冠以条约名称的，是比较庄严的、重要的，特别是政治性协议，例如，媾和条约、同盟条约和友好互助合作条约等。公约是称呼国际会议通过的国际协定，内容主要是立法性

① American Journal of International Law, 1935, Supplement, Part Ⅲ, p. 686, p. 692.

② American Journal of International Law, January, 1960, pp. 247-248.

③ American Journal of International Law, January, 1960, pp. 239-242；the same Journal, January, 1963, pp. 198-200；参看 Myers, Names and Scope of Treaties, in the same Journal, 1957, pp. 574-605.（在 p. 576, 列举将近 40 个条约名称。）

的，例如 1907 年《关于战争法规的海牙公约》，1958 年《关于海洋法的日内瓦公约》。专约则是指比较专门事项的协定，例如领事专约（consular convention）。

协定这一名称一般用在行政和技术性的协议上，如航空协定、贸易协定，有时也用在作为缔结永久条约的基础达成的一种原则性协议上，例如在 1960 年 10 月《中缅边界条约》缔结之前在 1960 年 1 月中缅间签订的《关于两国边界问题的协定》。议定书这一名称在外交上有几种不同意义的用法：它可以是指外交会议的纪事录；它也可以是旨在补充或执行一项条约并作为后者的附件的文件，例如 1961 年 10 月中缅间签订的《关于两国边界的议定书》，而最重要的一种用法，就是议定书本身构成一个正式条约，例如 1925 年禁用毒气或类似毒品及细菌方法作战的《日内瓦议定书》、1928 年《和平解决国际争端总议定书》等。

宣言在外交上通常用来一般地表示各国政府（单独地或共同地）对一般国际问题的态度或政策，有时也是声明各国政府首脑就具体事项获致的协议，例如 1943 年中、英、美《开罗宣言》，对有关各国具有法律上的拘束力，虽然它不属于正式条约的范畴。[1] 有的宣言就是一个条约，它是一项规定国家行为的规则的文件，有关国家创造国际权利和义务，例如 1856 年《巴黎宣言》、1909 年《伦敦宣言》，两者都是关于海战规则的国际协议。外交上的换文，就是当事国双方通过外交照会的交换，就彼此关系事项达成协议，虽然同一般签订条约的方式和手续有所不同，而在国际法上则一向认为属于条约的性质，具有法律的拘束力。总决议书或最后决议书，是指国际会议终结时签字的一项总结性的简要文件；它通常列举在会议通过的和签字的一切文件或记录会议上提出的希望、建议，例如 1815 年《维也纳总决议书》，1889 年和 1907 年《海牙会议最后决议书》（中国旧称葳事文件）和 1963 年关于领事关系的《维也纳会议的最后决议书》等。总决议书和最后决议书本身不是立法性的，但具备了一定的条约形式，

---

[1] 《奥本海国际法》（中译本），第 1 卷，第 2 分册，第 335～336 页。

一般列入条约的范畴。①

上述各个名称之外，尚有其他名称，在外交上用来称呼条约的（例如 pact），兹不多述。值得注意的是，第一次世界大战后，随着国际组织的出现，如盟约（convenant）、宪章（charter）、规约（statute）等一类名词也成为条约的名称。

关于条约的名称有几点必须指出，首先，条约的名称不同并不意味着它们的法律性质不同。不同名称的条约，只是在有关缔约方式、手续和生效等形式问题上表现差别；至于条约的效力、执行和解释等问题，则有关法律对它们是同样适用的。这些名称不同的条约在法律性质上如果有所区别的话，那就不在于它们的形式的不同，而在于它们的内容的不同。② 其次，在外交实践上，条约的名称的选择也不是完全一致的。有些名称，如条约、公约等常常交替使用，例如联合国国际法委员会所指出《国际法院规约》第 36 条规定，规约当事国对"条约的解释"事项可以接受法院的强制管辖。这里所称"条约"当然是包括一切其他名称的国际协议。规约第 38 条又规定，法院判案应适用"国际协约"（international conventions，公约和专约），这当然是泛指一切其他名称的国际协议，包括条约在内。③ 有时在外交上对同一性质的国际协议，前后使用不同的名称也是可能的，例如1925 年苏德间关于领事关系的协议，称为《苏德领事专约》，而1957 年苏德间领事关系协议、1959 年中德间领事关系的协议，则

① McNair, Law of Treaties, 1938, pp. 2-6.

Myers, The Names and Scope of Treaties, in American Journal of International Law, July, 1957, p. 574. Hudson, International Legislation, 1931, I, p. XI.

最后决议书也有载入条约文件的全文的，例如 1928 年《哈瓦那泛美会议最后决议书》；也有把条约文件的全文列为决议书的附件的，例如 1899 年和 1907 年《海牙会议最后决议书》。

② American Journal of International Law, January, 1960, p. 240; the same Journal, January, 1963, p. 199.

③ American Journal of International Law, January, 1960, p. 242; the same Journal, January, 1963, p. 200.

不称领事专约，而称领事条约，尽管按照上述各种条约名称的用法，有关领事关系这种专门事项的协议，一般是称为专约的。最后，国际法所称条约同国内法所称条约的意义和范围也不都是一致的。在某些国家由于国内宪法规定的限制，对条约的名称的选择就有特别重要的意义。例如按照美国的宪法的规定（Art. Ⅱ，Section 2，Paragraph 2）总统有权缔结条约，但须经参议院三分之二议员的同意。但是宪法上没有作出条约的定义；如果条约要作如上所述国际法上广义的解释，则美国所订一切的国际协议文件都将要经过参议院的同意那一繁重的手续，那在政治上说是显然有困难的。因此，《美国宪法》的理论和实践定出一个逃避宪法限制的办法，除一般重要性的条约外，其他国际协议称为"行政协议"（executive agreements），不适用经过参议院同意的规定，而由总统和政府有关部门（有时经国会法律授权）径行签订，例如关税协定、贸易协定、邮政协定等；甚至有时重大的政治性的条约也在"行政协定"的名称掩盖下，避掉参议院的干涉，径由总统授权签订。例如1901 年帝国主义强加于中国的《辛丑和约》，就是使用《北京议定书》的名称，由美国参加缔结的，因此美国总统就避免了提交参议院征求意见的宪法限制。①

二、条约的分类

在国际法理论上，条约有多种不同的分类法，最普通的是按照条约的参加国数把条约分为双边（bilateral）条约、多边（plurilateral）条约和国际公约（general multilateral convention）三类。双边条约是最常见的、两个国家间缔结的条约；比两国更多的一群国家间缔结的

---

① Hyde, International Law, 1947, Vol. 2, pp. 1387-1412. 美国所谓"行政协定"只是一个概括性的普通名词，其实属于这类的协定本身各有不同的名称如：

"agreement", "provisional agreement", "accords", "memorandum of agreements", "protocols", "exchange of notes" 等（American Journal of International Law, 1935, Supplement p. 697）。

条约通称多边条约。国际公约也是许多的国家参加的，本来可以归入多边条约一类，但因为有些多边条约是在国际会议通过或签订的，有的是由国际组织制订的，对于原来没有参加会议的国家，一般地，或在一定限度内，也是开放的，这类条约特别称为国际公约，例如1907 年海牙会议制订的《关于战争法规的公约》，1961 年维也纳会议通过的《关于外交关系公约》等，其内容主要是属于立法性质的，或关系国际上一般利益的。①

从条约的法律性质着眼，条约可分为造法条约（traités-lois）和契约性条约（traités-contrats）。前者一般缔结于相当多数的国家之间，为他们规定共守的行为规则，例如上述《关于战争法规的海牙公约》，以及1949 年日内瓦关于保护战争牺牲者的四个公约，就是这类公约的典型的例子。相反地，契约性条约一般缔结于两个或一小群国家之间，形成彼此间一般关系或特定事项上的一种交易，旨在满足缔约各方不同的目的和不同的利益，例如领土割让条约、媾和条约等。这一分类，最初由欧洲大陆方面的国际法学家提出，在国际法理论上受重视。实际上，条约的这样分类也不是能绝对划清界限的；有的条约可说同时是契约性的，又是立法性的，例如1919 年《凡尔赛和约》的内容就表现这种两属的情况。②

另一种理论的分类法是从条约的效果着眼，把它分为过渡性的

---

① American Journal of International Law, January, 1960, p. 241; the same Journal, January, 1963, pp. 201-202, 按照 1928 年《巴黎非战公约》的规定（第 3 条），该公约是对世界所有其他国家一律开放的。

② 参看 Fauchille, Traité de droit international public, 1962, Ⅰ-3, pp. 397-398;

Rousseau, Le droit international public, 1953, pp. 19-20;

《奥本海国际法》（中译本）第 1 卷，第 2 分册，第 340 页。

这一分类法最初是德国法学家（如 Triepel）提出的，而经奥本海介绍到英、美法学界。

（McNair, The Functions and Legal Character of Treaties, in British Yearbook of International Law, 1930, p. 105.）

（transitory or dispositive）和非过渡性的两类。西方资产阶级老辈国际法学家里维尔早就对条约作出了这样的分类①；而英国的韦斯特莱克②和麦克奈尔③也特别强调这一分类。按照他们的理论，过渡性条约旨在建立事物的恒久状态，一次履行条约的效果即告完成，而不受后来任何事变，即使是战争的影响，例如承认国家的条约、割让领土的条约以及设定地役权的条约等。相反地，非过渡性的条约，不以建立事物的恒久状态为目的，而由缔约各方经常承担权利义务，则是必须继续履行的；例如通商条约、同盟条约、和平友好互不侵犯条约等。这一分类法乍看起来似乎很有理论的价值，但是把所谓过渡性的条约效果，特别适用在领土权割让上，实际是为过去帝国主义、殖民主义的国家永远保持其侵略和掠夺政策的既得利益找出条约上的合法根据，决不是现代国际法所能承认的。事实上，1871 年《德法和约》的割让条款，不能否定法国收回德帝国夺取于法国的阿尔萨斯、洛林两省的权利；1895 年中日《马关和约》的割让条款，也不能否定中国收回日本窃取的中国领土台湾的权利。

现代国际实践充分说明了所谓过渡性条约的效果一成不变之说，作为一般通用的原则，在法律上是站不住脚的。因此条约的这种分类法也不能认为是完全正确的。

一般还按照条约的题材把它分为政治、经济、文化等各类，这主要是为记载和检查实际上的方便。

三、关于条约的法规

条约制度是国际法中的一个重要部门。有关条约的规则主要是

---

① Rivier, Principes de droi 品 t des gens, Ⅱ, p. 109；引见 Fauchille, Traité de droit international（public, Ⅰ-3, p. 398。)

② Westlake, International Law, 1912, Ⅰ, P. 60, p. 294.

③ McNair, The Law of Treaties 1938, p. 281, p. 539. p. 550;

McNair, The Functions and Legal Character of Treaties, in British Yearbook of International Law, 1930, pp. 101-104.

根据国际习惯法和各国国内法和实践。① 在国际法学术研究方面，西方学者们关于条约的理论和实践发表了一些重要论文和专著，例如法国巴德望（Basdevant）关于条约问题在海牙国际法学院的讲演②和英国麦克奈尔（McNair）的专著《条约法》③ 是被广泛地引用的。国际法学会也发表过关于条约的解释和通商航海条约中的最惠国条款两项决议。④ 关于条约法方面最系统的研究成果还要推1935 年美国哈佛研究部发表的《条约法公约草案》，它是一部包括36 个条款完整的条约法典，准备作为公约草案提出的（"Draft Convention on the Law of Treaties"）。⑤ 必须注意这部《条约法公约草案》，按哈佛研究部所附引言的解说，旨在申述既存的规则，有时也提出人们所认为适宜的规则，自然不会是都能被一般接受的。但是在国际上关于条约的立法工作，一向不曾开展，除1928 年《哈瓦那关于条约的公约》⑥ 适用于美洲国家范围外，最近才有关于条约法的国际公约。

第二次世界大战后，联合国国际法委员会从事国际法编纂工作，条约法在委员会1949 年会议上被选定为研究专题之一，但是条约法的这项工作进行非常迟缓，特别是由于个人职务的变动，先

---

① 有关条约的各国国内法，详见 United Nations（Legislative Series）Laws and Regulations concerning the Conclusion of Treaties, 1953。中国关于条约的立法，有"全国人民代表大会常务委员会关于同外国缔结条约的批准手续的决定"《国际公法参考文件选辑》世界知识出版社，第 143 页；《中华人民共和国法规汇编》（1954 ~ 1955 年），第 297 页。

② Basdevant, La conclusion et la rédaction des traités et des instruments diplomatiques autre que les traités, dans l'Académie de la Haye, Recueil des cours, 1926（V），pp. 535-642.

③ McNair, The Law of Treaties, 1938.

④ Wehberg, Résolutions de l'Institut de droit international, 1873-1956, 1957, pp. 130-133.

⑤ American Journal of International Law, 1935, Supplement（Part Ⅲ），pp. 657-665.

⑥ Hudson, International Legislation, 1928-1929, pp. 2378-2385.

后更换了四位专题报告人，他们都是英国国际法专家。① 三个前任专题报告人都提出过该专题的报告，但有的报告只涉及条约法的一部分，而因为委员会忙于讨论其他专题，如海洋法、领事交往和豁免等，这些关于条约法的报告也没有机会经过委员会的仔细讨论，及到 1961 年第四任专题报告人（Waldock）重新进行条约法起草工作，于 1962 年开始提出新的报告（只涉及关于条约的缔结和生效部分），经委员会讨论后，订成包括 29 条的临时条款草案（第 1 条至第 29 条）送交各国政府征求意见。在 1963 年国际法委员会会议上，条约法专题报告人提出了第二部报告，包括条约的有效性、期限和终止等，委员会讨论了这部报告之后，就报告中的项目订成临时条款草案（第 30 条至第 54 条），也送请各国政府表示意见。委员会并且计划于 1964 年会议上进一步制定一部包括条约的适用和效果的条款草案；一俟这三部条款草案完成，委员会将考虑是否把它们编成一部完整的公约草案或者分成一系列的公约。在 1964 年国际法委员会会议上，条约法专题报告人提出了第三部报告，包括条约的适用、效果、修改和解释。委员会审议了这部报告，就其包括的项目，订成临时条款草案，作为条约法报告的第三部分（第 55 条至第 73 条），也就是委员会条约法草案的最后一部分，这部分草案也送请各国政府表示意见。委员会已于 1965 年会议上开始参考各国政府提出的意见，重行审议、修改所有这些条款草案，对其中一部分作了修改，经过委员会在 1966 年会议上把所有各部分

---

① 首任专题报告人为布赖尔利（Brierly）教授；他于 1952 年辞去国际法委员会委员职务后，由继任的劳特派特（Lauterpacht）教授接替报告人职务。1955 年劳特派特当选国际法院法官后，由菲茨莫里斯（Fitzmaurice）爵士（英国外交部法律顾问）继任报告人；他提出了新的报告，但也未及完成他的工作，而于 1960 年当选国际法院法官，辞去国际法委员会委员。从 1961 年起，由继任国际法委员会委员的沃尔道克（Waldock）教授接替条约法专题报告人职务。（American Journal of International Law，January，1960，pp. 231-235；the same Journal January，1963，p. 195.）

条款草案重行审议、修改和调整，作成整部条约法草案①后，1969年才通过一次国际会议订成一部条约法公约，这是世界上第一次出现的旨在一般适用的条约法公约，但目前尚未生效。

第二节 条约成立的要件

传统的国际法学说认为条约的有效必须满足一定的实质条件，而对于条约的有效所必要的实质条件，则比照私法上契约的规则，通常列有以下三项：（一）缔约者的完全资格；（二）自由同意；（三）合法和可能的目的。这作为原则问题正面提出，可说是没有异议的。但是关于这些条件的具体实现问题则有的在理论上一向有分歧；人们认为有的条件在国际生活上久已失去或减少了实际的意义，因而有重新考虑的必要。现在就上列要件分别论述如下。

一、缔约者的完全资格

缔约权被认为主权的属性。国家是主权体，凡属国家都有权缔结条约，也只有国家才能缔结条约。西方资产阶级国际法学家把国家分为主权国家和半主权国家，而否定和贬低后者（如所谓属国和被保护国）对外缔约的权利，那是完全不符合现代国际法的原则的。所谓属国和被保护国，实际主要是 19 世纪以来帝国主义、殖民主义的国家的侵略政策造成国际不正常情况，事实上现今（除帝国主义遗留下来的一些不重要的例子，如锡金对印度的关系外）这种不享有缔约权的半主权国，可说在世界上已绝迹。因此，可以肯定凡属国家都是主权的，都有缔约权。

同时，也必须强调，只有国家才能享有缔约权，有些联邦的成员根据有关联邦的宪法规定，可以同外国订立协定，但也不是同国家一

---

① 参看 American Journal of International Law, January, 1964, pp. 243-244; the same Journal, January, 1965, pp. 206-208.

样。例如瑞士的各州享有缔约权，而只是作为联邦的地方机关，被宪法授予一定限度的缔约资格。至于一国的地方政府，不论是行政区或自治区，根本没有同外国缔结条约的资格，除非特别经中央授权。例如至今构成中印边界争端一个重点的 1914 年《西姆拉条约》虽有西藏地方当局签字，而未经过中国政府签字或承认，必须认为是根本无效的。

国家享有缔约权，至于什么机关代表国家行使缔约权的问题，则不在国际法规定的范围，而一任各国国内法特别是宪法，自行决定。关于缔约权的行使，各国宪法上有不同制度，一般的规则是以国家元首（如君主、总统）为对外最高代表，缔结条约。有的国家如英国以及战前日本帝国，对外缔约属于君主大权；有的国家则有一种集体元首代表国家行使缔约权，例如苏联的最高苏维埃主席团（Presidium of the Supreme Soviet）。在这些国家，条约一经元首批准，当然有效。但是多数国家形式上虽然也有国家元首行使缔约权，但批准条约必须经过国会（或其中一院）的同意。例如，美国总统批准条约须依参议院三分之二的参议员同意；法国自第三共和国以来，历届宪法都规定若干条约必须经过议会同意或依立法手续通过，总统才有权批准。也有的国家的缔约权由政府行使，例如日本现行宪法（1946 年）规定，由内阁缔结条约，但应根据情况事先或事后取得国会承认（approval）（第 73 条），天皇则依内阁的劝告和同意，认证条约批准书（第 7 条）①。在这些场合，可说元首或其他机关行使缔约权受了宪法的限制，如果它们对外缔约而没有遵守宪法的限制，具体的说，如果批准条约而未按照宪法规定完成取得议会同意的手续，就是不具备缔约的完全资格，其所缔结的条约在国内法上当然不能算是合法的成

---

① Peaslee, Constitutions of Nations, 1956, Vol. Ⅱ, p. 512, p. 518. 根据《瑞士联邦宪法》（第 85 条、第 102 条）和外交实践，瑞士缔结条约，包括谈判、签字、批准和交换或交存批准书，属于联邦委员会（Conseil Fédéral）的职权，联邦国会（L'Assemblé fédérale）只行使同意（approval）权。（Guggenheim, Traité de droit international public, 1953, tome I, p. 73）

立，因而是无效的，不过问题是所谓无效究系专就其在国内而言，抑或兼指国际的效果。换句话说，凡属不符合宪法规定的条件而批准的条约究竟只是在国内无效而引起违宪的责任，抑或在国际上也无效，则是久已形成公法上争论的问题。

多数学者的意见，如奥本海强调的是，凡没有依照宪法规定经过议会同意缔结的条约，不但在国内不能执行，并且在国际关系上不能拘束国家。他们认为，元首或其他机关没有符合宪法所要求的议会同意的条件而批准条约是越权行为，其所批准的条约就缺乏缔约者的完全资格那一要件，因而在国际法上也是无效的。① 相反地，另一派学者，例如帝俄的马滕斯（Martens）则说，假定一国政府批准条约而未征求有权机关的同意，他方缔约国仍有要求执行条约的权利，因为后者并无义务审查有关政府的批准行为是否违反它的国内法。② 照这样说来，违宪的条约依然拘束国家。有一派德国公法家把条约的效力分为国内的和国际的两面，而认为国家元首未经法定必要的国会同意而批准的条约虽然不具有国内的效力，但仍有国际的效力。③按照这派的说法，违宪的条约仍然在国际关系上拘束国家，尽管在国内执行成问题。但是人们可以说，国内的效力同国际的效力究竟是不可以绝对分开的。

在现代公法上，国内的效力也就构成国际的效力的根本因素。国家不能受国际行为的拘束，除非那个行为成立于有权机关合法表示的意思。条约的缔结适用国际法，但缔约机关的资格则决定于有关的国

---

① Oppenheim, International Law, 1912, Vol. I, pp. 545-546；《奥本海国际法》（中译本），第1卷，第2分册，第345页；

Despagnet, Cours de droit international public, 1910, pp. 692-693；

Strupp, Eléments du droit international public, 1930, I, pp. 270-271.

② Martens, Traité de droit international, 1883, tome I, p. 524.

③ Laband, Le droit public de l'Empire allemand, tome II, 1901, p. 449.

参看 Liszt, Le droit international（traduction française par Gidel），1928, pp. 181-183。

家的国内法。因之，在国内法上缔约资格不完全的机关的行为不能产生在国际法上有效的条约。①

关于缔约者的资格与条约的国际效力的关系问题，意大利国际法学家安齐洛蒂（Anzilotti）的独特的见解是值得特别提出的。安齐洛蒂在理论上从他的国际法国内法平行说的观点出发，举出宣布国家意志的资格（la compétence pour déclarer la volonté de l'Etat）与组成国家意志的资格（la compétence pour former la volonté de l'Etat）之分别：前项资格依国际法属于国家元首（与全权代表）；后项资格，依有关国家的宪法为元首和国会所共有。前者属于国际法范围之事，后者属于国内法范围之事，彼此应互不侵犯。于是在违反宪法规定而批准条约之场合，人们虽可以说国家的意志没有组成，但是元首既依批准宣布这个意志已经组成，即足以拘束国家。反对者则可以说，安齐洛蒂这种说法是将一个未曾合法的组成、因而在法律上不存在的意志视为国家的意志。国家如何能受一个法律上不存在的意志的拘束呢？值得注意的是，安齐洛蒂也曾依据实际的理由，主张违宪批准的条约有效说。他认为，按照国际法，国家元首有宣布国家意志的资格，他方缔约国只能承认元首的批准最后代表国家的意志，而不必、且不能过问元首的行为是否合乎宪法规定的国会同意手续。因为这涉及复杂的困难的宪法限制问题，属于对方的内政，向来非外人所得过问的。并且如果条约的国际效力经常需要依宪法上限制元首缔约权的规定之解释如何来决定，则在缔约事宜上将会如何地增加困难与不确定，也就可以想见。②。

上述安齐洛蒂的意见似乎不无一部分真理。然而持不同意见的法学家，特别是法国的巴德望（Basdevant）教授则说，在常规的场合，

---

① Spiropoulos, Traité theorique et pratique du droit de la paix, dans l'Académie de la Haye, Recueil des cours , 1931, I, pp. 204-206;

Hervard Research Draft Convention on the Law of Treaties, American Journal of International Law, 1935, Supplement（PartⅢ）, p. 710.

② Anzilotti, Cours de droit international, tome I, 1929, pp. 358-367.

元首之批准条约，诚足以证示国家的意志合法的组成，应即为他方缔约国所信任。关于他国元首的缔约权的限制，如有疑问，缔约国不当过问，因为这种问题属于内政事项。到这个限度为止，安齐洛蒂之说是正确的。但是如果一国元首批准条约明明违反宪法的规定，而他国认为缔约国受条约的约束，则是有违相互尊重国家制度的原则。而相互尊重国家制度之原则，要求一国不干涉他国元首缔约权的限制上之可疑的点；但同时亦要求各国注意缔约权所受的明显的限制。如果一个条约的批准明明违反国家的宪法，他方缔约国便有不援用这项条约的义务，否则自己就有背国家义务而当负其责任。① 这一折中的意见现今在理论上似乎占优势，事实上联合国国际法委员会 1963 年提出的《条约法条款草案》第二部（Draft Articles of the Law of Treaties, Part II）就采用了这个意见，作出如下的规定（第 31 条）：当着国家经有权机关表示同意受某项条约的约束的时候，不得以该国国内法上关于缔约权限的规定没有遵守的事实而否定上项同意的有效性，除非国内法的被违反是明显的。哈佛研究部 1935 年提出的《条约法公约草案》（第 21 条）则规定，国家不受一个不具有法定权限的机关缔结的条约的拘束，但可以对于他方因为有理由相信该机关有权订约而受的损失负责任。这又是另一种折中解决。

在国际实践上，根据违宪的理由否认条约的国际效力的事例也曾发生过，通常引用的有如下几件：1835 年 1 月 20 日秘鲁、智利间条约依 1836 年 5 月 16 日秘鲁命令宣布无效，因为该约是由一个无权的机关批准的。1871 年 11 月 6 日南非共和国总统宣布一项仲裁判决无效，因为该项仲裁判决是依据其前任总统越权批准的仲裁协定而成立的。依同一违宪理由，罗马尼亚撤销 1920 年 8 月 14 日与奥地利订立的通商协定。中国过去否认 1915 年袁世凯政府所订立中日条约的效力所持理由之一，也就是因为该项条约的缔结未曾依照《约法》经过国会的同意。不过这类违宪理由提出条约无效的主张，鲜有得到缔

---

① Basdevant, La conclusion et réduction des traités, dans l'Académie de la Haye, Recueil des cours, 1926, V, pp. 578-582.

约他方的承认的。少数涉及条约效力问题经国际法庭判决，也没有对违宪条约的国际效力的问题作出决定性的结论。① 看来这问题现今在理论和实践上都是没有解决的，除非上述国际法委员会提出的《条约法条款草案》的规定将来被一般接受。不过即令上述草案的规定被一般接受，问题也不能算是完全解决，因其所谓国内法的明显的违反，在解释上还是可以有争执的。

值得注意的是，现代国家缔结条约，特别强调遵照国内法规定的条件，这也反映在条约的条款里，例如 1928 年《哈瓦那关于条约的公约》（第 1 条）就明文规定，"条约由各国主管当局或其代表，根据各自国内法缔结"；1933 年美洲国家间《关于政治庇护权的公约》（第 6 条）规定，"本条约应由各方依照各自宪法程序予以批准"②。又如 1954 年《中印（尼）间关于双重国籍问题的条约》规定（第 14 条），"本条约由缔约双方按照各自的宪法程序加以批准"。条约作如上规定，一方面加强缔约当事国可能不批准条约或者延迟批准条约的理由，同时，也提供否定违宪批准的条约的效力的合法的根据。不过违宪的条约无效的主张，只能由因为其机关或代表违宪或越权缔约而受害的那一方提出，而不能由缔约他方提出，则是肯定的，因为这涉及一国的国内法问题，不容别国过问。

二、自由同意

缔约国的同意构成条约有效性的基本要素。虽然同意的表示可出以种种不同的方式，然而同意的自由则在任何方式之下，都是绝对必要的条件。不自由的同意并不是真正的同意，因而其所产生之条约自始不具有效力。向来国际法学家所认为违反自由同意的要件，因而使得条约无效的，则为错误（error）、欺骗（fraud）和威胁（duress）三类情况，以下当分别论述。

---

① American Journal of International Law, January, 1964, pp. 246-253.
参看 American Journal of International Law, 1935, Supplement, pp. 992-1009。
② 《国际条约集》（1924～1933 年），第 349、546 页。

错误和欺骗。按照传统的国际法学说，如奥本海所述，"一个条约的订立虽经当事国的真正同意，但如同意是由于错误，或是由于另一缔约国的欺骗，那个条约仍然是没有拘束力的。例如假定一个划界条约所根据的是一张不正确的地图，或一张经缔约国之一为了欺骗而加窜改的地图，这一条约当然没有拘束力。在这类情形中，虽有行动自由，但给予同意的情形使条约不能发生拘束力"①。

不过错误和欺骗在理论上虽被认为否定条约效力的理由，而在实际上则是极为罕见的事情。试一检阅国际法文献，关于缔约中发生错误和欺诈之事，找不到任何重要的实例。国际法书本上通常总是举出使用假地图或不正确的地图作假设的例子，正以见其空疏无据。1962年柬埔寨和泰国间关于隆端古寺归属问题的边界争端涉及地图，其问题也并不在于缔约时候有无错误或欺骗情事，而在于缔约各方对有关地图的有效性认识不同。其实以现代国家外交制度之完备，缔约谈判之慎重，本国对代表训令之严密，通信请示之便利，专家之辅助，加以条约的签字与批准中间有长时期的间隔，给予各方政府充分审查条约的机会，在签订条约上真正错误和欺骗的机会已经减至最小限度，也可以说实际很少可能。国际法学者继续列举错误和欺骗两项为使得条约无效的理由，亦不过在理论上阐申条约和私法契约的类似性，而究没有多大的实用的价值。因此，有些法学家也就根本不主张把错误和欺骗作为否认条约的效力的理由，他们认为不但重大的错误和欺骗很少发生的可能，而且也并无适当的法庭可以判断错误和欺骗是否存在。②

值得注意的是，1928年《哈瓦那关于条约的公约》完全没有关于错误或欺骗使得条约无效的规定。1935年哈佛研究部发表的《条

①　《奥本海国际法》（中译本），第1卷，第2分册，第348页。

②　Fauchillle, Traité de droit international public, 1926, Ⅰ-3, p. 299;

Bourquin, Règles générales du droit de la paix, dans l'Académie de la Haye, Recueil des cours, 1931, Ⅰ, p. 207;

American Journal of International Law, January, 1964, pp. 256-261.

约法条款草案》作了关于相互错误（第 29 条）和欺骗（第 31 条）可使条约无效的规定，但不认为当然无效而要求由有权的国际法庭宣布无效。①

事实上在缔约的场合，欺骗和错误一般是相关联的，缔约一方的欺骗行为对于受欺骗的他方则造成错误。在国家间缔约的交涉上，一方进行欺骗的可能也不是可以完全排除的，特别是考虑到现代帝国主义、社会帝国主义、殖民主义国家外交的狡猾，为了达到成立有利于它们的国际协定的目的常常不择手段，因而别的国家在同它们打交道的时候受其欺骗的可能还是不能完全排除的。因此，错误和欺骗可以使条约无效，作为一个法律原则是正确的，而事实上也还是有此需要的。在这种情况下，虽然条约不一定是当然失效，但是如果受害一方主张条约无效，他方是不得坚持执行条约的。

威胁。传统的国际法学说认为依威胁订成的条约，不算是出自缔约国的自由同意，因而在原则上是当然无效的。但是西方资产阶级国际法学家通常分出直接加诸国家的威胁与对于国家的代表人身的威胁两种情况，他们都承认后一种情况下的威胁才使得订出的条约无效，至于直接加诸国家的威胁则一般不认为能使条约无效。

在缔结条约的过程中，对于代表的人身进行威胁，历史上不乏实例。国际法学家一般举出早先有普、奥、俄三国以军队围困波兰国会，逼迫议员批准 1772 年 9 月 2 日《关于三国瓜分波兰的条约》；1807 年法国拿破仑威逼西班牙国王签订《让位条约》的例子；晚近国际上，也可举出 1905 年日本威逼朝鲜国王接受保护条约；1915 年美国军队包围海地的国会，逼其批准某项条约等例子。最突出的现代事是，1939 年德国希特勒威逼捷克的总统和外交部长签字，承认《德国对波希米亚和摩拉维亚两省的保护条约》。②

---

① American Journal of International Law, 1935, Supplement, pp. 1126-1134, pp. 1144-1148.

② Fauchille, Traité de droit international public, 1926, I -3, pp. 298-299; American Journal of International Law, January, 1964, p. 261.

像这类情况下订成的任何条约应该认为自始就无效，理论上是一致的。国际法委员会提出的《条约法条款草案》（第 35 条）也确认威胁订成的条约绝对无效。不过威胁个人订成条约的事实现代很少发生，有的法学家甚至认为所谓威胁订约之假设，毋宁说是空想。① 事实上现代各国元首亲自签订条约之事很少，一般条约经全权代表签字以后，尚须经过元首或政府的批准或核准手续，方能生效，并且多数国家的宪法规定有议会同意或批准之条件，甚至有的对于元首签字的条约也如此。因此，即使是代表个人不幸因受威胁而签字，本国元首或其他有权机关还有机会以拒绝批准来根本打消条约的效果，而不至于需要事后提出威胁那一理由来否认条约的有效性。这种看法自有其现实性的一面，但是威胁订成的条约根本无效，这一原则的合理性和必要性仍然是必须强调的。

至于所谓威胁加于国家不能使条约无效之说，以前虽为一般国际法学家所主张（特别是举战败国所订和约的效力为例）②，但是这说在现代国际法理论和实践上已站不住脚了。在现代国际关系情况、外交制度之下，对于代表个人进行威胁订成条约的事实很少有发生的可能，已如上述。如果说加诸国家的威胁不能使条约无效，那么威胁使条约无效之说，现今在国际法的条约论中便失去其主要的意义。因为在国际关系上，威胁订成的条约主要是由于直接对国家的威胁，例如帝国主义过去强加于中国的不平等条约，就是通过各种威胁手段订成的。况且如劳特派特所指出，前代的学者承认威胁造成的结果有效并不是绝对的，他们的承认附有一个基本条件，即对国家之威胁行为必

---

① Bourquin, Règles générales du droit de la paix, dans l'Académie de la Haye, Recueil des cours, 1931, Ⅰ, p. 207.

② Fauchille, Traité de droit international public, 1926, Ⅰ-3, p. 298.

多数西方资产阶级的国际法学家关于这问题的主张，详见美国哈佛研究部提出的《条约法公约草案》的解说；该公约草案（第 32 条）也只规定对代表国家签字条约或批准条约或加入条约的人们的直接威胁，才使得条约无效。(American Journal of International Law, 1935, Supplement, pp. 1148-1159.)

须是合法的、正当的。① 例如瓦特尔（Vattel）早就主张，对于一个高压的、非正义的和约可以适用威胁订成的理由去反对它、推翻它。② 然而对国家的威胁的事实，如果说是不能使条约无效的话，那也只能限于威胁之为合法的、正当的行为之场合，换句话说，就是威胁之经国际法认可为伸张正义之场合，奥地利法学家菲德罗斯（Verdross）久已认为，新近的学说是一切条约若依武力压迫订成的不生效力，如果那种压迫的施行违反国际法的规则，例如违反仲裁条约。③ 其实在国际关系上，有的国家已援据威胁事实的理由来否认条约效力的事，例如在 1919 年巴黎和会以及 1921 年华盛顿会议上，中国都援据被威胁签字之理由，否认 1915 年《中日条约》在法律上的效力。可见国际实践也已倾向于否定对国家进行的威胁不能使条约无效之旧说。

特别是自 1928 年《巴黎非战公约》成立以来，肯定侵略战争是非法的，而第二次世界大战后《联合国宪章》的原则之一是不得使用武力或以武力威胁来侵害任何国家的领土完整或政治独立，这就使得现代西方资产阶级的国际法学家也不得不承认，现在的情形有所改变，他们再也不能认为违反了在这两个文件下的义务而从事战争的国家是依法律所准许的方式施用武力的，因此他们认为"在这类情形中必须认为胁迫使条约无效"④。国际法委员会提出的《条约法条款草案》（第 36 条）也规定，凡违反《联合国宪章》的原则以武力威胁或使用武力所取得的任何条约应属无效；这也就否定了所谓对国家的威胁不

---

① Lauterpacht, Private Law Sources and Analogies of International law , 1927, pp. 175-176.

② 引见 American Journal of International Law, 1935, Supplement, pp. 1149-1150.

③ Verdross, Règles générales du droit de la paix, dans l'Acádemie de la Haye, Recueil des cours , 1926, V, pp. 429-430;

参看 American Journal of International Law, 1935, Supplement, pp. 1158-1159.

④ 《奥本海国际法》（中译本），第 1 卷，第 2 分册，第 347～348 页。

能使条约无效的旧说，虽然还不够彻底。① 总之，从现代国际法的观点说，凡是非法地对别国施加威胁，不论是以武力、哀的美敦书（最后通牒）或其他强制手段迫使接受的任何掠夺性的不平等的条约，应该一概认为是当然无效的，战败国被迫签订的和约也只有在战败国本身是作为侵略国家受到国际制裁的场合，才是在国际上有效的。

三、可能的、合法的目的

传统的国际法要求于条约有效性的另一个实质的条件是，条约的目的的可能性和合法性；简言之，即条约为缔约国确立的权利和义务必须是可能的和合法的，否则条约无效。根据这一原则，国际法学家认为国家不能接受事实上不可能履行的义务，例如国家不能约定割让自己所未占有的殖民地或给予自己无力给予的保护或救助或执行自己无法执行的工作，这类条约在法律上既无效，缔约一方因对方不履行义务而要求赔偿的权利也不能成立。② 像这一类的说法几乎千篇一律地见于普通国际法书本，而其实从现代国际关系的情况看并不见得有多大的实际意义，因为在事实上国家不会有约定履行明明实际不可能的行为之事。

至于合法的目的则是条约有效性的更重要的实质的条件。条约的目的不得违反国际法的规则，这在理论上是毫无问题而应当坚持的。不过这个条件在国际法如何具体的适用则不确定。

在国内法上，有所谓"公共秩序"之规则，构成个人意志和契约自由的限制；凡是违反公共秩序的目的就是非法的目的，因而使得契约无效。在传统的国际法中限制国家意志的公共秩序之观念尚不发达，所以合法的目的作为条约有效的条件，虽然为一般国际法学说所主张，而其实际适用的范围或机会则究有限。普通国际法书中，大都举出如承认海盗行为、奴隶贸易、私掠船以及分占公海部分的约束，

---

① American Journal of International Law, January, 1964, pp. 202-204.

② Fauchille, Traité de droit international public, 1926. Ⅰ-3, p. 300.

作为条约的非法的目的一类的具体例子。① 事实上这类假设的例子也是不大会出现的事。

但是由于第一、第二两次世界大战以来国际法的发展，对于条约的实质条件中所要求的合法的目的增加了新的重要的内容，例如条约的内容如包括有庇护战争罪犯、承认灭种行为（genocide）、侵害人权和基本自由、侵犯任何国家的政治独立或领土完整、或阻害殖民地人民的自决和独立一类的约束，都是违反现代国际法准则的，因而可以使得条约无效。因此假若像18世纪末叶俄、普、奥三国瓜分波兰的那类条约复见于今日，肯定在国际法上是根本无效的。联合国国际法委员会似乎也认识了合法的目的作为条约有效性的一个实质条件，在现代国际法上的重要意义，在其所提出的《条约法条款草案》（第37条）里，虽然没有具体地举出假设的事例，但规定了一个概括性的原则，即条约之同一般国际法的一个绝对的规范（a peremptory norm of general international law）抵触者无效；在委员会报告关于这规定的解说中也列举了一些具体例子，如条约图谋违反《联合国宪章》的原则而非法使用武力，如条约图谋从事国际法上的犯罪行为，如条约图谋进行各国有义务镇压的行为，如奴隶贸易（贩奴）、海盗和灭种等。② 不过所谓绝对的规范适用于具体事件的场合，意见仍可以有分歧，这就涉及条约的解释问题。

第三节　条约缔结的程序

条约缔结的程序属于国际法理论上所认为条约的有效性的形式条件，在外交实践上涉及多方面技术性问题，具有重要的法律效果。以下当就缔约程序加以分析说明。

---

① 《奥本海国际法》（中译本），第1卷，第2分册，第352页。

② American Journal of International Law, January, 1964, pp. 264-266.

一、条约的形式

国际法关于条约的形式并没有订出一定的规则，条约内容的安排也可以不拘一格。不过在国际实践上，除所谓"简式的条约"（"treaty in simplified form"）如换文之类外，条约通常总是包括下列各部分：首先是条约的序言，它标明条约当事国缔约的动机或目的，并列举全权代表的人名；其次为条约的实体，即各项主要条款；再次为程序事项的规定，如有效期限、批准、生效、加入等；最后则为订约日期、地点和代表的签字。

关于作为条约首部的序言有三点值得特别说明。

第一是关于缔约当事国的名义，有几种不同的提法：有的条约以国家的名义缔结，在序言上列举国名（例如 1919 年《凡尔赛和约》）；有的则以国家元首（个人或集体）的名义缔结；有的也列出双方元首本人的名字①；有的一方为国家，而他方为国家元首②；有的则缔约两方为政府；又有的为政府的有关部门（主要为不甚重要的业务、技术事项协定）。

条约的序言关于缔约当事国的名义不同的提法，大致是根据条约的性质和形式决定的，但是同一性质的条约在序言上所列缔约当事国的名义有时可能不一致，例如 1925 年《苏德领事专约》所列缔约者德方为总统，苏方为中央执行委员会，而 1959 年《中德领事条约》的缔约双方则为政府。

其次是序言举出的缔约的动机可以具有法律的意义，如果它是作为补充条约的缺陷而声明的（例如 1899 年和 1907 年《海牙公约》序言说，遇有战争规则所未及规定的事项，交战国及其平民仍各受国

---

① 例如 1958 年《中国也门友好条约》的序言称："中华人民共和国主席毛泽东和也门穆塔瓦基利亚王国国王伊马姆·艾哈边德·伊本叶海亚·哈米德丁·纳赛尔·里迪尼拉陛下……"关于中华人民共和国对外条约，在条约序言中关于缔约当事国各样的提法，可查《中华人民共和国条约集》（1950 年）。

② 例如 1871 年《德法和约》，一方称德意志皇帝，他方为法兰西共和国。参看 American Journal of International Law, 1935, Supplement, p. 723.

际公法原则的保护），或者规定了条约根据的基本原则（例如 1954 年中印《关于中国西藏地方和印度之间通商协定》标明和平共处五项原则）。① 第三是序言关于审查全权代表的证书（full powers）的规定，有的为"互相校阅"，有的为"互相交换"，但实际作法并不一定同文字规定一致。有时全权证书仅仅是提出校阅，随后退还提出证书的本人；有时则实行交换证书；有时则各代表的全权证书统交由一个保存国收存（在多边条约之场合）。所以有如此变动是由于条约一般需要经过批准生效，代表签字并不能拘束国家，全权证书只是证明代表的谈判资格，因而不足以作为拘束国家的证据。因此，在国际实践上，即令在双边条约之场合，缔约各方代表通常只是提出各自的全权证书互相校阅，很少实际交换的。

条约的文本。条约的文本的安排，按双边条约和多边条约的不同情况而有差别，双边条约因为只有两个缔约国，文本的安排一向很简单，就是一式两份，缔约国各执一份。多边条约和国际公约则由于当事国数目多，文本的安排问题就复杂，因而经过一系列的变化，才形成现今的通例，即将签字原本一份交由一个保存国（depository，"headquarters" government，通常为开会地点的国家），而由保存国将条约原本的副本分送每个缔约国一份。这在多边条约的文本的安排制度上是一个很大的改革。在 19 世纪最初多边条约是以双边条约的形式签订的，例如 1814 年 5 月 30 日《巴黎和约》就是由法国分别同奥、普、英、俄、葡、瑞典、挪威等国分别签订同文的条约形成的。及至 1815 年《维也纳公会最后决议书》和 1856 年《巴黎公约》才出于集体条约的形式，这集体条约按照缔约国的数目作成条约原本若干份由所有缔约国代表签字。② 后来鉴于多边条约缔约国数之多，这种作成多数原本

---

① Rousseau, Droit international public, 1953，Ⅰ，pp. 27-28.

② Basdevant, La conclusion et la rédaction des traités et des instruments diplomatiques autres que les traité, dans l'Académie de la Haye, Recueil des cours, 1926, Ⅴ, pp. 548-549;

Satow, A Guide to Diplomatic Practice, 1932（third edition），pp. 78-80.

由所有代表签字的办法不切实际，才改用只签一份原本交由保存国（或国际组织）保存的现行制度。① 例如 1919 年 6 月 28 日《凡尔赛和约》（第 440 条）规定：本条约由各全权代表签字，"正本一份保存于法兰西共和国政府之档案库，正式抄本送交签字各国"。

条约的文字。根据国家主权平等原则，每个国家都有权使用本国文字进行国际交涉。双边条约通常是每份都以两种文字（缔约两方的文字）写成，两种文字的条约具有同等的效力，但也有特别以其中一种文字为准的，例如 1958 年《中也（门）友好条约》规定：本条约每份都用中文和阿拉伯文写成。两种文本具有同等效力，在解释上有分歧的时候以阿拉伯文为准。双边条约也有使用三种文字即于缔约两方的文字外加上第三国文字的，在条文的解释上一般是以第三国文字为准，但也有承认三种文字的同等效力的；例如 1956 年《中国尼泊尔协定》，每份都用中文、尼泊尔文和英文写成，中、尼、英三种文字具有同等的效力。双边条约也有不用缔约任何一方的文字而只用一种第三国文字写成的，例如 1924 年《中苏解决悬案大纲协定》，就是以英文写成的。②

至于多边条约和国际公约由于参加的国家之多，显然不可能把各国的文字都写上，因而势必要共同采用一种或几种文字写成条约文本。在近代欧洲，各国惯用拉丁文订约，例如 1713 年《乌得勒支条约》（Traité d'Utrecht）是用拉丁文写成的。自 18 世纪初期起由于法国政治和文化在欧洲占优势，法兰西文被采用为各国外交用语，其后在 19 世纪和 20 世纪中，许多国际条约就都用法文写成，例如 1815 年《维也纳公约》、1856 年《巴黎公约》、1878 年《柏林公约》以及 1899 年和 1907 年两次《海牙公约》、1909 年《伦敦宣言》等。不过法文一向也并没有经国际协定或国际习惯确定为国际关系上的正式语文，相反地，在条约用法文写成的场合，缔约国特别附保留正式

---

① Basdevant, La conclusion et la rédaction des traités, dans l'Académie de la Haye, Recueil des cours, 1926, V, pp. 557-558.

② 《中外旧约章汇编》（北京大学国际法教研室编），第 3 卷，第 425 页。

声明使用法文不作为先例（例如 1815 年《维也纳公约》第 120
条）。① 但是 1919 年巴黎和会采用英、法两文为正式语文（official
language），因而《凡尔赛和约》是以英、法两文写成的。1921 年华
盛顿会议也同样以英、法两文为正式语文。1945 年旧金山会议制订
的《联合国宪章》则是使用更多的语文，即以中、英、法、俄、西
班牙五种文字写成的，在旧金山会议中，这五种语文定为正式语文，
其中英、法两文则是工作语文（working language）。② 1961 年《维也
纳外交关系公约》也是以中、英、法、俄、西五种文字写成的，各
种文本同一作准。1949 年《日内瓦战俘待遇公约》则以英法两文
订立，但保存国瑞士联邦应准备俄文及西班牙文的正式译本。
1944 年《国际民用航空公约》（第 96 条）规定的约本又是一种
新形式：“本公约以英文于 1944 年 12 月 7 日订于芝加哥。一份
以英、法、西三种文字缮就，各具有同等效力，置于华盛顿以供
签字。两种约本均存放于美利坚合众国政府的档案处。”③ 1963
年《欧洲保护人权和基本自由公约》，则以英、法两文写成。④
美洲国家间公约（泛美公约）一般是以西班牙文、葡萄牙文、英
文、法文四种文字写成，例如 1928 年《哈瓦那公约》、1933 年
《蒙德维的亚公约》等。⑤ 可见现今公约使用的文字已不拘于法
文或任何其他一国语文，一切依国际会议的具体情况和条约的适
用范围来决定，虽然总的说来，现今法文以及英文作为外交文件
的用语还是比较通行的。

---

① Strupp, Documents pour servir a l'histoire du droit des gens, 1923，Ⅰ，p.
186.

② Fauchille, Traité de droit international public, 1926, I-3, pp. 284-288;
Hudson, International Legislation, 1931, Vol. I, pp. IV-IX;
《奥本海国际法》（中译本），第 1 卷，第 2 分册，第 244 页。

③ 《国际条约集》（1934～1944 年），第 444 页。

④ American Journal of International Law, January, 1964, pp. 331-336.

⑤ 《国际条约集》（1924～1933 年），第 353、543 页。

二、缔约的程序

传统的缔约的程序一般包括谈判（negotiation）、签字（signature）、批准（ratification）、交换批准书（exchange of ratifications）。这种程序现今在大多数场合仍然通行，无论是缔结双边或多边条约。近年来在国际实践上缔约的程序大有所发展，特别是在多边条约和国际公约方面，因而国际上现行缔约程序可以包括增多的过程或改正过的手续，有必要分别说明如下。

（一）条约的谈判。条约的缔结一般经过谈判，谈判是国家间为了就条约的内容及其有关事项获致协议进行的交涉过程。条约的谈判由哪个机关或代表进行，决定于有关国家的国内法和条约的性质。条约可以由国家元首亲自谈判，例如 1815 年《维也纳会议公约》的缔结有俄、普、奥各国的君主出席参加；1919 年巴黎和会有美国总统出席①，缔结对德的《凡尔赛和约》。近代国家元首亲自谈判缔约的事究竟不普通。通常国家间缔结条约或者是由政府首脑或外交部长谈判，或者是由驻外使节或特派全权代表谈判，或委派其他专门人员进行谈判。元首、政府首脑和外交部长由于其当然代表国家的特殊地位，对外谈判条约一般不需要具备全权证书，一国驻外使节同驻在国政府谈判条约也不需要全权证书。其他负责进行条约谈判的特派全权代表或委派专门人员则须提出全权证书或授权文件。

谈判的目的在于有关国家就其拟缔结的条约的形式和内容各方面获致协议，最后订成一个完整的文本，最后这一阶段人们特别称为条约文本的制订（adoption of the text of a treaty）。条约谈判的结果订成正式文本，一般是必须经过谈判各方一致同意的，在国际会议制订公约的场合，虽然原来也是以参加会议的国家一致通过为原则，例如 1899 年和 1907 年海牙会议制订的各公约，但是近来已倾向于改用三分之二多数通过的规则，例如最近几年联合国召开的 1958 年日内瓦会议和 1961 年维也纳会议制订《海洋法公约》和《外交关系公约》就是适用三分之二的多数通过规则的。国际法委员会 1962 年提出的

---

① American Journal of International Law, January, 1963, pp. 208-210.

《条约法条款草案》第一部（第 6 条）也规定，条约文本应以三分之二的多数通过，除非会议参加国决定采用另一投票规则。至于在国际组织内制订公约则按有关组织的有权机关的投票程序通过，例如 1948 年联合国大会通过的《灭种罪公约》（The Genocide Convention）。条约文本的通过并不就意味着国家同意受条文的拘束，条文对国家发生拘束力尚须经过进一步表示同意的过程，如签字、批准、加入或接受等。

（二）条约的签字。条约的签字是缔约程序中的一个关键性的过程，具有重要的或者决定性的法律效果，有的条约规定自签字之日起生效，而不需要经过批准或其他手续（例如 1902 年、1905 年和 1911 年《日英同盟条约》①），则代表的签字就确定了他的国家受条约的拘束的同意。由于缔约时候的特殊情况或依其他政治理由，经当事国同意把条约定为自签字起生效的办法现今还是有采用的，特别是国家元首亲自签订的条约，例如 1961 年《中华人民共和国和尼泊尔王国边界条约》，系由中华人民共和国主席和尼泊尔国王签字，就是规定自签字之日起生效的。

国家元首、政府首脑和外交部长由于其当然对外代表国家的地位，不但作为谈判的代表，并且作为条约的签字者，一般都不需要具备全权证书，1962 年国际法委员会提出的《条约法条款草案》（第 4 条）就是这样规定的。② 不过在外交实践上，经过缔约各方的同意，还是有不同的作法的。就中华人民共和国的实践而言，例如虽然上述《中尼（泊尔）友好条约》和 1964 年中国刚果（布）两国元首签订的《友好条约》都没有提到签约的双方的元首的全权证书，而代表中国的国务院总理兼外交部长签字的 1958 年《中也（门）友好条约》，外交部长签字的 1959 年《中苏领事专约》，国务院总理签字的 1960 年《中柬（埔寨）友好和互不侵犯条约》，副总理兼外交部长签字的 1960 年《中阿（富汗）友好和互不侵犯条约》等都经过互相

---

① Albin, Les grands traités, 1912, pp. 482-484.

② American Journal of International Law, January, 1963, pp. 205-208;
MacMurray, Treaties and Agreements with and concerning China, 1921, Vol. I, p. 900.

校阅全权证书的手续。事实上，1919 年美国总统威尔逊亲自出席巴黎和会签字《凡尔赛和约》，也同其他各国代表一样提出全权证书校阅。① 可见上述国际法委员会草案关于签约的全权证书的例外规定不是完全符合国际实践的。

条约的签字通常是在谈判（在双边条约或小群国家间条约之场合）或会议（在多边条约或国际公约之场合）的结束的时候举行；但条约，特别是国际公约也规定在一定的地点到一定的日期为止，可由条约所列举的各类国家签字，例如 1961 年《维也纳外交关系公约》（第 48 条）规定，"本公约应听由联合国或任何专门机关之全体会员国、或国际法院规约当事国、及经联合国大会邀请成为本公约当事一方之任何其他国家签署，其办法如下：至 1961 年 10 月 31 日止在奥地利联邦外交部签署，其后至 1962 年 3 月 31 日止在纽约联合国会所签署"。

条约通常（除明文规定自签字之日起生效或者如换文之类一般不须批准外）在批准（或核准）之前，代表的签字并不就意味着它的国家最后同意受条约的拘束，但具有以下两种效果：其一是使得国家取得随后批准条约的资格；其二是构成对条约文本的认证（authentication）。传统的国际法学说，对于签字的法律效果颇重视，认为经代表签字后条约即告订立（普通条约以签字之日期为订立的日期），虽则必须在批准之后国家才受条约的拘束。②

条约除正式签字之外，尚有草签（initialling, parapher）和暂签（signature ad referendum）之两种办法，有时也使用的。这两种办法与签字相关联，但具有不同的法律意义。

条约可以在没有正式签字的时候先行草签。草签是一种简易的签

---

① 1919 年《凡尔赛和约》的序言所列美国代表名单关于首席代表威尔逊总统的提法是很特殊的："美利坚合众国总统代表：合众国总统伍德罗·威尔逊用自己的名义与其法定之权力……"《国际条约集》（1917～1923 年）第 77 页。

② 参看《奥本海国际法》（中译本），第 1 卷，第 2 分册，第 356～358 页；American Journal of International Law, January, 1963, pp. 218-220.

署形式①，它并不具有与正式签字同样的法律效果，而只是构成对条约文本的认证。暂签可以同时是对条约正本的认证（如果尚没有经其他方式认证）和听候政府训示期中的一种临时签字。临时签字一经政府随后确认，即成为正式签字，具有溯及的效力，使得代表的国家自暂签之日起列为"签字国"（the signatory）②，相反地，草签之后继之以正式签字，则是以正式签字的日期而不是以草签的日期作为有关国家成为条约签字国的日期。③

（三）条约的批准。批准是国家（元首或其他有权机关）对其代表所签字的条约的确认，通过批准，国家同意受条约的拘束。

在原则上重要条约一般需要批准，除非如上所述，有的条约明文规定自签字之日起生效，或者所谓简式的条约如换文（例如1955年中、印尼两国总理《关于双重国籍问题的条约的实施办法的换文》）之类一般不用批准。

在国际实践上，一般条约都作出关于批准的明文规定，甚至有的条约即令声明自签字之日起生效，仍然规定要批准。例如1943年《苏捷友好互助战后合作条约》规定，"本条约签字后立即生效并应

---

① 草签（也叫简签）在西文为 initialling，其方式是，代表只签他的西文姓名的第一个字母；中文可只签代表的汉字姓。〔例如1961年《中印（尼）友好条约》中方代表陈毅副总理草签时只写一"陈"字〕。中文似乎也可以只写代表的名而去其姓。

② 在条约用语上，"签字国"，"the signatory"，"the signatory state"一般是指仅仅在条约上完成签字手续的国家而言；至于签字后进一步完成批准手续的国家，即最后同意受条约拘束的国家才可以列为条约当事国或缔约一方（A Contracting Party，A Party to the Treaty）；虽然事实上通常用语也不是一定有这样严格区别的。"暂签"的办法最近有以色列在1958年海洋法会通过的《关于接受国际法院强制管辖议定书》上"暂签"（ad referendum）之例。（American Journal of International Law，October，1958，p. 864.）

③ American Journal of International Law，January，1963，pp. 216-218.

于最短可能期间内予以批准"①，就是简式的协定。换文也有例外的要批准的。② 在条约上没有明文规定批准手续之场合，除非代表的全权证书或其他情况有明显的相反的表示，条约也都是需要批准的。③ 1928 年《哈瓦那关于条约的公约》（第 5 条）规定了如下原则，"条约经缔约各方批准后才具有拘束力，即使此条件并未规定在谈判者的全权证书，亦未出现在条约本身，仍然如此"④。传统的国际法学说认为国家元首亲自签订的条约不需要批准，例如 1815 年俄、普、奥三国君主签订的《神圣同盟条约》就是不须经批准的。但是在现代国际实践上，国家元首签字的条约（主要为了符合国内法的要求）也有明文规定须经批准的，例如 1965 年 3 月 22 日中华人民共和国主席和刚果（布）共和国总统签字的《中国刚果（布）友好条约》就明文规定（第 5 条），"本条约需经批准"。

必须指出，在现代各国缔约的实践上，并不是一切的条约都需要经过国家元首（或最高权力机关）批准的形式的。有些条约特别是重要的政治性的条约，一般必须由国家元首或最高权力机关批准，有些条约则可以径由政府核准（approval）。核准可说是代替批准的一种简易方式。对于具体条约究竟在条文中应该规定须经批准，还是须经核准，则决定于缔约国的国内法的要求和各方面的同意。根据中华人民共和国全国人民代表大会常务委员会《关于同外国缔结条约的批

---

① 《国际条约集》（1934～1944 年），第 413 页。

关于条约的需要批准和生效问题，参看 Blix, The Requirement of Ratification, in British Yearbook of International Law, 1953, pp. 352-380.

② Blix, The Requirement of Ratification in British Yearbook of International Law, 1953, p. 360.

Weinstein, Exchange of Notes, in British Yearbook of International Law, 1952, p. 206.

③ 《奥本海国际法》（中译本），第 1 卷，第 2 册，第 358～360 页。关于这点，各国实践也有不同。根据 McNair 之说，英国政府对于没有明文规定须经批准的条约就不须批准。（McNair, the Law of Treaties, 1938, p. 85.）Satow 说，有时条约未有明文规定须经批准，而仍然依一方的要求交换批准书。（Satow, A Guide to Diplomatic Practice, 1932, p. 407.）

④ 《国际条约集》（1924～1933 年），第 350 页。

准手续的决定》（1954 年 10 月 16 日通过），"中华人民共和国同外国缔结下列各种条约应当依照《中华人民共和国宪法》第 31 条第 12 项和第 41 条的规定办理批准手续：和平条约、互不侵犯条约、友好同盟互助条约和其他在条约中明文规定必须经过批准的一切条约，包括协定在内"，"凡不属于前条规定范围内的协定、议定书等，由国务院核准。"①按照这一决定，除上列和平条约、互不侵犯条约、友好同盟互助条约以及其他在条约中明文规定必须批准的条约、协定，应当由中华人民共和国主席根据人大常委会的决定批准外，其他协定由国务院核准。

担任缔约谈判的代表自然要根据上述决定的原则，争取他方同意，按有关条约的性质在条文中列入批准或核准的规定。

其实条约上规定的核准和批准的区别，不在于两者法律的性质或效果的不同，而在于执行的机关各异。按照有的国家如英国的实践，国家元首间缔结的条约由元首批准，政府间的协定（intergovernmental agreements）则由政府批准（the governmental ratification）。他们把条约的批准手续分为元首批准和政府批准（英国政府批准书通常由外交部长签署）两种，后者尽管同样使用批准名称，实际上也就相当于上述中国方面所规定的国务院核准。

条约有时明文指定由国家的某个机关，通常为国家元首（或者加上经过国会的同意）批准。② 例如 1914 年美国和丹麦间的《促进和平条约》，规定一方由美国总统经参议院同意，他方由丹麦国王批准；1919 年《英法互助条约》规定，本条约批准之前，在英国一方

---

① 《中华人民共和国法规汇编》（1954～1955 年），第 207 页。有的西方国际法作者把条约分为条约（treaties）和协定（agreements）两大类；说是按着《联合国宪章》第 102 条（关于条约的登记）的规定而分类的；条约说是由国家最高权威订立的，协定则是以政府或其主管部门为当事者签订的。在条约类（the treaty group）和协定类（the agreement group）内，各列入许多不同名称的条约（广义的）。（Myers, The Names and Scope of Treaties, in American Journal of International Law, 1957, pp. 579-595.）

② McNair, The Law of Treaties, 1938, pp. 81-87.

在美国，邮政协定根据国会立法授权，由邮政部长经总统同意批准。

（American Journal of International Law, 1935, Supplement, p. 749.）

应由英王提请国会同意，法国一方由总统提请国会同意。在条约上有这样明文指定批准机关的场合，当然各方条约的批准必须由指定的机关行使。但是条约也可以只是笼统的规定本条约须经批准，而不指定行使批准的机关，在这种场合，签字国应该可以根据各自的国内法或实践交由国家任何授权机关行使批准，因为国际法并不要求条约的批准必须由特定的机关行使。①

对于须经批准的条约，签字国是否负有必定批准的义务，这是一个理论上有分歧的问题。

过去有的学者主张，除非代表逾越权限或违背秘密训令，不得拒绝批准。现今权威的理论和实践则一致肯定，国家在法律上不负有必须批准其代表所签字的条约的义务，尽管在道义上和政策上国家要给予适当的考虑。从国际法的角度上看来，现今国家对于条约的批准与否或者批准的迟早，是完全可以自由决断的。在国际实践上，国家对有些条约拖延到几年才批准。例如法国 1934 年才批准 1925 年《法希仲裁条约》，1940 年才批准 1923 年《禁止发行猥亵刊物的日内瓦公约》。有的条约一直没有被批准，例如 1909 年《伦敦宣言》（关于海战中立规则的协定），1922 年《华盛顿关于禁止使用潜航艇的公约》，都没有任何国家批准。

个别签字国拒绝批准双边或多边条约的事例很多，就双边条约而言，例如中国前清政府拒绝批准 1879 年《中俄伊犁条约》（崇厚在俄京所签）②；哥伦比亚共和国参议院拒绝批准 1903 年《关于租给美国巴拿马运河地带的专约》③，是历史上重要的事例。就多边条约而言，例如意大利不曾批准 1907 年海牙会议通过的任何一公约；最突出的是美国总统威尔逊亲自在巴黎和会签字的 1919 年《凡尔赛和约》，

---

① 哈佛研究部 1935 年发表的《条约法公约草案》（第 6 条）规定，条约可以指定行使批准的国家机关；在没有这样指定的场合，则批准可以由国家任何授权机关行使。

参看 American Journal of International Law, 1935, Supplement, pp. 744-755。

② 王铁崖《中外旧约章汇编》，第 1 卷，第 364 页（附注）。

③ 希金斯《海上国际法》（中译本），第 152 页。

也因为没有获得参议院的同意而美国不予批准。美国也没有批准它的代表已经签字的 1925 年《日内瓦议定书》（关于禁止使用毒气细菌等）。美国总统批准条约必须经过参议院议员三分之二的多数同意，由于这一宪法上的严格限制，美国拒绝批准对外条约的事例特别多，西方国际法学家指出，现代国家关于批准条约的行为在法律上保有自由，是与 19 世纪以来各国宪法对缔约权的限制情况相适应的。① 其实对外条约常涉及国家的重大利益，签字国在经过再考虑后如认为不能接受，就有必要不予批准；并且批准条约属于国家的主权行为，在原则上应该保有自由决断的权利。所以国家于必要时完全有权拒绝批准条约，这在现代国际法是不容争论的。值得注意的是，现代关于条约的公约和公约草案都明白否认国家负有必定批准条约的义务。1928 年美洲国家间《关于条约的哈瓦那公约》（第 7 条）就声明，"拒绝批准或者作出保留是国家主权固有的行为，并且此种行为所行使的权利不违反国际规定或礼仪"②。哈佛研究部 1935 年发表的《条约法公约草案》（第 8 条）也强调，一个条约的签字并不使得国家负有批准这个条约的义务。③

现今有的条约以接受代替批准。接受是使得国家成为缔约一方的新方式，是近二十年来，特别是联系到联合国采用的缔结公约的程序而进入条约实践的。

接受在条约上可以有两种规定的方式：其一是签字并须经接受

---

① 参看 Rousseau, Le droit international public, 1953, pp. 28-29;
Fenwick, International Law, 1948, p. 435;
《奥本海国际法》（中译本），第 1 卷，第 2 分册，第 360 页;
Fauchille, Traité de droit international public, 1926, Ⅰ-3, pp. 328-331;
Liszt, Le droit international (traduit par Gidel, 1928), p. 180;
Strupp, Eléments de droit international public, 1930, pp. 269-270;
Crandell, Treaties, Their Making and Enforcement, 1916, pp. 2-3.
② 《国际条约集》（1924~1933 年），第 350 页。
③ 关于这条的说明，详见 American Journal of International Law, 1935, Supplement, pp. 776-779。

(signature subject to acceptance)，其他是单纯地接受。前项规定的接受实际同于批准，后项规定的接受则类似加入（accession），两者都使得国家成为缔约国。因此，可说接受与批准之区别与其说是方式上的区别，毋宁说是名称上的区别；条约上使用接受这一新的方式显然是有意识地为了避开各国宪法上对于批准条约规定的程序，而代之以一种简易的同意方式。①

（四）条约的生效。条约不是随着批准而当然生效的，也不是一切条约都要经过批准才生效的；条约的生效的方式和日期一切取决于条约的规定，而在条约未有明文规定的场合，则依缔约各方的协议决定。如上所述，有的条约不用批准，而自签字之日起生效；事实上，中华人民共和国政府同外国缔结的许多有关经济、贸易或技术合作的协定，都是规定自签字之日起生效的，例如 1960 年《中国政府和尼泊尔王国政府间的经济援助协定》（由双方总理签订）和同年《中蒙科学技术合作协定》就是规定自签字之日起生效的。条约之须经批准的，在双边条约的场合，一般是自互换批准书之日起生效，例如，1960 年《中华人民共和国和阿富汗王国友好和互不侵犯条约》，规定"本条约在互换批准书后立即生效"。按照国际惯例，条约在一方首都签字，则在他方首都交换批准书，上述中阿（富汗）友好条约就是在喀布尔签字、在北京互换批准书的。② 有时双边条约规定经双方批准后生效，而不提交换批准书，则条约应自缔约一方最后通知批准的一日或双方通知的同一日起生效。③

批准书是一项庄严的国家文件，正式表示最后同意代表所签的条约，宣告予以遵守。批准通常由国家元首或其他有权机关如政府首脑签署，外交部长副署，其内容有的列入条约全文，有的只载明条约的

---

①　American Journal of International Law, January, 1963, pp. 225-226.

②　《中华人民共和国条约集》，第 9 集，第 12~14 页。

③　例如 1954 年 4 月 29 日中印《关于中国西藏地方与印度之间的通商协定》，规定"本协定自双方政府批准之日起生效"，而同年 8 月 17 日中印双方互相通知，该协定于同年 6 月 3 日即双方政府各自批准之同一日开始生效（《中华人民共和国条约集》，第 3 集，第 4 页）。

名称、序言、日期及签字代表的名字。① 批准书的交换通常记载在一个会议录，也由双方代表签字。通过批准书的交换程序，条约就开始对缔约各方发生拘束力。②

条约有时尽管规定须经批准，但经缔约各方协议在批准之前可以暂时生效，例如 1840 年《英、俄、普、奥四国关于东方问题（埃及问题）的伦敦协约》，条文中规定要批准，但依一秘密文件规定，不等到批准，立即执行。③

在多边条约或国际公约之场合，由于签字国数之多，各国的批准书一般就不须交换，而是交由一个保存国政府（the headquarters government）或一个国际组织（如联合国秘书处）保存；批准书的交存应记载在一个会议录，并通知其他签字国。有些条约要有全体签字国的批准方才发生效力。有些条约的生效则只要有一定数目的国家的批准或者某些特定的国家的批准；有的条约则要有特定的几个国家和多数签字国的批准。例如 1930 年海牙国际法典编纂会议所通过的《关于国籍法冲突的若干问题的公约》规定，有 10 个批准书（或加入书）交存并作成记事录后之第 90 日起即生效力④；1919 年《凡尔赛和约》第 440 条则规定：“一俟德国与主要协约及参战各国中之三国批准本条约则应缮具第一次批准书交存之记录。自第一次记录之日起，本条约在同此批准之各缔约国间发生效力，为本条约所载时期之计算起见，此日期即为本条约发生效力之日。在其他方面则于每国批准书交存之日，本条约发生效力。”⑤ 1945 年《联合国宪章》（第

① 关于各国颁发的条约批准书的格式，参看 American Journal of International Law, 1935, Supplement, pp. 749-755.

萨道义《外交实践指南》（中译本），第 409 ~ 413 页。

Satow, A Guide to Diplomatic Practice, 1932, pp. 408-411.

② 《奥本海国际法》（中译本），第 1 卷，第 2 分册，第 360 ~ 362 页；参看 American Journal of International Law, 1935, Supplement, pp. 739-740。

③ Satow, A Guide to Diplomatic Practice, 1932, pp. 407-408.

④ 《国际条约集》（1924 ~ 1933 年），第 459 页。

⑤ 《国际条约集》（1917 ~ 1923 年），第 264 页。

110 条）规定："一俟美国政府通知，已有中、法、英、苏、美以及其他签字国之过半数将批准书交存时，本宪章即发生效力。"① 1961年《维也纳外交关系公约》（第 51 条）规定，"本公约应于第 22 件批准或加入文件送交联合国秘书长存放之日后第 30 日起发生效力。对于在第 22 件批准或加入文件存放后批准或加入本公约之国家，本公约应于各该国存放批准或加入文件后第 30 日起发生效力"。

（五）条约的加入。加入（accession, adhesion）是没有在条约上签字的国家成为缔约国的一种方式。② 双边条约很少有规定第三国加入的事。两国间为了某种目的缔结的条约，如果有抱着同样目的的第三国参加进来的话，通常是在有关三国间另定一条约，而不是出以第三国加入原条约的方式，例如第一次世界大战前的德、奥、意三国同盟，就是于 1879 年《德奥同盟条约》之外，另立 1882 年《德奥意三国同盟条约》的。③ 第二次世界大战以前，德、意、日轴心也是于 1939 年《德意同盟条约》之外，又于 1940 年另订《德意日三国同盟条约》的④。多数国家间订立的和约也不适用加入，例如 1919 年《凡尔赛和约》和《圣泽门和约》以及 1947 年《对意和约》等都没有关于加入的规定。加入这一方式要适用于所谓开放的多边条约或国际公约，特别是所谓立法性的公约，如 1907 年海牙诸公约之类。这类条约通常规定在一定范围，一定的条件下对非签字国的加入开放。条约上如果没有明文规定允许加入，则只有通过原有的缔约国的同意或邀请才能加入。例如 1907 年《海牙关于和平解决国际争端的公约》（第 93 条）规定，曾被邀请参加第二次海牙会议的非签字国可

---

① 《国际条约集》（1945～1947 年），第 60 页。

② 国际法理论上有将西方的 accession 和 adhesion 两个名词的用法加以区别的。其实在实践上两个名词用在条约上都是加入的意思。不过法文本惯用 adhésion，英文本则多用 accession.（Oppenheim, International Law, 8th edition, 1955, pp. 934-935; Satow, A Guide to Diplomatic Practice, 1932, pp. 412-413.）

③ Mowat, History of European Diplomacy（1815-1941），1922, pp. 238-243.

④ 《国际条约集》（1934～1944 年），第 218～220 页，第 278～279 页。

以加入本公约，愿加入的国家应将加入书交存荷兰政府档案库，该政府应将加入书的抄本分送所有被邀请参加第二次海牙会议的国家。①1919 年《巴黎航空公约》（第 41 条）规定，"凡未参加 1914～1919 年战争的国家应被准许加入本公约。此项加入应通过外交途径通知法兰西共和国政府；由该政府通知所有签字国和加入国"。② 又如 1949 年《北大西洋公约》（第 10 条）规定，欧洲任何其他国家，经缔约各国之一致同意，得邀请其加入本公约。③ 1928 年《哈瓦那关于条约的公约》（第 21 条）规定，"本公约应予开放，任凭非签字国加入"；这就更是无条件地准许非签字国加入了。

国家是否可以加入一个尚未生效的条约，在过去理论上有分歧。有些学者认为条约的生效是非签字国加入条约的先决条件。哈佛研究部提出的《条约法公约草案》（第 12 条）规定，除非条约本身有相反的规定，国家只有在条约已经生效之后，并得到所有缔约国的同意，才能加入这个条约。④ 但是从近来的条约实践上可以看出，实际上现代一切条约之载有加入条款的都把加入的权利同条约的生效分开；或者明文允许在条约规定的生效之日以前加入，或者默示地使得条约的生效部分地依靠加入书的交存。⑤ 事实上，上述 1961 年《维也纳外交关系公约》就是规定，"本公约听由属于第 48 条所称四类之一之国家（联合国或任何专门机关之全体会员国或国际法院规约当事国及经联合国大会邀请成为本公约当事一方之任何其他国家）加入"，应于第 22 件批准书或加入书交存后第 30 日起生效；这显然意味着条约尚未生效以前非签字国就

---

① Higgins, The Hague Peace Conferences, 1909, p. 161.

② 《国际条约集》（1917～1923 年），第 491 页。

③ 《国际条约集》（1948～1949 年），第 194 页。

④ American Journal of International Law, 1935, Supplement, p, 822.
1949 年《日内瓦战俘公约》（第 139 条）规定，"本公约自生效之日起，任何未签字本公约之国家均可以加入"。《国际条约集》（1948～1949 年），第 353 页。

⑤ American Journal of International Law, January, 1963, pp. 223-224.

可以加入。

条约的加入一般是不须经批准的；在这个场合，加入就同于批准。中华人民共和国就是于 1958 年根据全国人民代表大会常务委员会的决定，加入 1929 年在华沙签订的《统一国际航空运输某些规则的公约》的。① 1928 年《哈瓦那关于条约的公约》（第 19 条）规定，"未参加制订条约的国家，可以加入该条约，如果其他国家不反对的话。加入应即通知所有缔约国。加入应视为最终的，除非明确作出保留应待批准"。②

但是，有时非签字国在通知加入条约的文件上作出须经批准的保留，因而在交存批准文件以前，条约对该国不生效力。

这种加入条约的方式（accession subject to ratification）说是近来发展的条约实践；例如 1928 年在巴黎签订的《非战公约》（第 3 条）规定：本条约生效后"应开放一个必要期间，使世界所有其他国家可以加入，加入书应交存华盛顿"。③ 而事实上，有些国家（如阿尔巴尼亚、智利、古巴、保加利亚等）交存了在加入后的批准书。这种批准就是一个非签字国对条约的批准，在这个场合，原来的加入实际上只等于签字。④

（六）条约附保留。保留是国家作为缔约一方对条约的一种正式声明，旨在排除条约中的某项条款，或就某项条款有所修正，或作出特定的解释或了解。这样的保留，实质上就等于对条约的一种修正，

---

① 《中华人民共和国条约集》，第 7 集，第 194～195 页。

1929 年《华沙公约》（第 38 条）规定，本公约生效后，任何国家可以随时加入；加入本公约，在通知书送达波兰共和国政府后第 90 天起生效。

② 《国际条约集》（1924～1933 年），第 352 页。

③ 《国际条约集》（1924～1933 年），第 374 页。

④ American Journal of International Law, 1935, Supplement, p. 744; the same Journal, January, 1963, pp. 223-224.

1935 年哈佛研究部草案关于加入条款的说明，认为可以不把签字定为批准的一个必要的先决条件，虽然也强调，通常在多数的场合，批准是跟着签字来的。

多少是影响条约的效果的。西方传统的国际法学说,认为对条约的保留必须获得所有其他缔约国的同意才能有效。例如奥本海教本指出,"保留产生一个重要的原则问题,因为保留修改了一个国家在签字、批准或加入一个条约时所表示接受的原提议的条件。保留如加以分析,就是不接受原提议而作一个新的提议。所以在原则上似乎必须缔约另一方对该保留或明示同意或默示同意,而实例和这意见也是一致的"。① 哈佛研究部 1935 年提出的《条约法公约草案》关于保留的条款(第 14、15、16 条)肯定,不论是签字、批准或加入时对条约作出的保留,其有效都以所有其他缔约国的同意为条件,似乎也就是从上述同样的观点出发的。② 事实上,也有条约明文规定不许附保留的,例如 1909 年《伦敦宣言》(第 64 条)规定,"本宣言的所有条款必须作为一个整体接受,不能分开"。③ 这实际就是不许附保留。又如,1956 年《废止奴隶制、奴隶贩卖及类似奴隶制之制度与习俗补充公约》(第 9 条)明文规定,"对本公约不得作任何保留"。④

但是从现代国际法的观点和国际实践看来,上述传统的学说不是完全正确的或适应现实的。对条约的保留问题涉及多方面的复杂关系,肯定不是可以根据传统的所谓条约整体说,简单解决的。如1928 年《哈瓦那关于条约的公约》(第 7 条)所声明,"作出保留是

---

① 《奥本海国际法》(中译本),第 1 卷,第 2 分册,第 364~365 页;

Fauchille, Traité de droit international public, 1926, I-3, p. 312-314;

Rousseau, Le droit international public, 1953, pp. 39-41;

英国法律专家麦尔金曾检查过 19 世纪末期至 20 世纪初期间一系列的多边条约,得出的结论说,没有一个条约的保留不是经过所有其他缔约国明示或默示的同意的,因而认为传统的学说是正确的。(Malkin, Reservations to Multilateral Conventions, in British Yearbook of International Law, 1926, pp. 141-162.)

② American Journal of International Law, 1935, Supplement, pp. 650-660, pp. 870-874.

③ Higgins, The Hague Peace Conferences, 1909, p. 563.

④ 《国际条约集》(1956~1957 年),第 81 页。

国家主权的固有的行为"。① 1928 年所有泛美公约都允许缔约国作出保留，其中关于国际私法的公约，并且明文规定，"各缔约国在批准本公约时可以声明对所附法典中一条或数条予以保留，此项经其保留的规定对该国不生拘束力"。根据国家主权平等原则，每个缔约国应具有对条约作出保留的权利，除非如上述 1956 年《关于废止奴隶制的公约》那样明文规定不许作出保留；同时应该承认任何缔约国没有把它对条约的保留强加于他方缔约国的权利，因而后者也应该有权反对前者提出的保留。在国际实践上，自 1899 年和 1907 年两次海牙会议以来，对公约作出保留已经成为公认的缔约程序之一，两次海牙会议制订的许多公约都附有各缔约国提出的各式各样的保留。第一、第二次世界大战后，随着所谓立法性的多边条约的发达，保留作为缔约中一个程序，在法律上更具有重要性。有的公约甚至明文规定保留的程序和效果，例如：1952 年《妇女政治权利公约》（第 7 条）规定："倘任何国家于签署、批准或加入时对本公约任何条款提出保留，秘书长应将保留全文通知所有业为本公约缔约国或此后成为本公约缔约国之国家。任何国家对此项保留如有异议，得于秘书长（联合国秘书长）发出该项通知之后 90 日内（或于该国成为本公约缔约国时），向秘书长声明不予接受。遇此情形，本公约在该国与提出保留之国家间不生效力。"② 因此，对条约的保留问题成了现代国际法上一个重要而复杂的问题，必须就其所涉及的多方面分别考虑。就保留的对象条约的本身说，有双边条约和多边条约的区别；提出保留的时机可能是在条约签字时，也可能在批准时，也可能在加入时，人们必须根据这些不同的情况来考虑保留程序的适用和效力问题。以下就对双边条约和多边条约的保留问题分别论述。

双边条约。双边条约一般不存在着保留问题。如有时双边条约在签字时提出保留，这就等于对条约的条款提出新的建议，重开两国间缔约谈判；在这种场合，如双方达成协议（或者采纳保留，或者取

---

① 《国际条约集》（1924～1933 年），第 350、279 页。
② 《国际条约集》（1950～1952 年），第 721 页。

消保留），则条约订成，而无所谓保留；反之如不能达成协议，则条约也就订不成，更谈不到保留。对双边条约的保留，如果在批准条约时提出，就等于附条件的批准，或者如一位西方国际法学家所说，只能认为一种附带重新谈判的提议的拒绝批准（un refus de ratifier accompagné d'une nouvelle offre de négocier），因而这种保留是无效的，除非缔约他方给予明示的接受。① 一般地说，双边条约是有关国家通过直接谈判达成的交易，缔约双方在条约下承担了明确的相对的义务，很少有发生保留问题的事；设若有缔约一方对双边条约的批准附上任何保留，也只有在他方明白接受之后才能有效，这肯定是理论和实践一致承认的。遇有在条约签字后需要就条款作某种解释或补充的问题，通常也不采用一方提出保留方式，而是依双方换文解决，例如1955 年《中印（尼）关于双重国籍问题的条约的目的和实施办法的换文》。

至于对多边条约的保留则由于参加条约国数之多，涉及的关系之复杂，其所引起的问题就特别地多，而不可能适用一个简单的解决方法。因此，对条约的保留问题主要是有关多边条约或国际公约的问题。如果这类条约本身有明文规定，准许缔约国提出保留或者不许缔约国提出保留，则保留有效与否，当然一律取决于条约的规定；事实上如上所述，近年也有些公约自身作出了这样的规定的。但是很多多边条约对保留问题完全没有规定；在这种场合，缔约国是否有权提出保留，在何种情况之下可以提出有效的保留，有效的保留是否对所有其他缔约国或者只对接受保留的缔约国发生效果，这一系列的问题都是一向没有公认的确定的解决的。联合国大会曾经多次以及国际法院1951 年就关于 1948 年《防止及惩治危害种族罪公约》（The Genocide Convention）的咨询案，都考虑了对公约的保留问题，也没有得出一般适用的结论。在那次咨询案中，国际法院的多数法官不认为，所谓

---

① 美国政府于 1929 年拒绝接受法国对 1926 年《关于战债的协定》的批准书中附入的一个保障条款（即法国付债决定于德国赔款的执行）。

（Rousseau, Le droit international public, 1953, p. 40.）

保留必须得到所有其他缔约国的同意才有效那一传统的学说可以适用于《灭种罪公约》的特殊情况；虽然他们也承认那个传统的学说有不可否认的价值，但不认为它已被接受为法律的规则，他们也不认为仅以条约上没有规定保留的条款就可以推断缔约国被禁止提出保留。对于联合国大会就《灭种罪公约》提出的问题，法院的答复主要有以下两点：（一）遇有一国对条约作出的保留受到一个或数个缔约国反对，但不为其他各国所反对，该国可以被认为是缔约的一方，如果其保留符合这个条约的目的和宗旨；否则该国不能被认为是缔约的一方。（二）如果有缔约的一方反对一项保留，认为不符合这个条约的目的和宗旨，它可以实际认为那个提出保留的国家不是缔约的一方；在另一方面，一个缔约国接受这项保留，认为符合这个条约的目的和宗旨，它可以实际上认为提出保留的国家是缔约的一方。不过法院在提出这些答复联合国大会咨询意见时，强调这些意见严格地限于适用于《灭种罪公约》，因为这公约具有特殊性质，如惩治灭种罪本来成了文明国家公认的原则，公约的普遍性和纯粹人道主义的宗旨，对缔约国不发生利或不利的问题。国际法委员会随后应联合国大会之命，于 1951 年年底提出了一个关于一般对多边条约的保留的报告，认为国际法院提出的所谓符合条约的目的和宗旨那一标准不能作为一般适用的标准，因为所谓"符合条约的目的和宗旨"问题太主观，不能一般适用于多边条约。注意到国际法院的咨询意见特别限于适用在《灭种罪公约》，并认识到没有任何一个统一的规则可以完全满意地适用于一切场合，国际法委员会乃建议采用主张必须有一致同意才能接受提出保留的国家为缔约一方的学说。联合国大会第六委员会（法律委员会）审议了上述国际法院答复的意见和国际法委员会报告之后，大会于 1952 年 1 月 12 日通过了一项决议，把《灭种罪公约》问题同一般多边条约问题分别处理。关于《灭种罪公约》，它指令秘书长按照国际法院的咨询意见执行，并建议各国奉为准则。

关于其他一切多边条约，秘书长作为条约的保存机关应继续行使收存、提出保留或反对保留的文件，而对于其法律效果不表示意见，并将有关提出保留或反对保留的文件的文本通知一切有关国家，任凭各国自行从这些通知推定法律的效果。除了对《灭种罪公约》（或其他类似性质的公约）的保留可以按照上述国际法院的咨询意见处理外，关于一般多边条约的保留问题仍然没有确定的解决；至于上述国际法委员会建议的一致同意原则，显然是没有被采纳的。

自1952年联合国大会通过上述决议以来，以联合国秘书长为保存机关的一切新订的多边条约，实际上适用了大会所主张的"伸缩性"制度（the "flexible" system），即由秘书长把条约的批准书或加入书所附保留文件的文本送有关各国，而对于这些文件的法律效果不表示意见，任由每一个国家自行推断；他也把所接到的对于保留的意见转送有关的国家，也不加评语。交存附有保留的文件的国家被算入条约生效所须有的缔约国之列。对公约提出保留的国家，现今实际上被那些多数不声明反对保留的国家看作缔约的一方。

国际法委员会1963年提出的《条约法条款公约草案》（第18条至第22条），集中解决多边条约的保留问题，它放弃了委员会在1951年主张的全体一致同意的原则，而采用了1952年联合国大会的决议以来，联合国秘书长作为保存机关实际上运用的伸缩性制度。首先，作为一般原则，公约草案（第18条）规定，国家可以在签字、批准、加入、接受或核准条约时作出保留，除非：（一）条约上明文禁止任何保留或对某项特定的条款的保留，或者默示地排除某种保留；（二）条约上没有关于保留的规定而提出的保留，与条约的目的和宗旨不相容。

草案所规定的关于准许保留的一般原则，可说是符合现代国际实践的。上述两款例外情况的第一类也是可以承认的。至于后一类例外情况，就是把国际法院主张的限于对《灭种罪公约》的保留适用的条件扩大适用于一般多边条约；这在具体场合实施上不免有困难：保留是否符合条约的目的和宗旨，依什么标准来决定，由谁来判断？这些问题在国际法委员会也提出讨论过，并没有作出满意的解决；看来在实际适用这种例外规定时必然是会发生问题的。

其次，关于接受和反对保留的方式，国际法委员会提出的公约草案（第19条）主要有以下的规定：保留（条约本身所未规定的）的接受可以是明示的或默示的。明示的接受，可以在制订或签字条约，交换或交存批准、加入等文件的场合，依适当的正式的方法表示出来。国家如果接到一项保留的通知后 12 个月期内没有提出反对，这项保留就被认为受到该国的默示接受。① 对保留的反对则必须是明示的，具体地说，必须用书面通知保存国，或在没有保存国之场合，通知提出保留的国家及其他有关各国。

再次，关于保留的效果，上述委员会提出的公约草案也作了具体的规定（第 20 条），主要有如下几项：（一）凡是经条约本身明示或默示地准许的保留，不需要再经过任何接受。（二）任何国家接受一项保留，就使得提出保留的国家在其与该国的关系上成为缔约一方。（三）如有国家反对某项保留，认为它与条约的目的和宗旨不相容，这个条约在反对保留的国家和提出保留的国家之间就不发生效力。（四）对一小群国家间缔结的条约作出的保留，必须经过所有有关各国的同意，才能有效。其中（二）（三）两项构成人们所谓伸缩性制度的两个基本规则。但是关于（三）项，可以发生两个问题：其一是所谓符合条约的目的和宗旨如何判定，其次是究竟反对保留的理由是否就限于与条约的目的和宗旨不相容。至于（四）项所说的一小群国家（a small group of states），究竟包括多少参加国，也可以发生争执的问题。

国际法委员会草案关于条约的保留的规定，反映了一些正确的法律观点和国际上现行条约实践，但是如上所述，仍然没有能够满意地解决一切既存的或可能发生的问题。

总的说来，对多边条约的保留是国际法上长期存在、而迄今未能完全解决的一个复杂的困难的问题。不过从现代国际实践看来，有几点是可以肯定的。第一，任何一国在制定、签字、批准或加入一个多边条约时有权提出保留，任何其他缔约国也有权反对这种保留。第

---

① 限定提出反对保留的时期在条约实践上是有先例的，例如 1957 年《已婚妇女国籍公约》（第 8 条）规定，"反对保留的通知必须于秘书长通告（关于某国提出保留）之日起 90 日内提出之"。《国际条约集》（1956～1957 年），第 305 页。

二，一国在制订条约时，或是在会议上或以其他方式，明白表示对条约作出某项保留，而经其他有关国家明示或默示地同意，则随后在签字和交换或交存批准书时重述这项保留，就不需要再经同意①；国家在签字条约时提出的保留而没有被反对的，则在批准时重述这项保留，当然有效。第三，对条约的某项保留如有国家反对，则在该国与提出保留的国家的关系上，这个条约不发生效力。②

最后必须指出，对任何性质的条约，除非条约上明示禁止保留（例如 1956 年《已婚妇女国籍公约》），都可以提出保留。西方资产阶级的国际法专家认为，保留程序一般只适用于立法性和技术方面的公约，至于政治性的多边条约则另是一问题，并且说纯粹政治性条约在性质上是实际不可能有保留的。③

其实这个说法并不完全正确，因为 1928 年《巴黎非战公约》明明具有重大的政治性，而英、美等签字国各提出有重要的保留，如英国保留所谓特殊区域的防卫权，美国保留门罗主义的权利等。④ 又有对和约不得提出保留的说法，事实上，这也就是在 1919 年巴黎和会上帝国主义者拒绝中国代表对《凡尔赛和约》附保留（关于侵害中国主权的山东条款）的签字的一种口实。当时中国代表团最初要求在签字和约时附上这项保留，被和会拒绝，后来又提议用声明书在签字和约之前送交和会，又被拒绝，在中国人民坚决反对之下中国代表

① 1899 年和 1907 年第一、二两次海牙各公约的保留，一般是有关国家在海牙会议大会或委员会上提出，而后在签字时重申的。
参看 Higgins, The Hague Peace Conferences, 1909, p. 173, p. 179, pp. 527-537；
Malkin, Reservations to Multilateral Treaties, in British Yearbook of International Law, 1926, p. 159。
② 国际法委员会草案关于保留条文及其说明，详见 American Journal of International Law, January, 1963, pp. 229-242。
③ Malkin, Reservations to Multilateral Treaties, in British Yearbook of International Law, 1926, p. 143.
④ 《奥本海国际法》（中译本），第 2 卷，第 1 分册，第 193 页。

终于不得不拒绝签字和约。① 对于载有中国人民所坚决反对的满足日本侵略利益的山东条款的和约，中国根本不能签字，代表团向和会请求附保留签字，已经表示当时中国北洋政府的软弱和妥协，而主持和会的主要盟国犹悍然拒绝，实是欺人太甚。但是，在另一方面，当着1919～1920 年美国参议院反对《凡尔赛和约》，特别是《国联盟约》第 10 条提出保留条款作为同意批准的条件，同亲自签字和约主张无条件批准的总统威尔逊争持不下的时候，主要同盟参战国如英国当时驻美大使格雷（Lord Grey）在伦敦《泰晤士报》登载的公开信所表示，却准备接受美国附保留的批准，只是由于附保留批准案也没有获得参议院三分之二的多数赞成而被否决，美国终于没有批准和约。② 可见所谓对和约不能保留之说，实际也并没有当做一定不移的规则奉行。帝国主义国家运用条约的程序，并不是一定根据什么公认的规则，而是往往按着它们自己的利益的需要来决定，因而可以是自相矛盾的。

中华人民共和国对成立以来参加的一些多边条约，提出了必要的保留，例如 1956 年批准 1949 年《关于保护战争牺牲者的日内瓦公约》都附有保留。③ 1957 年承认 1930 年《国际载重线公约》附有如下的声明：本公约"当然适用于中国全部，包括台湾及其他属于中国的岛屿，因此，只有中华人民共和国政府主管部门发出的国际载重线证书，才是中国方面发出的唯一有效的证书"④。1957 年接受 1948

---

① Malkin, Reservations to Multilateral Treaties, in British Yearbook of International Law, 1926, p. 158.

② Fauchille, Traité de droit international public, 1926, I-3, p. 334;
Mowat, A History of European Diplomacy (1914-1925), 1927, pp. 187-188;
Bailey, A Diplomatic History of the American People, 1940, pp. 667-680.

③ 《中华人民共和国条约集》，第 5 集，第 231、255、333、403 页。

④ 承认是中华人民共和国的条约实践上一个特有的名词和观念，其根据在于 1949 年《政协共同纲领》第 55 条："对于国民党政府与外国政府所订的各项条约和协定，中华人民共和国中央人民政府应加以审查，按其内容，分别予以承认，或废除，或修改，或重订。"因此，按不同的情况，可以是承认已经签字的，或批准的，或加入的条约。如果是承认签字的条约，则承认之后，尚须批准，例如 1956 年批准的 1949 年日内瓦四公约，就是在 1952 年承认了的，又如同年承认 1925 年《日内瓦议定书》（关于禁用毒气等），就是承认一项曾经于 1929 年"以中国名义加入的"公约。（《中华人民共和国条约集》，第 2 集，第 77～79 页。）

年《海上避碰章程》也作了如下的保留声明:"属于中华人民共和国的非机动船舶不受海上避碰规则的约束";海上避碰规则"当然适用于中国全部,包括台湾及其他属于中国的岛屿"。1958 年加入 1929年《华沙航空公约》,也声明该公约当然适用于中国全部,包括台湾在内。这些保留声明都照例通知了条约保存国。在条约实践上,正确地使用保留程序,保护本国的权益,是国家行使主权的行为,不容否认的。

(七)条约的登记:现今国际法教本在条约程序部分都提到条约的登记。其实条约的登记并不是国际法公认的一般适用的制度或程序,而是现今联合国会员国在《联合国宪章》下应守的规则,而非联合国则不受其拘束。这一规则最初载入第一次世界大战后成立的《国际联盟盟约》,旨在防止国际上秘密条约的弊害。按照《国联盟约》(第 18 条)的规定,"嗣后国际联盟会员国所订条约或国际协定应送秘书处登记,并由秘书处从速发表,此项条约或国际协定未登记以前,不生效力"。这一规定的措词是广泛的,它把国联会员国不论与会员国或非会员国间所订的条约和国际协定,不管其形式如何,名称如何,如公约、宣言、换文等等都包括在内。据奥本海教本所指出,一直到 1944 年 7 月,根据这一规定,共有 4822个条约或国际协定登记了;事实上,有些条约是由非国联会员国登记的。[1]

1945 年制定的《联合国宪章》同样采用了条约必须登记的规则。宪章第 102 条规定:"一、本宪章发生效力后,联合国任何会员国所缔结之一切条约及国际协定应尽速在秘书处登记,并由秘书处公布之。二、当事国对于未经依本条第一项规定登记之条约或国际协定,不得向联合国任何机关援引之。"[2]《宪章》这条规定与上述《国联

---

[1] 《奥本海国际法》(中译本),第 1 卷,第 2 分册,第 367~368 页;《国联盟约》所谓未经登记的条约不生效力一节据说从未适用过,但引起了一些理论上的困难。Goodrich and Hambro, Charter of the United Nations, 1949, p. 517.

[2] 《国际公法参考文件选辑》(世界知识出版社),第 422、439 页。

盟约》规定不同之点，在于后者一般否定未经登记的条约的效力，而前者只是使得缔约国不得向联合国任何机关援用它。

这样对于联合国会员国不履行登记条约的义务所加的制裁是比较轻，而在解释上具有伸缩性的。但是在具体适用上仍然可以发生问题。根据《宪章》的规定，未经登记的条约，缔约国不得援引，但是假设非缔约国或国际组织如联合国的机关本身可能有援引它的必要，难道也在排除之列吗？这种条约虽然向联合国的机关不得援引，但向非联合国的机关则应该是可以援引的；然而在处理缔约国间争议特设的仲裁法庭上，缔约一方不是仍有权援引未经登记的条约来对抗他方吗？负有登记条约的义务的如是作为缔约一方的联合国会员国，而如《宪章》所规定任何缔约一方，那就是说，不论其为会员国或非会员国，都不得援引未经登记的条约，那不是把《联合国宪章》作为条约的义务强加于非缔约国吗？① 事实上国际法委员会 1962 年提出的公约草案（第 25 条）规定，非联合国会员国缔结的条约也应该在联合国秘书处登记，这更是超出《联合国宪章》的规定，而以向联合国秘书处登记条约的义务加诸非会员国了。这就更会引起非会员国未经登记的条约的效果问题。

自联合国组织成立以来，条约在联合国的登记形成条约实践上的一种常规程序。联合国秘书处按照 1946 年联合国大会议决的《关于条约的登记和公布的规则》进行条约的登记和公布工作，一方面会员国所缔结之条约照常在秘书处登记，同时也有非会员国自愿登记的条约；后项情况在联合国文件上特别定名为"送交登录"（file and record），以别于会员国照章履行的条约的登记（register）。② 联合国秘书处把所有登记或送交登录的条约和国际协定等文件，公布在《联合国条约集》（The United Nations Treaty Series）。根据联合国大会议决的《关于条约的登记和公布的规则》，条约应等到已经生效才登

---

① Brandon, The Validity of Non-registered Treaties, in British Yearbook of International Law, 1952, pp. 186-195.

② American Journal of International Law, January, 1963, pp. 245-246.

记（第 1 条第 2 款）；条约经缔约一方登记即解除缔约他方登记的义务（第 3 条）。①

第四节　条约的效力

一、条约对缔约国的效力

条约必须信守原则。国家不论以上述任何方式成为缔约一方，就受条约的约束。它必须"对于条约所载的一切完全遵守"，具体地说，它不得有违反条约规定的行为，并应该采取条约所要求的执行措施。国家执行条约，就是实践自己作为缔约一方庄严的诺言，履行国际义务。条约必须信守，作为传统的国际法的一个基本原则，一向是理论和实践所一致确认而强调的。

在理论上，自近代国际法奠基人格老秀斯②、前代作家如瓦特尔（Vattel）以至现代许多西方公法学者，无不强调国家遵守条约的义务。例如福希叶说，条约的尊重是一个必要的原则，在国际法上比在国内法上尊重契约更为必要，因为没有一个最高权力可以强制执行条约。他认为如果取消尊重条约的原则，在国家之间就没有安全，没有和平，国际法也就完全崩溃而消失于利益冲突的混乱状态中。③

尊重条约义务的原则，曾被庄严地确认于各种国际文件中。通常引用的一个重要例子是，1871 年对于帝俄片面废除 1856 年《巴黎公约》有关黑海中立化的条款而发表的《伦敦议定书》；它声明，国际法的一个首要原则是任何一国不得解除自己的条约义务或修改其条款，除非通过和好方法得着缔约各国的同意。《联合国宪章》的序言

---

① Goodrich and Hambro, Charter of the United Nations, 1949, pp. 513-517.

② Grotius, De jure belli ac pacis, 1625 (English translation by Kelsey, 1935), p. 792. p. 860.

③ Fauchille, Traité de droit international public, 1926, I -3, pp. 350-351.

和第 2 条第 2 款也确认尊重条约义务的原则（过去《国际联盟盟约》也首先在序言中标明这个原则）。1928 年《哈瓦那关于条约的公约》（第 10 条），特别声明，"任何国家，除通过和平方式同其他缔约国达成协议外，不得免除其本身对条约的义务或者修改条约的规定"。条约的约束力也为一些国际的或准国际的法庭的判决所确认。例如在 1888 年关于对海地共和国要求赔偿的一件仲裁案，仲裁判决就引用了上述《伦敦议定书》的声明和美国有名法律家肯特（Kent）所下断语：条约对国家具有约束力，犹如契约对个人具有约束力一样，作为支持条约应该信守的论据。① 1910 年海牙常设仲裁法庭对北大西洋沿岸渔业仲裁案的判决也声明，每个国家都应该诚实履行条约义务。② 在常设国际法院的判例中也一贯强调国家诚实遵守并执行其所承担的义务。③

在国际关系上，缔约国违反条约的事实经常出现，也是不容讳言的。不过违反条约的国家总是竭力抵赖违约的事实，或者歪曲解释条约的意义，或者否认条约的生效，或者提出某种理由或口实来辩护其违约的行为；至于根本否定条约的效力，认为可以不遵守，如 1914 年第一次世界大战发生前，德国宰相倍特曼-赫尔维希（Bethmann-Hollweg）那样公然说 1839 年保障比利时中立的《伦敦协约》只是"一张废纸"（a scrap of paper），那样蔑视条约义务，则是唯一突出的例外。

国际法理论和实践虽然一致确认条约对缔约国的约束力，但进一步论到条约所以具有约束力的理由，西方资产阶级的学者的解说则有分歧。首先有一派德国学者，如耶利内克（Jellinek）所倡导的"自限说"，认为条约之有约束力不是基于任何最高级法律，而只是基于

---

① 详见 American Journal of International Law, 1935, Supplement, pp. 982-986。

② Scott, The Hague Court Reports, 1916, p. 167.

③ 关于法院判案的意见，列见 Hudson, The Permanent Court of International Justice（1920-1942），1943, pp. 636-637。

缔约国的共同同意；另一派学者，如安齐洛蒂（Anzilotti）凯尔逊（Kelsen）等则提出所谓基本规范（norme fundamentale）说，认为条约必须信守原则本身就是一个假设，不能说是根据什么最高规范，因为它本身就是那个最高规范。这两派学说都受到批评，不为一般所接受。此外，有的国际法学者回到古典作家主张的信义原则（principle of good faith）；又有的从条约同私法契约的类比上寻求条约必须信守原则的根据；一些自然法派学者则认为条约必须遵守原则根据自然法而来；另外一些作家则认为这个原则是基于国际生活的必要、国家自己的利益、正义和道德观念、信义原则等。① 英、美国际法学家不赞成如上所述对于条约必须遵守原则的根据，多所研讨，而认为条约的应当被遵守是当然之事，对于这一普遍承认的规则，没有必要进一步去找它存在的根据。② 多数法学家支持如下一说：条约之具有拘束力，是因为有一公认的国际习惯法规则，要求缔约国履行它们的条约义务。

其实，国际法理论纠缠在条约何以具有拘束力的问题上，是没有多大实际意义的。因为，如上所述，条约必须信守是国际法的一个基本原则；缔约国不履行条约义务就是违反国际法，换句话说，条约对缔约国之有拘束力就是由于国家受国际法的拘束；如果要论到条约何以具有拘束力，还会要追论到国际法本身的效力的根据，那就涉及国际法的基本理论问题（详论在本书第一章），争论将无止境，也不是可以得到一致满意的解决的。

哈佛研究部在 1935 年发表的《条约法公约草案》（第 20 条）在"条约必须信守"的标题下，规定"国家必须诚实执行它依条约承担的义务"。联合国国际法委员会 1963 年提出的《条约法条款草案》（第三部，第 55 条）同样在"条约必须信守"的标题下，规定"生

---

① 参看 American Journal of International Law, 1935, Supplement, pp. 986-989。

② American Journal of International Law, 1935, Supplement, pp. 977-992.

效的条约对缔约各方有拘束力，必须由它们诚实履行"。①

最后，必须指出，条约必须信守这一国际法原则，事实上经常遭到帝国主义国家的破坏，如美帝国主义公然破坏 1954 年关于印度支那问题的《日内瓦协议》，进行对越南的侵略，就是一个最恶劣的突出的例子。如何有效地维护条约的效力，是现今国际关系上面临的一个严重问题；因此，现代国际法为了贯彻条约必须信守的原则，还要进一步确立对破坏条约者的制裁。1919 年《凡尔赛和约》（第 227条）公诉前德皇威廉二世破坏国际道德和条约神圣义务的最大罪行，规定组织特别法庭把他交付审判。按照 1945 年在伦敦签订的《审判战争罪犯的国际军事法庭宪章》（第 6 条）的规定，从事"一种违反国际条约、协定或保证之战争，将列入违反和平罪，而受审判和处罚"。这应该是可以援引作为对破坏条约、进行侵略者的一种法律制裁的。

另一方面，遵守条约的义务也不可以绝对化；因为有的条约的性质或存在的情况很特殊，如果不论条约的性质或现实情况如何而一律强令缔约一方遵守，那是不合理的，违反正义的，事实上也不可能坚持的。西方资产阶级的法学家如英国的布赖尔利（Brierly）也认识到这一点；他引用了过去英国有名的政治学者约翰·穆勒（J. S. Mill）对于 1870 年帝俄废除 1856 年《巴黎公约》有关黑海中立化条款一事发表的意见，认为原来强加这种条件于俄国的，应该考虑，即令俄国片面废除条约是错误，而坚持执行这条件是不是更大的错误。② 具体地说，在适用条约必须遵守原则上，至少是对于两类条约肯定是应该作为例外来处理的。其一是对于帝国主义强加于弱小国家的不平等条约，应该承认后者有权取消，例如过去中国人民要求取消不平等条约。其二是由于情势变迁已不适用的条约，不能强迫一方长期遵守，这是在近代国际关系上不断发生的问题（关于这问题留在以下论条约的修改或终止部分详述）。

---

① American Journal of International Law, January, 1965, pp. 210-212.

② Brierly, The Law of Nations, 4th edition, 1949, pp. 240-249.

条约在国内的执行。国家是缔约的当事者，在原则上，条约的效力只同国家本身有关，而同它们的人民无关。但是实际问题并不如此简单。有的条约如同盟条约、友好和互不侵犯条约等所规定的纯属政治性的国际义务，通常只需由国家对外履行，而不发生在国内执行问题。有的条约则一方面确立国家间的关系，同时也涉及人民的权利义务或国内法规的修改；对于这类条约，国家为了履行国际义务，就必须保证在国内执行。常设国际法院在判案中一贯强调条约必须信守，并且断言，承担了有效的国际义务的缔约国，必须对国内法作必要的修正，以保证条约义务的履行。因为条约的效力在原则上不能直接及于人民或法院，国家为了在国内执行条约，还需要采取一定的立法措施。① 例如双边条约、引渡条约、司法协助条约、关于国籍问题的条约等都有在国内执行的问题。特别是英国法律一向实行所谓"人身保护状"（habeas corpus writ）制度，行政部不能径行把任何个人强迫送出国外，为了履行引渡条约的义务，就不得不通过国会制订引渡条例，使得外国请求的犯人的引渡可以合法的执行。② 至于多边条约，特别是所谓立法性的公约，一般都涉及国内执行所必要的立法措施问题。例如假设缔结的国际协定一般禁止贩奴，而把贩犯当作海盗处治，可能就需要依国内立法手续修改刑法。在普通的场合，国内立法措施的采行即为履行国际义务的当然程序，但有时这项立法措施的采行，就作为条约义务明文规定于条约。③ 例如 1899 年和 1907 年《关于陆战规例的海牙公约》（第 1 条）声明，缔约各国应根据本公

---

① 参看 Rousseau, Le droit international public, 1953, p. 51；

Fauchille, Traité de droit international public, 1926, Ⅰ-3, pp. 354-355；《奥本海国际法》（中译本），第 1 卷，第 2 分册，第 371 页；

Hudson, The Permanent Court of International Justice, 1943, pp. 636-637。

② Holland, International Law and Acts of Parliament, in Studies of International Law, 1898, pp. 190-191.

Wade, Constitutional Law, 1955, pp. 370-374.

③ 参见 American Journal of International Law, 1935, Supplement, pp. 978-980。

约所附之"陆战规则"，下训令于其军队①；1919年《凡尔赛和约》在关于劳工章（第405条）则规定，凡经国际劳工大会通过的建议案，应由会员国于一定时期内交由有权机关采取立法措施。1949年《改善战地武装部队伤者病者之日内瓦公约》（第49条）规定，"各缔约国担任制定必要之立法，俾对于本身犯有或令人犯有下条所列之严重破坏本公约之行为之人，处以有效之制裁"；公约（第54条）并规定，各缔约国，若其立法尚未完备，应采取必要之措施，以便随时防止及取缔公约（第53条）所规定之"各种滥用行为"，例如滥用红十字标志或名称②；公约（第48条）并规定，各缔约国应通过瑞士联邦委员会，互相通知其所采用以保证实施本公约之法律与规则。③ 总之，国家为了履行条约的义务，不能不有在国内执行条约的立法措施。不过这项执行措施究竟出以何种方式，则属于国内法范围，各国可以有不同的制度：国家可以每次特别采取立法措施；也可以一次永久定出一般原则，使得一切生效条约可以当然执行；也可以依习惯法默示地承认条约在国内法上的拘束力。④ 在各国实践上，关于条约在国内的执行，在资本主义国家方面主要有下面几种方式。

一种方式是把条约认作法律在国内当然执行；美国是采用这种方式的代表的例子。如上所述，按照宪法，美国总统批准条约必须经过

---

① 有些国家大体按着《海牙公约》的规定，颁行官方制订的陆战规则手册，例如英国由荷兰德（Holland）教授起草的《陆战规例手册》（"Handbook of the Laws and Customs of War on Land"）以后又改版；法、意、俄、日诸国都颁布了这样的规则。（Higgins, The Hague Peace Conferences, 1900, pp. 259-300.）

② 中华人民共和国1963年颁布的《商标管理条例》（第5条）规定，不准使用红十字、红新月标志、名称作商标，就是执行1949年《日内瓦公约》的规定的。

③ 《国际条约集》（1948～1949年），第273～275页。

④ 参看 Verdross, Le Fondement du droit international, dans l'Académie de la Haye, Recueil des cours, 1927, I, p. 271；

Strupp, Eléments du droit international public, tome I, pp. 19-20。

参议院同意，而《美国宪法》（第 6 条第 2 款）又规定：宪法、联邦法律及联邦对外条约为国家的最高法律（supreme law of the land）①；这就是把条约和法律置于同等的地位，同样地当然拘束美国法院和人民。因此，条约的规定一般在美国法院当然执行，虽然有特别场合需要借助于国会立法给予完全的效力。在美国制度下，条约以法律之资格可被后来的与条约抵触的法律取消，也可以推翻以前存在的与条约抵触的法律；不过事实上法院在具体案件上通常力求作如此解释，务使法律条文同条约规定不相抵触。② 又如按照《瑞士宪法》（第 85 条），缔约权和立法权属于同一机关，即联邦国会（L'Assemblee fédérale），条约都需经过联邦国会的同意批准；条约不需经过立法行为，而只要在联邦的法令公报（Recueil officiel）上刊布之后，即具有联邦法律的效力，约束一般人民和法院，而按照宪法（第 113 条）的规定，应由联邦法院遵照执行。在条约与国内法有分歧之场合，按照瑞士的司法判例，条约应居优先，即令国内法的规则是在条约之后颁布的。③

　　一种与美国的方式恰相反的是英国的方式。在英国宪制之下，对外缔结条约属于君主大权，在原则上，英王批准条约，不需经国会正式同意，条约纯属国际契约的性质，在国内并不当然具有法律效力。条约之增加人民负担或变更国内法者，必须通过国会法案才能执行。因此，遇有条约的规定要在国内执行，要能拘束法院和人民，就必须经过一番立法手续：或是由国会通过一项指名为实施某个条约的法案；或是由国会通过一项法案，形式上不提及条约，而实质上则是修

①　Peaslee, Constitutions of Nations, 1956, Vol. Ⅲ, p. 590.

②　Crandell, Treaties, Their Making and Enforcement, 1916, pp. 49-51, pp. 153-163;

Hyde, International Law, 1947, Vol. 2, pp. 1457-1465.

③　Peaslee, Constitutions of Nations, 1956, Vol. Ⅲ, p. 347, p. 352;

Guggenheim, Traité de droit international public, 1953, tome Ⅰ, p. 36.

关于瑞士联邦条约与国内法关系问题，另一说法是：先在的法律与条约抵触者无效，后来的法律与既存的条约抵触时，法院将作如此的解释，即假定立法机关有意任令条约与后来的法律并存作为一种特殊法规。本书正文所根据最近 Guggenheim 教本的说法，应系比较有权威的。

正或废止某项同条约抵触的法律条款，以便于条约在国内的执行。①由于英国内阁一般由在国会（众议院）占多数的政党组成，通常不发生国会拒绝通过执行条约所必要的立法措施问题；但是遇有涉及重大争执的条约，政府为慎重起见，有时也在英王批准之前，预先向国会提出执行有关条约的法案，如法案不获通过，就不批准条约。② 总之，在英国，条约在执行上需要补充或变更国内现行法规者，必须通过立法措施才能实施，因此，这类条约非预先由国会通过必要的法案，或至少从国会获得必然通过之保证，国王则不予批准。

介乎上述英、美两种方式之间的尚有德、法等国采用的方式，可总称为欧洲大陆的方式。例如按照第一次世界大战前德意志旧帝国的《宪法》，对外条约，如其涉及联邦立法范围，须经帝国议会同意，才是有效；而在惯例上，条约自其在《法律公报》公布之日起取得在法院执行的效力。关于这点，1919 年在《威玛宪法》下的德意志共和国的制度与帝国宪法时代的制度实际无大差异。在德国的制度下，也像在美国制度下一样，条约以法律之资格可被后来的法律推翻。不过在确切相反的证据不存在之场合，法律将被作如此的解释，即假定它们的条文与已经在《法律公报》上公布了的条约的义务相抵触时是不适用的。③ 1875 年《法兰西第三共和国宪法》关于执行条约的制度大致亦属于中间方式。《法兰西第三共和国宪法》（第 8条）将条约分为三类：（一）元首可以独立缔结有效的条约（如同盟及其他政治条约）；（二）商约及增加财政负担的协定等，必须经国会同意方有效，但此项同意不必出以法律的形式；（三）变更领土的条约，必须以法律的形式通过国会。

按照法国的惯例，国际条约之涉及立法事项者，即令国会未以法

① 参看 Holland, Studies in International Law, 1898, pp. 176-200;
Crandell, Treaties, Their Making and Enforcement, 1916, pp. 279-300。
② 例如英国政府为了实施它已签字的 1909 年《伦敦宣言》，曾向国会提出执行《伦敦宣言》的法案而被否决，因此它没有批准《伦敦宣言》，以致他国也不批准；这一有关海战中立法规的公约迄今终未生效。〔希金斯《海上国际法》（中译本）第 325 页；Crandell, Treaties, pp. 208-300。〕
③ Masters, International Law in National Courts, 1932, pp. 24-25, p. 85.

律的形式给予同意，亦有法律的效力。至于条约之由元首独立缔结不须经国会同意者，如果涉及国内法的变更，则仍非另依立法措施不能执行。第二次世界大战后《法兰西第四共和国宪法》（1946 年）关于这问题规定得更具体：按照《宪法》（第 31 条）的规定，共和国总统签字并批准一切条约；关于外交条约，《宪法》（第 26 条至第 28 条）规定的原则是：凡经合法地批准而刊布的条约具有法国国内法的效力，即令其与国内法相抵触，也不需要任何立法行为而可以在国内执行；关于国际组织的条约、和约、商约、涉及国家财政、法国在外侨民的身份和财产、变更法国国内法、以及涉及领土变动的条约，在经过立法行为批准以前不能最后有效；凡经合法地批准而刊布的条约具有超越法国国内法的效力，其条款非先通过外交途径正式声明作废，不得废除、修改或停止。① 可见按照法国宪制，条约即令与国内法相抵触，仍具有法律效力，并且后来的法律不能取消既存的条约，这一点是恰与美国制度相反的。其他一些欧洲大陆国家（如比利时）的制度，大致同德、法制度相类似。

过去日本似乎另有特别一种制度。按照过去《日本帝国宪法》，缔结条约为天皇的大权，完全不须经议会同意。这点与英国宪制相同；而凡依宪法订成的条约，与国内法具有同一的效力，则为一般的解释。② 第二次世界大战后，1946 年《日本新宪法》（第 98 条）规定，宪法为国家的最高法律，任何法律、命令、诏敕及有关国务的其他文件与宪法条文相抵触者，都无法律的效力；同时又规定，日本国对于缔结的条约及确立的国际法规必须诚实遵守。既然宪法是日本的最高法律，而条约又必须遵守，然则在条约与日本宪法条文有抵触之场合，何者居优先？按照日本一位国际法学家的解释，条约被认为优先于宪法，因为宪法之为国家最高法律，优先于国内法令，是日本国

① Peaslee, Constitutions of Nations, Vol. Ⅱ, pp. 10-11.
根据 Masters 的说法，在第三共和时代如有条约与后来的法国法律抵触，法院照例适用法国法律，但将力图依对于条约的严格解释，保持条约和法律表面的一致。（Masters, International Law in National Courts, 1932, p. 163.）
② 美浓部达吉《宪法精义》，第 268～281 页。

内之事；条约则是日本与外国间的事，对此，单属日本国内的事不能不让位，否则日本将有违反条约及国际法规，招致国际的不和和不信的事，这样的事，不能说是"以国际和平与协力为根本精神的宪法的趣旨"①。

苏联的宪法对于条约在国内的执行问题，没有明文规定，但是苏联有的法学家说，"在国际条约生效以后，缔约国任何一方均需将条约公布（如非秘密条约）而列入法令汇编中，条约即成为该国国内法，对其政权及人民具有拘束力"②。如果这个谈法是反映苏联的制度的话，那么，在苏联，条约也是当然具有法律的效力的，苏联国际法教本关于条约与国内法关系问题也作了类似的一般性的解说，"在苏联以及在各人民民主国家所签订的条约与各该国的国内法之间有充分内在的统一性，这是由它们社会制度的性质的本身产生的"；"条约直接使缔约国或随后的参加国负有一定义务。但是，正如前面曾经谈到的，凡由国家公布周知的一切条约，都要变成应由该国公民予以执行的法律。按适当程序发表或宣布条约，称为公布"③。

二、条约对第三国的效力

条约不拘束第三国原则。关于条约效力的一个公认的规则是条约只适用于缔约各方之间；条约对于非缔约国没有效力，对于后者既不强加义务，也不赋予利益或权利。这个规则说是起源于罗马法关于契约的一个原则，其实近代国际法承认这一规则的理论的根据，在于国家主权平等和独立。条约的效力不及于第三国一向是国际法理论和实

---

① 横田喜三郎《国际法》，昭和三十五年版，第27～29页。
② 柯尔查诺夫斯基《现代外交的组织形式》（中译本），第86页。
③ 苏联科学院《国际法》（中译本），第277～278页。
苏联现时的条约在《苏联最高苏维埃公报》、《苏联社会主义共和国联盟政府法令汇编》、《真理报》和《消息报》上公布。
参看柯热夫尼柯夫《苏维埃国家与国际法》第6章，《国际义务》（中译本），中国人民大学出版社，第21页。

践所一致承认的原则。在理论方面，例如奥本海说，按照条约对第三国不加损害也不予利益的原则（the principle pacta tertiis nec nocent nec prosunt），条约只是和缔约国有关；"凡非缔约一方的第三国，通常不能由该约取得任何权利和义务"①。福希叶也说，条约受第三国的尊重，除非它创造的新情势侵害第三国的权利或者它出自一个没有被承认的政府。但是像私法上，契约不能对第三者有所损益一样，国际条约在原则上只能在缔约国间发生法律的效力。对于第三国它是不相干的（res inter alios acta）。② 意大利的国际法学家卡瓦格利里（Cavaglieri）断言：条约只拘束缔约国这一规则，是一个最确定的并且普遍接受的国际法原则③；安齐洛蒂也说，这个原则不仅是被公法家几乎一致的接受，而且受到不断的实践所支持。例如美国屡次声明它不受1841年《伦敦协约》、1856年《巴黎公约》和1871年《伦敦议定书》关于禁止军舰通过达达尼尔—博斯普鲁斯两海峡的所谓土耳其帝国"古制"（ancient rule）的约束，因为美国没有参加那些条约。④ 国际判例也支持这一原则，可以从下述两个重要的案件看出。其一是1928年美国和荷兰间关于帕玛斯岛争议仲裁案（the Island of Palmas case），在这一仲裁判决中，仲裁人裁定西班牙与他国缔结的条约不能拘束荷兰，荷兰对该岛的初步权利不是第三国间的条约所能改变得了的。⑤ 又如常设国际法院于1929年至1932年所处理的上萨瓦和节克斯自由区一案（the Case of the Free Zones of Upper Savoy and Gex）中，判决《凡尔赛和约》第435条对瑞士无拘束力，因为它不

---

① 《奥本海国际法》（中译本），第1卷，第2分册，第372～374页。

② Fauchille, Traité de droit international public, 1926, I-3, p. 256.

③ Cavaglieri, Règles Générales du droit de la paix, dans l'Académie de la Haye, Recueil des cours,（tome 26）1929, I, p. 527.

哈佛研究部发表的《条约法草案》（第18条）规定，"条约不能对非缔约国施加义务"。（American Journal of International Law, 1935, Supplement, p. 918.）

④ Anzilotti, Cours de droit International（French translation）, 1929, p. 414.

⑤ Scott, Hague Court Reports, 1932, p. 130.

是缔约一方。①

　　尽管如上所述，在原则上条约的效力不及于非缔约国，事实上，有些条约，不论是双边的或多边的，规定在不同形式和性质上也涉及第三国，则也是不可否认的。有的条约要求非缔约国负一定的义务；有的条约也使得第三国享有某种利益或权利。这类条约在何限度内可以拘束非缔约国，第三国是否可以援据这类条约主张自己的利益或权利，久已成为国际法理论和实践上争论的问题。②

　　最普通一个例子是第三国根据商约中载有的最惠国条款（the most-favoured-nation clause）均沾利益。如奥本海所指出，"倘若一个通商条约所给予的条件比缔约国前此所给予的条件更为优惠，这个条约对于曾同缔约一方订立含有所谓最惠国条款的通商条约的所有第三国都会有影响的"③。简言之，后者将当然享受前者所给予的最优惠的条件。在这个场合，由于缔约国所给予第三国的利益，原系根据彼此预先的协议，通常不会发生条约对第三国有无效力的问题。但是，在其他情况下，条约的效果涉及非缔约国的问题复杂，需要分别考虑。

---

　　① Hudson, The Permanent Court of International Justice（1920-1942），1943，p. 639;

　　American Journal of International Law, 1935, Supplement, pp. 931-936.

　　关于《凡尔赛和约》第 435 条全文，参看《国际条约集》（1917～1923 年）第 260 页。

　　如果缔约国在本条约下承担的义务与其同第三国缔结的另一条约的义务不相容，也不能解除缔约一方和该第三国所订条约中的义务。因此，由于英日间有 1902 年和 1905 年《同盟条约》，当着英国和美国间将订立一般仲裁条约时，英日间就另订 1911 年《同盟条约》，声明同盟义务不适用于对同缔约一方订有一般仲裁条约的第三国的战争。

　　② 参看 Roxburg, International Conventions and Third States, 1917; American Journal of International Law, 1935, Supplement, pp. 918-937; the same Journal, January, 1965, pp. 217-227。

　　③ 《奥本海国际法》（中译本），第 1 卷，第 3 分册，第 372 页。

　　Oppenheim, International Law, 1912, Vol. I, p. 563.

就条约产生的利益或权利方面而言，有的双边或多边的条约规定附带地或特意地使得非缔约国享受某种利益或权利。享受条约给予的利益的，可以是特定的非缔约国，例如 1815 年《维也纳公约》第 92 条规定意大利的沙布莱和福西尼（Chablais et Faucigny）两省的中立化，是为瑞士的中立的利益。① 1856 年英、法、俄三国签订的《巴黎协议》（后来并入《巴黎公约》而以奥、法、英、俄、普鲁士、撒丁和土耳其为缔约国），规定俄国承担不在奥兰岛（Aaland Islands）设防的义务②；这一规定的受益者说是该岛对岸的瑞典，虽然条约上没有明文提到瑞典，而在 1920 年由于瑞典与芬兰对该岛地位发生争议，这条规定对第三国的效力成了国际联盟所指派的法律家委员会审议的问题。③ 又如 1866 年《普奥条约》（Article 5 of the Treaty of Prague）规定奥地利将霍尔施泰因和石勒苏益格（Holstein and Schleswig）两省的一切权利让给普鲁士，但附一保留，即石勒苏益格的北部地区如果依公民投票表决愿和丹麦联合，则该地区应该让给丹麦。在这个场合，受益的第三国特别被指明在条约里，但是，在 1878 年这条规定径由缔约双方协议废止，而没有按条约规定举行过公民投票，因而引起了受益的第三国要求执行这规定的问题。④ 享受条约给予的利益的，也可以是一般非缔约国；这类条约的实例很多，特别是关于国际交通的运河和海峡的多边或双边条约；例如 1881 年《阿根廷和智利关于麦哲伦海峡（the Straits of Magellan）中立化的条约》，1888 年《关于苏伊士运河的君士坦丁堡协约》，1901 年英美间及 1903 年美巴（拿马）间《关于巴拿马运河自由通航的条约》、以 1919 年《凡尔赛和约》第 380 条关于基尔运河（Kiel Canal）自由通航的条款，明文

---

① Strupp, Documents pour servir a L'histoire du droit des gens 1923, tome, I, pp. 180-181.

② Strupp, Documents, p. 266.

③《奥本海国际法》（中译本），第 1 卷，第 2 分册，第 376 页。
American Journal of Intrernational Law, 1935, Supplement, pp. 927-928.

④ Roxburg, International Conventions and Third States, 1917, pp. 42-43; American Journal of International Law, 1935, Supplement, pp. 928-929.

规定该运河对一切国家开放，使得非缔约国一般享受自由通航的利益。在上述这类条约之下，可以享受利益的特定的第三国或一般非缔约国，作为主权国家，完全有使用或不使用有关条约给予的利益的自由，这是不成问题的，它或它们使用条约给予的利益必须遵照条约所规定的条件，也是当然的。问题是它或它们是否可以把享受的利益作为权利主张，乃至要求非经过它或它们的同意，缔约国不得废止或修改有关条约，则在理论上和实践上都曾经引起了争论。① 一般地说，国际法的理论和实践的优势似乎在于否定受益的第三国具有对条约的废止或修改的同意权。② 不待说，在给予一般非缔约国以利益的条约有效期中，缔约国不得拒绝任何一个非缔约国享受这种利益或强加条约规定以外的条件，因为如此则不是有关条约对第三国的效力有无问题，而直是对有关受益国的歧视或敌视，就可以引起重大的国际责任问题。哈佛研究部发表的《条约法公约草案》（第 18 条）规定，如果条约载有条款明示为了一个非缔约国的利益，该国就有权在条约有效期中享受有关条款的利益。③

其次，就条约施加的义务方面而言，有施加于特定的第三国的，也有强加于一般非缔约国的。前者之例可以举出 1919 年《凡尔赛和约》（第 227 条）要求荷兰引渡前德皇威廉二世于同盟国组织的特别法庭受审判，而荷兰拒绝引渡，因为荷兰不是缔约的一方。④ 又如《国际联盟盟约》第 17 条规定，国联行政院邀请非联盟会员国为了解决同会员国间的争议的目的应承受会员国的义务；而法学家安齐洛蒂则认为这项规定必须作如此的解释，使得它不会同条约不能以义务强加于非缔约国的原则相符合。又如《联合国宪章》（第 2 条）规定，"本组织在维护国际和平及安全之必要范围

---

① 参看 American Journal of International Law, January, 1965, pp. 221-224。

② American Journal of International Law, 1935, Supplement, p. 937;
the same Journal, January, 1965, pp. 223-224.

③ American Journal of International Law, 1935, Supplement, p. 924.

④ American Journal of International Law, 1935, Supplement, p. 921.

内应保证非联合国会员国遵行上述原则";《宪章》（第 50 条）并规定非会员国因参加安全理事会采取的执行办法而引起的经济问题的解决办法；《宪章》这项规定也和《国联盟约》第 17 条一样，是同条约的效力不及于第三国的原则抵触的，是不能执行的。联合国不是一个什么"世界政府"，《宪章》只是会员国间的一个条约，不能拘束非会员国，当然不能要求非会员国执行《宪章》强加于它们的义务。①

总之，无论就给予利益或权利或强加义务方面说，条约的效力不及于第三国这一原则是不可动摇的。1928 年《哈瓦那关于条约公约》（第 9 条）声明，"为了非缔约国的利益，接受或者不接受条约的规定，完全取决于该第三国的利益"。为了解释这一原则与国际关系上某些特殊事实的矛盾现象，在理论上举出有如下几种例外：

（一）地役。有的法学家把有些关于领土使用权的协定，如建立中立化地带、认为属于国际地役（servitude）范畴，因而对非缔约国有效力。② 但是，如本书领土章所说过，地役这一观念不符合国家领土主权原则，在现代国际法上已没有存在的余地，是不能作为对条约不能约束第三国的一种例外看待的。

（二）国际解决办法。有的学者，如韦斯特莱克（Westlake）说，有一类条约系在列强（the Great Powers）间缔结，旨在对小国给予权利或强加义务，而不邀请后者加入，后者则依默认这种条约的安排而确立其法律地位。因此人们认为在国际法上，条约之旨在成为一种国际解决办法（an international settlement），但没有任何加入条款者，是被看作对第三国的一种要约，可以依行为表示接受的，由于这种默示的接受，第三国就取得权利并承担义务；如上述 1856 年《英、法、俄三国间关于奥兰岛中立化的协定》，以及 1888

① Anzilotti, Cours de droit international（traduction française par Gidel），1929, p. 415;

Goodrich, Charter of the United Nations, 1949, pp. 108-110.

② 《奥本海国际法》（中译本），第 1 卷，第 2 分册，第 376 页。

年《关于苏伊士运河自由通航的条约》，也都是被引用的主要例子。① 必须指出，这一说法还是反映 19 世纪中帝国主义所谓"列强"在国际事务中以"立法部"自居时代的政治观点；而那个时代早已是一去不复返的了。因此，所谓国际解决办法，作为条约不拘束非缔约国的一种例外，从现代国际法尊重国家主权平等的观点说，肯定是不能被接受的。

（三）附随协定。国际法委员会在 1963 年提出的《条约法条款草案》（第 59 条）规定，一个条约的条款对于非缔约国可以强加义务，如果缔约国意在以该条款确立义务，而有关第三国明示地同意受其拘束。按照委员会的说明，这样就以缔约国为一方和第三国为一方成立了一种附随协定（a collateral agreement），而后者所负义务的法律基础就不是原来的条约本身，而是这一附随协定。② 这个说法在逻辑上同条约只拘束缔约国的原则尚不相抵触，是比较合理的，它同上述所谓国际解决办法的不同，在于它强调第三国接受义务的同意必须是明示的（expressly agreed）。但是在通常的场合，也很难设想一个国家会自愿表示接受别国相互间缔结的条约施加于该国的义务；如果它的同意是被迫表示的，那就会同在上述所谓国际解决办法下的默认实质上无什么区别，因而也不能认为是有什么附随协定的基础的。

（四）国际习惯法。一个比较正确的说法是一个条约定出的规则或

---

① Westlake 指出，19 世纪末年英国首相索尔兹伯里勋爵（Lord Salisbury）公然把"列强"即当时的欧洲大国（the "Great Powers"）称为欧洲的立法部（the Legislature of Europe），Westlake, International Law, 1913, Vol. I, pp. 321-322;

Rousseau, Droit international public, 1953, pp. 52-53;

Roxburg, International Conventions and Third States, 1917, pp. 56-57;《奥本海国际法》（中译本），第 1 卷，第 2 分册，第 376 页。1856 年《巴黎协约》关于奥兰岛不设防规定，1920 年国联法律家审议委员会裁定为属于规律欧洲利益的解决办法，因此构成了奥兰岛的"特殊国际地位"。

② American Journal of International Law, January, 1965, pp. 219-224.

建立的制度，通过长期的一贯的国际实践，形成国际惯例，具有一般拘束力，非缔约国也当然受其拘束。在这种场合，非缔约国按照有关条约的规定，享受利益或权利，承担义务，其法律的根据就不是原来的条约，而是国际习惯法。如国际法委员会提出的《条约法条款草案》（第62条）所规定，条约定出的规则对非缔约国有拘束力，如果那些规则已经成了国际习惯法。① 1815年维也纳公会议定的外交代表等级规则，至今在世界各国外交上一般遵行，就是一个最显著的例子。1856年《巴黎宣言》（关于海战的规则）也可能被看作这类以习惯法之资格对非缔约国一般有拘束力的条约的一个实例。不过这也都不能算作对条约不拘束第三国原则的例外。

最后，如果说对条约不拘束第三国原则有例外的话，可以举出一个例外：即假定条约有条款涉及对侵略国施加制裁，即令该国不是缔约一方，并且即令它表示反对，这种制裁条款肯定是对它有拘束力的，如必要时可以强制执行的。这是属于另一范畴的问题，不能按照条约效力的一般规则判断。关于这一点，国际法委员会似乎也有同样的看法。②

第五节 条约的失效

国际事务不是永恒不变的，国家间不可能有永恒存在一成不变的条约。③ 在国际关系上不断有新条约产生，也有旧条约失效或修改。

---

① American Journal of International Law, January, 1965, pp. 225-227.

② American Journal of International Law, January, 1965, p. 220.

③ 1925年《关于禁用毒气或类似毒品及细菌方法作战日内瓦议定书》（已经中华人民共和国于1952年承认，全文见《中华人民共和国条约集》，第6集，第319～320页）完全没有关于有效期限或缔约国退出的规定，而且其内容属于人道主义的原则，也很难设想事实上有缔约国会将声明退出的事，因此似乎这可说是一种永恒存在的条约的例子。但是有两点必须指出，首先，这种条约今后还可能经过修正或补充而订出代替的新约；其次，更重要的是如果这种条约继续有效的话，那是由于它本身的造法性作为国际习惯法被一般遵守的，而不是单纯以条约之资格拘束缔约国。

因此，像1925年《日内瓦议定书》那种条约的存在，尚不能认为可以证明国际关系上有永恒条约的例子。

根据国际实践，条约可以由于以下各类情况而失效，即：一、条约期满；二、条约执行完毕；三、条约的解除条件成立；四、条约的执行不可能；五、条约被代替；六、缔约各方同意废除；七、缔约一方声明废除或退出；八、条约的修改（部分失效）；九、战争。以下当就各类使得条约失效的情况分别予以说明。

一、条约期满

多数条约明文规定有效期限，各约所定的有效期限长短不等，通常在 1 年和 10 年之间，有的也长在 20 年、30 年或 50 年。条约上规定的有效期限届满，条约即当然失效，除非根据条约的规定可以延长。条约关于失效和延长也有各式各样的规定。最简单的是，条约规定了有效期限或具体的有效的起讫日，而没有关于延长的任何下文（多属于业务性协定的形式）。例如 1956 年《中埃（及）间贸易协定议定书》（第 6 条）规定，"本议定书自 1956 年 9 月 23 日生效，有效期 1 年"。①1960 年《中华人民共和国政府和蒙古人民共和国政府关于 1960 年互相供应货物的议定书》（第 7 条）规定，"本议定书有效期限自 1960 年 1 月 1 日起至 1960 年 12 月 31 日止"。条约到期则自动失效，不发生延长问题。② 又如 1954 年《中印间关于中国西藏地方和印度之间的通商和交通协定》（第 6 条）规定，"本协定有效期为 8 年"。但是同时也规定，"本协定期满前 6 个月如一方提出延长本协定之要求并得另一方同意后，得由双方谈判延长本协定事宜"③。因为中印任何一方在期满前六个月都没有提出延长的要求，该协定在 1962 年满期即失效。1950 年《中苏友好同盟互助条约》（第 6 条）规定条约的有效期间为 30 年，但"如在期满前一年未有缔约任何一方表示愿予废除时将延长五年，并依此法顺延之"④。1955 年《中印（尼）关于

---

① 《中华人民共和国条约集》，第 5 集，第 121 页。
② 《中华人民共和国条约集》，第 9 集，第 128 页。
③ 《中华人民共和国条约集》，第 3 集，第 4 页。
④ 《中华人民共和国条约集》，第 1 集，第 2 页。

双重国籍问题的条约》（第14条）规定，"本条约有效期20年，期满后继续有效，但是如果在期满后，条约经一方要求废除，即在通知发出一年之后失效"①。

二、条约的执行完毕

一般地说，一个条约规定的全部事项执行完毕，条约的任务即告完成，因此这个条约可以认为失效。有些条约的目的在于执行一定的义务或事项，一旦有关义务或事项执行完毕，条约即告失效，例如关于国际赔偿或债务的协定，关于两国建交和互派使节的协议。又如国家间交换领土或卖渡领土的协定，一旦有关领土交收完毕，条约就失效，虽然留作历史的文件，可以作为领土所有权的证据。② 但是有的条约即令执行完毕，而因其目的在于树立事务的永久状态，就不能认为失效。例如划界条约、勘界标界协定之类。又如有的条约包含有造法性条款，也不一定因其执行完毕而完全失效，例如1945年《关于控诉和惩处欧洲轴心国主要战争罪犯的伦敦协定》及其所附《欧洲国际军事法庭宪章》就是在审判战争罪犯的任务执行完毕后，该宪章特别是（第6条、第7条）关于三种战争罪行及其刑事责任的规定，并不因此失效，因为这将是作为公认有效的国际法原则被一般遵守的。③

三、条约的解除条件成立

有的条约明文规定有所谓解除条件（condition resolutoire），实际等于条约有效期限，一旦该项条件成立，条约即自动失效。④ 例如1952年联合国大会通过的《妇女政治权公约》（第8条）规定，"倘因退约关系，致本公约缔约国之数目不足六国时，本公约应于最后退

---

① 《中华人民共和国条约集》，第8集，第16页。

② Faucille, Traité de droit international public, 1926, I-3, p. 377.

③ 《国际条约集》（1945～1947年），第97～98页。

④ Fauchille, Traité de droit international public, 1926, I-3, p. 378.

约国之退约生效日起失效"①。

四、条约的执行不可能

条约缔结后，如情况发生变化，使得条约执行不可能，则条约失效。例如条约的对象消灭，比方条约规定关于一个岛屿的某种权利或义务，而该岛屿因自然或其他原因被消灭；又如条约的义务冲突，比方三国间缔结同盟互助条约，而其中两国自相攻战，则都构成不可能执行的情况，使得有关条约失效。后者的实例有 1882 年《德、奥、意三国同盟条约》，由于 1915 年意奥战争而失效的历史事实。②

五、条约被代替

缔约国间条约也如法律一样，在原则上后来的条约具有超越先在的条约的效力。如果两国或两国以上的国家缔结一个新条约同它们间一个既存的条约的规定抵触，在它们相互关系上当然适用这个后来的新条约，既存的条约就因为被后来的条约所代替而失效，即令条约上没有明文提到代替或失效。在国际关系上以后来的条约代替既存的条约的重要事例很多，有的并且明文肯定代替，例如 1902 年《日英同盟条约》为 1905 年《日英同盟条约》所代替，1905 年《日英同盟条约》又为 1911 年《日英同盟》所代替③，1923 年《洛桑关于海峡（达达尼尔—博斯普鲁斯海峡）制度公约》为 1936 年《关于海峡制度的公约》所代替④，1929 年《日内瓦战俘待遇公约》为 1949 年

---

① 《国际条约集》（1950～1952 年），第 721 页。

② 参看 American Journal of International Law, January, 1964, p. 282；
《奥本海国际法》（中译本），第 1 卷，第 2 分册，第 389 页；
Fauchille, Traité de droit international public, 1926, I-3, pp. 378-379。

③ Albin, Les grands traités politiques, 1912, p. 482.
MacMurray, Treaties and Agreements with and concerning China 1912, Vol. I, p. 900.

④ 《国际条约集》（1934～1944 年），第 76 页。关于条约的代替问题；参看 American Journal of International Law, January, 1964, pp. 274-276。

《日内瓦战俘待遇公约》所代替。

在上述这些后来的条约上都明文提到代替，例如 1949 年《日内瓦战俘待遇公约》（第 134 条）声明，"在缔约国之关系上，本公约代替 1929 年 7 月 27 日之公约。① 又如 1960 年 1 月 28 日《中国缅甸间关于两国边界问题的协定》就是被 1960 年 10 月 1 日签订的《中华人民共和国和缅甸联邦边界条约》所代替而失效的。这一因代替而失效的情况也明文规定在上述中缅边界协定和边界条约中：《中缅边界问题协定》（第 4 条）规定，"本协定在互换批准书以后立即生效，到两国政府将签定的《中缅边界条约》生效时自动失效"②。

六、缔约各方同意废除

条约不论双边的或多边的，也不论是无期限的或是规定有期限而未期满的，都可以依缔约各方一致同意废除而失效。在原则上条约也只能经过缔约国各方同意才能废除，这个原则曾经 1871 年《伦敦会议议定书》作如下的宣布："除非以友善方法得到缔约国的同意，没有任何国家得自行解除或变更条约的规定，这是国际法的一个基本原则。"③ 1957 年《中华人民共和国和捷克斯洛伐克共和国友好合作条约》（第 6 条）规定，"本条约在缔约双方未就修改或废除本条约达成协议以前一直有效"。似乎也是适用这一原则。④ 但是这个原则也不能认为是绝对的，特别是例如由于情势变迁规则的适用，有的条约可能在径由缔约一方完全没有他方同意之下废除，而不能认为非法，关于此类例外情况以下当另行论述。

七、缔约一方声明废约或退约

在近代条约实践上，通常在条约上规定一定的有效期限 1 年、5

① 《国际条约集》（1948～1949 年），第 353 页。
② 《中华人民共和国条约集》，第 9 集，第 68、79 页。
③ 《奥本海国际法》（中译本），第 1 卷，第 2 分册，第 387 页。
④ 《中华人民共和国条约集》，第 6 集，第 41 页。

年、10 年或更长的年限，同时也规定期满后继续有效，但缔约任何一方保有宣布废约（denunciation）或退约（withdrawal）的权利。例如 1950 年《中华人民共和国与苏维埃社会主义共和国联盟友好同盟互助条约》（第 6 条）规定，"本条约有效期为 30 年，如在期满前一年未有缔约国任何一方表示愿予废除时则将延长五年，并依此法顺延之"①。又如 1945 年《关于控诉和惩处欧洲轴心国主要战争罪犯的伦敦协定》（第 7 条）规定：本协定有效期为 1 年，"期满后将继续有效，但任何签字国有权通过外交途径在一个月前发出通知予以终止"。又有的条约主要为国际公约，根本不规定有效期限，简言之继续有效，但保留缔约国退约或废约的权力，如 1907 年《关于陆战规例的海牙公约》和 1949 年《关于保护战争受害者的日内瓦四公约》就是如此承认缔约国的退约权的，例如 1949 年《日内瓦战俘待遇公约》（第 142 条）就规定，"每一缔约国得自由退出本公约"，"退约须于通知瑞士联邦委员会后一年发生效力"。② 1960 年《中华人民共和国和柬埔寨王国友好和互不侵犯条约》也没有定出具体有效期限，但承认任何一方废约的权力，其第七条明文规定如下，"除非缔约一方在一年前通知另一方终止本条约，本条约将继续有效"③。1959 年《中苏领事专约》（第 26 条）也有同样意义的规定，"本条约将一直有效。缔约任何一方如要求终止本条约，应在 6 个月以前通知缔约另一方"④。偶然也有条约规定一个特定的有效期限，如 5 年或 10 年，但准许缔约国在条约有效期中具有废约或退约的权利。有的条约由于其性质不是树立事务的恒久状态的，即令未规定期限或期限未满也可以由缔约一方废除，例如通商条约、同盟条约。⑤ 有的条约在性质上是以建立事物的恒久状态为宗旨，一般不规定有效期限，因而在原则

---

① 《中华人民共和国条约集》，第 1 集，第 2 页。

② 《国际条约集》（1948～1949 年），第 354 页；
Higgins, Hague Peace Conferences, 1909, p. 217.

③ 《中华人民共和国条约集》，第 9 集，第 27 页。

④ 《中华人民共和国条约集》，第 8 集，第 26 页。

⑤ 参看 American Journal of International Law, January, 1964, p. 267.

上不能由缔约一方宣布废除，例如边界条约，就是这类条约之最突出的而被一般引用的。事实上，中华人民共和国近年来同一些邻国缔结的边界条约（例如 1960 年《中缅边界条约》）就没有规定有效期限，意在使之继续有效，因而任何一方都没有片面废约的权力。①

如上所述，凡是明文规定了有效期限或继续有效的条约，或者性质上以建立事物的恒久状态为宗旨的条约，在原则上不能由缔约一方宣布废除，但是这个原则不能适用于如下三种场合：（一）缔约一方违背条约义务；（二）不平等条约；（三）情势变迁。

（一）缔约一方违背条约义务。条约各方同样负有遵守条约的义务，这也是国家平等原则所要求的。国际法理论和实践都肯定：如有缔约一方不遵守条约的义务，他方有权宣布废约。问题只是究竟任何违反都构成废约的理由呢，还是只有某种性质或程度的违反才能构成废约理由呢？一般的理论倾向于后一种看法，人们认为条约的根本的违反（fundamental breach）或实质的违反（material breach）使得缔约他方具有宣布废约的权利。至于怎样才算是实质的或根本的违反，则要视条约的性质和违反的发生情况而定。② 这种片面废约的事情多出现于双边条约被违反的场合。现代国际关系上一个重要的例子是：1955 年苏联因为英、法政府重新武装西德，并把西德拉入西欧联盟和北大西洋集团，违反了它们和苏联间既存的同盟条约，宣布废除1942 年苏英和 1944 年苏法同盟互助条约。③

（二）不平等条约。从现代的国际法的观点说，帝国主义、殖民主义国家强加于别国的不平等条约是掠夺性的、强制性的、根本不合法的，没有继续存在的任何道义的或法律的根据，因而受害的缔约一方完全有权主张废除或径行取消。过去中国和土耳其等国争取废除不平等条约，中华人民共和国政府实行取消帝国主义国家在中国的一切特

① 《奥本海国际法》（中译本），第 1 卷，第 2 分册，第 383 页。

② 参看 American Journal of International Law, January, 1964, pp. 267-281；《奥本海国际法》（中译本），第 1 卷，第 2 分册，第 390～392 页。

③ 苏联科学院《国际法》（中译本），第 382 页。

权，是有充分的理由，而并不违反公认的国际法原则的。事实上，早在 1914 年土耳其就已宣布废除领事裁判权条约。十月革命后苏俄政府首先自动放弃帝俄政府时代俄国强加于东方国家的不平等条约。这在国际方面否定不平等条约的合法存在上具有极其重大的意义。波斯（伊朗）也曾于 1927 年对许多国家宣布废除领事裁判权条约。① 1951 年埃及国会通过决议废除 1936 年《英埃条约》和 1898 年《英埃共管苏丹的协约》，就是晚近缔约一方宣布废除不平等条约的重要例子。

（三）情势变迁。情势变迁对于条约发生的效果，是近代国际法上一个极重要的问题。问题的中心在于所谓"事状如恒"或"事状不变"条款（clausula rebus sic stantibus）。关于这一条款或原则国际法学家的解说不一；一个比较普通的简单的说法是：一切条约或至少多数条约都附有一项默示的条款，即条约效力之继续，以缔约时候的特殊情势或事状继续存在为条件，一旦情势根本变迁（vital, essential or fundmental change of circumstances）则产生废约的权利。② 虽然有一些学者如布赖尔利根本不承认事状如恒条款为现行国际法公认的原则，并且断言，仅以情势变迁的理由要求废约的权利，从未有过在外交上或经仲裁法庭认许的例子；③ 但是情势变迁作为废约的一个理由，似乎为多数国际法学家所接受的。在国际实践上，不论是外交条约或国际法庭判决都曾承认这个原则，例如 1919 年《凡尔赛和约》（第 31 条）声明，关于比利时永久中立之 1839 年《伦敦协约》已不复符合现在情势的要求，因之应予同意作废，另订新约；该约（第 435 条）又声明，关于萨瓦（Savoy）之中立地带及上萨瓦和节克司地区（Upper Savoy and the Gex District）之自由贸易区域的 1815 年条

---

① Wheeler-Bennett, Documents on International Affairs, 1928, p. 200.

② Westlake, International Law, 1910, Vol. I, p. 295;

Hershey, Essentials of International Public Law, 1927, p. 453;

《奥本海国际法》（中译本），第 1 卷，第 2 分册，第 383～384 页。

③ Brierly, Some Considerations on the Obsolescence of Treaties, in Grotius Society Transactions, Vol. XI, 1926, pp. 13-14;

Brierly, Law of Nations, 1949, pp. 244-249.

约和协定还已适合现在情况，因之有分别废止重商办法之必要。《凡尔赛和约》这些规定可说就是实施事状如恒条款的。法国和瑞士间关于上述萨瓦和节克司地区的自由贸易区的争议，在常设国际法院诉讼中（1932 年），法方主张关于设自由贸易区的条约已因情势变迁而失败，因而法院有宣布该约作废的权力。虽然法方提出的一些论据未为法院所承认，但是情势变迁作为条约失效的理由这个前提，法院也是没有否定的。① 事实上，在近代国际关系上也有过多次缔约国根据情势变迁的理由，片面宣布废约的例子，最突出的而经常被引用的是1870 年帝俄政府宣布废除 1856 年《巴黎公约》关于黑海中立化的条款，后来帝俄政府又于 1886 年依同样的理由片面废除 1878 年《柏林条约》关于巴统（Batoum）自由港的条款；1908 年奥匈帝国政府违反《柏林条约》径行宣布合并波赫（Bosnia-Herzegovina）两省，首先也提出情势变迁之理由。过去中国政府在 1919 年根据情势变迁理由宣布取消 1913 年和 1915 年《关于外蒙自治之中俄协约》，就说：外蒙当局既经表示取消 1913 年赋予的自治，因自治而发生之上述协约应予作废。1926 年中国政府通知比国政府宣布废除 1865 年《中比商约》也援引了事状如恒原则，其实这同时也可说是废除一项不平等条约。虽然情势变迁宣布容易被滥用，特别是被帝国主义国家作为借口来撕毁条约，背信弃义，以遂其非正义的政治目的，如 1908 年奥匈帝国政府之所为，但是它作为条约失效的一个正当理由在原则上可说是受到了国际法理论和实践的支持的。有些国际法学家承认事状如恒原则，但不承认缔约国可以根据情势变迁理由单方宣布废约，而要求通过各方同意或者仲裁或国际法院裁定。② 必须指出，废约如果必须通过上述程序，遇有缔约他方坚决不同意废约，而要求废约的一

---

① Hudson, World Court Reports, 1935, Vol. Ⅱ (1927-1932), pp. 553-555.

② Fauchille, Traité de droit international public, 1926, I-3, pp. 383-384；《奥本海国际法》（中译本），第 1 卷，第 2 分册，第 386～388 页。参看 American Journal of International Law, January 1964, pp. 283-291。

哈佛研究部于 1935 年发表的《条约法公约草案》（第 28 条）也规定；情势变迁可以使得条约失效，但须经有权的国际法庭或机关宣布，其说明详见该研究部报告。（American Journal of International Law, 1935, Supplement, pp. 1006-1126.）

方又不愿诉诸仲裁或国际司法程序，则废约问题将得不到解决，在这种情况下强令一方长期忍受其所认为不适合现实情势而对它的国家有害或有危险的条约义务的拘束是不合理的，也是不可能的。因此，遇有真正重大的或根本的情势变迁，缔约一方可以片面宣布废约的权利是应该被承认的。

最后应该注意，缔约一方宣布废除条约，其效果按条约之为双边或多边而有不同。在双边条约之场合，经一方宣布作废，则条约完全失效；在多边条约之场合，条约经某一缔约国宣布废除或退出，只是对该缔约国失效，而对其他缔约国的关系上则仍然是有效的。

一个国家的废约权由哪个机关行使，则是国内法问题，各国按照自己的宪法决定。根据《中华人民共和国宪法》（第31条）的规定，全国人民代表大会常务委员会"决定同外国缔结的条约批准和废除"。因而中国政府废除对外条约，必须经过全国人民代表大会常务委员会的决定。

八、条约的修改

条约可以经过缔约各方的同意修改，也只有经过缔约各方的同意才能修改，这在原则上是没有问题的。有些多边条约明文规定修改程序，不一定要缔约国一致同意，而通常只需要有三分之二的缔约国同意就可以使修改有效，例如按照《联合国宪章》（第108条）的规定，宪章的修改只须"经大会会员国三分之二之表决并由联合国会员国之三分之二包括安全理事会全体常任理事国各依其宪法程序批准后，对于联合国所有会员国发生效力"。1958年关于海洋法的四个《日内瓦公约》都作了关于修改公约的规定，例如《领海公约》（第30条）规定，"缔约任何一方得于本公约生效之日起5年后随时书面通知联合国秘书长请求修改本公约。对于此项请求应采何步骤，由联合国大会决定之"。

条约的修改可以有三种不同的方式。其一，修改的结果只是使得被修改的部分失效，而条约本身仍然继续有效，例如现今正在等待会员国批准的关于《联合国宪章》的一部分条款（如关于安全理事会

组织的第 23 条）的修改。其二，条约修改的结果，订成新约，即以
代替原来的条约，而原来的条约就因被代替而失效，例如 1905 年
《日英同盟条约》为 1911 年《日英同盟条约》所代替，1923 年《关
于海峡制度的洛桑条约》为 1936 年《蒙特利尔协约》所代替。其
三，条约的修改条款自成一个新约，但不使得原来的条约（除被修
改部分外）本身失效，而与之并存，例如 1856 年《巴黎公约》关于
签订一项新的黑海中立化条款（第 11 条、第 13 条）被俄国宣布作
废后，1871 年伦敦会议确认对《巴黎公约》的这一修改，而新订的
《伦敦条约》与《巴黎公约》作为两个有效的条约并存。① 条约也有
明文规定定期修改的，例如 1962 年《关于原子舰船主的责任的布鲁
塞尔公约》（第 16 条）规定，公约生效满 5 年后，应由比利时政府
和国际原子能机构召集大会进行修改。②

九、战 争

一般地说，战争使得交战国的条约（除个别为战时适用的条约
如《海牙战争规例》外）失效，但是也不是一切的条约都可以这样
简单的处理的。关于这问题当在以下关于战争的效果部分另行论述。
至于平时两国断绝外交关系则并不当然使得相互间条约失效，但是，
如国际法委员会提出的条约法条款第三部分（第 64 条）所规定，在
某种情况之下，可以成为停止条约或其一部分的执行的一个理由。③

第六节 条约的解释问题

关于条约的解释，国际法上迄今尚没有任何公认的习惯的或协定
的规则，对于这个问题理论和实践都未提供满足的解决。条约的解释

① Albin, Les grands traités politiques, 1912, pp. 173-174, pp. 183-185.

② Article XXVI of the Convention on the Liability of Operators of Nuclear Ships,
American Journal of International Law, January, 1963, p. 277.

③ American Journal of International Law, January, 1965, pp. 240-242.

问题主要涉及两个方面：一方面是条约由谁来解释的问题；另一方面是按照什么规则进行解释的问题。以下当就这两方面的问题分别作一简括的说明。

一、关于解释条约机关

条约应由谁或由什么机关解释，这是有关条约效力和执行的首要问题。在原则上，只有缔约国有资格也才有权解释条约。首先，因为解释条约旨在明确缔约者的真正意图。关于条约如有争端或疑义，自然以由缔约国自身作解释为适当。其次，解释条约在其确定条文的意义上关系条约的效果，可说也属于缔约行为，因而涉及国家主权，应由缔约国自己行使。不过缔约各方都是平等的，根据国家主权平等原则，无论在理论或事实上也不能以缔约的一方的解释强加于他方，因此在缔约各方对条约的解释有分歧的场合，通常是要由各方通过外交途径协商解决。如果缔约各方就条约的解释达成协议，可以签订一议定书或用交换照会的形式。① 中华人民共和国一贯主张依友好协商解决国家间的争端，在其同他国所订边界条约（如 1960 年《中缅边界条约》第 11 条）中规定，如果发生任何边界争端，应由双方友好协商解决，这自然包括关于边界条约的解释问题在内。②

由于考虑到缔约各方对条约的解释可能有重大的分歧，不一定能依外交协商解决，特别是在多边条约之场合，很难期望多数的缔约国作出一致的解释，现代有些多边条约对条约的解释问题作了明文规定，并且指定有权解释的机关。例如 1919 年《凡尔赛和约》（第 386 条）规定：遇有违犯第 380 条至 386 条（关于法国的基尔运河自由通行条款）之任何规定，或"遇有各该条之解释不能同意时，任何

---

① 参看 Fauchille, Traité de droit international public, 1926, I-3, pp. 373-377；

　《奥本海国际法》（中译本），第 1 卷，第 2 分册，第 394～398 页。

② 《中华人民共和国条约集》第 9 集，第 77 页；第 10 集，第 50 页（中尼界约第 4 条）。

关系国得诉诸国际联盟为此目的所组织之法庭"①。由于 1920 年温布尔登号案（the Wimbledon case）涉及上述条款的解释问题，受理该案的常设国际法院在 1923 年对该案的判决中就上述有关条款（第 380 条）作了解释。② 又如 1955 年《奥地利国家条约》（第 35 条）规定，"除本条约特别规定有其他程序的情形外，一切有关本条约的解释或执行的纠纷，未能由直接外交谈判解决者，应提交四国（苏、英、美、法）代表团团长根据第 34 条采取行动"，"代表团团长在两个月内未能解决的此种争端，除争端当事国同意其他解决方法外，得经任何一方的请求，提交一个由双方代表各一人及由双方同意在第三国国民中选择的第三委员组成委员会解决"。③

如果条约上没有关于条约的解释的规定而发生条约的解释问题或争端，有关缔约各方又未能依协商解决的时候，资产阶级国家的理论和实践多强调适用仲裁或国际司法解决的方法。1907 年《海牙关于和平解决国际争议的公约》（第 38 条）特别声明，"关于法律性质问题，特别是关于国际公约的解释或适用问题，各缔约国承认仲裁是解决外交手段所未能解决的争端的最有效而且也是最公平的方法"。④按照 1945 年《国际法院规约》（第 36 条）的规定，"条约之解释"属于法院强制性管辖（规定当事国得随时声明自愿接受的）的法律争端之一。⑤《联合国宪章》没有作出关于《宪章》的解释的规定。事实是在《宪章》起草中一个法律专门委员会建议删去任何关于《宪章》解释的条款。委员会认为联合国的性质和它的活动不适于在总章中载入这种条款。如有两个会员国对《宪章》的解释上有分歧，它们尽可提交国际法院，像对其他条约一样。⑥ 在联合国职权范围内

---

① 《国际条约集》（1917～1923 年）第 246～247 页。

② Williams and Lauterpacht, Annual Digest of Public International Law Cases, 1923-1924, pp. 99-102.

③ 《国际条约集》（1953～1955 年），第 484 页。

④ 《国际公法参考文件选辑》，世界知识出版社，第 535～536 页。

⑤ 《国际公法参考文件选辑》，世界知识出版社，第 546 页。

⑥ Goodrich, Charter of the United Nations, 1949, p. 21.

遇有涉及条约的解释问题，通常是交由国际法院提出咨询意见，但是法院的咨询意见并不是判决，在法律上对联合国或有关缔约国都是没有拘束力的。

1958 年日内瓦海洋法会议通过的关于海洋法的四公约都没有关于条约的解释的规定，该会议却另外通过一项议定书（《关于强制解决争端之任择签字议定书》），由签字国"表示对 1958 年任何海洋法公约中之任何条款因解释或适用上之争端而发生涉及当事国之一切问题，除公约或经当事各方于相当期间商定其解决方法外，愿接受国际法院之强制管辖"①。但是苏联及其他一些国家都没有签这一议定书。近代许多条约载有所谓仲裁条款（compromise clause），即规定：倘若缔约国对于条约的解释问题不能达成协议，这些问题应交仲裁解决。② 必须指出，不是一切的条约都载有仲裁条款，也不是一切国家都能同意把条约解释问题交由仲裁或国际法院解决的（例如上述各国就不肯签 1958 年关于《海洋法公约》的解释的争端，接受国际法院强制管辖议定书）。因此，遇有关于条约的解释问题，还是以通过缔约各方友好协商解决为最合理，是一般可以适用的办法；在多边条约之场合，也可以召开特别国际会议作出共同解释，订成有关条约的补充议定书。至于对《联合国宪章》的条款的解释，应该认为只有通过联合国大会的决议作出解释，才具有对会员国的一般拘束力。

二、关于条约的解释规则

国际法关于解释条约没有一定的具体规则。在理论和国际实践上关于解释条约适用的方法有两派不同的主张：一派主张所谓"文义

---

① American Journal of International Law, October, 1958, pp. 862-863. 哈佛研究部 1935 年提出的《条约法草案》（第 36 条）关于条约的解释程序，也有类似规定。（American Journal of International Law, 1935, Supplement, p. 1204.）

② 《奥本海国际法》（中译本），第 1 卷，第 2 分册，第 394 页。

的解释"方法（the method of literal interpretation）具体地说，就是单纯按照条文表示的意义确定缔约国的意图，这种方法是英国（和美国）法院一向在解释国会通过的法律上使用的，而英、美方面把它应用到解释条约上；另一派主张所谓"历史的解释"方法（the method of historical interpretation），具体地说，就是于条文的意义外，尚要参照有关条约谈判的记录文件和其他历史资料，以及缔约时候的特殊情况，来确定缔约国的真正意图，这种方法说是欧洲大陆国家的法院在解释国内法的场合一般使用的，而大陆国家方面就把它应用在解释条约上。由于缔约各方用来解释条约的方法不同，在具体解释问题上就可以出现重大的分歧。例如 1907 年《关于陆战规例的海牙公约》所附《陆战规例规则》第 23 条（辛）款规定：禁止交战国把敌国人民的权利及诉讼权利宣告取消、停止或在法院中不能执行。这一规定按照英国方面的解释，由于列在交战行为规则部分，是限制军事司令官在占领地的行为，而按照德国方面的解释，这是制止交战国政府一般取消或停止敌侨向当地法院出诉的权利，因为这一规定原系德国代表针对有些国家（英、美）的国内法在战时取消敌侨向法院申请执行契约的权利而提出的。①

这说明对条约的两种不同的解释方法，可以得出完全不同的结论。一般地说，历史的解释方法是比较合理的，在国际实践上也是占优势的。有的英国法学家也认为，条约的解释不应该被存在于某一国内法而并非文明世界一般接受的任何解释规则所束缚，他们倾向于支持历史的解释方法。② 事实上，如奥本海教本所指出，在国际法庭的实例中，有一个已经确立的规则，就是为解释条约中有争论的条款起见，得参考所谓准备资料（travaux préparatoires）——即缔约前的谈判记录，通过某一个公约的会议的全体大会和委员会中之议事记录，

① Higgins, Hague Peace Conferences, 1909, pp. 263-265;
Westlake, International Law, Vol. 2, 1913, pp. 83-86.
② Brierly, Law of the Nations, 1949, pp. 234-235;
Westlake, International Law, 1910, Vol. I, p. 293.

修约的逐次草案等。不过常设国际法院曾不止一次地指出，这种解释方法只有在条约的用语本身不明了，并且只有在出庭的当事国都曾经参加了条约准备工作之场合，才能适用。①

最后，可以注意的是英国老辈国际法学家奥本海早于 20 世纪初年在他所著《国际法》教本（第一版，1905 年）中，就提出了关于条约的解释规则 6 条，随后在该教本第二版（1912 年）增至 14 条（后经劳特派特改编的教本作了修正补充，而成为 15 条规则）。奥本海提出的这些规则，有的是根据国际实例，如规则（1）所说，"一切条约应按其合理的意思，而不按其字面的意思解释"，就是以英法间关于 1713 年《乌得勒支条约》（第 9 条）责成法国毁掉敦刻尔克（Port of Dunkirk）的港口和炮台的规定的争议结果为例证的；有的规则显然打破英、美方面适用国内法解释方法的传统，例如规则（7）说，"遇有条文的明白意义同缔约各方签字之前在谈判中一致声明的意图有分歧之场合，应以适合缔约各方的真正意图的意义为准"。又如规则（13）说："国内法的解释规则倘若只为某一特定国家的国内法或法院实例所认许，即不得适用于条约的解释。"②奥本海提出的一套规则，可说基本上是支持历史的解释方法的。不待说，这一套规则并没有成为国际法公认的规则，只可在解释条约的问题上作为参考。

国际法委员会 1964 年提出的《条约法条款草案》第三部分（Part Ⅲ）也作出了关于条约的解释的规定（第 69 条至第 73 条）其中主要的是如下关于解释的一般规则（第 69 条），即：条约的词义应按其根据条文的全部关系（包括序言、附件及有关文件等）和条约的目的和宗旨，以及缔约当时的现行国际法规则得出的通常意义解

---

① 《奥本海国际法》（中译本），第 1 卷，第 2 分册，第 398 页；
Brierly, Law of the Nations, 1949, p. 235.

② Oppenheim, International Law, 1905, Vol. Ⅰ, pp. 560-562; 1912, Vol. Ⅰ, pp. 583-586;
《奥本海国际法》（中译本），第 1 卷，第 2 分册，第 394～398 页。

释；如果这样进行解释，还有意义不明确之处或有导致显然谬妄或不合理的结果，则可以诉诸进一步的解释方法（第70条），包括参考条约的准备资料和缔约的特殊情势。① 国际法委员会关于条约的解释这一原则性规定，可说也是适用历史的解释方法的。

---

① American Journal of International Law, April, 1965, pp. 445-465.

第十一章　国际组织

第一节　概　说

　　国际组织是现代国际生活中重要的合作的法律形式。随着世界各国间政治、经济、文化技术等各方面的发展，国际组织也是多种多样的。一般地说，按其组织活动的目的的不同，国际组织可分为政治性的和专业性的两大类：前者有过去的国际联盟和现在的联合国；后者包括最早在 1865 年创立的国际电信联盟（International Telecommunication Union），在 1874 年创立的万国邮政联盟（Universal Postal Union），第一次世界大战后 1919 年《凡尔赛和约》设立的国际劳工组织（International Labour Organization），第二次世界大战后 1946 年设立的联合国文教组织（United Nations Educational Scientific and Cultural Organization）及其他属于联合国的专门机构（specialised agency）的一些组织。其次，按组织的成员的范围来分，政治性的国际组织又可分为世界性或一般性的（联合国）和地区性的（例如泛美组织、阿拉伯联盟）两类。必须指出，各种国际组织固然是国际合作的重要形式，同时也形成尖锐的国际斗争的场所。特别是因为帝国主义和各国反动派利用其操纵国际组织的机构的地位，对别国内政进行干涉，侵犯国家主权，就不可避免地引起组织内部的矛盾和招致外来的反对，例如美帝国主义不但操纵联合国，并且利用一些专业性组织进行制造"两个中国"的阴谋，以致中国人民不得不与之作坚决的斗争。①

　　上述各种国际组织在国际生活中所起的作用具有不同程度的重要性；它们在现代国际法上都有其相应的地位。不过一般国际法所论述的主要为政治性的国际组织。虽然专业性组织的一些特殊的规章制度，例如关于订立公约的程序（依三分之二之多数通过而不需签字）、组织的成员（包括国家和地区）、表决权（分等）和表决的票数（依多数而不要求全体一致），组织的法人资格等，都涉及重要的国际法问题，对国际法的发展有相当的影响，但是这类组织一般属于国际行政范畴，在公法方面自成一个体系，其论述另有专著。② 以下只就世界性或一般性和区域性的两类政治性国际组织分别论述。

----

　　① 有的专业性国际组织属于非政府间组织或社会团体的组织之类，同时也包含官方成分，一个突出的例子是国际红十字（International Red Cross）组织，其最高组织机构国际红十字大会（International Red Cross Conference），除国际红十字各成员（各国红十字会、红十字国际委员会和红十字会协会）外，保护战争受难者《日内瓦公约》缔约国政府也派遣代表团参加。特别是在国际红十字大会这种组织中，美帝国主义一贯进行制造"两个中国"的阴谋活动：1957年10月28日至11月5日在印度新德里召开的第十九届国际红十字大会，当时美国在会议上提议邀请蒋介石集团以"中华民国"名义派代表团和中华人民共和国代表团同时出席大会，这项提案被勉强通过后，中国代表团即表示抗议而退出大会。又预定于1965年10月2日到9日在维也纳召开的第二十届国际红十字大会也制造"两个中国"的阴谋，其常设委员会在1964年9月在日内瓦举行常会，竟然决定通知台湾蒋帮参加第二十届国际红十字大会，中国红十字会对于常设委员会这一决定提出了严重抗议，并要求撤销这一错误决定。1965年4月14日红十字国际委员会主席果纳尔就中国抗议，举行记者招待会，竟说红十字会认为中国是一个有两个政府的国家。

　　② 参看 Jenks, Some Constitutional Problems of International Organizations, in British Yearbook of International Law, 1945, pp. 11-72, pp. 267-275（The Legal Personality of International Organizations）; Oppenheim, International Law, 1955, I, pp. 375-380.

第二节 联 合 国

一、联合国以前的国际组织——国际联盟

第二次世界大战前存在的国际联盟（The League of Nations）作为一个国际和平组织，值 1939 年欧洲战争爆发，实际失其作用，到 1940 年完全瓦解，而在 1946 年 4 月召开的最后一届大会正式决定宣布解散，在国际法上它已没有任何地位，因而没有作为现实的国际制度加以论述的必要。不过由于国际联盟是世界上出现的第一个一般政治性的国际组织，具有一定的历史意义，并且因为这个组织的失败的结局可作为现今联合国的前车之鉴，有必要简单地回顾一下它的组织和活动。

国际联盟是第一次世界大战后巴黎和会的产物；它的目的，如盟约（Covenant）序言所宣称，是维持国际和平与安全和促进国际合作。这个国际组织的建立，一方面反映第一次世界大战时期西方资产阶级中和平运动的思潮，另一方面则适应战胜的帝国主义国家为了垄断胜利果实，强调维持现状的政策；并且西方资本主义国家集团还要利用这一国际组织，对那时社会主义的苏联势力的发展实行其敌视和遏制的政策。

作为国际联盟的根本法的《国联盟约》（Covenant of the League of Nations），全文以 26 条组成，载在 1919 年《凡尔赛和约》（以及同时所订对奥、对匈等和约）的首部，即构成各和约的一部分。① 联盟的会员国包括三类分子：第一类为和约签字者

---

① Hill, International Administration, 1931; Eagleton, International Government, 1948; Porter, Introduction to the Study of International Organization, 1948；各种国际组织的基本文件载在 Peaslee, International Governmental Organizations, 1956, 2 vols.

而名列于盟约附件上的国家和自治领，它们随着和约的签字当然成为会员国；第二类为不属于和约当事者而名列于盟约附件被邀请的国家（总数 13），它们当于盟约实施后两个月内无条件地声明加入联盟；第三类则为名不列于盟约附件的国家或完全自治领或殖民地，经大会三分之二的同意加入国际联盟为会员国，而事实上都是在 1920 年 3 月 20 日或以前无保留地加入的。第一和第二两类都属于原始会员国（Original Members）。① 战败国的德意志和社会主义的苏联最初都被排斥在联盟之外；美国虽然原亦列为原始会员国，因为它不批准和约，故亦不在联盟。因之，实际是英、法两个西欧大国居于控制联盟的地位。联盟的组成既可以有新的加入②；也可以有原来的退出。按照盟约（第一条）的规定，联盟会员国可以自动退出（但依两年前的预告）③；又按照盟约（第 16 条）的规定，会员国可以因违反盟约而依理事会的决议开除④；而按照盟约（第 26 条）的规定，会员国可以因不同意盟约的修正而丧失会员国资格。

国际联盟设有四个常任机关：

（一）理事会（The Council）。理事的组成分子，按照盟约（第 4 条）的规定，为九国的代表，其中五国（英、法、意、日本、美国）即《凡尔赛和约》上所谓主要的同盟参战国（The Principal Allied and

---

① 中国名列于盟约附件，虽然没有签字对德和约，但签了对奥和约，所以仍是国际联盟的原始会员国。

② 在 1920 年国际联盟成立以后，陆续加入许多新会员国，其中特别是 1926 年德国在签订《洛迦诺条约》后被接纳入联盟，苏联于 1934 年被邀请加入。到 1933 年 2 月为止联盟会员国总数达 57 个（详见 The Statesman's Yearbook，1933，p. XXⅢ附表）。苏联于 1934 年 9 月加入联盟。

③ 巴西早于 1926 年退出，1932 年墨西哥退出，1933 年起日本和德国等法西斯国家相继退出。

④ 苏联在 1939 年 12 月因为苏芬战争，被国际联盟理事会滥用第 16 条的规定议决开除。

Associated Powers）为常任理事（美国因未批准和约，它的理事位置一直空着），其他四国则由大会随时选任（在盟约上最初指定为比利时、巴西、西班牙、希腊）。但理事会经大会多数同意亦得增加常任理事或非常任理事。①

（二）大会（The Assembly）。大会可说是联盟的总会，凡联盟会员国都有派代表出席的权利，但每国只许有代表三人，每年定期（九月）在联盟的所在地日内瓦开会。大会和理事会的决议，除盟约上另有规定外，均须依全体一致通过。

（三）秘书处（The Secretariat）。秘书处由一秘书长（Secretary General）领导，可说是联盟的常设事务机关；秘书长由理事会经大会的同意任命之。

（四）常设国际法院（The Permanent Court of International Justice）。按照盟约（第 14 条）的规定，联盟当设立一常设国际法院，其职权在审理一切具有国际性质而经当事国提出的争论，并得对于理事会和大会交付该法院审议的争议事件或其他问题提出咨询意见（advisory opinion）。这法院的规约经 1920 年第一次联盟大会通过，其法官于 1921 年经第二次大会选出，1922 年起法院在海牙成立，开始执行职务。法院以 11 个法官和 4 个候备法官（deputy-judge）组成；这些法官都由理事会和大会分别投票选举，以在两机关同时获得多数票者为当选。②

在国际联盟的机关中，大会和理事会的权限分别不严明，两个机关都具有涉及一切属于联盟活动范围和有关世界和平的事件的职权。实际理事会的地位最重要；它是代表少数强国势力，而可以时常开会的。

---

① 常任理事增加的在 1926 年有德国，1934 年有苏联，非常任理事在 1922年增加为 6 国，1926 年再增加到 9 国，而到 1939 年则总数达 11 国。

② 1930 年国际联盟大会改选常设国际法院法官，将法官名额增至 15 人，候备法官名额则照旧。

　　联盟的职务，从其创立的目的出发，大别为关于维持国际和平的职务和关于国际共同利益上合作的职务。属于前项职务的，有如裁减军备（第8条），保障会员的领土完整和政治独立（第10条），采取防止战争的行动（第11条），依仲裁、司法程序或和解手段和平解决争端（第12条、第13条、第15条），对于违反盟约，擅开战端的国家施加制裁（第16条）等。属于后项职务的有关于国际公益事业的规定的执行（第23条），国际专门业务机构的管理（第24条）；至于盟约（第22条）所设立的委任统治（mandate）制度，则根本就不上什么增进国际共同利益，而只是为了适应少数战胜国对于战败国（德国和土耳其）的失地的分脏政策，采取一种新的殖民统治的形式（当在以下联合国托管制度部分论述）。

　　总的说来，国际联盟本身自其创立之始就有它的严重的弱点。在实质上，它是以保证战胜国既得权益的现状维持为主要目的，在构成上，它既排斥社会主义的苏联在外，也没有美洲的大国美国参加，因而缺乏普遍性，在组织和程序上，理事会和大会的权限不分，决议又都以全体一致通过为条件，因而失掉采取有效行动的灵活性。事实上，联盟自成立之始，就未能发挥作为一般国际组织的权威和效能，特别是遇到30年代法西斯侵略势力的猖狂，它就日益暴露其在维持国际和平和安全的任务上是一筹莫展。首先是军国主义的日本于1931年在中国的东北发动"九一八"事变，侵略中国，而联盟除派遣一个调查团来华和在联盟大会根据调查团报告，通过一个迁就日本侵略者利益的报告外，没有任何进一步行动；对于1935年法西斯意大利发动对阿比西尼亚（埃塞俄比亚）的侵略战争，也只发动了一种不彻底的经济制裁，而终于坐视阿比西尼亚被意大利合并。尽管苏联于1934年加入联盟，积极主张集体安全，制止侵略，但是当时操纵联盟的英、法两个帝国主义国家，别有用心地一味采行绥靖政策，以致希特勒的纳粹德国更是肆无忌惮地在欧洲进行侵略，如1936年德国联同意大利，帮助西班牙的法西斯进行内战，1938 年德国合并奥地利，1939 年占领捷克斯洛伐克。面临着这样狂妄的侵略行为而形成的严重局势，联盟完全没有采取维护和平和安全的任何行动，因此，可说到了 1939 年德国进攻波兰，欧战爆发后，联盟作为一个国际组织已经失去了现实性，成为一种形式，在第二次世界大战结束终于被宣布解散。国际联盟这一极不光彩的失败的结果，应该作为任何一般国际组织的前车之鉴。①

二、联合国的建立

联合国组织的起源。创立一个国际安全组织的思想，是第二次世界大战时期反法西斯的盟国同法西斯侵略势力作坚决斗争的艰苦岁月中孕育出来的，是战时盟国互助合作和战后各国人民和平要求的产物。早在 1941 年 8 月 14 日英、美两国首脑共同宣布的所谓《大西洋宪章》(The Atlantic Charter) 里就提到了建立"广泛而永久的普遍安全制度"的希望，而《大西洋宪章》中"所载宗旨与原则的共同方案"，也是后来 1942 年 1 月 1 日 26 国（包括中、苏）共同签字的《联合国家宣言》(The Declaration by United Nations) 所声明赞同的。及至 1943 年中、苏、美、英在莫斯科共同发表的关于《普遍安全的四国宣言》(Declaration of Four Powers on General Security)，确定了战后建立普遍安全组织的共同方针和基本原则。《莫斯科宣言》（第 4 点）声明："它们承认有必要在尽速可行的日期，根据一切爱好和平国家主权平等的原则，建立一个普遍性的国际组织，所有这些国家无论大小，均得加入为会员国，以维持国际和平与安全。"② 在第二次

---

① 关于国际联盟可参看下列少数专著：

Wilson, The Origin of the League of Nations, 1928；C. K. Webster, The League of Nations in Theory and Practice, 1932；Sir Geoffrey Butler, A Handbook to the League of Nations, 1925；Ray, Commentaire du pacte de la société des nations, 1930.

② 《国际条约集》(1934～1944 年)，第 403 页。

世界大战期中，关于战后的国际组织问题，原有主张继续国际联盟，但根据历史经验予以加强之说。① 这说已被《莫斯科宣言》否定了，该宣言确定了重新建立一个普遍性国际组织的方针，宣言并且确定这个国际组织建立在会员国主权平等原则的基础上，一切爱好和平的国家，不论大小，均可加入为会员国；组织的目的是维持国际和平和安全。上述四个主要盟国负有根据《莫斯科宣言》制订新的普遍性国际组织的基本方案的任务，而1944年秋季在华盛顿敦巴顿橡树林（Dumbarton Oakes）举行的四国商谈，就是完成这一任务的。

1944年敦巴顿橡树林四国商谈分作两个阶段进行，从8月21日到9月28日在美、英、苏三国代表间进行，从9月29日到10月7日在美、英、中三国代表之间进行。四国同意的方案作成一个题为"建立普遍安全组织的建议"的文件②，除关于安全理事会的投票程序未能达成协议外，这些建议包括了四国代表认为构成一个新国际组织的根本法的一切基本重要的内容。在这里，必须指出中国代表团在敦巴顿橡树林同美、英代表团商谈中提出的建议三点：（1）明白表示在和平解决争议上，国际组织应该适当考虑正义和国际法，不应该只顾及政治的便利；（2）大会应承担促进国际法的编纂和发展的任务；（3）经济和社会理事会的活动应扩大到教育和其他文化合作。这三点建议为美、英两国所同意，但在获得苏联政府正式接受以前，不正式列入公开发表的建议文件，及至后来经苏联政府赞成，在旧金山会议上被采入《联合国宪章》。③

---

① Oppenheim, International Law, 1955, Vol. I, p. 401.

事实上，苏联不会参加曾经开除它出会的组织，美国也不愿接受曾经拒绝参加的联盟。（Bentwich, Charter of the United Nations, 1951, pp. 11-12.）

② 敦巴顿橡树林建议，全文见 Goodrich, Charter of the United Nations, 1949, pp. 572-582.

③ Bentwich, Charter of the United Nations, 1951, p. XVIII.

1945 年 2 月英、美、苏三国首脑（丘吉尔、罗斯福和斯大林）在克里米亚的雅尔达会议对于新的国际安全组织的建立方案又有所发展。第一，该会议解决了敦巴顿橡树林商谈所未能解决的关于安全理事会投票程序的问题，提出了所谓"雅尔达规则"（The Yalta Formula），即规定，除程序事项应依安全理事会 11 票中的 7 票决定外，一切决议应依 7 个可决票通过，包括 5 个常任理事国的可决票。但关于和平解决争议的动议，当事国不得投票。第二，新国际组织的《宪章》应包括对于国际联盟的委任统治地和从轴心国家分离的地区的管理的条款（即《联合国宪章》规定的托管制度）。第三，定于1945 年 4 月 25 日在美国旧金山召开一个"联合国家会议"（Conference of United Nations），按照敦巴顿橡树林建议的方案拟定新国际组织的《宪章》。有资格参加这会议的为到 1945 年 3 月 1 日止对德国或日本宣战，并签字《联合国家宣言》（Declaration by United Nations）的那些国家。

在 1945 年 3 月 5 日，由美国政府代表其他三国作为会议的发起国，发出会议的邀请书，法国因未参加敦巴顿橡树林会议不愿做发起国，但同意参加会议。

"关于国际组织的联合国家会议"（The United Nations Conference on International Organization）于 1945 年 4 月 25 日在旧金山开幕，《联合国家宣言》签字者 47 国之中，有 46 国出席，波兰因其临时政府尚未经西方盟国承认，未被邀请出席，但许可它随后作为原始会员国签字宪章。在 4 月 30 日会议接纳阿根廷、白俄罗斯和乌克兰到会，6月 5 日刚解放的丹麦亦被接纳到会。因此，旧金山会议参加的国数共达 50 个。1945 年 6 月 25 日旧金山会议通过了《联合国宪章》（Charter of the United Nations），次日（26 日）50 个与会国的代表签了《宪章》。《宪章》于 1945 年 10 月 24 日获得宪章（第 110 条）规定必要数的批准生效。第一届联合国大会于 1946 年 1 月 10 日至 2 月14 日在伦敦举行第一次会议，从此作为新的国际安全组织的联合国开始它的生涯。①《联合国宪章》上没有规定联合国本部所在地，但经 1946 年 12 月大会决议定在纽约。（国际联盟则依盟约第七条规定，联盟地址设于日内瓦。）

三、《联合国宪章》

1945 年 6 月 26 日签订的《联合国宪章》（Charter of the United Nations)② 是在敦巴顿橡树林的建议的基础上，加入雅尔达规则，并参用中国代表团提出的三点建议而制订的。敦巴顿橡树林的建议原为 12 章，经过旧金山会议的调整补充而成为包括 19 章的《宪章》。《宪章》全文共 111 条，其内容比较敦巴顿橡树林的建议有所改动，也有所增加，特别重要的是在联合国的宗旨和原则部分强调尊重正义和国际法（第 1 条）、规定安全理事会五大国一致原则（第 27 条）、承认会员国单独和集体自卫的权利（第 51 条）、设立国际托管制度并组织托管理事会（第 75 条至 91 条）等，都是敦巴顿橡树林的建议所未涉及的事项。

《联合国宪章》是联合国组织的根本法，它本身是一个条约，是一种立法性的国际公约，对会员国有约束力。《宪章》是基本上按照

---

① "联合国"（"United Nations"）作为新建的国际组织的名称，取自美国罗斯福总统的建议，在旧金山会议中是有争论的，但作为对发起者罗斯福的纪念，终于被正式采用。其实这个名称在用语上引起混乱，因为西文 "The United Nations" 既称联合国的组织，也指这个组织的会员国，在阅读文件时必须注意分别；因此，在其指会员国（或战时盟国）之场合，中文可译称 "联合国家"（例如 1942 年的 "Declaration by United Nations"，称为 "联合国家宣言"）。1945 年旧金山会议正式名称为 "The United Nations Conference on International Organization"，中译应为 "关于国际组织的联合国家会议。"（参看 Bentwich, Charter of the United Nations 1951, p. 3. ）

② "联合国" 和 "宪章" 的名称原是敦巴顿橡树林的建议所定的。该建议首先就说："应建立一个称为 "联合国" 的国际组织，其宪章（The Charter）应包括为实施本建议一切必要的条款。"（Goodrich, Charter of the United Nations, 1949, p. 572. ）

国际公约缔结的程序而成立的（按照第 110 条，《宪章》应由签字国各依其宪法程序批准，经中、法、苏、英、美五国及其他签字国过半数的批准后生效）；《宪章》也是可以像条约一样按照规定的程序修正的（第 108、109 条）。《联合国宪章》不是国际法。有时人们也把《联合国宪章》说成是国际法，例如 1961 年 12 月联合国大会通过的一项关于和平利用外层空间的决议中所谓"国际法，包括《联合国宪章》……"那样的说法肯定是不正确的。《宪章》固然是一项法律的文件①，但是它的法律性质属于条约的范畴②，而不当然构成国际法，因而《宪章》的规定不能拘束非会员国。《宪章》（第 1 条）所列"本组织在维持国际和平及安全之必要范围内，应保证非联合国会员国遵行上述原则"的规定，根据条约的效力不及于第三国的那一公认的原则，是不发生法律的效力的，尽管它可能起一种政治压力的作用。③ 联合国会员国如有违反《联合国宪章》的行为，当然也是非法的行为，但这不是意味着它直接违反了国际法，而只是意味着它违背在《宪章》下承担的条约义务。④《联合国宪章》中，只有某些条款在其确认既存的国际法原则的意义上，如关于国家主权平等、尊重政治独立和领土完整、不干涉内政等，才能被认为国际法的一部分。

　　《联合国宪章》的主要内容，包括关于联合国组织的宗旨和原

---

① Oppenheim, International Law, 1955, p. 236.

② Goodrich, Charter of the United Nations, 1949, p. 21.

③ Bentwich, Charter of the United Nations, 1951, p. 14.

④ 《联合国宪章》与《国际联盟盟约》同样属于条约性质，但两者在形式上根本不同之处是：后者列于巴黎各和约的首部，构成和约的一部分；前者则自成一个独立的条约文件。

《国际联盟盟约》和《联合国宪章》全文附载于 Fenwick, International Law, 1948, p. 681-709.《国际联盟盟约》以法、英两文写成，其中文译本见《国际条约集》（1917～1923 年），第 266～276 页。《联合国宪章》以英、法、中、苏、西班牙五种文字写成，其中文本见《国际条约集》（1945～1947 年），第 35～60页。

则、联合国的会员国、联合国的主要机关和其职务以及有关该组织的地位的杂项条款，以下当分别加以论述。

四、联合国的宗旨和原则

宗旨。联合国组织的中心目的，首先标明在《宪章》的序言中，可概括为"维持国际和平及安全"和"促成全球人民经济及社会的进展。"《宪章》第一条旨在详细地重述序言标明的目的，规定："联合国之宗旨为：

一、维持国际和平及安全，并为此目的，采取有效集体办法，以防止且消除对于和平之威胁，制止侵略行为或其他和平之破坏，并以和平方法且依正义及国际法之原则，调整或解决足以破坏和平之国际争端或情势。

二、发展国际间以尊重人民平等权力及自决原则为根据之友好关系，并采取其他适当办法，以增强普遍和平。

三、促成国际合作，以解决国际间属于经济社会、文化、及人类福利性质之国际问题，且不分种族、性别、语言或宗教增进并激励对于全体人类之人权及基本自由之尊重。

四、构成一协调各国行动之中心，以达到上述共同目的。"

上述联合国的宗旨不是一种单纯的意图的声明，而是对联合国（和其会员国）赋予一定的法律的任务。特别是在首要的维持国际和平和安全一项任务方面，规定了为了执行这项任务的具体的措施，即：以集体方法维护和平，制止侵略，并依和平方法解决国际争端，而这些措施的实施条件则在《宪章》第六、第七两章中具体地作了详细规定。在和平解决国际争端的方法上特别提到"依正义及国际法之原则"，则显然是采用了如上所述中国代表团建议的一点。在关于国际经济社会等共同利益的国际合作一项中，强调对"人权及基本自由之尊重"，也是《宪章》中值得特别注意的一点。有些公法家指出，在第一次世界大战以前，国际法差不多专注意各国政府间的关系，而不关怀人权，只是由于第一、第二两次大战中间有些政府对宗教、种族等集体实行歧视或迫害，才引起了人权的国际保护运动。①《宪章》在联合国的一项宗旨中规定，"人权和基本自由之尊重"可说是对于人权的国际保护承担一定的任务。而这一规定实际对于联合国有两方面的作用，一方面它可以用作支援受迫害的种族的法律论据，例如反对南非的种族隔离；另一方面则被用作干涉别国内政的借口，例如对于所谓"匈牙利的问题"、所谓"西藏问题"的调查或决议。关于共同利益问题的国际合作，当依《宪章》（第九和第十章）规定的原则和机构以实现。

原则。按照《宪章》第 2 条，为了实现上述第 1 条规定的宗旨，联合国组织及其会员国应遵行下列原则：

"一、本组织基于各会员国主权平等之原则。

二、各会员国一秉善意履行其依本《宪章》所担任之义务，以保证全体会员国由加入本组织而发生之权益。

三、各会员国应以和平方法解决其国际争端，俾免危及国际和平、安全及正义。

四、各会员国在国际关系上不得使用威胁或武力，或以与联合国宗旨不符之任何其他方法侵害任何会员国或国家之领土完整或政治独立。②

五、各会员国对于联合国依本《宪章》规定而采取之行动，应尽力予以协助，联合国对于任何国家正在采取防止或执行行动时，各会员国对该国不得给予协助。

---

① Bentwich, Charter of the United Nations, 1951, p. 8.

② 原则五，在宪章的西文本规定为："All members shall refrain in their international relations from the threat or use of force against the territorial integrity or political independence of any state or in any other manner inconsistent with the principles and purposes of the United Nations". 这同中文本规定的意义显然有出入，因为它的中心点在于禁止使用武力，不论是用来侵犯任何国家的领土完整或政治独立或出以其他任何违反联合国宗旨和原则的方式，而中文本规定的中心点在于禁止侵犯国家的领土完整或政治的独立，不论是使用武力或以任何其他违反联合国的宗旨和原则的方法。但是由于宪章的中文本和西文本（英、法等文本）具有同等的效力，不能作为译文看待，本著中仍然引用中文本的规定。

六、本组织在维持国际和平及安全之必要范围内，应保证非联合国会员国遵行上述原则。

七、本《宪章》不得认为授权联合国干涉在本质上属于任何国家国内管辖之事件，且并不要求会员国将该项事件依本《宪章》提请解决，但此项原则不妨碍第七章内执行办法之适用。"

简括地说，联合国的原则是：一、会员国主权平等；二、诚实履行在宪章下承担的义务；三、以和平方法解决国际争端；四、不以武力侵犯任何国家的领土完整或政治独立；五、对联合国所采取的行动予以协助；六、保证非会员国在维持和平和安全之必要范围内遵照上述原则行动；七、不干涉国家的内政。这七项原则总的说来，同《宪章》的序言和联合国宗旨的精神是一致的。序言标明联合国的中心目的是属于《宪章》的一部分，同《宪章》的其他部分一样具有法律的约束力的。《宪章》规定的上述原则，则具有实现联合国中心的目的的基本作用。① 其中原则一，即主权平等原则是主要的，其他原则，如不侵犯任何国家的领土主权或政治独立和不干涉国家的内政，就是从主权平等这一主要原则出发的。国家主权平等，原来就是传统国际法的一个基本原则。这个原则的适用贯串在联合国的《宪章》的各部分（序言就已提到大小各国平等权利），唯有常任理事国享有的否决权（如在理事会议决议的投票、关于大会接纳新会员和修改《宪章》等），即所谓五大国一致规则，则是在理论上被认为不符合国家平等原则，受到国际法学家的批评的。② 关于这个问题当在关于安全理事会部分另行论述。原则六，要求非会员国遵照联合国原则行动，则超出《联合国宪章》作为条约的效力的范围，在法律上不能认为对非会员国具有约束力，已如上述。

至于原则七，即不干涉国家的内政，也是《宪章》的一个根本重要的原则，同主权平等原则是不可分离的。不干涉内政原来也是国际法公认的原则，并且是众所周知的和平共处五项原则之一。但

---

① Kelsen, The Law of the United Nations, 1951, pp. 9-12.

② Oppenheim, International Law, 1955, I, p. 417, pp. 413-414, p. 740.

是，为《联合国宪章》所庄严地声明的这个原则，自联合国成立以来不断受到联合国实践和资产阶级国际法理论的破坏。在联合国实践上，帝国主义和各国反动派惯于利用联合国组织干涉他国的内政，例如联合国大会对 1956 年发生的所谓"匈牙利事件"进行调查和对 1959 年发生的所谓"西藏问题"通过决议，而以所谓"保护人权自由"为借口，显然是非法地干涉匈牙利和中国的内政。在理论上，特别是英、美方面资产阶级的国际法学家对《宪章》关于不干涉原则的规定多方作歪曲的解释，例如劳特派特指出说：因为人权与基本自由的促进已成为《宪章》规定为联合国的一个主要任务，这些权利与自由已经不复是本质上属于国家国内管辖之事件，因而不能排斥联合国的干涉。① 又如芬尼克指出，《联合国宪章》第 2 条关于禁止干涉完全属于国内管辖事项之规定，也同时把安全理事会按照《宪章》第七章所采取的强制执行措施作为例外②；这就是说，联合国集体干涉，即令牵涉到国家内部事项，如其作为安全理事会维持和平的执行措施，联合国是有权采取的。资产阶级的法学家并且机械地搬用国际法理论上某种关于干涉这一名词所下的狭隘的定义，认为干涉只是一国专断地干预另一国家的事务，旨在对有关国家施加直接的压力，《联合国宪章》的原则只是排除这种干涉；至于依讨论、研究、调查和建议之方式进行的行动，并不在《宪章》排除之列。③ 这样，西方资产阶级国际法理论就是为帝国主义和各国反动派不顾《联合国宪章》反干涉的原则，对别国的内部事务进行直接或间接的干涉的非法行为作辩护了。在现代国际关系上，如在本书关于国家的基本权利部分所指出的，干涉国家内政可出以多种多样的方式（直接的和间接的，政治的和外交的，公开的和隐蔽的等），而按照《联合国宪章》的精神，从尊重主权平等的原则出发，对本质上属于国家内部管辖事项进行任何方式的干

---

① Oppenheim, International Law, 1955, I, pp. 312-313, p. 740.

② Fenwick, International Law, 1948, p. 245.

③ Oppenheim, International Law, 1955, I, p. 305, pp. 415-416.

涉，都应该是不容许的。

五、联合国会员国

联合国组织的基本思想，虽然在于建立一个普遍性的国际安全组织，但是它开始并不是以一个包括当时世界所有的国家的组织的形式出现的。《宪章》（第3、4条）自始把联合国的组织分子分为两大类。第一类为创始会员国（Original Members），"凡曾经参加旧金山联合国（家）国际组织会议或前此曾签字于1942年1月1日《联合国（家）宣言》之国家，签订本《宪章》，并依宪章第110条规定而予以批准者，均为联合国之创始会员国"（第3条）。参加旧金山会议的有50国，随后未及参加会议的波兰亦于1945年10月15日签字《宪章》，因此联合国组织是以51个创始会员国开始的。①

第二类为接纳的会员。根据《宪章》（第4条）的规定，"凡其他爱好和平的国家，接受本宪章所载之义务，经本组织认为确能并愿意履行该项义务者，得为联合国会员国"；"准许上述国家为联合国会员国，将由大会经安全理事会之推荐以决议行之"。分析起来，被接纳为联合国的新会员国必须符合以下几个条件：（一）被接纳的是一个国家②；（二）它接受《宪章》所载的义务；（三）它是爱好和平的；（四）它愿意并且确能履行《宪章》的义务；（五）它获得安全理事会（包括常任理事国一致同意）的推荐和大多数（三分之二多数决议）的准许。自联合国成立以来，关于接纳新会员国问题，特别是在安全理事会，是有过尖锐的斗争的，例如对于战时纳粹德意志的参与国。一方面意大利和芬兰的接纳受到苏联的反对，另一方

---

① 创始会员国名单，见 Goodrich, Charter of the United Nations, 1949, pp. 123-124.

② 联合国会员国按照宪章必须是国家，苏联的乌克兰和白俄罗斯两加盟共和国于1945年5月参加旧金山会议，签字宪章，成为创始会员国，是一个例外；它们都不是独立的国家，但是由于苏联于1944年修改宪法，承认它们有权办理它们的对外事务，即以此理由参加联合国组织。（Bentwich, Charter of the United Nations, 1951, pp. 20-21.）

面，罗马尼亚、匈牙利和保加利亚的接纳又受到西方国家的反对，以致 1947 年大会决定请国际法院就接纳条件问题提出咨询意见。① 事实上，联合国接纳新会员国问题，经过多年的斗争，终于陆续获得解决，特别是亚非方面许多新的民族独立国家产生，陆续都被接纳入联合国，到 1973 年 1 月底为止联合国会员国总数已达 132 个，世界上除瑞士、德意志、朝鲜和越南以及欧洲方面的小国如列支敦士登、亚洲方面少数国家如不丹外，差不多所有已经独立的国家都成为联合国的会员国。② 瑞士的地位很特殊。瑞士是一个永久中立国家，虽然曾经参加国际联盟，但附有免除参加执行军事制裁的条件；事实上在 1935 年国际联盟号召对意大利（因为它侵略阿比西尼亚）执行经济制裁的时候，它也不肯采取经济制裁措施。第二次世界大战期中，瑞士严守中立，战后建立联合国组织，它决定不参加，它认为作为永久中立国，不能履行宪章所载之义务，因为这些义务包括参加联合国可能采取的军事执行措施。朝鲜和越南则主要因为统一问题未解决，尚未被接纳入联合国。

如上所述，联合国会员国资格是国家根据《宪章》的规定而取得的，会员国资格也是可以终止的。按照《宪章》（第 6 条）的规定，"联合国之会员国中，有屡次违犯本《宪章》所载之原则者，大会经安会理事会之建议，得将其由本组织除名"。并且《宪章》虽然没有像《国际联盟盟约》那样作出关于会员国自动退会的规定，但在旧金山会议上有关委员会的报告肯定联合国会员国具有退出组织的权利，而这一意见是已经与会的全体国家所承认了的。因此可说联合国的会员国是不言而喻地保留有自动退出组织的权利的。③ 在 1965 年

---

① 参看 Bentwich, Charter of the United Nations, 1951, p. 23; Goodrich, Charter of the United Nations, 1949, pp. 125-137.

② 联合国会员国名单，见《世界知识年鉴》，世界知识出版社，1965 年，第 1102～1103 页。联合国会员国在 1964 年底已达 115；后来印度尼西亚退出而 1965 年 9 月第二十届联大又接纳了新加坡、马耳代夫和冈比亚，因而共为 117 国。

③ Oppenhim, International Law, 1951, I, pp. 411-412; Goodrich, Charter of the United Nations, 1949, pp. 138-145.

印度尼西亚就是自动宣布退出联合国的。此外，联合国会员国的权利和特权也可以被停止。按照《宪章》（第5条）的规定，"联合国会员国业经安全理事会对其采取防止或执行行动者，大会经安全理事会之建议，得停止其会员权利及特权之行使。此项权利及特权之行使得由安全理事会恢复之"。又按照《宪章》（第19条）的规定，"凡拖欠本组织财政款项之会员国"可以丧失其在大会的投票权。

六、联合国的机关和其职务

按照《宪章》（第7条）的规定，联合国设立六个主要机关，即：大会、安全理事会、经济暨社会理事会、托管理事会、国际法院和秘书处。其中最重要的是大会和安全理事会。联合国的大会和安全理事会在职权上有所分工，即安全理事会主要活动在于处理有关国际和平和安全问题，而大会的活动则涉及一般有关国际和平和合作事项；安全理事会在一定的范围内具有作出决定和采取执行措施之权，而大会的权能则限于讨论和建议。同时，在有些事项上，宪章也要求大会和安全理事会的协同行动，例如关于新会员国的接纳，关于会员国的除名等。在有的事项上，两者的活动也可以是互相排斥的，按照《宪章》（第12条）的规定，"当安全理事会对于任何争端或情势正在执行本宪章所授予该会之职务时，大会非经安全理事会之请求对于该项争端或情势不得提出任何建议"。以下当就主要机关分别论述。

大会（The General Assembly）。大会由联合国所有会员国组织之，每一个会员国可派代表5人（第10条），但各只有一个投票权（第18条）。大会每年举行常会，于必要时可举行特别会议（第20条）；会议地点在《宪章》上没有指定，但大会通常在联合国本部所在地，即纽约举行，也有在其他地方举行会议的例子。①

---

①　联合国会址未决定之前，第一届大会于1946年在伦敦举行，会址正式决定在纽约以后，第二届（1948年）和第六届（1951年）大会也曾在巴黎举行。

　　大会的主要职权，按照《宪章》（第10、11条）的规定，大别为如下三项：（一）讨论宪章范围内的任何问题或事项或有关《宪章》所规定的任何机关的职权事项，并得向联合国会员国或安全理事会或向两者提出建议（除受上述第12条规定之限制外）；（二）讨论一切有关维持和平和安全之合作之普通原则，并得向会员国或安全理事会或向两者提出建议；（三）对于足以危及国际和平和安全之情势，提请安全理事会注意。大会行使的这些职权都属于政治性，大会不具有立法权，它通过的决议只是建议性质，并不具有法律的约束力（除关于行使宪章指定的职权，例如选举各主要机关的成员，开除会员国等事项外），虽然对会员国可以发生一定的政治影响。

　　此外，大会在国际合作的积极事业方面，也被赋予重要的职权。根据《宪章》（第13条）的规定，"大会应研究并作成建议：（A）以促进政治上之国际合作，并提倡国际法之逐渐发展与编纂；（B）以促进经济、社会、文化、教育及卫生各部门之国际合作，且不分种族、性别、语言或宗教助成全体人类之人权及基本自由之实现。"关于（A）项中所举国际法的发展和编纂工作，自1949年以来一直由特设的国际法委员会继续进行。（B）项关于经济、社会合作方面，在《宪章》的第九章和第十章另有具体的规定。并且《宪章》（第16条）还规定大会应执行第十二章及第十三章所授予关于国际托管制度之职务，包括关于非战略防区托管协定之核准。因此，《宪章》第十章设立的"经济暨社会理事会"和第十三章设立的"托管理事会"在组织系统上隶属于大会，在大会的指导下行动。① 此外，大会根据《宪章》（第22条）的规定，"得设立其认为于行使职务所必需之辅助机关"。因此，大会《议事规则》（第98条）规定，"大会为执行职务起见，得视需要，设置委员会；并规定（第101条）主要委员会为：（一）政治及安全委员会，包括军备管制事项在内（第一委员会）；（二）特设政治委员会；（三）经济财政委员会（第二委员会）；（四）社会人道文化委员会（第三委员会）；（五）托管委员

---

　　① Oppenheim, International Law, 1955, I, pp. 424-426.

会（包括非自治领土事项在内）（第四委员会）；（六）行政及预算委员会（第五委员会）；（七）法律委员会（第六委员会）。① 大会也可以随时就特定事项决定设立专门委员会（Committees or Commissions），例如裁军委员会，国际法委员会等。必须指出，大会设立辅助机关的职权也经常被帝国主义和各国反动派滥用来企图实现对他国进行干涉和侵略的阴谋，例如所谓"匈牙利事件"调查委员会，所谓"西藏问题"委员会之类。特别是自 1947 年以来，在美帝国主义要求之下设立的所谓"大会临时委员会"（The Interim Committee of the General Assembly），即通称"小型大会"（The "Little Assembly"），引起严重的指责，因为它的作用在于大会闭会期间处理有关国际和平和安全的问题，实际将是侵入安全理事会专属的权限。②

《宪章》（第 18 条）对于大会的投票把议决事项分成两类，适用不同的程序。第一类是所谓重要问题的决议，大会应以到会投票之会员国三分之二多数决定之，此项问题应包括：关于维持国际和平及安全之建议，安全理事会非常任理事国之选举，经济暨社会理事会理事国之选举，托管理事会理事国之选举，对于新会员国加入联合国之准许，会员国权利及特权之停止，会员国之除名，关于施行托管制度之问题，以及预算问题。第二类是关于其他问题之决议，包括"另有何种事项应以三分之二之多数决定之问题"，应以到会及投票之会员国过半数决定之。事实上，1961 年第十六届大会曾经根据美帝国主义的策动和提案，议决把中华人民共和国在联合国的代表权问题列为应以到会及投票之会员国三分之二多数决定的重要问题，那是歪曲《宪章》的规定，是完全非法的。因为中华人民共和国在联合国的代表权问题是联合国的一个程序问题，按照《议事规则》根本不需要

① 《联合国大会议事规则》，载《国际公法参考文件选辑》（外交学院编），第 441-466 页。

② 对于大会临时委员会，每个会员国可派一代表，但苏联未派代表。Bentwich, Charter of the United Nations, 1951, pp. 55-57; Goodrich, Charter of the United Nations, 1949, pp. 193-198.

607

大会三分之二多数表决，并且《宪章》的上述规定所谓"另有何种事项"的决定显然是指对于"增加的事类"（additional categories）的决定，是一种概括性的决定，而不能适用于像对于中国在联合国的席位问题那样的具体问题的决定。① 必须指出，联合国一届大会的决议在原则上不能拘束下届大会，因而任何"增加的事类"也可以由后来的大会同样依过半数决定把它撤销。②

联合国大会在表决程序上，不像过去国际联盟那样奉行全体一致决定的规则，而一般适用多数通过规则。这在国际组织的制度上是一个显著的改变。大会的决议，除关于《宪章》（第18条）列举的需要三分之二多数决定的重要问题或者属于经大会特别议决增加的应依三分之二多数决定的事类中之问题外，其他问题无论如何重要，都是可以依普通多数即过半数可决票决定的。③

安全理事会（The Security Council）。安全理事会作为联合国一个主要机关，比起大会来，占有更重要的政治地位。在组织上，开始它是以11个会员国组成，中、苏、美、英、法五大国为常任理事；其他六国为非常任理事，由大会选举，任期各两年，不得连任；大会在选举非常任理事时，"宜充分斟酌联合国于维持国际和平与安全及本组织其余各宗旨上之贡献，并宜充分斟酌地域上之公匀分配"。安全理事会每一理事国应有代表一人（第23条）。按照《联合国宪章》规定的精神，在选举安全理事会的非常任理事时，原则上应该使得世界各重要地域都能获有适当的代表席位，事实上，非常任理事席位一向是按地域集团（如所谓英联邦、亚洲国家、阿拉伯联盟、拉美国家等）分配。由于近年亚非独立国家在联合国的成分大大地增长，《宪章》规定的非常任理事国名额久已不够分配，不能使亚非国家在联合国中占有相应的重要地位，在联合国方面提出修改《宪章》，增

---

① Kelsen, Law of the United Nations, 1951, p. 186.

② Goodrich, Charter of the United Nations, 1949, p. 190; Bentwich, Charter of the United Nations, 1951, p. 52.

③ Oppenheim, International Law, 1955, I, p. 431.

加安全理事会非常任理事名额的要求是完全合理的、必要的。任何国家不论其为安全理事会的理事与否，也不论其是否联合国会员国，如其属于安全理事会考虑中的争端的一个当事国，应被邀参加关于该项争端之讨论，但无投票权（第 32 条）。

《联合国宪章》（第 28 条）规定："一、安全理事会之组织，应以使其能继续不断行使职务为要件。为此目的，安全理事会之各理事国应有常驻本组织会所之代表。二、安全理事会应举行定期会议，每一理事国认为合宜时得派政府大员或其他特别指定之代表出席。三、在本组织会所以外，安全理事会得在认为最能便利其工作之其他地点举行会议。"为了使得安全理事会能及时地、有效地发挥维持和平的作用，它在组织上必须具有继续不断行使职务的条件，这是《宪章》强调的一个组织原则。但是《宪章》只规定了各理事国都应有常驻会所的代表，其他属于会议程序事项，则详见安全理事会自定的议事规则。① 安全理事会《暂行议事规则》对于安全理事会的两种会议，即定期会议和通常会议，分别作出了规定。定期会议（periodic meetings）应每年召开两次，其时间由安全理事会决定（议事规则第 4 条）；通常会议由主席认为有必要时召开，经安全理事会任何一理事国之请求，主席应召开安全理事会会议；在下列情形之下，主席应召开安全理事会会议：根据《宪章》第 35 条或第 11 条（3）之规定，任何争端或情势被提请安全理事会注意时；根据《宪章》第 11 条（2）之规定，大会向安全理事会提出建议或提交任何问题时；或根据《宪章》第 99 条之规定，秘书长将任何事项提请安全理事会注意时（议事规则第 1 条至第 4 条）。② 按照《宪章》第 28 条规定的精神，安全理事会通常会议，由各理事国常驻代表出席，而定期会议则可由特派之"政府大员"或其他指派的代表出席，简言之，即可由政府首脑或外交部长出席，政府首脑或外交部长出席安全理事会不需

---

① 《国际公法参考文件选辑》（外交学院编），1958 年，第 472～478 页。

② 综计自 1946 年到 1965 年 2 月为止，联合国安全理事会开过 1200 多次会议。

要提出全权证书（议事规则第 13 条）。① 安全理事会每一理事国应有
一代表，根据议事规则（第 18 条），安全理事会主席之职位由安全
理事会各理事国依照其国名英文字母的排列次序轮流担任，每位任期
一月。安全理事会会议通常于联合国会所举行，也可以经任何理事国
或秘书长建议，决定在他处举行（议事规则第 5 条）。

安全理事会的表决程序，是 1944 年敦马顿橡树林会谈未能解决
的唯一的关于联合国组织的主要问题。通过 1945 年克里米亚会议，
苏、英、美三国首脑同意了一项安全理事会表决的规则，通称《雅
尔塔规则》（Yalta Formula），随后得到中国和法国的赞同，提交旧金
山会议接受，成为《联合国宪章》的第 27 条："一、安全理事会每
一理事国应有一个投票权。二、安全理事会关于程序事项之决议，应
以七理事国之可决票表决之。三、安全理事会对于其他一切事项之决
议应以七理事国之可决票包括全体常任理事国之同意票表决之，但对
于第六章及第 52 条第 3 项内容事项之决议，争议当事国不得投票。"
由于在旧金山会议中对上述表决规则的解释有分歧，旧金山会议的发
起国政府（The Sponsoring Governments）的代表团共同发表一个关于
《雅尔塔规则》解释的声明（Statement by the Delegations of the Four
Sponsoring Governments on Voting Procedure of the Security Council）②。
旧金山会议对于这一关于《雅尔塔规则》的声明没有采取任何正式
行动，因而这项声明不能认为是具有法律约束力的解释，但是在联合
国的实践上，它是一般被遵行的。

按照上述《宪章》（第 27 条）的规定，安全理事会的决议按决
议事项之属于程序性或实质性而要求不同的可决票。关于程序事项的
决议以七理事国（不分常任理事或非常任理事）的可决票表决之
（即比普通多数尚多一票）。《宪章》并没具体地指定什么是程序事

---

① Bentwich, Charter of the United Nations, 1951, pp. 71-72; Goodrich,
Charter of the United Nations, 1949, pp. 229-230; Kelsen, Law of the United
Nations, 1951, pp. 233-234.

② 声明全文见 Goodrich, Charter of the United Nations, 1949, pp. 216-218.

项，但上述发起国政府关于程序规则的声明，表明一切规定在《宪章》第 28～32 条的事项都是程序性的。它们包括为了使得安全理事会继续工作所必要的组织措施、举行会议的时间和地点、设立辅助机关、制定和修改议事规则、邀请非理事国或非会员国参加安全理事会的讨论。并且任何一理事国不能阻止安全理事会考虑和讨论根据《宪章》第 35 条提请注意的争端或情势。对于其他一切事项，即非程序事项的决议则应以七理事国之可决票包括全体常任理事国之同意票表决之；这就形成所谓五大国一致的原则，使得任何一个常任理事国享有否决（veto）权。对于五大国一致原则，《宪章》上承认有一个重要的例外，即对于第六章（及第 52 条第 3 项）内关于和平解决争端的决议，当事国不得投票。

在安全理事会实践上，虽然把《宪章》第 28～32 条包括的事项视为程序事项，但是对于具体问题是否属于程序事项的问题，经常就出现分歧。特别是对于调查委员会的设立问题，一方面由于根据《宪章》第 29 条设立辅助机关，属于程序事项，但按照发起国政府的上述有关表决规则的解释的声明，关于进行调查的决定却是实质性的。① 按照上述关于解释的声明，遇有某一事项是否属于程序事项的问题，安全理事会对于这一先决问题也应依七理事国包括全体常任理事国之可决票决定之，这就形成常任理事国的"双重否决"（double veto）权。按照联合国的实践，某一常任理事国在表决时弃权或不出席，不算入否决票内。

总的说来，《宪章》规定常任理事国全体一致决定的原则，使得每一个大国享有否决权，也就是说每一大国有权阻止任何重要决议的通过；这显然否定了会员国的投票的平等价值，也就是违反了《宪章》上标明的主权平等原则，这在国际组织的原则上是有问题的。但是上述发起国政府关于安全理事会投票规则的解释的声明指出，要求常任理事国全体一致的理由在于常任理事国在维持国际和平和安全

---

① Goodrich, Charter of the United Nations, 1949, pp. 221-224; Bentwich, Charter of the United Nations, 1951, pp. 67-71.

上负有主要的责任，在世界现状之下不能期望它们承担其所没有同意的决议发生的义务。显然，所谓大国否决权产生于第二次世界大战后的特殊政治情形，特别是当时美苏两大国首脑（在雅尔塔）所同时要求的。① 事实上，自联合国成立以来，苏联多次在安全理事会使用否决权，一方面对美帝国主义操纵联合国表决机器作威作福的非法行为起了一种抑制的作用，另一方面也被指责为阻害了安全理事会的有效活动。鉴于国际政治形势近年来已由于亚非民族独立运动的高潮而起了根本的变化，现今联合国的成员比该组织创立时增多了一倍以上，安全理事会的现行组织不能反映世界政治的现实，特别是亚非国家在安全理事会中没有适当的代表名额，因此《宪章》关于安全理事会的规定肯定有必要作某些必要的修改。事实上，1963 年联合国大会已经根据许多亚非国家的提议，通过了一项《宪章》修正案（现已批准生效），将安全理事会的理事名额从 11 名增为 15 名，法定表决票数由 7 票改为 9 票，并规定非常任理事国作如下分配：亚非国家 5 名，东欧 1 名，拉美和西欧各 2 名②。因此《宪章》关于常任理事国的投票规则是不是也应该作某种修改或调整，以符合大小国家平等的国际组织原则，也是值得考虑的根本重要问题。

安全理事会担负维持国际和平和安全的主要任务，它在联合国行

---

① 苏联国际法理论认为："宪章这一规定（第 27 条）是主要的原则性的规定，它就仿佛是联合国的根基。"（苏联科学院《国际法》（中译本），1959 年，第 338 页。）

参看 Bentwich, Charter of the United Nations, 1951, p. 70;

Rousseau, Le droit international, 1953, p. 197.

② The Year Book of the United Nations, 1963, pp. 86-88.

1963 年联合国大会通过的关于增加安全理事会和经社理事会理事名额的宪章修改案截至 1965 年 9 月为止，已经批准的国家共计 95 国，超过了必要的 76 国之数（即 114 国之三分之二）。美国总统于 1965 年 4 月 6 日才把这修改案提请参议院同意批准。（American Journal of International Law, July, 1965, pp. 619-622）美国于 8 月 31 日交存批准书（其他常任理事国都先已批准），因而这项宪章的修改，即宣布于 1965 年 8 月 31 日生效。（U. N. Monthly Chronicle, Aug. -Sept. , 1965, pp. 24-25. ）

使特别重要的职能，如《宪章》第六章（争端之和平解决）和第七章（对于和平之威胁、和平之破坏及侵略行为之应付办法）所规定的。安全理事会的职能主要属于执行性，这与大会职能属于讨论和建议性显然是有重大的区别的。安全理事会的一项重要的职能，在于和平解决联合国会员国间的（以及非会员国的）争端，它可以促进争端当事国以谈判、调查、调停、和解、公断、司法解决、区域机关或区域办法之利用或当事国自行选举之和平方法，求得争端的解决（第 33 条）；调查任何争端或情势，以断定其存在是否足以危及国际和平与安全之维持（第 34 条）；对于上述性质之争端或情势，得在任何阶段建议适当调整程序或方法（第 36 条）。安全理事会具有的一项更重要的并且可说是专属的职能是制止侵略，维护和平；它应断定任何和平之威胁、和平之破坏或侵略行为之是否存在，并应作成建议或决定，依第 41 条及第 42 条规定（武力的和武力以外的）之办法，以维持或恢复和平及安全（第 39 条）；它可以决定所应采取武力以外之办法，包括经济和交通关系的停止以及外交关系之断绝（第 41 条）；如果它认为上述武力以外的办法不足或已经证明为不足时，得采取必要之海陆军行动（包括会员国之海陆军示威、封锁及其他军事行动）以维持或恢复国际和平及安全（第 42 条），为此目的它可以要求一切会员国提供武装力量或军事协助和便利等（第 43、44 条）。必须指出，关于维持国际和平及安全，《宪章》也承认会员国行使单独或集体自卫的权利（第 51 条），并且鼓励利用区域办法和区域机关适宜的行动（第 52 条）；但这并不排除安全理事会在这方面行使其应有的职能。相反地，会员国的自卫权或区域行动也仍然是要在安全理事会控制之下进行的。此外安全理事会应负责拟具建立军备管制制度的方案（第 26 条），并行使关于战略防区之各项职务，包括此项托管协定条文之批准（第 83 条）。

总的说来，在联合国的主要机关中，安全理事会占有首要的政治地位，安全理事会经各会员国同意，负维护国际和平及安全之主要责任，并于履行此项责任下之职务时，"即系代表各会员国"（第 24 条）；联合国会员国同意依《宪章》之规定，"接受并履行安全理事会之决议"（第 25 条）。加之，安全理事会有权作成建议或决定应采办法，以执行国际法院的判决（第 94 条）。这样，安全理事会被授予重大的执行权能，使得西方资产阶级国际法理论上认为"联合国各会员国，除安全理事会常任理事国（因为保有否决权）外，已经在相当范围内放弃它们的国家主权"①。无论如何，按照《宪章》的规定，安全理事会于履行它的职务时应"遵照联合国的宗旨和原则"（第 24 条）。事实上，联合国 20 年来活动的历史，充分证明安全理事会在行使它的职权上，每每违反联合国的宗旨和原则，它不但不能维持和平，反而被利用为帝国主义进行武装侵略作掩护，如 1950 年安全理事会决议成立的由美国指挥的联合国统一司令部，发动侵朝战争，1960 年决议组织联合国军，武装干涉刚果（利），即其最突出的恶例。

经济暨社会理事会（The Economic and Social Council）。经济暨社会理事会，作为联合国的主要机关之一，是对联合国在国际经济和社会合作方面负主要责任的。该理事会由大会选举 18 个会员国组成，每年改选三分之一，任期各三年，任满的理事国可以连选连任（第 61 条）。上述 1963 年大会通过的《宪章》修正案也涉及经济暨社会理事会的理事名额的增加。理事会之决议应以到会并投票之理事国过半数表决之（第 67 条）。

经济暨社会理事会的职能，包括：（一）作成或发动关于国际经济、社会、文化、教育、卫生及其他有关事项之研究及报告，并得向大会，联合国会员国，及有关的专门机构，提出关于此种事项之建议案；（二）为了增进全体人类之人权及基本自由之尊重及保护，作成建议案；（三）拟具关于其职权范围内事项之草案，提交大会；（四）召集其职务范围内事项之国际会议（第 62 条）。理事会并且可以与那些由各国政府间协定所成立之各种专门机构（第 57 条所指的 specialized agencies）对于经济、社会、文化、教育、卫生等部门负广大国际责任者订立协定，使得它们与联合国发生关系（第 63 条）。自

---

① Oppenheim, International Law, 1955, I, p. 429.

联合国成立以来，已经有十个以上专门机构这样订立协定，与联合国发生关系。其中有的专门机构是在联合国成立之前老早就存在的，特别是万国邮政联盟和国际劳工组织，其他则大都是在第二次世界大战以后出现的。关于这些专门机构的组织、职务和活动，属于国际行政范畴，这里不遑缕述，兹仅列举其名称如下：（一）国际劳工组织（International Labour Organization），1919 年在巴黎和会建立，其组织规定在《凡尔赛和约》第十四部，1946 年成为联合国的一个专门机构；（二）粮食及农业组织（Food and Agriculture Organization）成立于 1945 年；（三）教育、科学及文化组织（United Nations Educational Scientific and Cultural Organization）成立于 1946 年；（四）国际民用航空组织（International Civil Aviation Organization）成立于 1947 年；（五）国际复兴开发银行（International Bank for Reconstruction and Development）成立于 1945 年；（六）国际货币基金组织（International Monetary Fund）成立于 1945 年；（七）世界卫生组织（World Health Organization）成立于 1948 年；（八）国际难民组织（International Refugee Organization）成立于 1948 年；（九）国际电信联盟（International Telecommunication Union）起源于 1865 年万国电报联盟（International Telegraph Union），现行组织成立于 1949 年；（十）万国邮政联盟（Universal Postal Union），最初成立于 1874 年，1948 年成为联合国的一个专门机构；（十一）政府间海运协商组织（Inter-governmental Maritime Consultative Organization）成立于 1958 年，而于 1959 年成为联合国的一个专门机构。①

上述联合国专门机构的组织和活动，属于国际行政范畴，这里不遑缕述，唯其中国际劳工组织的政治意义比较重要，有必要作一个简括的说明。国际劳工组织是 1919 年巴黎和会的产物，其组织章程载

① 关于联合国专门机构的历史和组织，参看 Bentwich, Charter of the United Nations, 1951, pp. 119-124.

Oppenheim, International Law, 1955, I, pp. 977-1029；《世界知识年鉴》，世界知识出版社，1965 年，第 1116～1130 页。

入《凡尔赛和约》及其他四个和约。① 国际劳工组织的宗旨，说是基于正义和人道，在改善劳动状况方面进行国际合作；这个国际专门机构的创立是从社会改良主义的基本思想出发，标榜劳资调和，对于资本主义社会的劳动群众具有一定的欺骗性；"为了与其他国家发展合作以解决国际劳工组织面临的任务"，苏联于1954年4月加入该组织。② 到1964年为止，国际劳工组织的成员已有110个国家或地区。

国际劳工组织的成员有如下三类：（一）在1945年11月时属于国际劳工组织的会员；（二）联合国会员国依正式通知接受该组织章程的义务而成为的会员；（三）其他国家经代表大会三分之二多数通过为会员。该组织设有三个主要机关，即大会（General Conference）、理事会（Governing Body）和国际劳工局（International Labour office）。大会在组织原则上表现一个重要特点：它具有三重代表性，即每一会员国可派出四个代表，其中两人代表政府，两人分别代表雇主和工人；而每个代表都有权对于大会议题单独投票。理事会是国际劳工局的领导机关，它的组成也具有政府、劳、资三重代表性，即由政府代表24人，雇主代表12人和工人代表12人组成，任期各三年；在政府代表中有10个常任理事（代表所谓"最大工业关系之各会员国"），由苏联、美国、英国、法国、加拿大、印度、西德和日本代表担任。国际劳工局设局长一人，由理事会指派；国际劳工局的职务，包括搜集和分发有关工业生活和劳动状况的国际调整一切事项的情报并研究提交大会讨论，以期缔结国际公约各问题，以及执行大会所交付的特别调查任务等。

国际劳工大会有权依三分之二多数表决通过议案，其形式或者是作为建议，交各会员国研究，以期依国内立法措施使之有效，或者作为国际公约草案，由各会员国批准。国际公约由一个国际会议依三分之二多数通过，而不需要签字，径交各国批准，这在公约缔结程序上是创一新格。依这项程序产生的有关劳工问题的国际公约到1954年就

---

① 《国际条约集》（1917～1923年），第247～258页。
② 苏联科学院《国际法》（中译本），第354页。

已达 103 项，但其中只有 79 项公约获得不同数目的国家的批准生效。①

托管理事会（The Trusteeship Council）。托管理事会作为联合国的主要机关之一，主要是在大会的权力之下，对于国际托管制度（International Trusteeship System）的实施负监察责任的。按照宪章（第 75 条）的规定，联合国设立托管制度，"以管理并监督凭此后个别协定而置于该制度下之领土"（简称托管地 trust territories）。托管制度的基本目的之一是增进托管地"趋向自治或独立之逐渐发展"（第 78 条）。其实国际托管制度基本上就是国际联盟制造的国际委任统治制度（International Mandate System）的继续。而所谓国际委任统治就是变相的殖民统治，原来是帝国主义者用来掩饰其战后分赃政策的一种欺骗手段。如果不是由于第二次世界大战后民族解放运动和殖民地独立运动的高涨，形成一种不可抵抗的洪流，使得帝国主义的殖民国家不得不知难而退，则所谓托管地的"自治或独立"是不会达到现今这样的发展的。

按照《宪章》（第 72 条）的规定，"托管制度适用于以托管协定所置于该制度下之下列各种类之领土：（子）现在委任统治下之领土；（丑）因第二次世界大战结束或将自敌国割离之领土；（寅）负管理责任之国家"自愿置于该制度下之领土。"事实上，没有任何国家自愿将负责管理的领土置于托管制度之下；而（丑）类领土也只有原从意大利割离的领土索马里经大会于 1950 年核准交由意大利托管（以 10 年为期）之一个例子。迄今置于托管制度下的主要为（子）类所谓"委任统治下之领土"（mandated territories），这原来是第一次世界大战的结束，根据《国际联盟盟约》（第 22 条）的规定，置于帝国主义统治下的一些原属战败国的属地或殖民地。这些委任统治地按照其社会的发展情况，被分为"A"、"B"、"C"三级："A"级委任统治地为土（耳其）属中东部分地区，如伊拉克（委任英国统治）、叙利亚和黎巴嫩（委任法国统治）等；"B"级委任统治地

---

① Oppenheim, International Law, 1955, I, pp. 716-732.
《世界知识年鉴》，世界知识出版社，1963 年，第 1117～1118 页。

为原属德国的非洲殖民地，如喀麦隆（分东西两部分，由英法分别统治）、多哥（由英法分区统治）等；"C"级委任统治地为原属德国殖民地之西南非洲（South-west Africa，委任南非联邦统治）和一些太平洋岛屿，如瑙鲁（Nauru，委任英、澳、新共同统治）、西萨摩亚（West Samoa，委任新西兰统治）、以及赤道以北太平洋群岛（由日本统治）等。① 其中"A"级委任统治地，如伊拉克、叙利亚和黎巴嫩，在第二次世界大战结束前已经获得独立，并且都参加了旧金山会议，成为联合国创始会员国，它们当然不适用托管制度（第78条）。置于托管制度之下的，只是属于"B"、"C"两级的委任统治地，其中西南非洲由于南非联邦一直拒绝成立托管协定，仍然保持其旧有的委任统治地位外，其他各委任统治地都由有关国家按照宪章订立了托管协定，分别经过联合国安全理事会（关于战略防区条款）和大会的核准（第83、85条）。② 其中除赤道以北太平洋群岛（The Marianas, Marchall and Caroline Islands）原系日本委任统治地，改由美国作为所谓"战略防区"托管外，其他"B"、"C"两级委任统治地所属各国，则依各别托管协定而成为有关托管领土的管理当局（administrating authority）。《宪章》（第82、83、85条）把托管地分为"战略防区"（"strategic areas"）和普通托管地：联合国关于战略防区（可包括托管地的一部分或全部）的职务，包括托管协定的核准，由安全理事会行使；关于普通托管地的职务，包括托管协定的核准，则由大会行使，托管理事会应协助大会行使上项职务。

托管理事会按照《宪章》（第86条）的规定，应由下列联合国会员国组织之："（子）管理托管领土之会员国；（丑）第23条所列

---

① Oppenheim, International Law, 1955, I, pp. 223-239. Goodrich, Charter of the United Nations, 1949, pp. 428-433.

② 在1943年12月莫斯科三外长会议，曾经考虑将朝鲜置于苏、美、英、中四国托管之下，以五年为期。（Goodrich, Charter of the United Nations, 1949, pp. 433-435.）

《世界知识年鉴》，世界知识出版社，1965年，第526页；

《国际条约集》（1945～1946年），第125页。

名之国家而现非管理托管领土者;(寅)大会选举必要数额之其他会员国,任期3年,俾使托管理事会理事国之总数于联合国会员国中之管理托管领土者及不管理者之间,得以平均分配。"以上所谓"第23条所列名之国家"(意指作为安全理事会常任理事的五大国)而不属于托管当局的,就是苏联和中国。托管理事会在大会权力之下,协助大会对于托管地的管理、执行监察任务,为此目的,它应审查管理当局所送之报告,会同管理当局接受并审查请愿书,与管理当局商定时间,按期视察各托管领土,和按照托管协定之条款,采取其他行动。(第87条)

事实上,大多数托管地现今都已成为独立国家,目前仍然处于托管制之下的只有受澳大利亚管理的新几内亚(New Guinea)和美国管理的赤道以北太平洋诸岛(作为战略防区)等两处。① 此外,西南非洲虽然仍然保持委任统治地位,但按照1950年国际法院关于西南非洲法律地位的咨询意见,作为统治国的南非联邦仍有义务向联合国转送居民请愿书,受联合国的监督。总的说来,联合国创立的托管制度,在现代世界反殖民主义的潮流下,早已是时代落后的东西,根本不符合《宪章》标明的尊重人民平等权利和自决原则的宗旨,而托管理事会所行使的监察职务,实际也不发生任何重要作用,特别是对于美帝国主义托管下的太平洋岛屿所谓战略防区的管理,大会和托管理事会就无从行使监察职能。因此,可说联合国托管理事会的存在已经失去实际的意义了。最后,必须指出,关于托管地的法律地位,即托管地的主权所属问题,有些资产阶级国际法学家把主权(或潜在的主权 residuary sovereignty)和主权的行使(exercise of soverignty)分开,而说管理托管地的国家(the trustee States)享有主权的行使,主权或潜在的主权则属于联合国。② 这种说法根本同托管地人民应有的自决权相矛盾,在理论上是不能接受的。

国际法院(International Court of Justice)。国际法院是联合国的

---

① Year Book of the United Nations.

② Oppenheim, International Law, 1955, I, pp. 235-236.

主要机关之一。按照《宪章》（第 92 条）的规定，"国际法院为联合国之主要司法机关，应依所附规约执行其职务。该项规约系以国际常设法院（Permanent Court of International Justice，即上述常设国际法院）之规约为根据，并为《宪章》之构成部分"。国际法院为联合国的主要司法机关，但不一定是唯一的司法机关，联合国尚可以设立辅助司法机关①，《宪章》也不排斥会员国依据现有或以后缔结之协定将其争端交付其他法庭解决（第 95 条）。

国际法院从历史观点来看，可说是 1920 年国际联盟大会议决建立的、直至第二次世界大战时期形式上还存在的常设国际法院（1964 年 4 月正式宣布解散）的翻版，事实上如《宪章》所指明，"该规约（法院规约）以常设国际法院之规约为根据"。② 但在法律地位上它是一个新组织，它同过去的常设国际法院有根本不同之处。首先，常设国际法院是独立于当时国际联盟之外的一个国际司法组织，《常设国际法院规约》（Statute of the Permanent Court of International Justice）是单独制定的，不构成《国际联盟盟约》的一部分，相反地，国际法院是联合国的一个主要机关，《国际法院规约》系与《联合国宪章》同时制订，"并为《宪章》之构成部分"。③ 第二，《常设国际法院规约》对于国际联盟会员国只是由于它们签署和批准 1920 年 12 月 16 日的规约签字议定书，才对它们有约束力，而联合国的会员国则是《国际法院规约》的当然的当事国（宪章第 93 条）。第三，对于常设国际法院的判决，在法律上并没有保证执行的规定，而国际法院的判决如果不被一方当事国遵从，他方当事国根据《联合国宪章》可以请求联合国安全理事会采取措施使之有效执行（宪

① 例如过去拟议中的国际刑事法院（International Criminal Court）和国际人权法院（International Court of Human Rights）。

② 国际法院所在地，也同常设国际法院一样设在海牙（规约第 22 条）。

③ 《国际法院规约》英文本附载 Goodrich, Charter of the United Nations, 1949, pp. 611-625；中文本见《国际公法参考文件选辑》，世界知识出版社，第 542 ~ 550 页。常设国际法院规约签字议定书和规约正文，附载于 Hudson, The Permanent Court of International Justice, 1920-1942, pp. 665-681.

章第 94 条）。最后，国际法院作为联合国的一个主要机关，同这个国际组织的全部机构的联系是特别重要的，它不但要对于大会或安全理事会提出的法律问题发表咨询意见，而且联合国其他机关以及各专门机关，对于其工作范围内之任何法律问题，亦得随时以大会之授权，请求该法院发表咨询意见(《宪章》第 96 条）。

至于国际法院的构成、管辖权和程序等事项，按照《国际法院规约》的规定，与过去的常设国际法院所规定的基本上是相同的，这当在下章（和平解决国际争端）有关司法解决部分另行论述。

秘书处。联合国的第六个主要机关为秘书处（The Secretariat）。根据《宪章》（第 97 条）的规定，"秘书处置秘书长一人及本组织所需之办事人员若干人。秘书长应由大会经安全理事会之推荐委派之。秘书长为本组织之行政首长"。这样，联合国秘书处包括两种人员：（一）秘书长（Secretary General），按照 1946 年 1 月 24 日大会决议，应由安全理事会七理事之可决票包括全体常任理事国之同意票提名，经大会以到会及投票的会员国多数票表决任命之，任期五年，任满后可继任五年。① （二）办事人员（the staff of the Secretariat），按照《宪章》（第 101 条）的规定，应由秘书长"依大会所定章程委派之"。秘书长如《宪章》所规定是联合国组织的"行政首长"，领导秘书处这一庞大的机构的工作②，负责该组织事务的执行。

---

① 联合国大会关于秘书长之任命条件及待遇全文，见《国际公法参考文件选辑》（世界知识出版社），第 480~481 页。

② 根据 1946 年 2 月 13 日联合国大会批准的组织方案，秘书处分为八个单位：（1）安全理事会事务部（Department of Security Council Affairs）；（2）经济事务部（Department of Economic Affairs）；（3）社会事务部（Department of Social Affairs）；（4）托管事务部（Department of Trusteeship and Information from Non-Self-governing Territories）；（5）公共情报部（Department of Public Information）；（6）法律部（Legal Department）；（7）会议和总务（Conference and General Services）；（8）财务（Financial Services）。

每个单位各由一个助理秘书长领导（assistant secretary general）。（Bentwich, Charter of the United Nations, 1951, p. 172.）

联合国秘书长虽然按其地位的性质只是负责联合国组织的行政事务的首长，但实际他也代表联合国组织执行政治任务，起一定的政治作用。因为按照《宪章》（第98条）的规定，他在大会安全理事会、经社会理事会及托管理事会之一切会议，应以秘书长资格行使职务，并应执行各该机关托付之其他职务；特别是按照《宪章》（第99条）的规定，秘书长"得将其所认为可能威胁国际和平及安全之任何事件，提请安全理事会注意"。事实上，在以美国为首的帝国主义操纵之下，联合国秘书长经常滥用上述规定的职务，进行政治活动，干涉他国事务，在联合国二十年的历史上已有不少这类的例子。①

七、有关联合国组织的其他法律问题

最后，《联合国宪章》在所谓杂项条款（miscellaneous provisions）里作了一些涉及国际法方面的问题的规定，特别是关于《宪章》的优先地位（第103条）和联合国组织及其有关人员的法律地位问题（第104、105条）的规定。

《宪章》优先原则。《联合国宪章》强调《宪章》的优先地位，作了如下的规定，"联合国会员国在本《宪章》下之义务与其依任何其他国际协定所负之义务有冲突时，其在本《宪章》下之义务应居优先"（第103条）。这条规定的作用在于使得会员国不致因为在其他国际协定下承担的义务妨害其在《宪章》下所负的而与前者冲突的义务。例如遇到安全理事会号召会员国（按照《宪章》第43条）参加对侵略国的军事制裁措施，会员国就不得以原来同有关侵略国订有互助或中立的协定为拒绝参加的理由。这项规定涉及三种不同的情

① 第一任秘书长赖伊（Trygve Lie）和第二任秘书长哈马舍尔德（Dag Hammarkjöld）都有过这种非法的政治活动，特别是哈马舍尔德在1960年联合国安理会决定派遣所谓联合国军到刚果（利）进行武装干涉的事件上的活动。关于秘书长的多种职务包括政治职务，参看 Goodrich, Charter of the United Nations, 1949, pp. 493-503.

况：（一）会员国间在《宪章》成立前已有的协定与其在《宪章》下所负的义务冲突；（二）会员国间在《宪章》成立后所订的协定与其在《宪章》下的义务冲突；（三）会员国与非会员国间在《宪章》成立以前或以后订立的协定与其在《宪章》下的义务冲突。在第一种情况之下，《宪章》的义务应居优先，这是没有问题的，因为按照国际法，国家间关于同一事项后来的协定对前订的协定应居优先。《宪章》（第103条）的规定也适用于第二种情况，因为参加多边条约的国家，除非依其他缔约国的同意，不得变更它们原来在多边条约下所负的义务。至于《宪章》这项规定是否也适用于第三种情况，则大有问题。在原则上，《宪章》的效力不能及于非会员国，因而会员国对非会员国承担的条约义务不能因为与其在《宪章》下所负的义务冲突而解除。但是有的西方资产阶级国际法学家硬说《宪章》这条规定同样适用于第三种情况，认为《联合国宪章》具有国际社会的基本法的性质，非会员国纵令没有正式接受它，仍然必须承认这个基本法是国际生活的一个事实而迁就它。① 这种说法显然是夸大《宪章》的效力，在公认的国际法原则上是站不住脚的。另一种说法是：会员国同非会员国的协定如有条款与《宪章》冲突，则会员国被免除（实际也是被禁止）履行这种冲突条款的义务，而联合国的一切机关包括国际法院都有义务支持《宪章》的优先地位，但联合国组织之外的国际法庭（例如按照仲裁协定特别成立的仲裁法庭）则无此义务。因为《宪章》对于会员国和联合国机关是"更高级的法律"（higher law），而在联合国以外者则没有义务这样看待它。② 这一种折中说法似乎是比较合理的意见，但是人们如何能要求缔约一方的非会员国（除非作为国际法院诉讼当事国）接受联合国机关（包括国际法院）的决定，免除作为缔约他方的会员国在协定下所负的义务，这在国际法原则上还是有问题的。这种矛盾问题的解决，按理应由有关会员国一方负责任；它既

---

① Goodrich, Charter of the United Nations, 1949, pp. 517-519.

② Bentwich, Charter of the United Nations, 1951, pp. 179-180.

不能根据《宪章》效力优先的理由解除对非会员国承担的条约义务，也不得借口同非会员国的条约关系，企图逃避《宪章》下的义务。

必须注意，《宪章》这一规定在原则上强调《宪章》的效力的优先地位，但并不是自动地废除会员国所负的与《宪章》的条款不相容的义务，而只是在遇有现实冲突时，这项规定才发生作用。①

联合国组织及其人员的法律地位。在国际法上，国家并没有义务当然承认国际组织的法人资格，即令是他们所参加的国际组织。在一国领土内，国际组织是否享有取得财产、订立契约和提起诉讼等法律行为能力，决定于有关国家的国内法。但是一个国际组织如果在会员国领土内不能进行上述一类法律行为，显然对于它的职务的执行是有障碍的。因此，一个新的国际组织的成立，通常是在有关组织的基本法里规定出原则或具体安排，使会员国承认有关组织在它们国内享有法人资格，例如1948年《美洲国家组织宪章》（《波哥大宪章》）第103条就规定："美洲国家组织在一会员国领土内应享有执行其职务，实现其宗旨所必须的法律能力、特权和豁免。"过去的《国际联盟盟约》没有明文作出这种规定，但是依1926年9月18日国际联盟和瑞士联邦委员会的协定，承认了国际联盟的法人资格。《联合国宪章》（第104、105条）则对于联合国组织的法律地位、特权及其有关人员的特权，作了如下几项规定。

———————

① 在这一点上宪章（第103条）的规定不像过去《国际联盟盟约》关于条约义务冲突问题的规定（盟约第20条）那样硬性，国联盟约（第20条）规定，"联盟会员国各自严谨承认接受联盟盟约，应废止该本国所有一切与本盟约条款相抵触之义务或谅解，并庄重承允此后不得订立与此相似之条约"，"如任何联盟会员国于未经加入联盟以前，负有各种与本盟约相抵触之任务，应即设法解除之"。（《国际公法参考文件选辑》，第422页；参看 Kelsen, The Law of the United Nations, 1951, pp. 112-118. ）

关于《国际联盟盟约》与条约抵触问题，参看《奥本海国际法》（中译本），第1卷，第1分册，第314～316页。

关于联合国组织本身，《宪章》规定，"本组织于每一会员国之领土内，应享受与执行其职务及达成其宗旨所需之法律行为能力"（第 104 条）；"本组织于每一会员国之领土内，应享受于达成其宗旨所必须之特权及豁免"（第 105 条）。关于联合国的有关人员，《宪章》规定，"联合国会员国之代表及本组织之职员，亦应同样享受于其独立行使关于本组织之职务所必需之特权及豁免"（第 105 条）。在这里，必须注意的是，《宪章》并没有赋予联合国组织以一个法人正常享有的全部法律行为能力，而只是限于执行其职务所必要之法律行为能力。关于联合国组织及其有关人员的特权，《宪章》也没有泛指外交特权，而只是分别规定为"于达成其宗旨所必需之特权和豁免"（就联合国组织言）和"于其独立行使关于本组织之职务所必须之特权和豁免"（就有关人员言）。根据《宪章》（第 104、105 条）规定的原则，联合国大会 1946 年 2 月 13 日批准了 1946 年设立的联合国组织筹备委员会（The "Preparatory Commission"）所提出的一项《联合国特权及豁免公约》（通称"总约"，General Convention）建议由各会员国参加。① 这项公约根据《宪章》（第 104、105 条）的要求，就联合国组织的法律行为能力、特权以及其有关人员的特权作出了具体的规定。公约首先承认联合国组织的法律人格，肯定它具有如下行为能力：（甲）缔结契约；（乙）取得并处理动产和不动产；（丙）从事法律诉讼（第 1 条）。此外，联合国也享有免税和通讯便利（第 2、3 条）。② 根据公约（第 4 条）的规定，驻在联合国主要机关、附属机构以及出席联合国所召开的会议的会员国代表，在行使其职务时和在到开会地点的往返途中，享有免受人身拘捕或拘

① 《联合国特权及豁免公约》，全文见《国际公法参考文件选辑》，第 377～381 页；同书（第 382 页）附载有 1946 年 2 月 13 日联合国大会关于国际法院的特权及豁免的决议和关于联合国与各专门机构所享特权及豁免之协议的决议。

② 联合国同联合国总部所在地的美国之间，在 1947 年 6 月 26 日另订有"Agreement between the United Nations and the United States of America regarding the Headquarters of the United Nations"，通称"总部协定"（The Headquarters Convention）；这协定规定了联合国总部所在的一定地区的特殊地位和管理制度。

禁、文书不受侵犯、通讯的自由和便利等项特权和豁免；对于联合国的官员和执行联合国任务的专家，公约也分别列举了所应享受的特权和豁免（第 5、6 条），其中特别规定：对于秘书长和各助理秘书长还应按照国际法给予外交使节所享有的特权、豁免、免除和便利。根据公约（第 7 条）的规定，联合国得向它的官员颁发通行证，各会员国当局"应承认并接受联合国通行证为有效的通行证件"。

关于《宪章》的修改。最后，《联合国宪章》关于《宪章》的修改规定有两种不同的程序。一种是常规的程序，即"经大会三分之二表决，并由联合国会员国之三分之二包括安全理事会全体常任理事国，各依其宪法程序批准后，对于联合国所有会员国发生效力"（第 108 条）。另一种是特别进行的程序，即"联合国会员国为检讨本《宪章》，得以大会会员国三分之二之表决，经安全理事会任何七理事国之表决，确定日期及地点，举行全体会议"；"全体会议以三分之二表决所建议对于《宪章》之任何修改，应经联合国会员国三分之二包括安全理事会全体常任理事国，各依其宪法程序批准后，发生效力"（第 109 条）。后一种程序适用于对《宪章》的总检讨，作一般的修改，比较繁重，迄今尚未采行过，虽则《宪章》（第 109 条）规定，《宪章》生效后大会第十届年会前，如果此项全体会议尚未举行，应将召集此项会议之提议列入该届大会议程。前一种修改程序，曾在 1963 年适用于大会为增加安全理事会和经济社会理事会理事国名额对《宪章》的修改。按照上述《宪章》的规定，任何《宪章》修改案，不论是经大会或联合国会员国全体会议三分之二多数表决通过的，必须由联合国会员国三分之二包括安全理事会全体常任理事国在内，分别批准，才能发生效力。这样，任何一个作为安全理事会常任理事国的大国都有权依拒绝批准而打消任何《宪章》修正案，包括涉及常任理事国的否决权的修改，而不管这个修正案已有其他会员国绝大多数或甚至全体一致的支持，其结果将是大国可以永远保持其在联合国内的否决权。《宪章》规定的这种制度，显然违反国际法公认的并且《宪章》上庄严宣布为联合国组织的大小国家主权平等原则，而对于联合国组织的改进也构成一个重大的法律上的障碍，一直是遭受批评的。在现制度之下，遇有经过必要的多数在大会通过的修改案，因为得不到必要的批准而不成立，或者一项修正案虽有一国或多国反对而仍发生效力，不满意的国家除了自行退出联合国组织外，别无办法。①《联合国宪章》虽然关于会员国退会问题没有作出明文的规定，但会员国在对《宪章》修改案结果不满意的情况下有退出联合国组织的权利，则是旧金山会议所已经肯定了的。②

八、中国在联合国的代表权问题

最后，有必要论述一下中国在联合国的代表权问题。自 1949 年中华人民共和国成立以来，中国在联合国的代表权，成了联合国组织上根本重要的问题，也是关系世界和平的一个重大的政治问题。联合国对待这个问题犯了它的历史上最严重的错误。

中国与联合国组织的关系。从联合国组织的起源上说，如所周知，中国不但是参加 1945 年旧金山会议的 50 个联合国创始会员国之一，并且是联合国组织最初四个发起国之一：中国在 1943 年同苏、美、英三国一道签署了主张建立普遍性国际组织的《莫斯科宣言》，而在 1945 年又是根据同年克里米亚会议的决定，被邀请和苏、美、英（后来加入法国共为五国）共同召集旧金山会议的。在《联合国宪章》（第 23 条）上，中国列为安全理事会五个常任理事国之一。这说明中国同联合国组织的关系及其在联合国组织中所居的地位，是非常重要的。

中国人民一向爱好和平，赞成维护世界和平的国际组织，虽然曾

---

① 1963 年联合国大会通过的宪章修改案已于 1965 年 8 月 31 日生效。修改案全文见 American Journal of International Law, Oct. 1965, pp. 985-987.

参看 Bentwich, Charter of the United Nations, 1951, pp. 187-189; Goodrich, Charter of the United Nations, 1949, pp. 537-541;《奥本海国际法》（中译本），第 1 卷，第 1 分册，第 353～354 页。

② Bentwich, Charter of the United Nations, 1951, p. 26.

经对于它在第一次世界大战后参加的国际联盟，因其专以维持西方帝国主义国家战后分赃的现状为目的，而未能站在和平和正义的立场起制止侵略的作用，大大地失望，但对于第二次世界大战后，反法西斯的盟国建立国际和平和安全的组织的计划是完全支持的。中国共产党反映中国人民的和平意愿，自始就表示支持这个和平组织计划。事实是，1943 年中、苏、美、英四国《关于普遍安全的莫斯科宣言》发表后，《解放日报》（1943 年 11 月 6 日）的社论（《欢迎莫斯科会议的伟大成功》）即热烈表示欢迎。在 1945 年旧金山会议召开之前夕，毛泽东主席在他的《论联合政府》一文中郑重地声明，**"中国共产党对于保障战后国际和平安全的机构之建立，完全同意敦巴顿橡树林会议所作的建议和克里米亚会议对这个问题所作的决定。中国共产党欢迎旧金山联合国代表大会。中国共产党已经派遣自己的代表加入中国代表团出席旧金山会议，借以表达中国人民的意志"**①。中国共产党代表的参加旧金山会议正足以表示中国人民对建立联合国组织的一致支持。这也是中国共产党代表中国人民的意志，争取世界持久和平政策的具体表现。

中华人民共和国在联合国的合法权利。如上所述，中国是联合国的创始会员国，又是安全理事会五个常任理事国之一。自 1949 年中国人民革命胜利后成立的中华人民共和国政府，是代表全中国人民唯一的合法政府。中华人民共和国作为国际法主体，就是解放前的中国的延续，因而当然享有中国在联合国固有的合法地位及其他一切权利；这是为公认的国际法原则，《联合国宪章》和国际惯例所肯定的。关于中国在联合国的合法权利，中华人民共和国政府的立场和态度是表示得十分明确而坚定的。早在 1949 年 10 月 1 日中华人民共和国中央人民政府毛泽东主席在宣告中华人民共和国中央人民政府成立的公告中宣布，**"本政府为代表中华人民共和国全国人民的唯一合法政府"**②。同年 11 月 15 日周恩来外长致联合国秘书长赖伊电，声明

---

① 《毛泽东选集》，第 3 卷，第 1034 页。

② 《中华人民共和国对外关系文件集》，第 1 集，第 3~4 页。

只有中华人民共和国中央人民政府才是代表中华人民共和国全体人民的唯一的合法政府，而出席联合国大会的所谓"中国国民政府代表团"已经变成了一小撮流亡分子的御用工具，绝对没有代表中国人民的任何资格，人民政府要求取消"中国国民政府代表团"继续代表中国人民参加联合国的一切权利；同日周外长并致电第四届联合国大会主席，声明国民党反动残余政府业已基本灭亡，不复再有代表中国人民的任何资格，否认正在出席大会之所谓"国民政府的代表团"的合法地位，认为他们已经不能代表中国并也无权代表中国人民在联合国组织中发言。1950 年 1 月 8 日周恩来外长又致电四届联合国大会主席和联合国秘书长声明，"中华人民共和国中央人民政府认为国民党反动残余集团的代表留在联合国安全理事会是非法的，并主张将其从安全理事会开除出去"。同年 1 月 19 日周外长通知联合国大会主席和秘书长说，"中华人民共和国政府任命了中华人民共和国出席联合国会议参加联合国工作的代表团"①。同年 11 月 28 日中华人民共和国特派代表伍修权在联合国安全理事会讨论控诉美国武装侵略台湾案的发言中，又代表中华人民共和国中央人民政府再一次要求联合国驱逐国民党反动残余集团的代表，接纳中华人民共和国的合法代表。

联合国对待中国代表权问题的作法。中华人民共和国在联合国的合法地位和权利显然是无可否认的，不论是从《联合国宪章》或从公认国际法原则上看。而从国际利害关系上说，恢复中华人民共和国的合法地位和权利，就是联合国的切身利益，是解决国际重大问题的迫切要求。中华人民共和国政府对于中国在联合国的代表权的立场自始就是世界上主张正义、爱好和平的国家和广大人民所同情支持的。特别是当时苏联和其他人民民主国家以及有些新独立的民族国家早就在联合国支持中华人民共和国在联合国组织的合法地位和权利，否认那逃在台湾的国民党反动派集团继续代表中国的资格。在 1949 年 12

① 关于中华人民共和国政府致联合国方面文电，见《中华人民共和国对外关系文件集》，第 1 集，第 86～87 页，第 90～92 页。

月 29 日，苏联代表首先在联合国安全理事会提出国民党代表的地位问题；1950 年 1 月 10 日为了支持周外长 8 日致联合国大会主席和秘书长要求安全理事会开除国民党代表电，苏联代表在安全理事会上坚决要求取消国民党代表的资格，并提出不承认该代表的全权证书案，但苏联的提案由于美国的操纵会议而被否决。同年 8 月 1 日苏联代表又以安全理事会主席地位，在会上裁定国民党代表不能代表中国参加会议，8 月 3 日又提出承认中华人民共和国中央人民政府的代表为中国代表案，但上述裁定和提案仍然都被否决。后来苏联还是继续在联合国关于中国代表权问题对美帝国主义作斗争，在这个斗争中，中国在联合国的合法地位和权利受到爱好和平的国家，特别是许多新独立的亚非民族国家的支持。可是多年以来，在美帝国主义的操纵之下，联合国组织一直拒绝中华人民共和国行使其在联合国的合法权利，而让国民党反动残余集团的所谓"中华民国代表"继续在联合国组织窃据中国代表的席位。这种硬用联合国的表决机器，无理地拒绝中华人民共和国行使合法代表权的作法及其所造成的国际上极不正常的事状，显然在联合国组织内外久已是不得人心的。

因为联合国有些会员国一方面不敢正面否定中华人民共和国在联合国的合法地位，另一方面又要支持或迎合美帝国主义的意旨，来阻挠中华人民共和国进入联合国，对中国代表权问题则采用一种拖延解决或规避的作法，那就是由联合国通过暂时不讨论中国代表权的决议，而以"目前时机不成熟"、"目前情势不利"一类口实为这种推迟讨论的理由（例如英国在 1955 年 3 月安全理事会支持美国代表提出的暂不讨论中国代表权的决议）。自 1955 年之后几年中，每届联合国大会在美帝国主义策动之下，都通过了这种推迟讨论的决议。但是这种把会员国的合法代表权推迟讨论的作法，本来就没有道理，在法律上也没有根据，事实上也不可能长期实行。中华人民共和国的国际地位和威信日益增高，支持它在联合国的合法权利的国家，特别是新独立的亚非国家，越来越多，这使得美帝国主义在中国代表权问题上日趋孤立，它所需要的在联合国大会表决机器中控制多数也没有把握；事实上，在联合国大会通过推迟讨论"中国代表权"问题的议程上美国得到的多数票逐年减少，在十五届大会仅得到八票之微弱多数（42 对 34），到 1961 年十六届联合国大会开会时候如果想通过同样的议案，这种微弱多数看来也保不住了。就是在这种不利的发展的情况之下，美帝国主义要继续排斥中华人民共和国于联合国组织之外，不能不改变策略，于是在 1961 年十六届联合国大会采用把中国代表权作为按照宪章第 18 条（第 2 款）要求三分之二多数表决的"重要问题"提出大会讨论通过的作法。美国纠集日本、澳大利亚、哥伦比亚和意大利在十六届大会提出讨论"中国代表权"问题的建议，特别要把这问题列作"重要问题"来讨论，就是借口"重要问题"骗得多数赞成，把问题提到要求三分之二多数表决的范畴，从而可以依纠集略多于三分之一的票数来继续阻挠恢复中华人民共和国在联合国的合法地位和权利。美帝国主义策动的这个阴谋在 1961 年联合国大会实现了："中国代表权"问题被第十六届大会决议列为需要三分之二多数表决的"重要问题"。① 这样，自 1961 年以来，代表六亿五千万人民的中华人民共和国继续被排斥在联合国组织之外，不能行使它作为联合国创始会员国和安全理事常任理事国具有的合法权利。

有关中国代表权的法律论点。联合国对待中国代表权的作法是根本错误的，不但根本违反《联合国宪章》，并且严重损害联合国的威信。首先，中华人民共和国政府是代表全中国人民的唯一的合法政府，因而是唯一有权代表中国参加联合国组织及其一切机关的工作和活动的政府。联合国受美帝国主义操纵，排斥中华人民共和国于该组织之外，根本不是一个拒绝接纳一个新会员国的问题，而是剥夺一个创始会员国并且是安全理事会常任理事国的合法代表权。早在 1954 年 5 月 22 日日内瓦会议上，当时周恩来总理兼外长严正地指出，"问题不是中华人民共和国要求加入联合国，而是中华人民共和国参加联

---

① 关于 1961 年第十六届联合国大会对中国代表权问题的讨论和决定，详见 Year Book of the United Nations, 1961, pp. 124-128.

合国的应有权利遭到剥夺，因此，中华人民共和国的合法地位应予恢复"①。恢复中国的代表权在联合国只是一个程序性问题，具体地说，也就是代表的全权证书问题。在联合国组织内，按照大会和安全理事会议事规则，程序性问题，包括代表的全权证书问题，都是以普通多数决定的，那就是说，在大会不需要三分之二的多数表决，在安全理事会不适用否决权。关于这点，就安全理事会而言，在 1954 年（3月 24 日在纽约记者招待会上）当时的联合国秘书长哈马舍尔德早已指出，他的前任秘书长赖伊曾发表声明说，关于决定什么政权该代表一个国家出席安全理事会问题时，是不能采用否决权的，这是联合国法制部的看法。西方国际法专家也指出，如果将代表证书的审定当作非程序性事件，而对于出席代表资格问题在安全理事会行使否决权的话，那么，在一国政府经过革命变换之后，被推翻了的政府的代表，如果是代表一个常任理事国，就可以利用否决权拒绝新政府的代表出席，而自己永久窃据安全理事会的席位，那不是导致一种荒谬的结果，使得联合国的机构临于瘫痪吗？同一程序性问题，在安全理事会可以普通多数决定，而在大会却要以三分之二之多数表决，这又是什么逻辑呢？美帝国主义及其追随者硬把中国代表权增入《宪章》第18 条所列需要三分之二多数决定的重要问题来讨论决定，也就是歪曲使用《宪章》第 18 条的规定，企图达到继续剥夺中华人民共和国

---

① 《中华人民共和国对外关系文件集》，第 3 集，第 34 页。

美帝国主义的追随者还想以宪章第 23 条规定"中华民国"为常任理事国之一为理由，妄说中华人民共和国在联合国的代表权问题涉及宪章的修改，这是完全的诡辩，在法律上站不住脚的。中华人民共和国是解放前中国的延续，"中华民国"是过去中国的名称，在解放后已经废除而代之以中华人民共和国的名称，谁也再没有权力继续使用"中华民国"名称，冒充代表中国了。如西方一位国际法专家早已指出，"根据国际法，国家有权变更它的称号，《联合国宪章》并不限制会员国这个权利，纵令该会员国是第 23 条所举之安全理事会常任理事国"。他并且断言，假定联合国承认中国共产党政府为中国的政府，中国将是在它的新称号中华人民共和国之下作联合国的会员国和安全理事会常任理事国，而不需要修改宪章。（Kelsen, The Law of United Nations, 1951, pp. 946-947, p. 949.）

在联合国的合法地位和权利那一非法的目的。其实,《宪章》第18条第2款所列为需要大会三分之二多数表决的重要问题,都是实质性问题,而恢复中华人民共和国的合法权利,则是一个程序性问题,硬由大会把它定为需要三分之二多数决定的问题来决定,显然是不符合《宪章》第18条规定的精神的。并且从条文上看,第18条第3款规定,"关于其他问题之决议,包括另有何种事项(additional "categories" of questions)应以三分之二多数决定之问题,应以到会及投票之会员国过半数决定之"。可见大会可以增列为需要三分之二多数决定的,是说某类("category")事项,而不是说某一事项,那个条款的原意显然在于增列概括的事类,而不是用来解决个别的具体问题。西方国际法专家的看法也是如此,例如奥本海教本就说:"一个问题,不管如何重要,除非包括在以上列举的范围之内,或者除非曾经明文列在需要三分之二多数通过的一个种类(category)内都是可以依普通多数表决的建议的问题"①。第十六届联合国大会的决议把恢复中国代表权这一个具体问题增列为需要三分之二多数决定的一个问题,那是完全歪曲使用《宪章》的条款了。无论如何,在原则上,联合国一届大会的决定不能拘束后来的大会,因而上述第十六届大会关于中国代表权问题的决定是可以被后来的大会取消的。② 美帝国主义想以通过上述十六届联合国大会决议的作法来继续阻挠中华人民共和国在联合国的合法权利的恢复,也是行不通的。

联合国的前途。联合国20年的历史是不光彩的。联合国组织自成立以来,一直在美帝国主义控制和操纵之下,违背宪章规定的宗旨和原则,犯了许多严重的错误,做了很多坏事。特别是在其对待中国在联合国的代表权上,联合国犯了最大的错误。如周恩来外长早在1954年日内瓦会议指出的,"中国是联合国的创始者之一,中国人民

① 奥本海《国际法》(中译本),第1卷,第1分册,第343页;Oppenheim, International Law, 1955, I, p. 431.

② Goodrich, Charter of the United Nations, 1949, p. 190; Bentwich, Charter of the United Nations, 1951, p. 52.

一贯支持《联合国宪章》的宗旨和原则，并不断为它的实现而努力。根据《联合国宪章》，苏联、美国、英国、法国和中国对维护和平和安全负有特殊的责任。联合国中的多数国家追随美国剥夺中华人民共和国在联合国应有的地位和权利，根本违反了《联合国宪章》，并严重损害着联合国的威信"①。为这一国际组织的前途着想，诚如周恩来总理（1965年1月24日）所说，联合国"必须改正它的错误"，"必须加以彻底改组"。② 现在，中华人民共和国在联合国的合法权利已经得到恢复，但这还只是联合国改正错误的第一步。

第三节　区　域　组　织

一、区域组织与联合国

区域性国际组织，在联合国组织成立以前，并且早在国际联盟创立以前，就已经在世界上出现。首先出现的区域组织，是美洲国家组织（The Organization of American States），通称泛美联盟（Pan-American Union）。③

事实上，在1945年4月25日旧金山会议召开前两月（2月21日至3月8日），美洲21个国家已在墨西哥城举行会议，讨论进一步改善和加强美洲国家体系以及同已经提议的普遍性国际组织保持紧密联系的问题，其结果有1945年3月8日通过的《查普特庇克决议书》（The Act of Chapultepec）④。该决议书声明，它所包括的宣言和建议，"构成一项区域性办法，以处理与维护国际和平和安全有关的并适合

---

① 《中华人民共和国对外关系文件集》，第3集，第34页。
② 周恩来总理在欢迎印尼副总理苏班德里约宴会上讲话，见《新华月报》，1965年第2期，第177页。
③ 正确地说，所谓泛美联盟（Pan-American Union）是指在华盛顿的美洲国家组织常设机关，即总部；不过通俗的说法也指该组织本身。（American Journal of International Law, April, 1965, p. 316.）
④ 《国际条约集》（1945~1947年）第9~16页。

于在本半球采取的区域性行动有关的问题"。同时，阿拉伯各国代表于3月22日在开罗举行会议，通过了《阿拉伯国家联盟公约》①，正式成立阿拉伯国家联盟（The League of Arab States）。《阿拉伯国家联盟公约》也规定："关于联盟与各国际组织合作的方法，理事会也有予以决定的职务，此类国际组织可能于将来建立，以保证和平和安全，并组织经济和社会的关系。"这样，在旧金山会议的前夕，这些区域性国际组织已预计在履行维护和平和安全的任务方面，有同行将建立的普遍性国际组织合作或联系的问题。旧金山会议面临区域组织的存在和发展的事实，其所制订的《联合国宪章》，在原来敦巴顿橡树林建议中关于区域办法的条款的基础上，对于区域办法或区域机构行使维持和平和安全及解决国际争端的任务和满足的条件，作出了明确的规定（宪章第51条至第54条）。这样，《联合国宪章》确认了区域性国际组织的法律地位，而把区域组织和联合国组织的联系确定下来；虽然无论在法律上或事实上，这些区域组织并不构成联合国组织的一部分，但是被认为在《宪章》的规定的条件下，可以分担维护和平和安全的任务。

《联合国宪章》规定："本宪章不得认为排除区域办法或区域机构，用以应付关于维持国际和平及安全而宜于区域行动之事件者；但以此项办法或机构及其工作与联合国之宗旨及原则符合者为限。"这就肯定了区域组织的基本职能是用区域行动来维持国际和平及安全，而以符合联合国的宗旨和原则为其活动的基本条件。《宪章》规定区域组织一个具体的职能为和平解决争端。按照《宪章》第52条第2款的规定，建立区域组织的联合国会员国，将地方争端提交联合国安全理事会以前，应该以区域办法或由该项区域机构，力求和平解决。

区域组织的另一个重要职能是它可以被联合国安全理事会利用以采行执行行动，但是如果没有安全理事会授权，它不得采取任何执行行动（宪章第53条）；并且"关于为维持国际和平及安全起见，依区域办法或区域机构所已采取或正在考虑之行动，不论何时应向安全

---

① 《国际条约集》（1945～1947年），第16～23页。

理事会报告之"（《宪章》第 54 条）。

但是，对于上述区域组织非经安全理事会授权不得采取执行行动的原则的限制，《宪章》上打开了一个缺口：《宪章》第 51 条规定："联合国任何会员国受到武力攻击时，在安全理事会采取必要办法，以维持国际和平及安全以前，本《宪章》不得认为禁止行使单独或集体自卫之自然权利。"这一规定是敦巴顿橡树林建议中所没有的①。但是在旧金山会议中，既存的区域组织，特别是美洲国家组织，对于安全理事会任何一个常任理事国可以行使否决权阻害区域组织的集体行动，表示有所顾虑；而为了消除这种顾虑，《联合国宪章》才订入承认集体自卫权的一条。② 这就使得联合国的规定与区域组织的活动保持一定的协调。在 1948 年波哥大会议通过的《美洲国家组织宪章》（通称《波哥大宪章》，Bogota Charter）第 1 条声明，"在联合国中，美洲国家组织是一种区域机构"③。这一说法人们认为不甚正确，因为美洲国家组织并不是隶属于联合国的区域机构，它是独立存在和独立行动的，不过通过《联合国宪章》的规定，在执行维护和平和安全以及解决国际争端的任务方面，同联合国组织主要是安全理事会，发生联系而已。④ 美洲国家组织如此，其他现存的区域组织也不例外。

二、现存的区域组织

现今世界上的区域组织，严格地说，只有三个：首先成立的是美洲国家组织；其次为阿拉伯国家联盟；又其次为非洲统一组织（The Organization of African，Unity，1963 年建立）。以下当依次论述。

美洲国家组织。作为一个区域性国际组织，美洲国家组织的历史

---

① Goodrich, Charter of the United Nations, 1949, p. 580.

② Goodrich, Charter of the United Nations, 1949, pp. 297-299; American Journal of International Law, April, 1965, p. 317.

③ 《国际条约集》（1948~1949 年），第 66 页。

④ American Journal of International Law, April, 1965, p. 319.

最长，并且如上所述，对于旧金山会议制订的《联合国宪章》中有关条款有直接影响。

美洲国家组织的起源，可以追溯到 1890 年在华盛顿召开的第一次美洲国家会议（The First International Conference of American States）。这一国际会议于 1890 年 4 月 14 日决定创立一个常设组织，定名为美洲共和国联盟（The International Union of American Republic），那就是美洲国家组织的开始；1890 年 4 月 14 日被称为"泛美纪念日"（Pan-American Day）。美洲国家组织最初的目的只是为发达商务和促进仲裁制度。后来经过各次美洲国家会议，这个组织的任务和活动逐渐发展到包括政治、经济、文化和法律等事项范围。特别是 1928 年哈瓦那会议通过了一系列的有关国际公法的公约以及一部国际私法法典（即有名的 Bustamante Code of Private International Law）。1936 年在布宜诺斯艾利斯召开的"美洲国家间维护和平会议"通过的《关于维护和平、保持以及重建和平公约》，1938 年在利马召开的第八届美洲国家会议通过的《关于美洲团结原则宣言》和 1940 年在哈瓦那召开的美洲各国第二次外交部长会议通过的《美洲各国防御互助合作的宣言》，确定了美洲各国关于对外来侵略的共同防御进行协商的原则。[1] 特别重要的是，1945 年旧金山会议前夕在墨西哥城召开的美洲国家间关于和战问题会议上，通过了《查普特庇克议定书》，重申 1890 年以来美洲国家通过的条约、决议和宣言所宣布的一些基本原则；并通过了重组、巩固和加强美洲国家的体系（The Inter-American System）的协议，强调同正将建立的普遍性国际组织保持紧密的联系，并对制订泛美体系的宪章草案作出准备。为了执行墨西哥城会议决定的重组美洲国家间体系第一步，在 1947 年里约热内卢会议通过的《美洲国家间互助条约》（第 3 条）宣布："缔约国同意，任何一国对美洲一国的攻击应视为对全体美洲国家的武装攻击，因而每一上述缔约国承

----

① 美洲国家会议通过的三个文件，见《国际条约集》（1934~1944 年），第 113~115 页，第 216~218 页，第 271~272 页。

诺行使其《联合国宪章》第51条所承认的单独或集体自卫的固有权利以援助应付攻击。"① 接着于1948年在波哥大召开的第九次美洲国家会议，根据上述1945年墨西哥城会议的决议，通过了《美洲国家组织宪章》（Charter of the Organization of American States），通称《波哥大宪章》（Charter of Bogota）②，实现了墨西哥城会议决定进一步重组和加强美洲国家间体系的计划。

《波哥大宪章》的通过，并不是新建一个美洲国家组织，而是在从1890年美洲共和国联盟创立以来历届美洲国家间会议（包括外交部长会议）所通过的各项宣言、决议和条约的基础上，以一部总条约的方式，系统地规定美洲国家组织的性质和宗旨、原则、任务以及各种机关，作为该组织的一种永久性基本文件。按照《宪章》第112条的规定，"本《宪章》应无限期有效"。美洲国家组织由全部拉美和北美（唯加拿大自始除外）国家共21国组成。按照该《波哥大宪章》（第4条）的规定，"美洲国家组织为了实践建立本组织的原则及履行其在《联合国宪章》下的区域任务，特宣告下列各主要宗旨：（甲）加强美洲大陆的和平和安全；（乙）防止会员国间所能引起困难的可能原因并保证会员国间可能发生的争端的和平解决；（丙）为遭到侵略的那些国家规定共同行动；（丁）寻求会员国间所引起的政治、法律和经济问题的解决；（戊）并以合作行动来促进它们经济、社会及文化的发展"。《宪章》第20条规定了和平解决争端的原则，"美洲国家之间可能发生的一切国际争端，在提交联合国安全理事会之前，必须交由本《宪章》所规定的和平程序处理"。《宪章》也特别重申集体安全原则，说："一个国家对一个美洲国家领土完整或领土的不可侵犯性或对其主权或政治独立的每一侵略行动应认为是对其他美洲各国的一种侵略行为。"根据《宪章》第

---

① 《国际条约集》（1945~1947年），第9~16页，第519~525页。

② 《国际条约集》（1948~1949年），第65~85页；

Peaslee, International Governmental Organizations, Vol. Ⅱ, pp. 545-559. 《波哥大宪章》于1951年12月13日得到宪章要求的三分之二多数国家的批准生效。

32 条的规定，美洲国家以下列主要机关来实现其宗旨：（一）美洲会议；（二）外交部长协商会议；（三）理事会；（四）泛美联盟。①

（一）美洲会议（The Inter-American Conference），作为美洲国家组织的最高机关，由一切会员国的代表组成，每五年召开一次。

（二）外交部长协商会议（The Meeting of Consultation of Ministers of Foreign Affairs），应为考虑美洲国家间的紧急性问题及其共同利益问题而举行，并作为协商机关服务；协商会议可依任何会员国的要求经本组织的理事会决定召集。

（三）理事会（the Council of the Organization of American States），以每一会员国特派的大使级代表组成，在本《宪章》和美洲国家间的条约及协定之范围内，有权处理任何由美洲国家会议或外交部长协商会议提交的任何事宜；理事会对泛美联盟适当执行其被指定的任务应负责任；理事会设立下列三个机关：（1）美洲经济及社会理事会；（2）美洲法律专家理事会；（3）美洲文化理事会。

（四）泛美联盟（Pan-American Union），是"美洲国家组织的中央及常设机关，并且是本组织的秘书处"。按照《宪章》第 92 条的规定，泛美联盟地址设在华盛顿，而《宪章》第 56 条则规定理事会应在泛美联盟地址内执行职务。由此可见，泛美联盟虽然只是美洲国家组织的行政事务总部，而实际形成该组织政治活动的中心，如上指出过，人们在通俗意义上，用泛美联盟这个名称称呼美洲国家组织本身，不为无因。

必须指出，美洲的这一区域组织自 1890 年美洲共和国联盟创立以来，中间经过 1948 年波哥大会议制订《美洲国家组织宪章》，继续存在和活动，到现今（1965 年）已有 70 多年的历史，看起来好像是世界上最巩固的一个重要的地域性国际组织。但是其实美洲这一区域组织，原来是美国在新大陆执行的门罗主义垄断政策的产物。美帝

---

① 此外尚规定有临时召集的专门会议（组织宪章第 93 条）和依协定设立的有关共同利益的技术事宜的专门机关（第 95 条）。

国主义自始就操纵和利用美洲国家组织，作为对拉美国家实行政治的控制和经济的扩张以及进行内政干涉的工具。特别是第二次世界大战以后，美帝国主义抱着独霸世界的野心，企图加紧控制拉美国家，并利用美洲这一区域组织推行它的战争政策和侵略政策。因而这一区域组织的表现越来越反动；事实上通过上述 1947 年《美洲国家间互助条约》，它已成为美帝国主义控制下的一个军事集团。甚至 1954 年在加拉加斯召开的美洲国家间会议，在美国政府的压力下，通过了反对国际共产主义的宣言，建议各国采取对待国际共产主义的活动和宣传的措施。1959 年卡斯特罗领导的古巴革命成功，美国政府自始就企图通过美洲国家组织的活动，借口美洲国家组织所谓条约义务，来对古巴进行干涉；及至 1962 年竟由在埃斯特角（Punta del Este）召开的外交部长会议通过决议，宣布把古巴政府从泛美体系排除出去。这样，在美国政府控制、操纵和利用之下，美洲国家组织显然背弃了它所宣称奉行的联合国的宗旨和原则，日益成为帝国主义反动政策的工具，而丧失其作为一个维护和平和安全及发展国家间友好关系的区域组织的地位。事实上，美帝国主义利用这一区域组织非法地干涉他国内政的作法，在拉丁美洲国家中久已不得人心，引起了内部矛盾；有些民族独立自尊心较强的国家，例如墨西哥，敢于对美国的压力坚决表示反抗，是值得注意的。拉美方面政治动向，是可以对美洲国家组织的前途发生影响的。①

阿拉伯国家联盟。阿拉伯国家联盟（The League of Arab States），是在建立联合国组织的旧金山会议前夕新成立的一个区域性国际组织。这一区域组织的创立原来是埃及在 1943～1944 年期间向阿拉伯国家建议的，而通过 1944 年在埃及的亚力山大港举行的阿拉伯各国外长会议，拟订了《亚力山大议定书》，并决定成立阿拉伯国家联盟。1945 年 3 月 22 日由叙利亚、约旦、伊拉克、沙特阿拉伯、黎

① 关于美洲国家组织的起源和发展，参看 Fenwick, The Organization of American States, in American Journal of International Law, April, 1965, pp. 315-320;

Peaslee, International Governmental Organizations, Vol. Ⅱ, pp. 540-544.

巴嫩、埃及和也门等七个阿拉伯国家的代表在开罗举行的会议，按照《亚力山大议定书》，拟定并通过了《阿拉伯国家联盟公约》(The Pact of the League of Arab States)①，正式成立联盟。阿拉伯国家联盟的宗旨，如联盟公约（第 2 条）所规定，是："使会员国间的关系更加密切，并为了实现彼此间的紧密合作而协调彼等的政治活动；保卫彼等的独立和主权；以及全面考虑阿拉伯国家的事务和利益。"联盟的宗旨并包括会员国间在下列事项中紧密合作：甲、经济和财政事项，乙、交通事项，丙、文化事项，丁、有关国籍、引渡等法律事项，戊、社会福利事项，己、卫生事项。联盟公约没有明文规定在维持和平和安全问题上的合作，但规定会员国间不得因争端诉诸武力，而应以和平方法解决争端（第 5 条）；并要求联盟理事会依一致同意采取措施击退侵略（第 6 条）。到了 1950 年 4 月联盟国家间签订了一项附有军事议定书的《联合防御经济合作条约》，这就填补了联盟公约中的一个缺陷，而完成了这个区域性集体安全的组织。②

　　阿拉伯国家联盟由签订联盟公约的国家组成；每一独立的阿拉伯国家有权加入联盟，其加入申请书交由联盟的理事会审定（第 1 条）。理事会是联盟的主要机关，由会员国代表组成，每一会员国有一个投票权；理事会的职务为实现联盟的宗旨并监督执行会员国间上述第 2 条规定的事项或其他事项所缔结的协定，以及决定联盟与可能于将来建立的各国际组织合作的方法（第 3 条）。理事会全体一致的决议应对联盟全体会员国有约束力；由多数通过的决议仅对赞成国有约束力（第 7 条）。按照公约（第 11 条）的规定，联盟理事会应于每年 3 月和 10 月召开例会一次，必要时可召开非常会议。联盟设立常设秘书处，秘书长应经联盟会员国三分之二表决，由理事会委派（第 12 条）。按照联盟公约第 10 条的规定，阿拉伯国家联盟的永久

---

① 《国际条约集》(1945～1947 年)，第 16～23 页；
Peaslee, International Governmental Organizations, Ⅱ, pp. 511-517.
② 《国际条约集》(1950～1952 年)，第 47～51 页。

地址为开罗。

阿拉伯国家联盟不是像美洲国家组织那样实际受某一大国控制、操纵和利用的一个组织，而是在主权平等原则之基础上建立的，为维护和平和增进共同利益而合作的一个真正的区域组织，是符合联合国的宗旨与原则以及《联合国宪章》关于区域办法的规定的精神的。这一区域组织自 1945 年成立以来，在组织和活动方面都有积极的发展。随着阿拉伯民族的解放，新独立国家出现，联盟的会员国也增多。阿拉伯国家联盟创立时会员国只有七个，其后有独立的阿拉伯国家陆续加入（加入联盟的已有利比亚、苏丹、摩洛哥、突尼斯、科威特和阿尔及利亚），到 1965 年联盟的会员国共为 13 国。按照联盟公约（第 19 条）的规定，不同意公约修正案的任何会员国将退出联盟。但迄今尚未发生过会员国退盟的事例。① 这一区域组织的活动，在捍卫阿拉伯民族的独立，反对帝国主义和新老殖民主义的侵略或干涉上具有重大意义。特别是在巴勒斯坦问题上支持阿拉伯人民的权利，反对犹太复国主义，同以色列的扩张政策作坚决斗争，充分表现了阿拉伯国家的团结的精神和力量。尽管美、英帝国主义采用各种手法，企图从中破坏，例如 1955 年制造《巴格达条约》，甚至 1956 年英法帝国主义伙同以色列武装进攻埃及，都未能打破阿拉伯国家的团结或动摇联盟的政治地位。1965 年 9 月在卡萨布兰卡召开的第三次阿拉伯国家首脑会议发表了有关支持巴勒斯坦解放，赞扬非洲统一组织对争取非洲殖民地解放的努力，以及反对帝国主义和犹太复国主义渗入亚洲和非洲的活动等项声明，并且参加首脑会议的国家还签署了一项《阿拉伯团结公约》；公约指出："阿拉伯国家必须团结和加强它们的队伍，以便同威胁阿拉伯整体的帝国主义和犹太复国主义的阴

---

① 1965 年中在对待以色列问题的政策上，突尼斯总统布尔吉巴提出与其他阿拉伯国家不同的主张，第一次出现内部的矛盾。突尼斯没有参加 1965 年 9 月在卡萨布兰卡召开的阿拉伯国家首脑会议。

谋作斗争。"① 由此可见，阿拉伯国家团结进一步加强，阿拉伯国家联盟作为亚非方面一个区域组织的地位将日见重要，在促进和巩固亚非国家的团结上也是可以起积极作用的。

非洲统一组织。非洲统一组织（The Organization of African Unity），是现今世界上最年轻的区域组织。这个区域组织是根据非洲 31 个国家在埃塞俄比亚首都亚的斯亚贝巴举行的非洲国家首脑会议于 1963 年 5 月 25 日通过的《非洲统一组织宪章》（The Charter of the Organization of African Unity）而建立起来的。② 按照宪章第 2 条的规定，非洲统一组织的宗旨为：甲、促进非洲国家的统一与团结；乙、协调并加强它们之间的合作与努力，改善非洲人民的生活；丙、保卫它们的主权、领土完整与独立；丁、排除非洲大陆上一切形式的殖民主义；戊、在尊重《联合国宪章》与《人权宣言》的情况下，促进国际合作。而为了实现这些目的，会员国得协调其总的政策，特别是在以下各方面：（一）政治与外交方面的合作；（二）经济合作；（三）教育与文化方面的合作；（四）卫生保健方面的合作；（五）科学与技术方面的合作；（六）防务和安全方面的合作。关于上述各方面事项的合作，由首脑会议根据需要建立专门委员会（specialised commissions）：（一）经济和社会委员会；（二）教育和文化委员会；（三）卫生和保健委员会；（四）防务委

---

① 1965 年 9 月 19 日《人民日报》。

《阿拉伯团结公约》被认为是《阿拉伯国家联盟公约》的补充文件，它着重宣布了一些重要原则，其中包括：一、为了阿拉伯民族，特别是为了巴勒斯坦事业而团结起来；二、尊重每个阿拉伯国家的现政权和指导这些政权的宪法，不干涉这些国家的内政；三、尊重国际法和现行的政治避难权的法律；四、不鼓励任何形式的颠覆活动。（新华社，阿尔及尔 1965 年 9 月 16 日法文电）

② 关于非洲统一组织的起源和宪章的说明，参看 T. O. Elias, Charter of the Organization of African Unity, in American Journal of International law, April, 1965, pp. 243-267；

《非洲统一组织宪章》，法文本见 Revue générale de droit international public, 1963, octobre-décembre, pp. 964-971；其英文本见 American Journal of International Law, July, 1964, pp. 873-880.

员会；（五）科学、技术和研究委员会（宪章第 20 条）。惟关于政治和外交方面的合作，尚未定出特别委员会；在另一方面，则在 1964 年 7 月 20 日开罗会议上，非洲国家首脑会议决定成立非洲法律家委员会。①

为了实现上述《宪章》第 2 条所宣布的宗旨，非洲统一组织的会员国庄严地确认并声明遵守下列原则：（甲）非洲各国的主权平等，（乙）互不干涉内政，（丙）互相尊重主权和领土完整和独立生存的不可剥夺的权利，（丁）通过谈判、调停、和解或仲裁，和平地解决争端，（戊）无保留地谴责政治暗杀及邻国或任何其他国家进行颠覆活动，（己）彻底献身于完全解放尚未独立的非洲领土，（庚）重申对一切集团不结盟的政策（宪章第 3 条）。为了执行上述丁项原则，宪章第 19 条规定，特设"调停、和解和仲裁委员会"作为非洲统一组织的一个主要机关。至于（戊）项提出的反对政治暗杀和颠覆的原则，显然是由于 1963 年多哥总统被暗杀事件以及有些会员国被指控有进行颠覆活动的嫌疑而引起的。②

《非洲统一组织宪章》第 1 条首先声明，"本组织包括大陆的国家、马达加斯加及毗邻的岛屿"；因此所有非洲大陆附近的岛屿，已独立的如马达加斯加（马尔加什），或者将来取得独立的，都可以成为这个组织的成员。按照《宪章》第 4 条的规定，"每一独立的非洲主权国家都有权参加本组织"；这就肯定把欧洲殖民者统治下的南非排除在外（南非自始就不是 1963 年 5 月非洲国家首脑会议的参加国）。根据《宪章》第 28 条的规定，"任何独立的非洲主权国家随时都可将其奉行与承认本《宪章》的意图通知行政秘书长，由秘书长将其通知分发各会员国；接纳入会应以会员国的简单多数决定之"。随着非洲新独立国家的出现，非洲统一组织的会员国增多，已由

---

① Elias, Charter of the Organization of African Unity, in American Journal of International Law, April, 1965, pp. 264-267.

② Elias, Charter of the Organization of African Unity, in American Journal of International Law, April, 1965, p. 249.

1963 年创立组织时候的 31 国，增到至今（1965 年）的 36 国。① 非洲统一组织是通过条约的形式建立的，新的独立的非洲国家可以加入，原来的会员国也保留退出的权利；按照《宪章》（第 32 条）的规定，会员国得依一年的预先通知，退出本组织。

非洲统一组织设立下列四个主要机关：一、国家和政府首脑会议；二、部长理事会；三、秘书处；四、调停、和解和仲裁委员会。

国家和政府首脑会议（The Assembly of Heads of States and Governments）是"本组织的最高机关"，得根据《宪章》规定，讨论非洲共同关心的问题，以协调本组织总的政策（《宪章》第 8 条）。首脑会议得由国家和政府首脑或其经过适当任命的代表组成，每年至少集会一次，也可依会员国的要求举行特别会议（《宪章》第 9 条）；一切决议得由三分之二多数决定之；议事程序得依简单多数决定之（《宪章》第 10 条）。

部长理事会（The Council of Ministers）应由会员国的外交部和或其他部长组成；部长理事会每年至少开会两次，也得依会员国的要求举行特别会议（宪章第 13 条）。部长理事会向国家首脑会议负责；它应受理首脑会议交付它的问题，受委托执行国家首脑会议所作的决定，并应协调非洲内部的合作(《宪章》第 13 条)。

秘书处的工作由首脑会议任命的行政秘书长（The Administrative Secretary General）指导(《宪章》第 16～18 条)。

调停、和解和仲裁委员会的任务在于保证非洲国家间以和平手段解决一切争端；委员会的组织与工作条件由首脑会议另行通过的议定书规定之，此项议定书被视为《宪章》的一个组成部分（第 19 条）。

总的说来，非洲统一组织是一个在主权平等的基础上建立的为了

① 1963 年建立非洲统一组织的时候，原来也用过非洲国家组织名称，但是一则因为要强调非洲的统一，一则因为非洲国家组织的英文简称 O. A. S. 与美洲国家组织的简称混同，终于决定使用非洲统一组织这个新名称。（Elias, Charter of the Organization of African Unity, in American Journal of International Law, April, 1965, p. 245.）

保证和增进非洲国家和人民的共同利益实行团结合作的组织。在实际活动方面，非洲统一组织，对于维护非洲国家的主权、独立，和平解决会员国间的争端（例如阿尔及利亚和摩洛哥的边界争端，索马里和埃塞俄比亚的边界争端），支持非洲未独立的殖民地的解放，以及反对帝国主义及新老殖民主义等事业，起了一定的积极作用。这个区域组织正在加速发展，不但被认为非洲统一的象征，也可说是世界和平的一个支柱。①

三、区域组织与军事集团

上述三个现存的区域组织，都具有以下几项共同的特征，其一是地域因素，即组织的成员和活动的范围限于确定的地域；其二是组织的永久性，即建立在无限期的有效的条约基础上；其三是组织的任务涉及区域内广泛的共同利益事项上的合作，而军事方面的合作不过是其中的一部分。由此可见，单纯的军事集团，无论是否冠以地域名称，都不能算作区域组织，例如 1949 年成立的北大西洋公约组织，显然不能列入区域组织的范畴。西方一些资产阶级的国际法专家，却硬把如北大西洋公约组织一类的军事集团列入《联合国宪章》所称区域办法或区域机构的范畴②，那是歪曲适用《宪章》的条款，来为那些军事集团作掩护，肯定在法律上是站不住脚的。《联合国宪章》没有作出第 52 条所称区域办法或区域机构的定义，但是在旧金山会议上，已有埃及代表团提议在《宪章》条款里对区域办法作出如下定义："在特定的地域内一些国家由于它们的毗邻。它们的共同利益，或者文化、语言、历史、或精神上的联系，使得它们对于和平

---

① 到 1965 年 9 月止，非洲统一组织，包括下列 36 个独立的非洲国家。阿尔及利亚、布隆迪、喀麦隆、中非共和国、乍得、刚果（布）、刚果（利）、达荷美、埃塞俄比亚、加蓬、冈比亚、加纳、几内亚、象牙海岸、肯尼亚、利比里亚、利比亚、马尔加什、马拉维、马里、毛里塔尼亚、摩洛哥、尼日尔、尼日利亚、卢旺达、塞内加尔、塞拉勒窝内、索马里、苏丹、坦桑尼亚、多哥、突尼斯、乌干达、阿联、上沃尔特、赞比亚。

② Bentwich, Charter of the United Nations, 1951, pp. 109-111.

解决它们间的争端，维持它们区域内的和平和安全，以及保障它们的利益和发展它们的经济和文化关系，共同负责，而结成永久组织，则当认为是区域办法。"这一定义在会议中经过一个小组委员会的考虑后，虽然因为委员会认为它尚不能包括所有区域办法应该可以包括的情况，但仍然不能不承认那个定义明白地确定了区域办法的显然正当的和合格的因素。① 现代的三个区域组织，如上所述，都在不同程度上具备了这个定义所包括的一切因素；相反地，世界上所有的单纯的军事集团如北大西洋集团、东南亚条约组织、华沙条约组织等，则根本不符合这个定义所认为区域办法的性质。

① Goodrich, Charter of the United Nations, 1949, pp. 309-313.

第十二章　国际争端的和平解决

第一节　国际争端的性质及其解决方法

一、国际争端的性质

在国内生活中有私人与私人间的争端，在国际关系上也有国家与国家间的争端。解决私人间的争端，维持社会和平秩序，是国家一项重要的任务，在执行这一任务上，司法机关一般居于首要地位。依和平方法解决国际争端，在国际上也久已认为是维持国际和平的要件。国际战争虽然不一定都起因于实在的争端，但是国际争端的存在常足以酿成战争，或至少亦构成战争的口实，也是不可否认的。所以国际争端的和平解决，也就具有减少战争机会，保障和平的作用。不过国际争端与私人间争端在法律地位上有重大的差异，是不可不辨别的：第一，个人之上有共同的最高权力，即国家为他们争端的最高裁判者；在国家之内，管制私人间争端的有三个要素：（1）一般适用的法则；（2）适用法规的法庭；（3）执行法庭判决的公共权力。在另一方面，国际社会，在处理国家间争端方面，这三种要素，尤其是后二种，一向（至少在《联合国宪章》制定以前）是欠缺的。国家是主权者，国家之上并没有，也不能有超国家的组织，可以像国家对私人间关系一样管制国家间关系。第二，国际争端比较私人间争端更难解决。国际争端所涉及的利益特别重大，它不是关系当事者个人之事，而是对全国人民有利害关系的；并且争端解决的结果可以影响国民后代的利益。因此，处理国

648

际争端不能适用通常私人间争端的解决办法，而在国际法上有承认特殊的解决方法之必要。

二、国际争端的种类

国际争端，按其具体问题的性质，通常大别为两种：其一为法律性的争端；其二为政治性的争端。前者关系国家的权利问题，后者起因于政治利益的冲突。法律性的争端发生于当事国间对权利问题的争执，固然其中也含有政治利益的因素，例如边界争端如果起因于条约解释的分歧，则是法律性的争端，虽然也可涉及国防安全和经济利益，但这基本上是法律所承认和保护的利益。法律性的争端之外，尚有许多国际争端，单纯关系利益问题，任何一方都不诉诸法律，那就属于政治性的争端的范畴。换句话说，政治性的争端发生于单纯政治的利益的冲突。这项区别在理论上很明白，但实际上却不容易找出严格的界限，因为政治利益的冲突往往蔽以法律争端的形式；有时国家以微小的权利被侵犯为借口企图实现政治的目的。不过这项区别仍然是重要的。为了解决国际争端，有依争端的性质不同，应用不同的解决方法之必要。比方关于条约义务、国际法原则问题，明明属于法律性的争端，一般认为适于用法律的方法解决，而对于纯属于政治利益的争端则又须另求一种比较有弹性的方法去解决。

国际争端除法律性的争端和政治性的争端两类外，尚可分出第三种争端，即事实的争端。事实的争端是关于某项事实问题、某种情况或某项事变之争执。一切争端固然都以事实为对象，这些事实与争端有不可分离之关系，但以其解决方法之完全不同，也无妨把某些争端之仅仅起因于对现在或过去的事实看法分歧者另列为一类，而适用特殊的解决方法；这就是1889年《海牙和平解决争端公约》（第9条）创立国际调查委员会那一制度的意旨。

三、解决国际争端的方法

强迫的方法与和平的方法。资产阶级的国际法一向把解决国际争端的方法，分为强迫的方法（compulsive means）与和平的方法两种。必须指出，所谓强迫的方法包括报仇（reprisals），如扣留或拿捕船舶、军事示威和平时封锁（pacific blockade）等非法地使用武力或威胁的行为，作为解决国际争端的手段，是已经1928年《巴黎非战公约》和1945年《联合国宪章》所排除了的。《非战公约》（第2条）庄严宣布，各国间遇有争端，不论如何性质，因何发端，只可用和平方法解决之。而《联合国宪章》（第2条）规定，各会员国应以和平方法解决其国际争端，而不得使用武力或以武力威胁；侵害任何国家的领土完整或政治独立。因此，在现代国际法上，再也不能承认上述所谓强迫方法可以作为解决国际争端的合法手段。其实在国际关系历史上，报仇和平时封锁一类强迫手段的使用，大都是强国为了对弱国进行干涉或侵略，例如1962年美国对古巴革命政府采取的所谓"隔离"（quarantine）的非法措施，就是这样一个例子；即令有的是为了国家间争端引起来的，但结果也只是使得弱国一方屈伏于强权之下，而并不能真正解决争端。把强迫方法列为解决国际争端的一种方法，实际也没有法律的意义，徒然为强权主义者增加一个压迫弱者的借口而已。因此，现今国际法上承认的解决国际争端的方法只能是和平解决方法。①

　　政治的方法和法律的方法。传统的国际法上解决国际争端的方法为外交谈判、斡旋、调停和仲裁四种：前三种称为外交的方法（moyens diplomatiques），后一种就是法律的方法（moyens juridiques）。② 在1889年第一次海牙和平会议又通过了国际调查委员会一种方法，而在第一次世界大战前夕美国与许多其他国家订立的

　　① 必须指出，在另一方面，如果像人们那样把和平解决国际争端的原则绝对化（例如关于领土问题、边界争端），那将是在和平的幌子下实际不解决争端，而徒然冻结现状，以便帝国主义侵略者长期保持其非法占得的利益，这是一种非正义的、阻碍国际进步的主张，肯定是不能为一般所接受的。

　　② Fauchille, Traité de droit international public, 1926, I-3, p. 515.

所谓《布赖恩和平条约》（Bryan Peace Treaties），又创设常设国际委员会，作为进行和解的机关。1928 年《和平解决争端的日内瓦总议定书》（1948 年修正）也规定有当事国间组织的和解委员会。第一次世界大战后成立的国际联盟和第二次世界大战后创立的联合国组织，都把解决国际争端当做维持和平的一项重大任务；而国际联盟时代的常设国际法院和构成联合国主要司法机关的国际法院，则又在国际争端的解决方法中，增添了司法解决那一项重要的法律解决方法和机构。在上述那些和平解决国际争端的方法中，仲裁和司法判决，属于法律的解决方法，主要适用于法律性的争端，其他方法，包括人们所称外交的方法都可以概括为政治的解决方法，一般适用于非法律性的争端。

当事国解决争端与国际组织处理争端。在上述和平解决国际争端的方法中，除联合国组织（和过去的国际联盟）对国际争端的处理属于国际组织的行为外，其他都是当事国间自行解决争端的方法，即令是司法解决，也必须是出于当事国的自愿。国际组织处理争端则是集体的行为，多少带有强制性或者起决定性的作用，因而可以自成一类。事实上，现今区域性国际组织，如《非洲统一组织宪章》，也声明通过谈判、调停、和解或仲裁和平解决争端（第 3 条）的原则，并设立调停、和解和仲裁委员会（第 7 条）的常设机构。这也就是《联合国宪章》（第 52 条）所要鼓励其发展的解决地方争端之区域办法或区域机构。

第二节　国际争端的政治解决方法

一、直接谈判，协商解决

国家间处理争端之正常的方法是通过外交途径，直接谈判，协商解决。一些关于和平解决国际争端的公约，都着重首先依外交方式通过直接谈判的途径，例如 1907 年《海牙和平解决国际争端公约》第

38 条、《国际联盟盟约》第 13 条和 1928 年《日内瓦总议定书》第 1 条。① 又如上述《非洲统一组织宪章》所列和平解决争端的方法首先就是谈判，而 1948 年《美洲国家组织宪章》（第 21 条）也把直接交涉列在和平解决争端的程序中的首位②。这就是首先着重直接谈判、协商解决争端的意思。事实上，在国际生活中，国家间许许多多的问题经常是通过直接谈判方式协商解决的，这是正常的处理国际争端的方法。在通常的场合，外交谈判达成协议的结果，或者是一方让步，放弃自己的主张，而接受他方的要求；或者双方互让，妥协了事。③ 只是在外交谈判未能解决的场合，才考虑使用其他特殊解决方法。

中华人民共和国建立以来，一贯奉行和平外交政策，主张依和平协商方法解决国际争端。周恩来总理早在 1953 年 10 月 8 日赞同苏联关于召开五大国外长会议的建议的声明就说："中华人民共和国中央人民政府认为朝鲜停战的实现，已为缓和国际紧张局势创造了有利的条件，并已证明一切国际争端是可以用和平协商方法求得解决的。"④ 特别是关于亚洲国家相互关系，周恩来外长在 1954 年 5 月 12 日日内瓦会议上关于印度支那问题的发言，声明中华人民共和国政府认为亚洲国家应该以和平协商方法解决各国之间的争端而不使用武力和威胁。⑤ 日内瓦会议关于印度支那问题达成协议后，周恩来总理在 1954 年 8 月 11 日中央人民政府委员会议上的外交报告中又指出，"日内瓦会议的成就证明，国际争端是可以用和平协商方法求得解决

---

① 《国际公法参考文件选辑》，第 420、535、525 页。

② 《国际条约集》（1948～1949 年），第 70 页。1955 年万隆亚非会议通过的《关于促进世界和平和合作的宣言》（八）也把谈判列在和平解决方法的首位（《中华人民共和国条约集》第 4 集，第 21～22 页）。

③ Fauchille, Traité de droit international public, 1926, I-3, p. 516；《奥本海国际法》（中译本），第 2 卷，第 1 分册，第 6～7 页。

④ 《中华人民共和国对外关系文件集》，第 2 集，第 154 页。

⑤ 《中华人民共和国对外关系文件集》，第 3 集，第 62 页。

的。"① 中华人民共和国对外关系的实践也一贯着重通过外交谈判同外国协商解决一些重大的问题，例如在 1954 年同印度政府达成《关于中国西藏地方和印度的交通和通商的协议》；1955 年同印度尼西亚解决双重国籍问题。中国政府也以同样的和平协商的精神，依外交谈判的方式在 1960 年解决了中国和缅甸之间的边界问题，接着又通过和平协商分别解决了中国同尼泊尔、巴基斯坦等邻国间的边界问题。就是对于那成为多年悬案并且引起武装冲突的中印（度）边界争端，中国政府还是一直主张由双方直接谈判协商解决的。甚至对于那一直敌视中华人民共和国的美国政府，中国政府领导人也表示"愿意同美国政府坐下来谈判，讨论和缓远东紧张局势的问题，特别是台湾地区的紧张局势问题"（周恩来总理 1955 年 4 月 23 日在参加亚非会议八国代表团团长会议上发表的声明）。② 事实上，随后中美间开始的大使级会谈，多年来就继续在华沙举行。周恩来总理指出，"在保证实施和平共处五项原则的基础上，国际间的争端没有理由不能够协商解决"（1955 年亚非会议全体会议上发言）。③ 在中华人民共和国同外国缔结条约上，对于可能出现的争端，也明文规定双方协商解决的原则，例如 1955 年《中国印度尼西亚间关于双重国籍问题的条约》（第 13 条）规定："缔约双方如果在解释或执行本条约时，发生分歧，此项分歧将由双方协商解决。"④ 又如 1961 年《中国尼泊尔间边界条约》（第 4 条）也规定："缔约双方同意，在两国边界正式划完后，如果发生任何边界争端，应该由双方友好协商解决。"⑤ 其他边界条约，如 1960 年《中缅边界条约》（第 11 条）⑥、1963 年《中国巴基斯坦间边界协定》（第 5 条）⑦，都有类似的规定。

---

① 《中华人民共和国对外关系文件集》，第 3 集，第 137 页。
② 《中华人民共和国对外关系文件集》，第 3 集，第 253 页。
③ 《中华人民共和国对外关系文件集》，第 3 集，第 247～248 页。
④ 《中华人民共和国条约集》，第 8 集，第 16 页。
⑤ 《中华人民共和国条约集》，第 10 集，第 50 页。
⑥ 《中华人民共和国条约集》，第 9 集，第 77 页。
⑦ 《中华人民共和国条约集》，第 12 集，第 67 页。

二、斡旋与调停

在争端当事国不能依直接谈判解决它们间的争端的场合，第三国可以根据自己的好意协助当事国解决，这就是国际法公认的斡旋和调停的方法。斡旋和调停属于两种不同的和平解决方法：斡旋（good offices）是第三国进行的各种有助于促成争端当事国直接谈判的行动；调停（mediation）则是第三国以调停者的资格提出建议作为谈判的基础，而直接参与当事国间的谈判。斡旋的作用在于导致相持不下的当事国开始谈判、或者曾经过谈判而未能达成协议的重开谈判；这也可以提出建议的形式或者代达一方的提案于他方当事国，但是身当斡旋之任的国家决不自己参与谈判。例如 1962 年 12 月亚非六个国家在科伦坡会议提出的关于调解中印边界冲突的科伦坡建议，就是国际上第三者进行斡旋，推动当事国直接谈判的一个重要形式。中国政府在 1963 年接到科伦坡建议后，本来主张中印双方在原则上接受六国建议为直接谈判的基础，只是因为印方无理地要求中国无保留地接受六国建议，中印间未能举行谈判；阻挠中印谈判使得科伦坡六国斡旋活动没有发生效用，印方应负其责任。如果照印方的主张，科伦坡建议就变成仲裁决定了。[①] 在另一方面，调停则是第三者躬亲参加谈判，提出条件，使争端当事国据以为谈判的基础，促成妥协；调停者并且负责主持谈判，力求调和对立两方的主张和他们的情感。以上是指出斡旋与调停两者的区别，但是作为和平解决争端的方法两者究有根本相同之处。斡旋和调停都可以出于争端当事国的请求，也可以由第三国自行提出。两者都保留当事国完全的自由而没有任何约束力；一旦第三国的协助对于解决争端或是成功或是失败，斡旋或调停的任务即告终止，而不产生任何法律的效果。大约是由于有这种根本相同之点，斡旋和调停两个方式在外交实践上并不一定作严格区别。因此，1899

---

① 《新华月报》，1963 年第 2 期，第 80～81 页；中印间关于科伦坡建议的外交照会，见《新华月报》，1963 年第 11 期，第 97～100 页。

年第一次海牙会议通过的《和平解决国际争端公约》把斡旋和调停并作一项规定而不加区别，也是可以理解的。①

1889 年《海牙和平解决国际争端公约》（Convention for the Pacific Settlement of International Disputes），续订于 1907 年第二次海牙和平会议，加以修正和补充。② 1907 年《海牙和平解决国际争端公约》关于斡旋和调停方法，在第 2 条至第 8 条作了相当详细的规定。按照《海牙公约》，争端当事国在情势许可之限度内，于诉诸武力之前当诉诸斡旋或调停（第 2 条），第三国也宜不待当事国请求自行担任斡旋或调停，而对于第三国的提出斡旋或调停不得被任何一方视为不友好的行为（第 3 条）。不过斡旋或调停，不论是根据当事国的请求或由于第三者的自动提出，纯属劝告性质而决没有约束力（第 6 条）。《海牙公约》于承认通常斡旋和调停方法之外，尚新定一种特殊的调停方式，即每值危及和平的争端发生，争端当事国各委任一国，俾与他方当事国委任的一国进行接洽，以防止和平关系破裂。在这委任期中（期限不得过 30 日）争端当事国停止直接谈判，一任调停的国家解决争端。万一和平关系终于破坏，调停的国家仍然应协力恢复和平（第 8 条）。

第三者的斡旋和调停方法，对于处理国际争端可以起一定的作用。《海牙公约》（第 3 条）承认第三者有即令在战事进行期中提出斡旋或调停的权利，更是强调这种和平解决方法的重要意义。战祸可以因为通过第三者斡旋或调停解决了争端而获免，已经进行的战争也可以通过第三者的斡旋而终止。历史上一个重要事例是，1904 年发生的日俄战争就说是在 1905 年通过当时美国罗斯福总统的斡旋，促成日俄两国朴茨茅斯和议而告结束的。

---

① Fauchille, Traité de droit international public, 1926, I-3, p. 521.

② 1907 年《海牙和平解决国际争端公约》，签字者有 43 国，大多数签字国已经予以批准，过去中国也是批准国之一（1909 年批准）。

公约的英法文本载 Scott, the Hague Peace Conferences, 1909, Vol. Ⅱ, p. 308-355；公约中文本见商务印书馆出版的《中国参加之国际公约汇编》，第 36～44 页。

国际法学家也有于斡旋和调停之外，另外承认公会或国际会议（congress or conferences）是一种解决争端的方法。① 其实公会并不算是一个解决争端的特殊方法。假定公会的处理国际问题而带强迫性质，那就属于集体干涉的范畴，例如 1878 年柏林公会处理近东问题，是对俄土战争的结果进行干涉。公会如果仍然由于各方愿意共同解决争端，则仍不失为调停的性质（联合调停 médiation collective），或者也是一种协商解决的方式（例如 1954 年关于印度支那问题和 1962 年关于老挝中立问题的日内瓦会议）。从实质上看问题，并没有把公会看做在和平解决争端的方法中自成一类的必要。

三、国际调查委员会

国际调查委员会（International Commission of Inquiry），是 1899 年第一次海牙和平会议新创的一种和平解决争端的方法。按照 1889 年《海牙和平解决国际争端公约》（第 9 条），凡遇有国际争端无关名誉或重大利益，而起因于事实的争端者，争端当事国如果不能依外将手段解决，应于情势许可之限度内设立国际调查委员会，依公平的调查、辨清事实问题，以求争端的解决。国际调查委员会依争端当事国间的特别协定组织之。这项组织委员会的协定应明白规定所要调查的事实和委员的权限。《海牙公约》规定的这一国际调查委员会制度，第一次应用于 1904 年英俄间关于北海渔船事件（The Dogger Bank Case）而表现成效。当时正值日俄战争局势紧张关头，俄国波罗的海舰队开赴远东作战途经北海，误认英国渔船为日本水雷艇，予以炮击，造成渔船的损坏、渔人的死伤，因之英、俄两国间一时关系紧张。俄方说渔船队中藏有水雷艇，而英方则否认有日本舰艇。因此，这一争端归结到一个事实问题。英、俄两国政府终于同意根据 1899 年《海牙公约》（第 9～14 条），委任一个国际调查委员会秉公查明发生北海渔船事件的真实情况。经过委员会调查之后，断定当时

---

① Fauchille, Traité de droit international public, 1926, I-3, pp. 516-517.

并没有日本水雷艇在场，纯系由于俄方舰队司令官错误造成的事故，结果由俄国政府向英国赔偿损失了事。① 1907 年第二次海牙和平会议鉴于 1904 年北海渔船事件上应用国际调查委员会方法成功的经验，不仅在《和平解决争端公约》中仍保存这个制度，并且为它规定更详细的程序（第 9 ~ 36 条）。

在特殊情况之下，国际调查委员会可说是和平解决争端的一个有效的方法。有些国际争端起因于对于事实问题的争执，一旦事实辨明，争端不难解决。国际调查委员会则是最适于处理这类争端的。《海牙公约》（第 9 条）明文规定，国际调查委员会的任务在于依公平的调查，辨清事实，以求争端的解决。

与上述国际调查委员会性质不同具有同样作用的，则有所谓《布赖恩和平条约》（Bryan Peace Treaties）设立的常设国际委员会。这类条约出自过去美国国务卿布赖恩的主张，在 1913 ~ 1914 两年之间美国与其他许多国家分别订立。这类条约的条款虽不一定全相同，然其最重要之点在于规定常设国际委员会作为解决争端的机关。例如按照 1914 年美英条约，缔约国约定，凡有争端未能依外交手段解决的时候，当交付一个常设国际委员会审查报告，在调查期内，报告未提出之前，彼此不得宣战或开始敌对行动（第 1 条）。常设国际委员会以五员组成，两方政府各从本国选任一员，各从第三国选任一员，其余一员由两国政府合意选任之，但此员不得属于两国中任何一国的国籍（第 2 条）。缔约国间发生争端而经过外交方法解决失败的时候，应即提交常设国际委员会审查报告，国际委员会亦得经全体一致的同意，自动地出任调查报告之劳（第 3 条）。按照上述公约的规定，缔约国承担以争端交付国际委员会审查之义务，而这项委员会不像《海牙公约》规定的国际调查委员会之为临时的特别组织，而是一个常设机关。常设国际委员会这种解决争端的方式并不是限于调查事实，而是进一步地进行和解。因之，人们也把它说成为一种国际和

---

① Higgins, The Hague Peace Conferences, 1907, pp. 167-169.

解（international conciliation）制度。① 不过这项和平解决争端的方法限于缔约各国之间有适用的义务，而不是对一般国家适用的制度。同样具有和解争端的作用，但是作为公约规定的制度可以一般适用的，是1928年国际联盟大会通过的而后来经1949年联合国大会修正通过的和平解决国际争端《日内瓦总议定书》所规定设立的常设和解委员会。总议定书首先声明，"本总议定书的两个或两个以上缔约国的各种争端，凡不能以外交方法解决者，除依第39条的规定作出保留（例如领土地位问题）者外，均应依本章所规定的条件，提交和解程序"。争端应提交当事国双方组织的常设的或特殊的和解委员会处理（第2条），经一缔约国向另一缔约国提出请求后，应于六个月内组织常设和解委员会（第3条）。和解委员会以委员五人组成，当事国双方各提名一人，得由其本国国民中选任，其余三人应由双方协议，委派第三国国民（不属于同一国籍的）充任；委员任期三年，可以连任（第3条）。如遇争端发生而当事国间尚未设有常设和解委员会时，则应一方的请求，于三个月内组织—特设和解委员会，以审查争端，其委员的选派，除双方另有决定外，应依关于常设和解委员会的规定之方式（第5条）。和解委员会的决定须经多数通过，委员会只有当全体委员出席时，才能就争端的事实作出决定（第12条）。按照《日内瓦总议定书》（第15条）的规定，和解委员会的任务是弄清争端中的问题，为此目的用调查或其他方法搜集一切必要的情报，并设法使当事国各方达成协议。委员会在审查争端事件后，应将其认为适合解决争端的条件通知当事国各方，并规定各方作出决定的期限，并于工作终了时，作成记录，按照事件的情形，说明当事国各方已经达成协议或说明无法达成和解。和解委员会的工作应于委员会受

① 奥本海教本指出，在第一次世界大战后，世界各国间订立有几百个关于和解的条约，设立了一百多个常设和解委员会，但是实际利用这些条约所设立的委员会的事例见诸记录的，只有少数几件。

参看《奥本海国际法》（中译本），第2卷，第1分册，第2~16页；

Oppenheim, International Law, seventh edition, 1952, pp. 14-19.

理争端之日起六十日内结束。① 这种国际委员会与《海牙公约》规定的国际调查委员会的任务的区别，在于后者只在依调查解决事实问题，而前者则于依调查确定的事实之基础上，提出和解双方争端的条件。和解委员会与调停方法也不同，因为当事国并不参与委员会的调查报告工作，至于其与仲裁的区别则更重要，因为委员会的和解建议不像仲裁决定那样对当事国具有约束力。

第三节 仲 裁

国际争端的法律的解决方法为仲裁和司法判决，国际上行使司法判决的机关，第一次世界大战以后有常设国际法院，第二次世界大战结束以后则为国际法院。本节当先说仲裁②，关于国际法院的制度另于下节论述。

一、仲裁的性质

仲裁是国际上解决国际争端的一个重要的方法，是由政治的解决进到法律的解决方法。仲裁就是争端当事国把争端交付它们自己选任的仲裁者处理，而相约服从其裁决。就其形式说，仲裁类似司法。在另一方面，国际仲裁实与国内司法制度根本不同：国内司法为主权的发动，有强制执行的制裁；而国际仲裁则是一种"自愿的管辖"（juridiction volontaire），简言之，即管辖权由争端当事国自己选任的法官行使，而后者的权限亦不出当事国自己所定的范围。③ 仲裁裁决对当事国有约束力，但其执行仍依靠当事国自己的道义心和责任感，而并无法律的制裁。但是仲裁裁决之具有约束力，则是仲裁所以区别于上

---

① 《国际条约集》（1948—1949 年），第 205～208 页；关于和解程序的作用，参看 Rousseau, Droit international public, 1953, pp. 486-488.

② 关于国际仲裁制度，评论在 Fauchille, Traité de driot international, public, 1926, I-3, pp. 535-621；

Louter, Le droit international public positif, 1920, Ⅱ, pp. 141-196.

③ Louter, Le droit international public positif, 1920, Ⅱ, p. 142.

述政治的解决方法的根本重要之点，因为无论是斡旋或调停，或是国际调查委员会或常设国际委员会的结论，对于争端当事国都不具有约束力，当事国之接受第三国的调停建议或国际委员会的报告与否，全系当事国的自由。至于仲裁裁决，则争端当事国至少在道义上有服从之义务，当事国把争端交付仲裁，即成立了服从其裁决之默契。事实上，过去仲裁裁决为争端当事国所否认而不予执行的，其例极罕见。在原则上，除非仲裁者明明有越权、恶意等类行为，仲裁裁决是绝对不容否认的。在不承认有所谓共同主权而尊重国家主权平等原则的国际社会，仲裁方法说是解决国家间的争端一种较为合理而有效的法律的解决方法；依这方法处理争端，当事国可以保障自己的权利而又不损伤任何一方的体面或尊严。

二、仲裁制度的发展

仲裁本来是国际关系上一个古老的制度，早在古代希腊以及中世纪欧洲国家间都用过依仲裁解决争端的方法，特别是后来罗马教皇常被请出作仲裁者。从 18 世纪末期到 19 世纪，仲裁方法在国际上开始广泛采用。但是仲裁方法之受到一般重视而发展成为国际法上一个特别重要的和平解决国际争端的制度，则是 19 世纪后期以来的事，而1872 年英美间有名的阿拉巴玛号事件（The Alabama Case）的仲裁裁决，成功地解决了英美间一项严重的争端，突出地抬高了仲裁方法的价值和效用，对促进仲裁制度的发展有重要的影响。① 及至 1899 年和 1907 年两次海牙和平会议制订的《和平解决国际争端公约》对仲裁作出了系统的规定，国际法上的仲裁制度又有进一步的发展。

三、仲裁与仲裁条约

如上所说，仲裁是一种自愿的管辖，是由争端当事国依自己

---

① 《奥本海国际法》（中译本），第 2 卷，第 1 分册，第 27 页；第 2 分册，第 242～244 页；

Rousseau, Droit international public, 1953, pp. 492-495.

选任的仲裁者解决争端的方法。将争端交付仲裁的双方当事国，必须先有一项仲裁协定（le compromis），表明双方交付仲裁的合意。依仲裁协定的订立，当事国承担了诚实服从仲裁裁决的义务。这种仲裁协定通常订立于争端发生之后，也有各国缔结条约时载入一项仲裁条款（la clause compromissoire），声明对条约中规定的事项如有争端发生，应依仲裁解决。两个或更多的国家亦可缔结一般的或永久的仲裁条约，约定将来彼此间发生的一切或某些争端，依仲裁方法解决。在 1899 年第一次海牙和平会议以前，这种一般性或永久性仲裁条约尚不多见。而从海牙会议以后，各国舆论推崇这种条约对和平的作用，因而从 20 世纪开始，一般仲裁条约日益发达，特别是英国和法国间 1903 年订立仲裁条约，约定以仲裁方法解决所有不影响它们的切要利益、独立、荣誉或第三国利益的法律性质的争端，后来许多其他国家也相继仿效。从上述英法仲裁条约可以看出一般仲裁条约附加的保留问题。关于对仲裁条约的保留，奥本海教本指出，现在大体上有一种趋势，将独立与国家荣誉这种不确定的保留予以放弃。现在最常附加的保留是关于国内管辖事项、过去的争端、第三国的利益、特别的领土或政治利益；也有仲裁条约不附加任何保留的。如果没有提到明文的保留，则条约的范围当受如下一项规定的限制，即只有法律性质的（或可裁判的 justiciable）争端才交付仲裁。"现在还有一些条约，除不作保留外，还完全不管法律性质的争端与政治性质的争端的传统区别，或不认为这种区别是一种限制有约束力的解决义务的因素"。① 过去中国同荷兰之间在 1915 年 6 月 1 日也签订有一项"公断（仲裁）条约"声明，"两缔约国允将两国间将来或有之争端为外交上所未能议结者交付常设公断法院（Permanent Court of Arbitration，海牙常设仲裁院）公断。此种争端即使发源

---

① 《奥本海国际法》（中译本），第 2 卷，第 1 分册，第 23～27 页。参看 Guggenheim, Traité de droit international public, 1954, tome II, pp. 107-113.

于本约缔结以前之事，亦系同一办法"。① 这也就是一种全无保留的一般或永久仲裁条约。

四、仲裁法庭的组织

执行解决争端任务的仲裁法庭如何组织，是仲裁制度的一个重要问题。关于这一问题，在原则上早已从传统的仲裁观念上得到解决，即仲裁职务由争端当事国自己选任的仲裁者行使。不过历史的经验表明，仲裁者的选任范围和组织方式极为宽泛，当事国在这方面向来有充分的决定的自由。有时争端当事国共同请求一个外国元首担任仲裁，例如1897年美国总统曾为意大利同哥伦比亚间一件争端作出仲裁裁决；元首不一定亲自执行仲裁任务，有时可以委托一个专家担任。争端当事国也可以将争执事件交付一个私人仲裁，例如1898年法国的一位公法家（Arthur Desjardins）曾充任英比两国间一个争议案的仲裁人。仲裁也可以委托一个集体担任，如外国法院之类，例如1879年法国控诉院曾被尼加拉瓜共和国选任为该国与法国间的一件争端的仲裁者。普通的方式是由几个局外的国家各任命仲裁员，共同组成仲裁法庭；有时争端当事国也得有代表参加仲裁法庭，例如上述1872年关于英美间阿拉巴玛号案的仲裁法庭就是由英王、美总统、瑞士总统、意大利国王和巴西皇帝各任一人组成的。② 这就是说，仲裁任务可以由一个仲裁人或一个团体单独执行，也可以几个仲裁员组成法庭的形式共同行使。由于仲裁员的选任和组织方式没有一定的规则，在国际仲裁制度的运用上，争端当事国不免多少感受困难。为了推行仲裁方法的便利起见，1899年海牙和平会议，乃有常设仲裁院的创立，使得仲裁案件有一个常设

---

① 《中外旧约章汇编》（北京大学国际法教研室编），第2册，第1114~1116页。

② Fauchille, Traité de droit international public, 1926, I-3, pp. 545-548; Rousseau, Droit international public, 1953, pp. 495-496; Guggenheim, Traité de droit international public, 1954, Ⅱ, p. 104, p. 107.

的，供一般使用的仲裁机关可以交付。常设仲裁院的创立标志着国际仲裁制度的一个新时代的开始。

五、《海牙公约》关于仲裁制度的规定

1899 年第一次海牙和平会议通过的《和平解决国际争端公约》对于仲裁制度作了特别详细的规定，1907 年第二次海牙和平会议又将该公约关于仲裁部分大加增补，共为 54 条（第 37～90 条），分为四章，即仲裁制度、常设仲裁院、仲裁程序和简易仲裁。这样，关于国际仲裁制度的组织和实施才具有一部完整的规则。1907 年《海牙公约》第 37 条（相当于 1899 年公约第 15 条）首先声明，"仲裁之目的在于由各国自行选择法官，并在尊重法律的基础上解决各国间的争端。提交仲裁就意味着诚心遵从裁决的义务"。这一规定是符合传统的仲裁观念的，公约并强调，"关于法律性质的问题，特别是关于国际公约的解释或适用问题，各缔约国承认仲裁是解决外交手段所未能解决的争端的最有效而且也是最公平的方法"，因之遇有关于上述争端发生时，各缔约国最好将争端交付仲裁（第 38 条）。[①] 在仲裁程序上，按照公约规定，提请仲裁的国家应签订一项仲裁协定，仲裁协定中明白指明争端的事由，任命仲裁员的方式，最后可能给予仲裁法庭的特别权利以及当事国可能协议的任何条件等（第 52 条）。事实上，在过去仲裁案例中可以看出，有时争端当事国先就判断所应适用之规则达成协议，提交仲裁法庭作为仲裁裁决的法律根据，例如历史上有名的 1870 年《英美间关于阿拉巴玛号仲裁案协定》的所谓"华盛顿三规则"（The Three Rules of Washington），就是对承审仲裁案的法庭有约束力的。[②] 关于仲裁者的选任，争端当事国仍可以自由决定：它们可以约定将仲裁事件提交常设仲裁院本身（第 45 条），它们也可以将仲裁任务委任于它们从常设仲裁院仲裁员中或依其他方式

---

① 《海牙公约》关于仲裁的条款，中译文见《国际公法参考文件选辑》（世界知识出版社），第 535～542 页。
② 《奥本海国际法》（中译本），第 2 卷，第 2 分册，第 243～244 页。

所选任的一个或几个仲裁员（第55条）。如果一国的元首被选定担任仲裁者的任务，则仲裁程序由该元首自行制定（第56条）。争端当事国有权派出代理人和法律顾问（第62条）；仲裁程序一般包括两部分，即书面程序和口头辩论（第63条）。仲裁法庭的裁决依多数表决通过（第78条），一经正式宣布，即对争端国为最后的决定，不得上诉（第81条）；但当事国可以在仲裁协定中保留要求复核裁决的权利，不过此项复核要求"只能根据发现时对该裁决具有决定性的影响的新事实而提出，而且此项新事实在辩论结束时为法庭及要求复核的当事国所不知者"（第83条）。仲裁裁决"对参加仲裁程序的各当事国有拘束力"，也只是对这些参加的当事国有拘束力（第84条）。为了使得比较不重要的争端的仲裁的程序简单化并利于进行起见，公约最后订有关于简易仲裁的一些规定（第86～90条），主要的如规定争端当事国双方各选任仲裁员一人，如此选出的两个仲裁员共同选定一个总仲裁员（umpire，surarbitre）；仲裁程序只能以书面为之。

六、常设仲裁院

常设仲裁院（Permanent Court of Arbitration）是1899年《海牙公约》签订国于1900年根据公约第20～29条（1907年公约则为第40～45条）而设立的。1907年《海牙公约》（第41条）声明："为便利不能用外交方法解决的国际争议立即提交仲裁起见，各缔约国承允保留第一次和平会议（海牙和平会议）所设立的常设仲裁院。该法院随时受理案件，除当事国另有规定外，依照本公约所载之程序规则办事。"除非当事国协议成立特别法庭，常设仲裁院有权受理一切仲裁案件（第42条）。常设仲裁院设在海牙，并有一国际事务局（International Bureau），作为仲裁院的书记处（第43条）；此外，尚设有一个行政理事会，负责指导和监督国际事务局的工作，理事会由各缔约国驻海牙的外交代表和荷兰外交部长组成（第48条）。常设仲裁院的组织很简单。按照公约（第44条）的规定，每一缔约国提出四名公认为"精通国际法问题，享有最高道德声誉",且愿担任仲裁职务的人,如此提出的人将作为常设仲裁院仲裁员列入一项名单中;两个或两个以上国家可以协议共同提出一个或一个以上的仲裁员,同一人也可以由不同国家提出,仲裁员任期六年,得连选连任。遇有缔约国希望提请常设仲裁院解决在它们之间发生的争端时,被邀请组成法庭以解决此项争端的仲裁员,必须从上述仲裁员名单中选定(第45条);法庭一经组成,当事国即应将它们提请该院仲裁的决定,仲裁协定的文本以及仲裁员的姓名通知事务局;事务局为法庭的集会作必要的安排。仲裁员在行使其职务且在其本国以外时,享受外交特权和豁免(第46条)。

由此可见,海牙常设仲裁院并不是一个有一定的常任法官受理案件的真正的法院,不是作为一个整体机构来裁决提交该院的案件的;它不过备有一份仲裁员候补者的名单,争端当事国可以从这名单中选定仲裁员,组成仲裁法庭。就是由于至少有一个常设国际机构备有一定的仲裁员名单,使得争端当事国容易随时求得适于担任仲裁任务的人员,解决它们之间的争端,对于当事国而言,这就是在推行仲裁上一种相当重要的便利和保证。《海牙公约》虽如上所述并不禁止缔约国于海牙仲裁院以外,另行选任人员组织法庭执行仲裁,但是事实上自1900年在海牙开始组织常设仲裁院以来,国际仲裁案件差不多全是选任海牙名单中的人员处理的。① 不过必须指出,从1932年以后,罕见有案件提交依照常设仲裁院的规定而组成的法庭的,虽然海牙常设仲裁院,作为一个国际仲裁机构,依旧是存在的。

七、强制仲裁问题

最后,关于国际仲裁有一个重要问题,即争端当事国应否负有当

---

① 海牙常设仲裁院从1902年到1932年所作出的各项仲裁裁决,列举在《奥本海国际法》(中译本),第2卷,第1分册,第32～34页;关于常设仲裁院各项仲裁裁决全文,参看 Scott, the Hague Court Reports, 1916 (first series) and 1932 (second series).

然诉诸仲裁的义务？换句话说，国际仲裁应否是强制的？从理论上说，仲裁不能是强制的。因为仲裁的本义原是一种自愿的管辖，仲裁而云强制，可说是观念的矛盾。在原则上国家没有必须以争端交付仲裁解决的义务，国际法并不要求国家接受强制仲裁。但是19世纪末期以来，资产阶级的国际和平运动者鉴于仲裁方法有利于国际争端的和平解决，意欲推广仲裁的用途，因而有强制仲裁的主张。特别是在1889年和1907年海牙和平会议讨论到这一重要问题，正式提出有采用强制仲裁方法的议案，当时都由于有些国家，主要是德帝国代表的坚决反对，不克一致通过。① 其结果1907年海牙和平会议只是在《和平解决国际争端公约》的有关仲裁部分（第40条）声明，"除普遍公约或双边条约明文规定缔约国有提交仲裁义务外，各缔约国保留缔结一致的或特别的新协定之权，以期把强制仲裁的范围扩及于它们认为可能提交仲裁的一切案件"。但公约的这一条款，也止于建议强制仲裁的原则，表示推行仲裁解决的愿望，并未能把强制仲裁的义务强加于各缔约国。但是在另一方面，如果说国际上全然没有承认强制仲裁之事，则也是不正确的。在下列三个场合，可以看出强制仲裁义务（至少是相对的）的存在。（一）海牙和平会议关于强制仲裁之提案虽然没有成立，1907年海牙《限制用兵索债公约》（第1条）却规定：缔约国议定，凡一国政府因别国政府所欠其人民订有契约之债务，不得以武力向其索偿，但拒绝仲裁之请求或置之不答，或承允仲裁而又使得仲裁协定不能订立，或经仲裁裁决后而不服从其裁决，则上项规定不适用。这样，《海牙公约》缔约各国关于索偿债务问题同他国发生争端的场合，非先经过仲裁，不得用兵。这实际就是一种强制仲裁的义务。（二）各国间缔结条约，往往在条约中附有所谓仲裁条款，规定凡关于条约规定的问题或条文的解释，如

---

① 关于海牙会议对强制仲裁案的讨论，特别是德国代表所提反对强制仲裁的理由，参看 Higgins, The Hague Peace Conferences, 1909, pp. 82, 84；1907年第二次海牙会议，在其总议定书中作了一项全体一致的声明："会议全体一致承认强制仲裁原则"。（Higgins, p. 67.）

果缔约国间发生争端当依仲裁方法解决。如是则凡各国间缔结的条约中有这种条款的，关于有关条约规定范围内发生之问题就有提交仲裁解决之义务，这也就是适用强制仲裁。（三）海牙和平会议中一般适用的强制仲裁虽不成立，各国间固可以自行订立一般仲裁条约，彼此承认把它们的争端交付仲裁的义务。自第一次海牙和平会议以后，国家间缔结的这种性质的条约，日益增多。在一般仲裁条约的制度之下，缔约国间预先约定，遇有争端发生，应依仲裁解决。这类仲裁条约，如上所述，大多将有关国家切要利益、荣誉或独立等事件除外，但亦有仲裁条约对这些例外亦不保留，因而不论何种性质的事件一概交付仲裁解决的。总之，凡订有一般仲裁条约的各国，不论在条约中有无保留，都在条约规定范围内负有将彼此间争端交付仲裁的义务，这也就是承认强制仲裁。

八、中华人民共和国与国际仲裁问题

中华人民共和国，如上所述，对于国际争端，一贯注重通过直接谈判，协商解决。除有些对外贸易议定书规定依一定的仲裁方式解决有关贸易合同的争端外①，在一般对外条约中尚没有载入任何仲裁条款。事实上，中华人民共和国成立以来中国政府同他国间依直接谈判，协商解决了许多重要的问题，而不需要使用仲裁解决的方法。近年中印边界冲突发生后，六国提出科伦坡建议、调解中印间边界争端，而印度政府一方面无理地要求中国无保留地接受科伦坡建议，使得中印直接谈判受到阻挠，一方面则提议：双方协议"接受由通过两国政府同意的方式提名的一个人或一些人进行某种国际仲裁"，作出"对两国政府都具有约束力的裁决"。印方这一提议早就被中国政府严词拒绝了。中国政府认为，"中印边界争端是涉及两国主权的重

① 例如 1957 年《中苏交货共同条件》（第 29 条）规定，"因合同或同合同有关的一切争执，应该由仲裁办法解决"；同年《中波交货共同条件议定书》（第 27 条），《中罗（马尼亚）交货共同条件》（第 28 条）也有同样适用仲裁解决方法的规定。（《中华人民共和国条约集》，第 6 集，第 91、109、138 页）

大问题，而且涉及的领土面积又有十几万平方公里之大。不言而喻，它只能通过双方直接谈判求得解决，决不可能通过任何形式的国际仲裁求得解决"①。中国政府在这个问题上的立场是完全正确的。在国际关系上，涉及国家主权，并且是涉及广大的领土地位问题，显然是不适于交付仲裁解决的，像这样一个涉及国家主权的重大问题，就令在一般仲裁条约里通常也是要作保留的。印方还说什么这是一个"涉及条约的解释"问题，理应交付国际仲裁。那是一种牵强附会的说法。其实在中印边界争端中，印方提出的所谓根据问题，并不是什么涉及"条约的解释"的问题，而是条约的有效性问题。对于中国而言，印度政府提出作为所谓麦克马洪线的条约根据的1914年3月24日《英藏换文》和同年7月3日《西姆拉条约》，是根本无效的，因为前者是西藏地方代表背着中国政府签订的，后者只是西藏地方代表签字，而中国政府拒绝签字并声明为无效的。印度政府难道可以要求中国政府同意把中国所认为那些非法签订的换文和条约的有效问题交付仲裁决定吗？中国西藏地方当局是否有权签订具有约束力的条约，是一个涉及中国内政的问题，也就是国家主权问题，显然是不能由仲裁决定的；这种问题事实上也是有些仲裁条约所明文保留的②，所以从中印边界争端的性质上说，印度政府所提的仲裁解决方法是不能接受的，中国政府拒绝印方提议的国际仲裁方法，而坚持中印双方在科伦坡建议的基础上通过直接谈判，协商解决，是完全有道理的。

---

① 有关中印边界争端印方提出的仲裁问题的中印间来往照会，见《新华月报》，1963年第11期，第98~100页；

关于1914年《英藏换文》和《西姆拉条约》根据问题，中国和印度两方不同的看法，参看中华人民共和国政府官员和印度政府官员关于边界问题的报告（中华人民共和国外交部，1961年）：中国方面报告，第20~29页，印度方面报告，第121~127页。

② 例如1929年《美洲国家间一般仲裁条约》（第2条）就规定，"属于争端当事国任何一方的国内管辖范围内和不受国际法制约的争端"，不包括在本仲裁条约规定之内。《国际条约集》（1924~1933年），第380页。

第四节 国际法院的裁判

一、国际法院的性质和起源

解决国际争端的法律的方式，如上所述分为仲裁的解决和司法的解决两种。执行司法解决的任务的是国际上常设的法庭组织：这在过去有按照 1920 年国际联盟大会通过的规约（Statute）于 1922 年成立的（而于 1946 年宣告解散的）常设国际法院（Permanent Court of Internationl Justice），在现今则为 1946 年以来作为联合国的一个主要机关而建立的国际法院（International Court of Justice）。因此，国际法院对国际争端的判决，可说是现今国际上主要的法律解决方式。

自 1889 年第一次海牙和平会议创立常设仲裁院后，国际上已有一个依法律的方式解决国家间争端的国际机构，但是这个所谓常设仲裁院，如一位法国政治家所批评的，既非法院，又非常设。①因为凡属法院当有一定的法官继续判理案件，而海牙常设仲裁院不过备有仲裁员候补人的名单，而没有实际任职的法官，事实上有列名海牙仲裁院法官而终身未参与过该院任何一次仲裁案者极多。由于有些资产阶级和平主义者有感于海牙常设仲裁院的存在还不能满足法律解决国际争端的要求，乃又有创立真正常设的法院组织推行仲裁方法的愿望。事实是，在 1907 年第二次海牙和平会议提出有创立一个仲裁法院（une Cour de Justice，arbitrale，a Judicial Arbitration Court）的公约草案；这法院应由代表世界上各种法律体系的法官组成，以一定的任期，经常在职，受理仲裁案件，以保证仲裁法例的连贯性。但是关于法官的任命方法，在会议中各国代表意见分歧，不获一致议决，以致法院组织缺此一要项，而不能成立。当时

———————

① 这是法国出席两次海牙会议的代表 Leon Bourgeois 的评语。（Journal officiel de la Societe des Nations，No. 2，p. 35.）

审查委员会作出的一个原提案系采用国际捕获审检法院（Cour internationale des Prises）的组织方式，使用轮任制，规定法院法官数为 17 人，任期 12 年，英、美、法、德、意、奥、俄、日八国各任命一人，在职 12 年，其余 9 个法官则以其他各国所任命的人轮流充任，其任期按国家的地位分别定为 10～1 年不等。这样，在《海牙公约》的 40 多个缔约国之中，当时所谓 8 大强硬国在法院组织上居特权地位，永久占有法官席位，而其他国家任命的法官，则按次序在不等的年期内执行职务。这种组织方式完全否定了国家平等原则，因而受到一些国家，特别是巴西的代表（Barbosa）的坚决反对。① 因此，1907 年海牙和平会议提出的仲裁法院组织方案终于失败。

国际上真正常设的国际法院组织计划是在第一次世界大战后，随着国际联盟的创立而实现的。《国际联盟盟约》第 14 条对这个司法组织的计划作了原则性的决定，"行政院（理事会）应制定设立国际常设法院之计划，交联盟各会员国采用，凡各造提出属于国际性质之争端该法庭有权审理并判决之"。根据上述规定，1920 年 2 月国际联盟理事会在伦敦会议议决任命法学家组织委员会，起草法院组织方案，法学家委员会于同年 7 月拟成一项《国际常设法院组织草案》(Avant-projet pour l'Institution de la Cour permanente de Justice interna-

---

① 按照 1907 年海牙会议提出的那一按照国际捕获审检法院的组织方式，组成仲裁法院，当时的中国和巴西（四年）在占有法官席位的年期上尚位于荷兰、西班牙（十年）各国之下，实际就是都被列作三等国，因此，巴西代表根据国家平等原则，极力反对那种法院组织方式，是完全可以理解的，而帝国主义国家的法学家认为巴西代表过于强调国家平等，使得司法仲裁院组织案不能实现，却引为遗恨。关于 1907 年仲裁法院组织案的讨论经过，详见 Higgins, Hague peace Conferences, 1909, pp. 509-517.

1907 年海牙会议关于建立仲裁法院公约草案（Projet d'une Convention relative a l'Etablissement d' une Cour de Justice arbitrale 的建议和公约草案全文，参看 Scott, The Hague Peace Conferences of 1899 and 1907, Vol. Ⅱ, p. 290-309）；拟定分配各国法官的任期附表见 Scott, Vol. I, pp. 823-825.

tionale)。① 这项草案提出后，经过国际联盟理事会和大会的审议修正，终于在同年 12 月 13 日由大会通过并于次日由理事会采用，而成为《常设国际法院规约》（Statut de la Cour Permanente de Justice Internationale）；同时决定这个法院规约以议定书之形式提交国际联盟会员国签字和批准。1921 年国际联盟大会按照规约的规定，选出法院的法官，作为国际司法组织的常设国际法院乃于 1922 年 2 月 15 日在海牙正式宣告成立。

1922 年新成立的常设国际法院，根据《国际联盟盟约》而创立，于海牙公约所设立的常设仲裁院及其他仲裁法庭之外，自成一个独立的依法律方法解决国际争端的机关，而不妨害那些仲裁机关的存在。常设国际法院的成立并非以代替既存的常设仲裁院，而实与之并行不悖的。至少在理论上说，两者各有其特殊任务，其一执行司法裁判的职务，其他则专任仲裁解决。但是两者之间亦非全无联系，因为法院规约第 4 条规定由常设仲裁院"各国（仲裁员）团体"（national groups）提出法院法官候选人；这就保持了新旧两个依法律方法解决争端的国际机构的一种有意义的关系。

常设国际法院成立以后，国际争端第一次有了一个便于利用的司法解决的方法。在两次世界大战期间，法院判理了不少的各种事类的国际争端，计自 1922 年至 1942 年期中受理的新案件数达 65 件，所下判决数达 32，而此外提出的咨询意见（advisory opinions）尚未计在内。②由于第二次世界大战发生，德国侵入荷兰，在海牙的常设国际法院的工作不能不中断。1945 年旧金山会议发起国设立的法学家委员会拟成了关于修改《常设国际法院规约》的报告，结果决定结束常设国际法院并成立一个新的法院，即国际法院（International Court of Justice）来代替它。③ 因此，1945 年 10 月常设国际法院举行

---

① Journal officiel de la Société des Nations, Supplement no. 2, Sept. 1920.

② 参看 Hudson, The Permanent Court of International Justice, 1943, p. 779.

③ 关于委员会对新成立国际法院的意见，参看 Goodrich, Charter of the United Nations, 1949, pp. 477-478.

最后一次形式上的开庭；1946 年 1 月全体法官提请辞职，同年四月国际联盟末次大会解散了法院。①

1945 年旧金山会议在《联合国宪章》里规定设立国际法院为联合国主要司法机关，把同时通过的法院规约附作宪章的构成部分（第 92 条），并规定联合国会员国为《国际法院规约》的当然当事国（第 93 条）。这样，在组织关系的意义上，1946 年新设的国际法院确是一个新法院。但是作为一个执行司法解决国际争端的常设国际机构，就其本身组织和任务上说，国际法院，实际上，如一些国际法学家所指出，也就是常设国际法院的延续②，因为《国际法院规约》，如《宪章》（第 92 条）所确认"系以常设国际法院之规约为根据"的。事实上不论是在法院的组织形式、管辖或程序方面，新法院和旧法院规约的规定，基本上是一致的；新法院规约只是对少数条款有些必要的或技术性的改动或补充。③ 并且国际法院的所在地也同常设国际法院一样定在海牙。1946 年 2 月 6 日联合国大会和安全理事会选出了国际法院的法官，法院于 4 月 3 日举行第一次集会，而于 5 月 6 日通过了法院《规约》。国际法院于 1946 年在海牙正式成立，它是现今国际上适用法律方法解决国际争端的主要国际机构。

二、国际法院的组织

国际法院以一定人数的常任法官组成，这是国际法院所以区别于常设仲裁院和其他仲裁法庭的一个根本重要的特征。1945 年《国际

① 《奥本海国际法》（中译本），第 2 卷，第 1 分册，第 40 ~ 41 页。

② Bentwich, Charter of the United Nations, 1951, p. 163；《奥本海国际法》（中译本），第 2 卷，第 1 分册，第 41 页。

③ 例如《规约》第 4 条关于法官的选举机关，国际联盟改为联合国；如第 36 条（第 2 款）关于法律争端，删去"或任何一类的"（"or any of the clas-ses of"）字样，同条并增加一款（规定原来承认常设国际法院的强制管辖的声明尚未满期的，继续在国际法院有效）；如第 38 条关于法院适用的规则，开头添上："法院对于陈诉各项争端，应以国际法裁判之"一句。

法院规约》首先（第2条）标明法院组织的原则，"法院以独立的法官若干人组织之。此项法官应不论国籍，就品格高尚并在各本国具有最高司法职位之任命资格或公认为国际法之法学家中选举之"。这项规定只是对法官资格定一理想标准，其实法官之得人与否还要看他们的产生的方法如何。

法官的选举。按照法院《规约》（第3条）的规定，"法院以法官15人组织之，其中不得有二人为同一国家之国民"。法院法官由大会和安全理事会就常设仲裁院各国团体（national groups）所提出之名单内选举（第4条）。这样，法院法官的产生要经过两重手续。首先是由常设仲裁院各国团体提名法官候选人，每一团体所提人数不得超过四人，其中属其本国国籍者不得超过二人（第5条）。① 这个提名办法说是因为海牙常设仲裁院各国团体中法律专家多，其提名法院法官候选人比较地可以超脱政治的动机而以责任心提出适当的人选。但是常设仲裁院的法官原来是由各国政府任命的，他们大都也是按各本国政府的意旨行事，因此，法院《规约》所谓各国团体提名法官候选人，其实也就是各国政府提名法官候选人。第二步是大会和安全理事会就秘书长编就的各国团体所提候选人名单，各自独立地举行法官的选举（第7~8条）；候选人在大会及安全理事会得绝对多数票者应认为当选，但"如同一国家之国民得大会及安全理事会之绝对多数票者不只一人时，其年事最高者应认为当选"（第10条）。关于法院法官的选举方法问题，在旧金山联合国会议上经过了一番仔细的考虑。当时提出了两种选举方法：其一是法官单由大会选举，另一是法官由大会和安全理事会两个机关一致选出。考虑结果，决定由大会和安全理事会各自独立地举行选举，但在安全理事会中的投票，不分常任理事和非常任理事

---

① 按照法院《规约》第4条，"在常设仲裁院并无代表之联合国会员国，其候选人名单应由各该国政府专为此事而委派之团体提出"；"凡非联合国会员国而已接受《法院规约》之国家，其参加选举法院法官时，参加条件，如无特别协定，应由大会经安全理事会之提议规定之。"

一样看待。这个选举办法，在过去（常设国际法院）说是行之有效，可以保证不论国籍选出最好法官。① 其实，在这种办法之下，虽然在安全理事会中常任理事国没有否决权，但是究竟组成安全理事会的国家，特别是常任理事国，既在大会同一般联合国会员国一样参加选举法官的投票，同时又在安全理事会行使选举权，简言之，即具有双重投票权；这显然是违反国家平等原则的。这种办法与其说是可以保证选出最好的法官，毋宁说是可以保证选出能够代表那些操纵联合国组织的西方帝国主义国家的政治和法律观点的法官。

法官的地位。法院法官任期九年，并得连选，但第一次选举选出之法官中，五人任期应为三年，另五人应为六年（第 13 条）；这样，法院法官就不是全部一次改选，而是每三年改选三分之一，因而可以保证法院传统的连续。法官不得行使任何政治或行政之职务，或执行任何其他职业性质之任务；关于此点，如有疑义，由法院裁决之（第 16 条）。一般地说，上述规定，在不兼职原则之下，对于法院法官兼任大学教授或律师亦均所不许，但列名常设仲裁院仲裁员名单或充任仲裁员则并不违反不兼职原则。法官的地位是独立的，按照《规约》（第 18 条）的规定，除由其余法官"一致认为不复适合必要条件外，不得免职"。法官是享有外交特权的待遇的，按照《规约》（第 19 条）的规定，"法官于执行法院职务时，应享受外交特权及豁免"。

本国法官。法官对于关系本国案件的地位，规定在《规约》第 31 条。按照这条的规定，"属于诉讼当事国国籍的法官，于法院受理该诉讼案件时，保有参与之权"，而不适用国内司法上回避的义务。这项规定可说是符合国际法院组织的精神。但是《规约》第 31 条同时又规定，法院受理案件，如法官中有属于一方当事国之国籍者，他方当事国得选派一人为法官参与该案；又如果诉讼当事国均无本国国籍法官时，各当事国均得选派法官一

---

① Goodrich, Charter of the United Nations, 1949, p. 481.

人。这样，当事国临时选派本国法官参与裁判的办法，严格的是，是不适合法院组织的国际性，不脱仲裁制度的传统的。在另一方面，人们也认为在法庭中有本国法官参与，有助于加强有关国家对于法庭的公正不偏的信心，并且本国法官能帮助法庭，向法庭供给关于任命他的国家的意见及该国现行法律的情报。一般的意见似乎是至少在国际组织的现阶段，本国法官制度是有用的并且应予保留。①

法院执务制度。法院的院长和副院长由法官选举，其任期各三年，并得连选（第 21 条）；法院应委派书记官长（registrar），并得酌派其他必要之职员（第 21 条）。法院设在海牙，但法院如认为合宜时，亦得在他处开庭及行使职务；院长及书记官长应驻于法院所在地（第 22 条）；法院除司法假期外应经常办公（第 23 条），并且除本《规约》另有规定外，法院应由全体法官开庭（第 25 条），但法院得随时设立一个或数个分庭，由法官三人或三人以上组织之，以处理特种案件，如劳工和交通事件等（第 26 条）；法院并为迅速处理事件，应于每年以法官五人组织一分庭，用简易程序审判案件（第 29 条）。法院应订立规则，以执行其执务，尤应订立关于程序之规则（第 30 条）；现今法院适用的有 1946 年 5 月 6 日订立的《国际法院规则》。②

三、国际法院的管辖

关于国际法院的管辖权的规定，构成法院《规约》的最重要部分，涉及一系列的问题。在法院诉讼当事者是否限于国家抑或包括任何组织、团体或个人？哪些国家有向法院提起诉讼的权利？法院的管辖是自愿的还是强制的？换句话说，究竟诉讼可以由争端当事者的一方单独提出，而强他方出庭应诉，抑或必须两方合意提出，法院方能

① 《奥本海国际法》（中译本），第 2 卷，第 1 分册，第 66～68 页。
② 《国际法院规则》，中文本见《国际公法参考文件选辑》，第 550～568 页。

受理？法院的管辖范围包括何种性质的案件？对于这些问题，《规约》第 34～37 条作出了决定。

法院的权限可以分为对人管辖（jurisdiction rationae personae）和对事管辖（jurisdiction rationae materiae）两方面。在对人管辖方面，《规约》第 34 条首先声明：只有国家得在法院为诉讼当事者。但不是一切国家都可以在法院为诉讼当事者。按照《规约》第 35 条的规定，"法院受理本《规约》各当事国之诉讼"，"法院受理其他各国诉讼之案件，除现行条约另有特别规定外，由安全理事会定之"。分析起来，这条规定包括三类国家得在法院为诉讼当事国：第一是联合国会员国（《规约》的当然当事国）；第二是非联合国会员国而按照《联合国宪章》第 93 条规定的条件，成为《规约》当事国者①；第三是非联合国会员国并且没有成为法院《规约》当事国的国家，其作为诉讼当事国的条件由安全理事会决定之，但不得使当事国在法院处于不平等地位。② 联合国组织及其机构不能在法院为诉讼当事者，但根据《宪章》（第 96 条）的规定，大会或安全理事会，以及联合国其他机关及各种专门机构（经大会授权），可以对于任何法律问题请求法院发表咨询意见；而法院发表的这种咨询意见，虽不具有法律的约束力，但有时对有关国际争端发生决定性的效果，因而人们认为在实质上就等于对当事国间的争端予以

---

① 《联合国宪章》第 93 条规定，非联合国会员国之国家得为《法院规约》当事国之条件，由大会经安全理事会之建议就个别情形规定之。瑞士于 1947 年成为规约当事国，即系根据上述宪章的规定由联合国大会通过（1946 年 12 月 10 日）的条件而决定的，联合国大会关于瑞士成为规约当事国的决议条件，全文见《国际公法参考文件选辑》，第 569 页。

参看《奥本海国际法》（中译本），第 2 卷，第 1 分册，第 47 页、第 96 页；

Goodrich, Charter of the United Nations, 1949, p. 483.

② 关于非规约当事国的国家在法院为诉讼当事国的条件，参看 Goodrich, Charter of the United Nations, 1949, p. 484.

判决。① 不待说，个人是不能在法院为诉讼当事者的，但是国际上关涉私人利益的事件，有关个人虽然不能直接以某一国家为对方在法院进行诉讼，仍可通过本国政府保护私人利益的活动，向法院提出诉讼。过去在常设国际法院这类诉讼事件并不少，例如 1928 年法国和塞尔维亚间以及法国和巴西间关于所谓金佛朗案，都是诉讼一方当事者为债务国，而他方当事者则为维护法籍债票所有人利益的法国政府。关于塞尔维亚金佛朗债务案尽管当时塞方主张这只是塞政府和法国债权人间的争端，法院仍然裁定该院对本案有管辖权并作出了判决，其所持理由是说过去法院曾有许多次声明，"一个国家为它的国民在一个国际法庭提出案件，它就是主张它自己的权利，这就是说，保证国际法规则在它的人民身上获得尊重的权利"。②

关于法院的对事管辖，法院《规约》（第36条）作了如下的规定，"一、法院之管辖包括各当事国提交之一切案件，及《联合国宪章》或现行条约及协约中所特定之一切事件。二、本条约各当事国得随时声明关于具有下列性质之一切法律争端，对于接受同样义务之任何其他国家，承认法院之管辖为当然而具有强制性，不须另订特别协定"："（子）条约之解释；（丑）国际法之任何问题；（寅）任何事实之存在，如经确定，即属违反国际义务者；（卯）因违反国际义务而应予赔偿之性质及其范围"。上述《国际法院规约》的条款同《常设国际法院规约》（同样为第36条）的规定基本上是一致的；由此可见，国际法院的对事管辖，实际是承袭过去常设国际法院的制度。分析起来，国际法院的对事管辖包括三类事件。第一是当事国提交的一切案件，这是不限于法律性质的事件，而可依当事国的特别协定提出法院的，例如 1949 年英阿（阿尔巴尼亚）间科孚海峡案就是

① 《奥本海国际法》（中译本），第2卷，第1分册，第56~57页。

② 参看 Briggs, The Law of Nations, 1938, pp. 547-557;

Lauterpacht, Annual Digest of Public International Law Cases, 1920-1930, pp. 466-471.

依 1948 年 9 月 20 日英阿间签订的特别协定，提交国际法院的。① 法院对于这类案件的管辖通称为自愿管辖。第二是现行条约中特定的事件，这就是说，当事国有关的条约，不论是双边的或多边的，规定应提交国际法院解决的特定的争端或问题。载有这类规定的，有多种性质不同的条约，如和约、立法性公约、政治条约和双边商约等。就立法性公约而言，近年来日内瓦会议（1958 年）产生的《领海公约》和《公海公约》等②，如维也纳会议（1961 年）通过的《外交关系公约》③，都附有《关于强制解决争端的议定书》（Optional Protocol），由缔约国签字，同意将有关本条约的解释或适用的任何争端，依任何一方的申请提交国际法院解决。多边政治条约，如 1948 年英、法、荷、比、卢五国《布鲁塞尔条约》（第 8 条）就规定，"缔约国在本条约有效期间应将属于《国际法院规约》第 36 条第 2 款范围内的一切争端提交该法院解决"。④ 在双边条约方面，例如 1948 年《美意间友好通商条约》（第 26 条）规定，"缔约国之间关于本条约解释或适用之任何争议，凡缔约双方不能以外交方式圆满解决者，应提交国际法院"⑤。法院对于这类案件的管辖特别称为协定管辖，其实这类所谓协定管辖，在性质上也就是一种强制管辖。第三是上述法院《规约》第 36 条第 2 款规定可由当事国随时声明，即以签字所谓任意条款（optional clause）之形式，承认不须另定特别协定而适用法院强制管辖之一切法律争端（属于该款列举的四项性质的）。法院对这类法律案件的管辖通称为"任意强制管辖"。在所谓任意条款下国家承担的接受法院强制管辖的义务，如《规约》第 36 条第 2 款所规定，

---

① Lauterpacht, Annual Digest of Public International Law Cases, 1949, pp. 155-170.

② American Journal of International Law, October, 1958, pp. 862-864.

③ American Journal of International Law, October, 1961, pp. 1078-1079.

④ 《国际条约集》（1948～1949 年），第 51 页。

⑤ 《国际条约集》（1948～1949 年），第 29 页，所有承认国际法院管辖的多种条约，双边的和多边的，列举在 International Court of Justice Yearbook, 1963-1964, pp. 242-254.

只是对其本身也已接受这一义务的对方才有效；接受这种义务的声明，"得以无条件为之，或以数个或特定之国家间彼此拘束为条件，或以一定之期间为条件"；通常是附有一定的年限，如 5 年、10 年或 15 年不等，或将某种争端作除外的保留，例如 1946 年美国签订任意条款所作的两项保留：（一）"关于美国所规定在本质上属于美国国内管辖事项的争端"除外，（二）"在多边条约下发生的争端"除外，除非所有受判决影响的缔约国在法院中也都是该案件的当事国，或美国对管辖权特别同意。美国这种关系重大的保留受到西方资产阶级法学家的批评，认为那是使得任意条款的接受"几乎到了消失法律效力的地步"。事实上，其他一些重要的国家如法国、墨西哥和巴基斯坦也仿效美国的榜样作保留，特别是关于它们认为在本质上属于它们的国内管辖的争端。① 一般地说，西方帝国主义的国家日益企图利用国际司法推行它们所谓世界法治，因而它们的国际法专家，认为"尽管有保留，任意条款仍构成强制司法解决的最广泛和最重要的工具。除去保留外，大约没有争端不在任意条款所列举的四项争端范围之内。因任意条款而承担的义务已成为法院活动的一个重要渊源"。② 事实上，国际法院判决的有些重要的国际案件，就是争端当事国根据

---

① 所谓任意条款（optional clause）这一名词并不见于法院《规约》条文，也没有法定的形式，只是自《常设国际法院规约》以来，一般用以指称一种特别声明文件，即声明按照规约第 36 条第 2 款的规定接受法院的强制管辖。规约当事国依签字（或者并批准）这种声明文件声明受法院的强制管辖，通称任意强制管辖。

参看《奥本海国际法》（中译本），第 2 卷，第 1 分册，第 53～55 页；

Jennings, Progress of International Law, in British Yearbook of International Law, 1958, pp. 339-341；

Waldock, Decline of the Optional Clause, in British Yearbook of International Law, 1955-1956；Basic Aims of United States Foreign Policy, Study by Council of Foreign Relations, Washington, 1959, p. 27.

② 《奥本海国际法》（中译本），第 2 卷，第 1 分册，第 55 页；参看 Shabtai Rosenne, The International Court of Justice, 1957, pp. 56-62.

任意条款提交法院的，例如 1951 年判决的英挪渔业案是在 1949 年由英国根据任意条款而提出的。① 在另一方面，有的国家也滥用任意条款，企图以国际法院的强制管辖强加于别国，例如 1926 年由于当时中国政府废止满期的中比不平等条约而发生的中比争端，比国政府硬以中比两方都签了任意条款为口实②，把中比条约争端提出常设国际法院，中国坚决拒绝应诉，是完全有道理的，因为中国废除过去外国强加于中国的不平等条约是政治上的主权行为，不属于法院《规约》第 36 条所指的法律争端的范畴，因而不适用法院的强制管辖。③ 关于任意条款的适用，有一点必须特别注意的是，按照法院《规约》第 36 条第 5 款规定，"曾依《常设国际法院规约》第 36 条所为之声明而现仍有效者，就本规约的当事国而言，在该项声明期间尚未届满前并依其条款，应认为对于国际法院强制管辖之接受"。因此，在过去依签字任意条款声明接受了常设国际法院强制管辖的本规约当事国，在声明的有效期间就有按照声明的条件接受国际法院的强制管辖的义务。④ 同样必须注意的是，法院《规约》第 37 条并且规定：遇有现行条约或协约规定某项事件应提交国际联盟所设之任何裁判机关或常设国际法院，在本公约当事国间，该项事件应提交国际法院。这就是说，在国际法院成立以前订立的而现行有效的条约或公约，例如 1919 年《巴黎航空公约》（第 37 条）规定，"如二国或更多的国家间对本公约的解释有分歧时，此项争端应由

---

① Lauterpacht, Annual Digest of Public International Law Cases, 1951, p. 86.

② 过去中国于 1922 年签了《常设国际法院规约》的任意条款，有效期 5 年，比国于 1925 年签了任意条款，有效期 15 年。

Hudson, Permanent Court of International Justice, 1943, pp. 684-685.

③《中比条约》案在法院一直不能开庭审判，迄至 1928 年中比新约成立，比方自行申请撤销。参看 Hudson, Permanent Court of International Justice, 1943, p. 477.

④ 关于到 1965 年底为止，作了承认法院强制管辖的声明的国家总数，参看 Shabtai Rossenne, The International Court of Justice, 1957, p. 310, p. 324.

国际联盟行将设立的国际常设法院决定"①，则在法院《规约》当事国之间遇有涉及该公约解释的争端，就应接受国际法院的强制管辖。

最后，由于国际法院的管辖，如上所述，可以涉及各种不同的事件或情况，在法院进行诉讼中，可以发生法院本身对有关案件是否具有管辖权问题。事实上，对于有些案件，法院首先就要确定自身对案件的管辖权，在对于管辖权问题作出肯定的裁决后，才进入案件的实质的审判，例如 1948 ~ 1949 年英阿科孚海峡案在国际法院第一审就是确定法院的管辖权。② 按照法院《规约》第 36 条第 6 款的规定，"关于法院有无管辖权之争端，由法院裁决之"。这就是说，尽管有案件当事者一方（通常为被告）对法院的管辖提出异议，可以进行辩论，这一先决问题最后是要由法院裁决的。

四、法院适用的法律

法院裁决案件应该根据什么法律？关于这个问题，法院《规约》第 38 条作了如下具体的规定，"一、法院对于陈诉各项争端，应依国际法裁判之，裁判时应适用：（子）不论普通或特别国际协约，确立诉讼当事国明白承认之规条者；（丑）国际习惯作为通例之证明而经接受为法律者；（寅）一般法律原则为文明各国所承认者；（卯）在第 59 条规定之下，司法判例及各国权威最高之公法学家学说，作为确定法律原则之补助资料者。二、前项规定不妨碍法院经当事国同意本'公允及善良'原则裁判案件之权"。上述《国际法院规约》第 38 条的规定内容，与过去《常设国际法院规约》同条的规定，基本上是完全一致的，只是在第一款开首添上"对于陈诉各项争端应依国际法裁判之"一句，似乎是特别强调法院根据国际法判案的原则。

---

① 《国际条约集》（1917 ~ 1923 年），第 490 页。

② Lauterpacht, Annual Digest of Public International Law Cases, 1948, pp. 351-352.

该款所列法院裁判时应予适用的四类法规之中，（子）、（丑）、（卯）三类意义明白，不发生争论，但是（寅）类，即所谓"一般法律原则为文明各国所承认者"，究竟属于何种性质的法律原则，则自1920年《常设国际法院规约》订立以来，在理论方面，一直有解释上的分歧。

最简单的说法是：一般法律原则就是国际法的原则，是与（子）类国际条约和（丑）类国际习惯（惯例）同属于国际法的渊源的性质。但是，这说不能为实在法派国际法理论所接受，因为按照实在法派的观点，国际法的渊源只有条约和惯例，国际法的原则也应该是通过条约和惯例而受到承认的，因而包括在（子）类和（丑）类中，而不能自成一类。另一种简单的说法是：一般法律原则是基于国际正义的规则，简言之，属于自然法，是与实在法并行的，这说沿用格老秀斯派学说，企图在国际法院适用的法规中引进自然法的因素。① 这样就无形中扩大了法院在判决中适用法规的权力或自由，不符合法院根据国际法裁判的原则，在理论上也是很少支持的。有的学者一方面否认一般法律原则是自然法的原则，另一方面却认为所谓文明各国承认的一般法律原则是不同的国家的法律体系共通的原则，类似罗马人的万民法（gus gentium），即适用于属于同一文明的人民的协调法，并构成国际法的一个渊源。就其内容说，一般法律原则是首先包括国内法律秩序和国际法律秩序共通的原则，如实体法的契约必须遵守原则，尊重既得权原则等；在程序法方面如尊重既决案原则（principe du respect de la chose jugée，res judicata）；一般原则的内容也不限于私法，同样也包括国际法的一般原则，如国家延续性原则、尊重国家独立原则、国际条约优先于国内法原则等。② 按照上述这种说法，所

---

① Shabtai Rossenne, The International Court of Justice, 1957, pp. 422-423.
事实上，在1920年法学家委员会起草《常设国际法院规约》时，关于这项规定，曾试用过文明国家的法律良知，按照法律、正义和公平原则裁判一类词句，或者说一般法律原则意味着法律格言（maxims of law）；这都带有自然法观念。（Hudson, Permanent Court of International Justice, 1943, pp. 194-195.）

② Rousseau, Droit international Public, 1953, pp. 70-71.

谓文明各国承认的一般法律原则，是超越于国际法和国内法之上自成一类，包括国际法和国内法体系的共通原则，那不是又回到论者原来否认的自然法的原则而与之混同起来吗？其实如上所举一些作为一般法律原则的例子，如条约必须遵守原则、尊重国家独立原则等，本身就是国际法原则，法院既然根据国际法裁判案件，当然可以适用这些原则，在法院《规约》中没有另立一类的必要。一种比较通行的学说，特别是在英、美方面，认为《规约》第38条（寅）类所指的一般法律原则是指国内法的原则。① 这说也符合原来起草《常设国际法院规约》的法学家委员会中主要的意见。② 《规约》这条规定的目的，说是"授权法院适用国内法中，尤其是在私法方面，能够适用于国家之间的关系的一般原则"，这就排除了法院因无可以适用于一个案件的法律，而必须拒绝作出判决的可能。从程序上说，这也是法律上的一种比照适用。不过所谓文明各国承认的一般法律原则在现今究竟包括一些什么国家承认的法律原则，则又有问题。在1920年制订《常设国际法院规约》的当时，所谓文明各国公认的法律原则，实际就是指西方资本主义的国家的法律体系的共通原则。然而，自第二次世界大战结束以来，世界上又新增加了许多社会主义国家，并且特别是在亚非方面新出现了多数从殖民地解放出来的民族国家。这些国家或由于社会制度的不同，或由于民族习惯的特殊，可以有它们自己的法律原则，而不一定都承认西方资本主义体系的法律原则。因而

① 《奥本海国际法》（中译本），第1卷，第1分册，第22~23页，第2卷，第1分册，第60页；

参看 Brierly, The Law of Nations, 1942, pp. 51-52；

Hudson, Permanent Court of International Justice, 1942, pp. 144-195, p. 610；

Lauterpacht, Function of Law in the International Community, 1933, p. 115.

② Hudson 说，一切国家都是文明的，规约特别提出文明各国承认之法律原则，只能是排除原始法律体系。Hudson, Permanent Court of International Justice, p. 610；

Verdross, Principes généraux du Droit dans la Jurisprudence internationale, Académie de la Haye, Recueil des cours, 1935, Ⅱ, pp. 223-224.

所谓文明各国承认的一般法律原则的内容或范围，现今就不明确的。法院在根据《规约》第 38 条（寅）项规定具体地适用法律原则时，如果在以过去所谓文明各国所承认者为限或者以之强加于并不承认那些法律原则的新独立的国家，那就不会令人心服的。事实上，如英、美方面法学家所指出的，从常设国际法院到国际法院，在法院审理案件中尚少有适用一般法律原则的机会，法院从未从所谓文明各国承认之一般原则上找适用的法律，不过有时个别法官在所提反对意见中提到它。① 在 1949 年英阿科孚海峡案的判决中，国际法院在决定阿尔巴尼亚对英舰的损害赔偿的义务上，把这个义务说成是根据某些一般的确然承认了的原则，即人道的基本考虑（elementary consideration of humanity）、海洋交通自由原则等。② 总之，法院《规约》第 38 条第 1 款（寅）项规定在法院适用的法规中引进了一个新因素，它已经在解释上造成混乱，今后在适用上也不免发生困难；估计实际在法院裁判案件时是不会有多少援据这项规定的机会或必要的。

法院《规约》第 38 条第 2 款赋予国际法院一种通常裁判法院所不具有的特殊权限，即法院有经当事国同意本“公允及善良”（ex aequo et bono）原则裁判案件之权。当事国的同意是法院本“公允及善良”原则裁判案件的一项必要的条件，这样法院的任务也就近乎仲裁，而非和解或调停的方法可比。③ 曾经在 1930 年瑞士与法国间关于自由区（Free Zones Case）一案中，常设国际法院经根据当事国授权具有依照“公允及善良”原则作出判决的权限，但引起了法

---

① 《奥本海国际法》（中译本），第 1 卷，第 1 分册，第 22 页；

Hudson, Permanent Court of International Justice, 1943, pp. 611-612.

② Lauterpacht, Annual Digest of Public International Law Cases, 1949, p. 158；参看 Verdross, Principes généraux du droit international dans la jurisprudence internationale, Académie de la Haye, Recueil des cours, 1935 Ⅱ, pp. 240-249.

③ Le Fur, Précis de droit international public, 1939, p. 226；

Hudson, Permanent Court of International Justice, 1943, pp. 618-621.

院是否可脱离现行法律的问题，当时法官凯洛格（Kellog）认为法院无权根据法律以外的其他考虑作出判决，即令双方当事国希望这样做。① 看来，法院适用第 36 条第 2 款规定的权限的机会是极少的。

五、法院的程序②

法院的程序规定在《规约》第 39 ~ 63 条，兹就其中主要的分述如下：

诉讼案件的提出，按照法院《规约》第 40 条的规定，"向法院提出诉讼案件，应按其情形将所订特别协定（在自愿管辖之场合）通告书记官长或以请求书（在被告受强制管辖之场合）送达书记官长。不论用何方法均应叙明争端事由及各当事国"。

保全措施。在诉讼开始后，法院有权为当事国指定保全措施：按照《规约》第 41 条的规定，"法院如认情形有必要时，有权指示当事国应行遵守以保全彼此权利之临时办法"。

诉讼程序。法院的诉讼程序分为书面和口述两部分：书面程序系指有关当事国的诉状、辩诉状及必要时之答辩状连同可资佐证之各种文件及公文书送达法院及各当事国，口述程序系指法院审讯证人、鉴定人、代理人、律师及辅佐人。（第 43 条）。

法院的审讯应由法院院长或副院长（院长不克出席时）指挥（第 45 条），法院之审讯公开，但法院另有决定或各当事国要求拒绝公众旁听时，不在此限（第 46 条）。

缺席裁判。按照《规约》的规定，法院得进行缺席裁判，"当事国一造不到法院或不辩护其主张时，他造得请求法院对自己主张为有

---

① 《奥本海国际法》（中译本），第 2 卷，第 1 分册，第 60 页；

Lauterpacht, Annual Digest of Public International Law Cases, 1929—1930, pp. 459-461.

② 法院根据法院《规约》第 30 条自订的程序规则，包括在 1946 年《国际法院规则》，全文见《国际公法参考文件选辑》，第 556 ~ 567 页。

利之裁判，法院于允准前项请求前，应查明不特依第 36 条及第 37 条法院对本案有管辖权，且提出请求的当事国之主张在事实及法律上有根据"（第 53 条）。

第三国的参加程序。按照《规约》的规定，第三国可以在下述两种场合，参加法院案件的程序：（一）某一国家如认为某案件之判决可能影响属于该国具有法律性质之利益时，得向法院申请参加，其申请由法院裁决（第 62 条）；（二）凡协约发生解释问题，而诉讼当事国以外尚有其他国家为该协约之签字国者，应立由书记官长通知各该国家，受到通知的国家有参加程序之权，如果行使此项权利，则法院判决中对有关协约之解释对该国具有同样拘束力（第 63 条）。

判决的作成。法院院长宣告本案辩论终结后，法官退席讨论判决，应秘密进行；一切问题，包括判决在内，应依出席法官之过半数决定，如投票相等时院长或代理院长有权投决定票（第 55 条）。判决如全部或一部分不能代表法官一致之意见时，任何法官有权另行宣布其个别意见（第 57 条）。判决应在法庭内公开宣读，并应先期通知各代理人（第 58 条）。

法院判决的约束力。关于国际法院判决的约束力与执行，《联合国宪章》（第 94 条）已作了如下的规定，"一、联合国每一会员国为任何案件之当事国者，承诺遵行国际法院之判决；二、遇到一造不履行依法院判决应负之义务时，他造得向安全理事会申诉，安全理事会如认为必要时，得作成建议或决定应采办法，以执行判决"。国际法庭的判决对当事国有约束力，这是国际法公认的原则，上述宪章第 94 条第 1 款的规定可说只是宣告性的，同时也是强调会员国在宪章下承担的一项义务。① 同条第 2 款关于判决的执行的规定，是有伸缩性的，因为：第一，执行判决应由受害的一方当事国向安全理事会提出申请，而不是由法院采取主动；第二，安全理

---

① 《奥本海国际法》（中译本），第 2 卷，第 1 分册，第 64 页；
Bentwich, Charter of the United Nations, 1951, pp. 167.

事会也不是要一定采取执行措施，它可以斟酌情况，于有必要时，或提出建议，或决定执行措施。事实上，从过去常设国际法院直到现今的国际法院，尚没有出现诉讼当事国拒绝遵从法院判决的事，因此人们也有认为上述关于执行判决的那一条款在实践上不会有多大的重要关系。①

法院《规约》（第60条）规定："法院之判决系属确定，不得上诉。"按照上述规定，法院的判决是国际诉讼之最终的决定，对于争端当事国具有确定性的效力。不过在下述两种场合判决可以由当事国再在法院提出：（一）由于判决的意义或范围发生争端而请求解释（第60条）；（二）由于发现在判决宣告时所不知道的具有决定性之新事实而请求复核，但声请复核应于新事实发现后六个月内，并在判决之日起十年内为之（第61条）。按照《规约》（第59条）的规定，法院的判决除对于当事国及本案外，无约束力。这就是说，国际法院对案件所作的判决，即令是该院本身，在其后来所审理的案件上，也不得作为有约束力的先例援用。这一限制性的规定，不免使得那些希望依国际司法判例发展国际法的法学家有所失望，不过事实上，在法院裁判案中也是不可能完全不反映或重提以前判案所适用的法律观点或原则的。②

第五节　联合国与国际争端

一、国际组织的和平任务

作为普遍性的国际组织，过去的国际联盟和第二次世界大战后

---

① 《奥本海国际法》（中译本），第2卷，第1分册，第65~66页；
Bentwich, Charter of the United Nations, 1951, pp. 167-168；
Goodrich, Charter of the United Nations, 1949, pp. 485-487.

② 关于常设国际法院在这方面的实践，参看 Hudson, Permanent Court of International Justice, 1943, pp. 626-628.

成立的联合国组织都负有维持国际和平的重大任务，而依和平方法解决国际争端便构成它们执行和平任务的一项主要的活动。这两个国际组织在和平解决国际争端方面，具有几项共同之点。第一，它们都是对国际争端从事政治的解决，按其工作的性质，都属于和解或调停范畴，类似上述国际上依条约规定组成的所谓常设和解委员会的工作。第二，它们对于国际争端的受理都具有一定的强制性，因为争端不一定要由争端当事国各方同意提出，而可以由任何一方申请处理或由有关国际组织的主管机关（主要为理事会）主动采取行动。第三，它们虽然对国际争端进行的解决属于政治的解决，但不限于处理政治的争端，任何性质的国际争端，包括法律的争端，在一定的情况下，都可以由它们处理，而其中所涉及的法律问题，则可以提请国际法院发表咨询意见。第四，它们处理国际争端都受一个限制，即它们无权过问属于当事国国内管辖之事件。关于国际联盟和联合国在解决国际争端上具有的这些共同特点，可以从以下分别论述它们解决争端的方法中的有关部分得到具体的说明。

二、过去国际联盟解决国际争端的方法

在论述联合国和平解决国际争端的方法之前，略述《国际联盟盟约》关于解决国际争端的方法的规定，以资比较，是有必要的。关于国际联盟解决争端的方法规定在联盟《盟约》第 11～17 条。联盟《盟约》（第 12 条）关于联盟会员国负担的依和平方法解决争端的一般义务，作了如下原则性的规定，"联盟会员国约定，倘联盟会员国间发生争端，势将决裂者，应将此事提交仲裁或法律（司法）裁判，或交行政院（理事会）审查，并约定无论如何非俟仲裁员之裁决或法律（司法）判决或行政院（理事会）报告（报告应于案件受理之日起六个月内制定）三个月以后不得从事于战争"。按照联盟《盟约》第 13 条的规定，如遇某一具体争端性质上适于仲裁或司法解决，而不能依外交方法圆满解决者，则应提交仲裁或司法解决；下列三种争端概应置于适用提交仲裁或司法解决

之列，即关于条约之解释，或关于国际法的任何问题，或关于因某项事实如其成立足以破坏国际义务，或关于由于此种破坏而应予赔偿之范围和性质问题。这类争端主要应提交常设国际法院（联盟《盟约》第24条规定设立的），联盟会员国应完全诚实执行任何仲裁裁决或司法判决，理事会并应提议办法使得未被执行的裁决或判决发生效力。

国际联盟关于解决争端的主要活动，规定在联盟《盟约》第15条。按照该条第12款的规定，如联盟会员国间发生足以导致决裂的争端，而未依第13条规定提交仲裁或司法解决者，应将该案件提交理事会，当事国任何一方，得将争端通知联盟秘书长，秘书长即对于该项争端之详细调查和研究作一切必要之布置。争端当事国各方应从速将案情之说明书连同相关之事实与文件一并提交秘书长，理事会可即予以公布。理事会审议争端时，当事国都得派代表参加（联盟《盟约》第4条），理事会首先当尽力使争端得以解决，如其成功，当发表一个说明书，酌载关于该项争端之事实和说明以及其解决条件。这是理事会解决国际争端的活动结果的一种情况。另一种情况是，如果争端未能如此解决，则理事会当于争端提出后六个月内（联盟《盟约》第12条）或是依全体一致同意或是依多数议决，对于该争端之事实与所认为公允和适当的建议，作成报告发表之。理事会的此项报告，如果得该会全体一致同意（除争端当事国代表外），联盟会员国约定决不向遵从报告的争端当事国开战，如果理事会的报告没有得到全体一致同意（除争端当事国代表外），而是仅依多数议决，则会员国保留为了维持权利和正义必要的行动的自由，不过仍须遵守一个条件，即（按照《盟约》第12条）无论如何，在报告提出后三个月之内不得诉诸战争。理事会的报告至少须依多数议决，但任何在理事会有代表的会员国，对于争端之事实及其关于争端的结论，都得发表各自的意见。

在国际联盟的机关中，负处理国际争端的任务的，除理事会外还有大会。按照联盟《盟约》第15条第9款的规定，关于本条所述任何案件，理事会得将争端移送大会，经争端当事国任何一方的请求，争端亦应如此移送，惟这项请求必须于争端提交理事会后 14 日内提出。①案件一经移送大会，则所有联盟《盟约》第 15 条和第 12 条中关于理事会之行动及职权之规定亦适用于大会之行动及职权，惟关于报告的效力成立的条件，则有差别。理事会的报告，如要能拘束会员国（即不得对遵从报告的一方当事国开战），如上所述，必须是（除争端当事国的代表外）全体一致同意的；而大会的报告，则如果除争端当事国之代表外，得有出席理事会的会员国的代表全体及其他会员国多数代表同意，则与上述理事会全体一致同意的报告具有同等的效力。

国际联盟关于通过上述理事会或大会的活动解决国际争端的义务的履行，附有一定的制裁。按照联盟《盟约》第 16 条的规定，如果会员国违背第 12 条、第 13 条或第 15 条的规定而从事战争，简言之，即不将争端交付仲裁或司法解决，亦不提交理事会审议而径行诉诸战争，或者将争端提交理事会而不等待报告发表三个月后，即诉诸战争，又或者对于遵从理事会的报告（经全体一致同意的）之任何一方当事国开战，则应即视为对于联盟所有其他会员国犯有战争行为而予以制裁，包括经济封锁和军事行动等项措施。

国际联盟不但担任处理会员国间之争端，也担任处理涉及非会员国的争端。按照联盟《盟约》第 17 条的规定，遇有一个联盟会员国与一个非联盟会员国之间，或在非联盟会员国之国家间，发生争端，非联盟会员国之一国或数国应被邀请，为解决争端的目的，按照理事会认为正当的条件，接受联盟会员国之义务；如果此项邀请被接受，则《盟约》第 12～16 条的规定，除理事会有认为需要变更者外，应予适用。

最后，理事会审议国际争端，发表报告，有提出建议之义务，但

---

① 1931 年"九一八"事变后的中日事件，原先系由中国于同年 9 月 21 日根据联盟盟约第 11 条提出于理事会，后于 1932 年 1 月 29 日重新根据盟约第 10 条和第 15 条请求联盟采取行动，同年 2 月 12 日中国又请求理事会将中日事件移送大会处理。大会于 1933 年 2 月 24 日依全体一致（除当事国日本外）同意通过以所谓李顿调查团报告为基础的关于解决中日事件的报告书，而日本拒绝接受，并宣布退出联盟。

联盟《盟约》第 15 条第 8 款规定有一个例外，即，凡争议事件如经当事国一方主张为按照国际法单纯属于该国国内管辖之事件而经理事会认为如此，则理事会应据情报告，而不作出任何关于该争端的解决的建议。这就是说，国际联盟对于涉及国内管辖事件之争端无权进行处理，这从尊重国家主权和不干涉内政原则的观点说，也是必须强调的。

必须指出，《国际联盟盟约》对于和平解决国际争端的方法，尽管如上所述，规定得相当全面，但是联盟在这方面活动的成绩是微不足道的，因而结合它在其他方面的工作的结果看来，联盟对于和平任务的执行，一般是失败的。主要是由于第一次世界大战的战胜国英、法两强在联盟居于控制地位，一般对侵略者采取纵容或绥靖政策，而不肯在国际争议事件上主持正义或实行有效的制裁，以致国际争端未能解决，和平遭到破坏。① 例如 1935 年对于法西斯意大利对阿比西尼亚进行的侵略行为，始则联盟内英、法两个常任理事国一味纵容，后来联盟理事会决定对意实行经济制裁，执行上又很不彻底，而且到了 1936 年意大利公然合并阿比西尼亚，终于依英国的提议，由联盟大会自行议决撤消对意制裁。又如 1931 年"九一八"事变后，于同年 9 月 21 日由中国代表向联盟理事会提出、继又移交大会处理中的中日事件，尽管于 1932 年经过联盟派遣调查团到中国进行实地调查，提出调查报告，但是报告中不但作出多方迁就日本帝国主义的利益，而损害中国的主权的建议，并且就是 1933 年 2 月 24 日联盟特别大会全体一致（除当事国一方日本外）通过了根据调查团报告作成的报告书，日本仍悍然拒绝接受并且继续而更猖狂地进行对华侵略战争，而联盟未能根据《盟约》第 16 条的规定，对日采取任何集体制裁。这两种突出的事例已充分暴露了国际联盟和平任务的完全破产，至少在这个意义上不能不承认国际联盟活动的历史是极不光彩的。这对于后起的国际组织可说提供了一项严重失败的经验教训。

---

① 当时对国际联盟居于控制地位的英法两国，特别是英国政府，集中注意维持欧洲的和平现状，而不关心欧洲以外，特别是亚非方面出现的危机或争端。参看 E. H. Carr, International Relations since the Peace Treaties, 1938, pp. 221-228.

三、《联合国宪章》关于和平解决国际争端的规定

联合国组织的和平任务。联合国组织的首要的目的，如《联合国宪章》第 1 条所声明，是维持国际和平及安全，而为此目的，"以和平之方法且依正义及国际法之原则，调整或解决足以破坏和平之国际争端或情势"。和平解决争端是联合国担负的一项根本重要的任务。同时，这也是联合国会员国接受的一项共同义务：按照《宪章》第 2 条（第 3 项）的规定，"各会员国应以和平方法解决其国际争端，俾免危及国际和平、安全及正义"。

《联合国宪章》关于和平解决国际争端这一重要任务的执行，作了比《国际联盟盟约》更周密的规定。除掉散见于《宪章》的其他部分的有关条款外，《宪章》的第六章（第 33～38 条）全部是关于和平解决国际争端的规定，并且第七章（第 39～51 条）详细规定对于和平的破坏之应付办法，主要也就是与贯彻执行联合国解决国际争端的任务相关联的。

联合国解决国际争端的机关与方法。联合国解决国际争端，主要由安全理事会负责。按照《宪章》第 24 条的规定，"为保证联合国行动迅速有效起见，各会员国将维持国际和平及安全之主要责任授予安全理事会，并同意安全理事会于履行此项责任时，即系代表各会员国"。《宪章》第 25 条确定安全理事会决议的约束力，声明："联合国会员国同意依宪章之规定接受并履行安全理事会之决议。"① 根据上述条款，安全理事会在履行和平任务上具有的权力，包括对国际争端的处理，是很广泛的，在这方面，联合国会员国也承担了相应的义务。和平解决争端，可说是争端当事国和安全理事会的共同责任。按

---

① 宪章第 25 条所称"决议"（decisions）为会员国所应遵行者，不包括安全理事会的"建议"（recommendations）。仅仅是一种建议，例如在第 36 条下安理会关于调整的程序和方法之建议，就没有约束力，但是在第 39 条和第 40 条下所作的决定，例如指定"临时办法"，则对会员国有约束力。参看 Goodrich, Charter of the United Nations, 1949, pp. 208-209；

Bentwich, Charter of the United Nations, 1951, p. 63.

照《宪章》第33条的规定，"任何争端之当事国，于争端之继续存在足以危及国际和平与安全之维持时，应尽先以谈判、调查、调停、和解、公断（仲裁）、司法解决、区域机构或区域办法之利用，或各该国自行选择之其他和平之方法，求得解决"；"安全理事会认为必要时，应促请各当事国以此项方法，解决其争端"。这就是说，和平解决争端，首先是争端当事国自己的事，并有国际上传统的，特别是海牙和平会议以来确立的各项方法可以利用，安全理事会只是居于推动或协助的地位。不过必须注意的是，《宪章》所要求于会员国用各种和平方法求得解决的争端，不是泛指任何争端，而是限于特别严重性的争端，即足以危及国际和平的争端。安全理事会有权处理的也是限于这种严重性的争端，并且（按照第2条第7项）不得涉及任何国家国内管辖之事件。唯一的例外是，如《宪章》第38条所规定，安全理事会得应任何争端的所有当事国的请求，作成建议以求争端之和平解决。这显然不限于上述危及国际和平和安全那种严重性的国际争端。

安全理事会对争端的处理。安全理事会可说是联合国解决任何国家间的争端的主要机构，它在履行这项重大的任务上可以采取以下几项行动。首先是调查。按照《宪章》第34条，安全理事会得自动地"调查争端或可能引起国际摩擦或惹起争端之任何情势，以断定该项争端或情势之继续存在是否足以危及国际和平与安全之维持"。[1] 对

---

① 宪章第34条、第35条和第36条的规定中，都把争端和情势并列，关于两者的区别在解释上发生问题。但是一般地说，宪章上述各条所列的争端和情势实质上没有很大的区别，因为国际争端往往就形成国际紧张或严重局势，某种国际局势也惹起国际争端。在实践上，安全理事会对于争端和情势也没有作过明白的区别。但是在程序方面则有所不同，比如按照第35条只有联合国会员国得向安全理事会（或大会）提出情势请其注意，又按照第27条在安全理事会中的决议，只有争端当事国不得投票，因而就是与安全理事会讨论中的情势有关的会员国仍然有投票权。参看 Goodrich, Charter of the United Nations, 1949, pp. 224-225；pp. 249-251；

Bentwich, Charter of the United Nations, 1951, pp. 79-81；

《奥本海国际法》（中译本），第2卷，第1分册，第107～108页。

争端进行调查的职权不限于在上述第 34 条的规定下行使，为着确定争端的性质和事实，它也可以在第 36 条（建议调整程序和方法）之规定和在第 37 条（建议解决条件）之规定下行使。为此目的，安全理事会可以议决设立调查委员会（例如 1946 年议决设立关于希腊边境事件的调查委员会）。① 有些西方资本主义国家的法学家认为依照《宪章》第 25 条的规定，任何这种决议对争端当事国都有约束力，这就是说，争端当事国以及联合国其他会员国对安全理事会这样设立的调查机构必须给予支持，但是这样对《宪章》条款的扩大解释不是一般可以接受的，事实上委员会的调查活动也不一定受到一切有关国家的支持。② 安全理事会进一步的行动是提出争端的解决方法或解决条件。按照《宪章》第 36 条的规定，安全理事会对于足以危及和平和安全之争端（或情势），得在任何阶段提出关于调整程序或方法之建议，不论该事件系由当事国依照第 33 条提出或由其他国家依照第 35 条提出，是没有关系的。《宪章》第 37 条规定，"属于第 33 条所指之性质之争端，当事国如未能依该条所示方法解决时，应将该项争端提交安全理事会"，"安全理事会如认为该项争端之继续存在，在事实上足以危及国际和平与安全之维持时，应决定是否当依第 36 条采取行动或建议其所认为适当之解决条件"。特别是上述第 37 条的规定，确定了安全理事会在执行联合国解决国际争端的任务上突出的重要地位，在这样规定之下，争端当事国负有将争端提交安全理事会之义务，而安全理事会则有义务就争端建议解决程序或者建议适当的解决条件。不过上述安全理事会关于解决程序或解决条件的建议，只是一种建议，而不是决议（decision），它虽然具有道义的和政治的力量，而对当事国仍不

---

① 联合国安全理事会 1946 年 12 月 19 日议决设立希腊边界事件调查委员会的经过和委员会的报告，见 Yearbook of the United Nations，1946-1947，pp. 360-375.

② Goodrich, Charter of the United Nations, 1949, pp. 245-247；《奥本海国际法》（中译本），第 2 卷，第 1 分册，第 100 页。

具有约束力。所以人们说："安全理事会依《宪章》第六章而行动时，主要是履行调停、斡旋与和解的职务。"① 最后，如果国际争端发展到破坏和平的严重局势，安全理事会便有义务按照《宪章》第七章采取行动，而为了维持或恢复和平可以作出对联合国一切会员国都有约束力的决议。按照《宪章》第 39 条的规定，"安全理事会应断定任何和平之威胁、和平之破坏、或侵略行为之是否存在，并应作成建议或抉择依第 41～42 条规定之办法，以维持或恢复国际和平及安全"。安全理事会可以根据《宪章》第 40 条，首先"促请关系当事国遵行安全理事会所认为必要或合宜之临时办法"。而作为"执行行动"（enforcement action）② 安全理事会可以根据第 41 条"决定所应采武力以外之办法，以实施其决议（decisions）并得促请联合国会员国执行此项办法"，包括经济和交通关系的停止、外交关系的断绝等措施；安全理事会如果认为上述办法尚不够，则可以根据第 42 条采取必要之海陆空军事行动，以维持或恢复国际和平及安全。关于上述执行行动的实施，《宪章》第七章作了详细的规定。安全理事会关于第七章规定的执行行动的决议，根据《宪章》第 25 条的规定，对于联合国会员国是具有约束力的；按照第 49 条，联合国会员国应通力合作和协助，以执行安全理事会决定之办法。必须注意，安全理事会在《宪章》第七章下有关执行行动的决议，不像在第六章下关于和平解决争端的建议那样排斥当事国的投票，因而对于上述执行行动的决议，任何常任理事国，即令是争端的一方，也可以行使否决权。因此，关于任何执行行动的决议，在安全理事会中只要有一个常任理事国反对就不能

---

① 和解与调停的区别，在于和解系当事国将争端交付一个委员会公正调查并作出解决办法的建议。
《奥本海国际法》（中译本），第 2 卷，第 1 分册，第 11、102 页。
② 安全理事会对于印巴间关于克什米尔问题的冲突于 1965 年 9 月 20 日通过的决议，要求印巴双方在规定之时候停火并撤兵，就是根据宪章第 40 条指定的一种临时办法。

成立。① 《联合国宪章》第七章规定的执行行动与《国际联盟盟约》第16条规定的制裁，在下述两点上表现重大的区别：（一）国际联盟的制裁的行使，限于会员国违反《盟约》的规定从事战争的场合，联合国的执行行动，则不限于对待战争或侵略行为，而适用于一切涉及和平之威胁之场合；（二）国际联盟的经济制裁应由会员国当然自动地执行（关于军事制裁的采行，理事会也只是向会员国建议），而联合国的执行行动，则是应由安全理事会断定局势的需要后，作出决定采行。这说明《联合国宪章》在维持国际和平和安全的具体办法的实施上，比《国际联盟盟约》的规定显然前进了一步。

如上所述，争端的当事国按照《宪章》第37条有将争端提交安全理事会之义务。但是按照《宪章》，属于联合国会员国的争端当事国之外，可以将争端向安全理事会提出的，还有：（一）联合国任何其他会员国（第35条第1款）；（二）任何非联合国会员国之为争端当事国者，但须声明就该争端而言接受本《宪章》所规定和平解决争端之义务（第35条第2款）；（三）大会（第11条第3款）；（四）秘书长（第99条）。

大会的权限。和平解决国际争端，如上所说，主要是安全理事会的责任，但是大会在这方面具有的权限也是广泛的。根据《宪章》第10条，大会得讨论本《宪章》范围内之任何问题或事项，并得向联合国会员国或安全理事会或兼向两者，提出对各该问题或事项之建议，惟受第12条规定的限制，即："当安全理事会对于任何争端或情势，正在执行本《宪章》所授予该会之职务时，大会非经安全理事会之请求，对于该项争端或情势，不得提出任何建议。"这也说明在处理国际

---

① 如所周知，1950年美帝国主义发动侵朝战争，利用安全理事会同年6月27日的决议，出以联合国执行行动之形式；安全理事会那一非法决议是在可以投否决票的常任理事国当时有不出席者之情况下蒙混通过的。参看 Yearbook of the United Nations, 1950, pp. 222-224；《中华人民共和国对外关系文件集》（1949~1950年），第132~133页。

争端的行动方面，安全理事会，比起大会来，居于优先地位。在另一方面，必须注意，大会在上述《宪章》第 10 条规定下具有的权限的概括性，因为它不受《宪章》第六章关于争端对国际和平的严重性的限制。《宪章》第 11 条第 2 款规定，大会得讨论联合国任何会员国或安全理事会或非联合国会员国（依第 35 条第 2 款之规定）向大会所提关于维持国际和平及安全之任何问题；除第 12 条所规定外，并得向会员国或安全理事会或兼向两者提出对于各该项问题之建议。凡对于需要行动之各该项问题，应由大会于讨论前或讨论后提交安全理事会。根据第 35 条的规定，可以向大会提出争端的，其一是联合国会员国，不论是争端的当事国或非当事国，其二是非联合国会员国，但须符合下列两个条件：（一）该非会员国属于争端当事国一方；（二）预先声明接受《宪章》规定的和平解决争端的义务。尽管联合国会员国或非会员国可以把争端向大会提出，但必须注意两个限制：（一）如上述第 12 条所规定，当安全理事会对争端正在执行职务时，大会不得自行对该项争端提出任何建议；（二）任何需要按第七章采取执行行动之争端应提交安全理事会（《宪章》第 12 条第 2 款）。[1] 争端也可以由安全理事会向大会提出；这点虽然在《宪章》中没有明文作具体规定，但可以解释为属于大会广泛的权限范围，而亦有联合国的实践的支持，例如安全理事会 1946 年对希腊问题不能达成任何决定之后，这一问题即于 1947 年从安全理事会的议程中正式取消，而指令秘书长将本案有关文件移送大会处理，大会便即讨论该问题并通过决议，设立联合国巴尔干特别委员会。[2]

联合国大会根据《宪章》第 10 条的规定，可以讨论任何争端，像安全理事会一样有权进行调查，并为此目的设立常设的或临时的委员

---

[1] 关于第 12 条第 2 款所称"行动"之意义，在西方法学家们的解释有分歧：Goodrich 作广泛的解释，Bentwich 则认为系特别指"执行行动"。参看 Goodrich, Charter of the United Nations, 1949, pp. 169-171;

Bentwich, Charter of the United Nations, 1951, p. 40.

[2] 《奥本海国际法》（中译本），第 2 卷，第 1 分册，第 109 页；

Bentwich, Charter of the United Nations, 1951, p. 41.

会或机构。大会也可以在上述《宪章》第 12 条第 1 款规定的限制之下，像安全理事会一样，提出关于争端的解决方法或解决条件。但无论如何，大会提出的这类建议，对于争端当事国也只可以构成一种道义的或政治的压力，而不具有法律的约束力，则是肯定的。

国际法院的咨询意见。联合国安全理事会受理国际争端着重它的危害和平的严重性，而不论其属于政治性或法律性，但是关于法律性争端的处理可以借助于作为联合国主要司法机关之国际法院。首先，根据《宪章》第 36 条第 3 款之规定，"安全理事会按照本条作成建议时，同时理应注意凡有法律性质之争端，在原则上，理应由当事国依《国际法院规约》之规定提交国际法院"。因此，遇有法律性国际争端，安全理事会可以建议提交国际法院。1947 年安全理事会对于英国与阿尔巴尼亚间关于科孚海峡事件的争端，就是根据上述规定，于同年 4 月 9 日决议，建议双方当事国提交国际法院的。① 其次，如果安全理事会不作上项建议或者提出了上项建议而不为争端当事国所接受（因为争端当事国并没有必须接受之义务），安全理事会尚可以请求国际法院对有关争端的法律问题发表咨询意见，因为《宪章》第 96 条第 1 款规定，"大会或安全理事会对于任何法律问题得请国际法院发表咨询意见"。法院提出的这种咨询意见虽然对当事国不具有判决的约束力，但是可以被认为权威的法律意见，有助于法律性争端的解决的。

区域办法或区域机构的利用。联合国对于国际争端的处理，也可以利用区域办法或区域机构。区域机构或区域办法之利用属于《宪章》第 33 条列举为会员国应尽先用以解决它们的争端的方法之一。按照第 52 条的规定，缔结区域办法或设立区域机构之联合国会员国，

---

① 1946 年发生的科孚海峡事件当事国的一方阿尔巴尼亚接受了安全理事会的建议，到国际法庭出庭，但声明，英方不先同阿方就双方提出争端于法院的条件达成协议而径行向法院出诉，是不合程序的。

参看 Lauterpacht, Annual Digest of Public International Law Cases, 1948, pp. 349-355；

Yearbook of the United Nations, 1947-1948, p. 15, pp. 793-795.

将地方争端提交安全理事会以前，应依该项区域办法或由该项区域机关力求和平解决；安全理事会并且对于依区域办法或由区域机关而求地方争端之和平解决，"不论其系由关系国主动，或由安全理事会提交者，应鼓励其发展"。事实上，现今有些区域组织，已经担负和平解决地方争端的任务，例如1963年成立的非洲统一组织，在其宪章上声明遵循和平解决非洲国家间的争端的原则，并设立调停和解和仲裁委员会作为处理争端的常设机构。

联合国对国际争端的处理的效果。最后，有必要对联合国处理国际争端的效果略加评判。《联合国宪章》关于和平解决国际争端的规定，如上所述，比起《国际联盟盟约》的规定来，显然周密得多，特别是在其同《宪章》标明的宗旨和原则的联系上表现一定的民主性。但是从联合国自成立以来处理各种国际争端的实际效果上看，则不能不说它在这方面执行的和平任务可说是完全失败的。① 事实是，联合国这一号称普遍性国际组织自始即为帝国主义特别是美帝国主义所操纵和利用，对于国际争端的处理主要是就帝国主义自身利益打算，而不是诚实遵循《宪章》的宗旨和原则。其结果是它所作出的对于国际问题的解决方法或解决条件的建议，每每不分是非，不讲正义，或在需要执行的场合，也不能认真负责执行。因此，有不少的对国际和平有严重危害性的国际争端在联合国中多年未能得到公正的有效的解决，反而演成武力冲突的局势，甚至提供帝国主义或各国反动派进行侵略或干涉的借口。试举几个突出的事件而言，例如1946年以来印度提出联合国的关于南非种族歧视的问题②，如1947年以来成为联合国的议题，中间引起阿拉伯国家同以色列武装冲突，造成西亚的紧张局势的巴勒斯坦问题③，如1948年以来构成印度与巴基斯

① 西方资产阶级法学家也早已指出，联合国最初数年处理各种国际争端就是失败的。参看 Goodrich, Charter of the United Nations, 1949, pp. 68-69.

② 详见 Yearbook of the United Nations, 1946-1947, pp. 144-148; 1947-1948, pp. 52-59.

③ 详见 Yearbook of the United Nations, 1947-1948, pp. 403-451, 1948-1949, pp. 166-212.

坦间的严重争端并发生武装冲突的克什米尔问题等①，至今经过了十多年而还是没有解决的。特别是克什米尔问题到 1965 年又演成印巴间的武装冲突，严重地危害东南亚和平，在这种局势之下，联合国安全理事会仍只是以要求双方停火和撤兵卸责，而不认真解决实质问题，即为了表达克什米尔人民的愿望以定克什米尔地区的归属，举行公民投票的问题。其实在克什米尔举行投票原来是依联合国任命的印巴委员会 1948 年和 1949 年的建议而提出的办法，而在 1948 年和1953 年两次经印巴双方同意接受了的。由于印度反动派推行扩张主义的政策，硬要霸占克什米尔地区，竟然出尔反尔地拒绝履行公民投票的条件，而联合国在帝国主义操纵之下又纵容印度侵占克什米尔的行为而不力求实行公民投票的建议，以致印巴争端多年不能和平解决。到了 1965 年印巴间又因克什米尔问题发生武装冲突之后，联合国对于这一严重性国际争端的处理，犹避开问题的实质，徒然要求双方停火和撤兵，而不同时明白要求印度履行它已同意的举行公民投票的条件，那显然是不公平的，也是不彻底的。联合国组织对待国际问题如果照这样的作法搞下去，可以肯定，国际争端是不可能从联合国得到公平和有效的解决的。

① 　详见 Yearbook of the United Nations, 1947-1948, pp. 387-403.